U0750990

厦门大学广告系列教材

# 广告心理学

黄合水 曾秀芹 编著

[第六版]

厦门大学出版社
XIAMEN UNIVERSITY PRESS

国家一级出版社
全国百佳图书出版单位

## 图书在版编目（CIP）数据

广告心理学 / 黄合水，曾秀芹编著. -- 6 版. -- 厦门：厦门大学出版社，2024.1(2025.6 重印)
厦门大学广告系列教材
ISBN 978-7-5615-9231-1

Ⅰ. ①广… Ⅱ. ①黄… ②曾… Ⅲ. ①广告心理学-高等学校-教材 Ⅳ. ①F713.80

中国版本图书馆CIP数据核字(2023)第250932号

责任编辑　施建岚
美术编辑　张雨秋
技术编辑　朱　楷

出版发行　厦门大学出版社
社　　址　厦门市软件园二期望海路 39 号
邮政编码　361008
总　　机　0592-2181111　0592-2181406(传真)
营销中心　0592-2184458　0592-2181365
网　　址　http://www.xmupress.com
邮　　箱　xmup@xmupress.com
印　　刷　厦门集大印刷有限公司

开本　720 mm×1 020 mm　1/16
印张　27.5
字数　539 千字
印数　4 001～7 000 册
版次　2003 年 9 月第 1 版　2024 年 1 月第 6 版
印次　2025 年 6 月第 3 次印刷
定价　60.00 元

厦门大学出版社
微信二维码

厦门大学出版社
微博二维码

本书如有印装质量问题请直接寄承印厂调换

# 作者简介

黄合水,教授,博士生导师,厦门大学新闻传播学院教授委员会主任、厦门大学品牌与广告研究中心主任;教育部新闻传播学类专业教学指导委员会委员;中国广告协会学院奖的发起人;中国最资深的广告和品牌学者之一。著(含编著)有《广告心理学》《广告调研技巧》《品牌学概论》《品牌与广告的实证研究》《市场调查概论》《品牌研究经典案例》等十余部教材专著;发表论文150篇左右;荣获"中国广告学术发展杰出贡献人物"。研发出已在实践中运用的电视媒体质化评估体系、媒体评估新指标"媒体广告效应系数(CMEA)"、厦门国际马拉松的体育赛事赞助效果评估模型和体育赛事市场价值评估模型等。


曾秀芹,厦门大学新闻传播学院教授,博士生导师,广告学系主任。本科、硕士和博士都攻读心理学,十几年来,一直在新闻传播学院教授《广告心理学》《广告效果评估》《数据分析》《调查法》等课程,将心理学与广告学深度交叉融合,其《广告心理学》课程教学改革成效突出、专业特色显著,获批为国家级一流本科课程。熟知文科生的认知方式和新闻传播学科特点,善于结合本学科问题和受众特点进行教学和教材写作。已出版《广告调研与数据分析》《新闻传播统计学基础》等教材。在《国际新闻界》《新闻大学》《现代传播》《心理科学》及SSCI收录期刊等优秀刊物上发表40多篇学术论文,出版专著1部。主持国家社科基金重点课题1项,其他省部级课题和横向课题10多项。

# "厦门大学广告系列教材"序

  1993 年,我国高校第一套广告学系列教材——"21 世纪广告"丛书由厦门大学出版社开始出版,这是厦大自 1983 年首创广告学专业以来,历经 10 年探索奉献出的不够成熟却具有开创性意义的教材,极大地满足了 1993 年以后中国高校广告教育大发展的需要,由此奠定了厦大广告教育的学科地位。

  近 30 年后,我们要出版转型期的第二套教材——"厦门大学广告系教材",这对我们来说压力不小。面对新旧媒体的博弈、技术的进步与消费心理的变化,广告理论一定是在变与不变的融合中进行的。基本的广告原理虽然不变,但内涵与手段还是在不断的变化中。因此我们的新教材要在转型与提升中找到自己的位置。

  在中国的广告学界和营销学界中,几乎所有的理论都是外来的,我们几乎没有自己的原创性理论。因为中国历来不是一个以理论思维见长的国家,我们的民族传统决定了我们的特点在于强调实用性,务实不务虚,这就使我们在理论方面往往缺乏原创性。1987 年,我的第一本广告学著作《广告原理与方法》出版,这也是国内第一本借鉴国外传播学理论论述广告的著作。但即使是外来理论在中国的传播,事实证明也不能照搬、照用,而要经过一个"普遍原理"和"具体实践"相结合的"本土化"过程,才能发挥广告理论的应有功效。

  要出版转型期的第二套教材,我们首先来看看市场发生了什么变化?

  30 年来,中国经济快速发展进入提质增效、转型升级阶段,消费市场升级加快,移动互联及新兴技术带来的创新累积效应正在广告业中显现。以数字技术为基础的互联网推动行业变革加剧,催生出广告新生态下的场景媒体和营销策略。在供给侧改革背景下,国务院发布国家品牌计划,宣传展示知名自主品牌,讲好中国品牌故事。广告业呈积极应对态势,努力在日新月异的媒体环境中寻找最优组合,以移动互联为主导打造精众营销,发力社交媒体粉丝营销,在直播短视频等内容营销蓝海中掘金,跟上虚拟现实等技术新风口。当前进入品牌整合营销新时代,"大而全"或"小而美"的广告机构或公司更受市场追捧,传统媒体在愈加沉重的压力下需寻找破局之道。在大浪淘沙的行业变局中,行业服务的主体、流程、边界都在发生深刻变化,整个行业也透过迷雾构建新的竞争盈利能力,再谱高歌。

其次,中国广告理论研究的路径也发生了巨大的变化。

在我们的第一套广告学系列教材中,中国的广告学研究处于初期探索阶段,而今的情况已大不相同,广告学遭遇了数字传播的解构性冲击。以数字技术为基础的互联网发展不仅改变着社会传播的方式,也影响并推进了人类对传播行为的认知。原创中国广告学应该遵循其内在的学科逻辑,在推动中国广告产业从粗放型增长到集约化发展、从传统广告向数字广告的双重转型过程中,建构起具有中国特色的完形的广告学知识体系。为此,明确广告学研究的文本研究、运动研究、产业研究、广告与关联方的关系研究这四大研究范畴,聚合产学两界、广告与关联专业学者在内的学术共同体,从单一研究范式往多向度研究范式转变进而形成广告学特有的研究范式,并且从案例与比较研究切入等,这些都是未来可行的研究路径。

在中国广告进入第二个40年之际,技术与品牌对广告的影响力显得越来越重要。当前我们极为关注全媒体时代广告行业的创新与发展趋势,互联网的移动化变革,传统媒介的转型与改革,媒介间的竞争和融合等;关注5G物联时代的数字营销新态势,5G技术的发展推动经济社会数字化、网络化、智能化发展再上新台阶,探讨行业如何顺应新的用户需求,促进技术落地和商业部署,建立全新的合作模式和行业形态;关注AI科技赋能智慧商业,AI科技与创意正在实现真正融合,全面提升营销的效率;还关注品牌的开放发展、竞争与社会责任,品牌、娱乐、科技——新时代创意行业的跨界融合等。

在这样的背景下出版我们的第二套教材,我希望我们的研究团队多深入教学与实践第一线,探讨广告行业的趋势动向、规则变化、方法创新,深刻揭示变化背后的核心逻辑。我希望看到的是:

1.30 年后,广告专业课程的提升与内容变化,续写广告理论的指导作用;

2.真正把教学中积累的经验与问题作为研究对象,在教与学的互动过程中检验实际应用的效果;

3.以跨学科研究的视野与超常的厚重成果积累,为广告学术进行范式转型、走向"创新主导"提供宝贵的经验。

2018 年是中国改革开放 40 年,2019 年是中国广告业恢复 40 年。在中国广告进入第二个 40 年之际,我非常乐于看到我们厦门大学广告教学团队继续传承厦大的开创性精神,以"厦门大学广告系教材"为标志,起航于新时代,代表 30 年来厦大系列教材新一轮的转型提升与水平,彰显厦大的底蕴与初心。

我以为,这是我们共同的目标。

陈培爱

厦门大学新闻传播学院教授,博导

"21 世纪广告"丛书原主编

2019 年 5 月

# 写在前面

  高校的首要职责就是培养人才,即通常所说的教书育人。想教好书,一方面,要求教师要有充足的专业知识、专业技能和课外知识储备,以及不断提高教学技能,这样才能在风趣幽默、旁征博引的讲授中,有效地传授专业知识和技能,给学生释疑解惑。另一方面,要有优秀的教材,以便学生课前预读、课后复读,在大脑中建构起一门课程的整体知识框架,并掌握其中的基本原理和方法。

  要求每一位老师都有很高的教学水平,这不容易做到。然而,要给学生提供优秀或者说比较满意的教材,还是有可能的。因此,高等教育中的教材建设极其重要。

  30 几年前,我到厦门大学广告专业任教,那时虽然对教材建设的重要性还没有太多思考,但对于本专业学生没有教材可用、只能靠课堂笔记这种现象,总觉得不是办法。因此,就向广告教研室的老师们提议出版一套广告学教材,有幸得到了大家的赞同,特别是得到了时任教研室主任陈培爱老师的支持。在陈培爱老师的推动下,由他担任主编的全国第一套广告学教材"21 世纪广告丛书"就此诞生,那是 20世纪 90 年代初。这套教材包括《广告原理与方法》《如何成为杰出的广告文案撰稿人》《广告策划与策划书撰写》《印刷广告艺术》《广告调研技巧》《广告攻心术》《广告视觉语言》《企业 CI 战略》《商标广告策略》《广告经营管理术》,此外,还有之前个别出版的《广播广告》《公共关系原理与实务》。这些教材的出版发行,不仅解决了本校广告专业的教材问题,而且为我国高等院校大量广告专业的创办创造了条件,给大量由外专业转入广告专业的教师备课、上课提供了便利,在很大程度上促进了中国广告教育的迅猛发展。

厦门大学是中国广告专业教育的开拓者,出版第一套全国广告专业教材是义不容辞的责任,然而这些教材仅仅解决了部分课程教材从无到有的问题,距离成为成熟甚至优秀的教材的目标仍有很大的努力空间。此外,还有一些专业课程因为条件不成熟、准备不充分,依然没有教材。所以,在随后的二三十年岁月里,我们一直在不断地做教材的补充、改进、完善工作,希望使得教材尽量覆盖广告专业的各个具体学科领域、使得每本教材尽量覆盖该学科的所有知识领域。

20世纪90年代末,我们出版了"现代广告学教程系列",包括《市场调查概论》《广告心理学》《广告视觉设计基础》《广告管理实务》。2003年,又对"21世纪广告丛书"做了大幅度的修订,并将丛书名称改为"厦门大学广告学丛书",对其中一些书的书名也做了规范性的修改。此后,还陆续出版了一些新书,如《实验广告学》《品牌学概论》等,并对一些销量较大的教材及时进行修订。就本人编著的两本教材《广告调研技巧》和《广告心理学》而言,目前都已经过不下五次的修订,教材内容也由最初的十几万字、二十几万字,增加到四五十万字。虽然我们依然不敢说我们的教材是优秀的教材,但这些多次修订后的教材,其内容的系统性、全面性、科学性都有了明显的提高。

时代在发展,专业在进步。伴随着互联网特别是移动互联的崛起,广告专业的社会实践发展突飞猛进,专业中的老学科需要淘汰或补充更新,专业中的新学科也需要成长和发展。为了适应新形势,厦门大学广告专业秉承业已形成的重视教材建设的理念,结合广告专业的教育实践和社会实践的发展要求,一方面继续完善已有的教材,另一方面推出新的教材。2019年推出的"厦门大学广告系列教材"就是这一努力的结果,该系列教材的编写主要由年轻一代教师担任。他们具有很高的素质,受过良好的教育,既具有坐冷板凳的精神,又置身于可以放下安静书桌的美丽校园,所以,我相信青出于蓝而胜于蓝,这套教材一定会超越他们的前辈,赢得国内高校广告专业师生的信任,并最终成为优秀的广告专业教材。

黄合水

2021 年 10 月

续：

时代总是以人们难以预料的速度在变化发展，2021 年 10 月为"厦门大学广告系列教材"所写的"写在前面"似乎还墨迹未干，党的二十大就于 2022 年 10 月召开了。为了贯彻落实党的二十大精神，把思政教育融入课堂之中，"厦门大学广告系列教材"再次印刷出版的任何单一教材，都尽可能地将思政元素纳入其中，特别是将社会主义核心价值观、中国优秀传统文化、爱国主义、工匠精神、科学创新精神、职业道德等思政内容适当地嵌入教材的案例介绍和基本原理阐释之中。期望新版的教材，不仅有利于学生掌握广告专业的基本理论知识和专业技能，而且有利于实现"立德树人"的教育目标。

黄合水

2023 年 7 月 14 日

# 第六版前言

众所周知,这些年来媒介环境发生了翻天覆地的变化,给新闻传播学教育带来了巨大挑战,全世界的院校都在积极探索如何应对新的形势改革教学,许多院校通过改革课程、教材和教学教法以培养符合社会需求的人才。所幸的是,《广告心理学》作为广告学最基础的理论课程之一,虽然受到新媒体发展变化的一些冲击,但是其基本理论和知识点依然不变,因为人类的心理特点和发生规律不会在短时间内发现很大的变化,例如人类的注意、学习和记忆等认知特点,人类的情感与态度、动机和需求等的产生及其发展规律不会在短暂的历史时间内发生大的变化。最容易发现变化的是人类的外在行为,随着媒体格局的变化,受众在媒介接触和使用行为上相应地也发生了非常大的改变。此外,由于一些新媒体在传播方式和内容上与传统媒体存有巨大的差异,一些原来在传统媒体下发现并得到验证的理论需要在新媒体上重新加以检验,甚至需要新的理论来解释新媒体广告的受众心理。

因而在《广告心理学》第六版中,我们紧跟时代发展和最新研究的进展,主要在以下方面做了相应的调整和改变。一是以党的二十大精神为指引,增加课程思政内容。二是删除陈旧的案例和资料,更换上青年学生常常接触的新媒体广告案例和新的消费者行为资料。三是介绍网络广告和电子商务中的新现象和新做法,如电子商务中的推荐系统功能和产品对比功能,网购中对产品进行的新的分类。四是引进有关广告心理研究中的新进展,例如近年来国外有关媒介间接传播效果的研究是热门话题,本书结合具有中国特色的面子消费对第三人效果理论、假定影响模式及相关研究加以介绍和诠释。本书还介绍了网络广告心理效果模型和中国争议性广告研究等等。

本书还有许多需要改进的地方,期待着今后能够做出更大的调整和改革,也期待热情的读者对本书多加批评指正,多与本书作者交流!

第六版修订者　曾秀芹

2023 年 12 月

# 目 录

# 第一章 绪 论 >>>

本章将简要地介绍一下广告心理学的研究对象、研究领域及研究方法,分析广告心理学与相关学科的关系,回顾广告心理学的发展简史。

## 第一节 广告心理学的研究对象

广告活动是广告人组织、策划的,广告作品是广告人设计、制作出来的。广告人策划的广告活动、设计制作的广告作品,目的是要对广告接受者的思想、情感、观念和行为产生影响。那么广告的接受者是谁呢?在正常情况下,人们都会想到是作为商品购买者和使用者的消费者。但是广告活动的影响对象仅仅是消费者吗?其实不然,受广告活动影响的人还包括渠道商、投资者、供货商、政府管理者、外部人才、内部员工、竞争者、联盟商和非政府组织人员。当然,一个广告的接受者(或受众),他或她可能身兼多种身份,如既是消费者,又是渠道商,还是投资者。

第一,消费者。广告的目的就是要告知消费者产品或服务信息,并劝说消费者接受产品或服务。因此将消费者作为广告的核心对象是自然而然、天经地义的。广告主或广告计划者只有在对消费者的消费心理、消费行为有较为清楚的了解之后,才可能在有效的时机、利用有效的途径、把有效的信息传递给消费者,对消费者进行有效的说服。

第二,渠道商。企业要将产品销售给消费者,渠道商(包括经销商、分销商和零售商等)是一个重要的环节。如果渠道商不接受企业的品牌、不给予产品适当的货架空间、不让售货员向顾客推荐产品,那么企业只有采用直销的办法,否则产品就无法推销出去。那么渠道商会不会、愿意不愿意销售你的品牌呢?多种因素制约渠道商做出这种决定,其中一个重要因素就是广告活动。在其他因素(如批发价格、品牌等)不变的情况下,广告活动投入的大小就是渠道商考虑是否代理销售一个品牌的砝码。研究甚至发现,在不同电视媒体投放广告,也会影响渠道商对广告企业的看法。[①] 例如,在央视投放广告,经营销觉得该品牌更可靠,更乐于代理。在地方台则不然。

第三,投资者。通常来说,企业的投资者包括股东(股民)、债权人(银行、基金、保险公司等)以及潜在的投资者。无论是哪种投资者,在投资决策中,有关企业的全部信息都在其考虑的范围之内,包括人力、财力、市场(消费市场和资本市场)、技术、关系、管理、发展前景等方面面。这其中,业绩是最受投资者关注的。广告虽然不是影响投资者最为直接的因素,但是企业的广告投放往往是企业绩效的风向标,因而会在一定程度上影响投资者的信心。细心观察我国股市变化的人也许会发现,有些企业仅仅在央视一年一度的招标中中标之后,股价就开始上升。

第四,供货商。企业的竞争力首先在于对成本的控制。对于大多数企业来说,向外购买的原料或服务常常是公司最大的日常运作成本,尤其是在制造业中,产品的成本构成中可能会有超过60%是来自外购的原料和配件,而这个比例在零售和批发的商业企业中也许会更高。供货商以及供货商的合作愿意、合作方式等,关系到一个企业的运营成本以及产品和服务的质量。所以如何使得优质供货商青睐于企业,是企业经营成败的重要因素之一。影响供货商的合作意愿和积极性的因素有很多,但是广告、营销活动以及依靠广告营销活动建立起来的品牌在某些情况下起着非常重要的作用。

第五,政府管理者(监管者)。一个企业在很多方面跟政府发生联系。政府不仅对企业负有监管职责,有时候还是企业的大顾客。作为大顾客,企业要了解这个大顾客的购买心理以及如何对他们进行有效的广告宣传和营销活动。此外,政府官员以及在政府机构工作的职员对一个企业的认识、如何看待一个企业,必然会在一定程度上影响到企业的生存、发展。一个给政府官员印象良好的企业,其各方面事业的发展都会比较顺利,相反则会增加许多麻烦。因此探寻广告对这一群体的影响也很重要。

第六,外部人才。外部人才通常包括大量应届毕业的大中专学生、可能跳槽的在岗人员等。优秀人才是现代企业的核心竞争力。不断地吸引优秀人才加盟到企业,是企业长远发展的根本。优秀人才在选择企业时,会考虑企业提供的待遇、工作条件,也会考虑企业在他们心目中的形象,而企业形象又在一定程度上与广告联系在一起。与一个不做广告的企业相比,频繁做广告的企业,对应届大学生的吸引力会更大一点。

第七,内部员工。一个优秀的企业,应该是一个内部凝聚力很高的企业。大

---

① 黄合水,等.央视广告传播优势研究[J].广告学报,2007,2(1):7-12

量同心同德、同甘共苦、共度时艰的员工,对任何一个企业来说都是一笔无形的财富。所以,针对企业内部员工,通过各种方式进行沟通以提高内部凝聚力是很有必要的。但是,内部员工也会受企业各种外在的广告活动的影响。因此对内部员工与广告的关系进行一些研究也是有价值的。

第八,联盟商。当今企业之间建立合作联盟已经是相当普遍的现象,例如,银行与网站的联盟等。在企业之间的联盟中,广告本身可能就是一个合作的筹码。例如媒体与任何企业的联盟,媒体提供给对方的就是广告空间和时间。企业之间,往往也是一家提供让利,另一家提供顺带的广告宣传。当然一家企业广告活动的力度以及产生的效果也会影响到加盟商的意愿和诚意。

第九,竞争者。在市场经济的条件下,企业之间既有合作更有竞争。企业之间的竞争除了产品、服务质量的竞争之外,营销、广告的竞争也十分激烈。CTR,梅花网和艾瑞咨询等机构媒体广告监测业务的生存和发展,其实就是企业广告竞争的必然结果。换言之,一个管理规范的企业,在进行广告宣传时都会及时地了解竞争对手的广告活动情况,并据此调整自己的广告战略。一家企业的广告活动展开时,必然会对竞争者产生某种影响。对于这种影响如果能够加以估计和预判,那么广告的效果就会更加显著。

第十,非政府组织人员。在国外非政府组织的形式多种多样,他们的行动不仅对企业甚至对政府都有相当的影响力。他们对企业所做出的反应通常都与企业的社会公民责任相关。构建企业与非政府组织的良好关系,也是企业应该努力去实现的,而广告传播(如企业做公益广告等)在这种关系中,可能担当一定的角色。

# 第二节  广告心理学的研究领域

广告旨在对接受者产生影响,但是,接受者受到广告的影响及其程度因广告活动不同而异。宝马的"终极座驾"、耐克"just do it",苹果公司的"不同凡响",以及大家耳熟能详的戴比尔斯公司的"钻石恒久远,一颗永流传",可谓是字字珠玑,难于忘怀。恒源祥广告那"发羊财"、"羊羊羊"烦人的叫声还在耳边,而类似恒源祥的产品广告,叫声虽然同样烦人,却早已烟消雾散。20 世纪 90 年代铺天盖地的"脑黄金"葬送的史玉柱以及他的"巨人"帝国,而 21 世纪初铺天盖地的"脑白金"却又奇迹般地救活了史玉柱。也就是说,有的广告活动对人产生了深刻的正面影响,有的影响不大,有的甚至产生负面影响;有的广告只对人的认识产生影响,有的广告只对人的情感产生影响,有的广告却对人的认识、情感都产生了影响。广告对人的影响是积极的还是消极的、影响程度是大还是小,都与广告活动的组织策划水平、广告设计制作水平有密切的关系。因此要使广告产生预期的影响力,这就需要对广告活动与消费者之间的相互关系、相互影响的实质作深入的探讨。广告心理学就是探索广告活动与消费者相互作用过程中产生的心理学现象及其存在的心理规律的科学。具体来说,广告心理学的研究领域主要包括以下几个方面:

第一,广告作用于消费者的心理机制。广告主期望达到的促进产品销售的目的,实质上就是要对消费者的行为产生影响,希望消费者看了广告之后能够采取购买行动。但是,如果消费者接触了广告之后,没有采取购买行动,产品的销售量没有上升,这是否意味着广告就没有作用呢?要科学地回答这一问题,要求广告心理学研究者研究在广告刺激的作用下,消费者经历了哪些心理历程。这是广告心理学研究的一个重要领域。探明广告的作用机制,对于广告主预设广告目标,制定广告战略,衡量广告的效果都有重要的理论指导意义。

第二,广告诉求的心理依据。广告通过向消费者说些"什么"来引导消费者的思想、情感和行为变化。但要使广告说的"什么"有的放矢,让消费者爱听、听进去,广告创作者必须了解消费者需要什么、对什么事情比较敏感、哪些问题引起他们的兴趣、哪些问题会激发他们的欲望。也就是说,要探讨消费者的需要、动机以及影响他们购买、消费的原因。

在广告诉求过程中,"说什么"固然重要,但"如何说"、"由谁说"也同样重要。社会心理学的研究已经表明,有时候"如何说"或"由谁来说"比"说什么"更为重要。所以广告心理学在研究"说什么"背后的规律的同时,也探讨"如何说"以及"由谁说"等相关问题的基本心理原则。

第三,广告表现的心理规律——对广告的认知。人们受外界事物的影响是从认识外界事物开始的。广告对消费者的影响也是从消费者对广告的认知开始的。消费者认知的效率和效果提高了,广告的传播效果、说服效果才能得到有效地提高。所以深入研究消费者的广告认知过程,或者将认知心理学的研究成果运用到广告实践中,都是十分必要的。对广告的认知,包括对广告的注意、感觉、知觉、理解和记忆等方面的内容。

第四,媒体接触心理。媒体是连接广告与消费者的桥梁,是传递广告信息的渠道。媒体与消费者的关系,决定着广告信息能否为消费者所接受。当消费者与媒体关系密切,经常接触媒体,广告信息被接受的概率就比较高。反之,当消费者远离媒体,广告信息的到达率就下降。于是了解媒体的心理特性、了解消费者接触媒体的意图、目的以及心理活动,比较各种媒体在受众心目中的差异,分析不同媒体的功能、作用等,也成为广告心理学研究所关心的问题。此外在不同媒体组合的效果、媒体选择的消费行为依据等也是这个领域关注的问题。

第五,广告构成要素与广告效果的关系。广告作品的基本构成要素包括语言(解说词或文案)、画面(图像和插图)和音响。印刷广告的语言包括标题、副标题、小标题、图注和正文等。电波媒体的语言包括导语、口号和正文等。图画包括构图和色彩,构图中又有人物、景物和商品之分。音响包括音响效果、音乐。总之,一则广告作品的构成要素有很多。

广告效果的产生是广告各个构成要素共同作用的结果,但是不同的构成要素在广告中所发挥的作用不同,对广告效果的贡献也不一样。因此,探讨各种广告构成要素的作用及其运用原则,是广告心理学研究的又一个领域。

第六,广告效果及其测量方法。在这个研究领域,包含两个研究方向,一个是广告活动究竟产生哪些效果,对消费者产生哪些影响,对社会、文化的进步和发展起到什么样的作用;另一个是开发广告效力测定的方法、技术或手段。这些问题的研究不仅对广告实践具有重要的意义,而且对检验和发展广告理论,也有重要的作用。

第七,消费者的心理差异。广告通常对特定的消费者进行宣传,那么一个具体的产品应该向哪一个消费群体做宣传呢? 如何来识别广告所要面对的消费群体呢? 某一特定的消费群体具有什么心理特点呢? 他们与其他消费群体在心理上有何不同呢? 这些都是广告心理学需要通过研究加以回答的问题。

第八,消费者对广告的反应。广告会对消费者产生影响,但是消费者如何看待广告,这反过来也会影响广告活动以及广告业的发展。随着时代的进步和广告业的发展,人们对广告的看法、意见、态度和处理广告的方式方法也会不断变化,这就需要广告心理学家密切的关注和及时的了解。

第九,广告创作的心理活动。创意是广告活动的一个重要环节,创意活动是广告人的一种思维活动。因此有必要探讨、总结广告人的创意方法,将心理学关于思维的研究引用到广告创意实践之中。

第十,商品的消费心理。广告活动的目的是推销商品,所以大多数广告活动的内容都与商品有关,特别是广告讯息的开发和组织更是与商品属性息息相关。因此,了解各种商品在消费者心目中的地位、形象,商品各种属性在消费者心目中的分量,消费者如何认识商品、为何购买商品、如何使用商品等问题,也成为广告心理学研究的范畴。

第十一,品牌资产。20世纪90年代以后,品牌资产问题引起了营销学界和广告学界的广泛关注,人们甚至认为,提升品牌资产是广告活动的长远目标。目前,有许多心理学家从消费者的角度来研究这一领域的问题,提出了许多新的理论见解和研究证据。

第十二,广告主的心理。广告主是广告活动的行为主体。广告主对广告、对消费者、对产品、对媒体的认识,会影响到广告策略的运用、媒体的选择。

第十三,广告对渠道商、供货商、投资者、联盟商、政府职员、外部人才、内部员工、竞争者、非政府组织人员的影响。

上述各研究领域因时代不同而受到不同程度的重视。例如在 20 世纪六七十年代,广告心理学研究关注的重点是广告作用机制、广告效果及其测量,而到了 90 年代末,媒体(特别是网络)和品牌成为研究的焦点。图 1-1 是对收录在 PsycINFO 光盘数据库中,于 2000 年前发表在《广告》(*Journal of Advertising*,简称 JA)和《广告研究》(*Journal of Advertising Research*,简称 JAR)这两本杂志中的 1 030 篇广告心理学论文的分析结果。从图 1-1 可以看出,在 21 世纪之前,广告作用的心理机制是最受研究者关注的[①]。但是从 21 世纪之后,网络广告和新媒体成为研究热点。

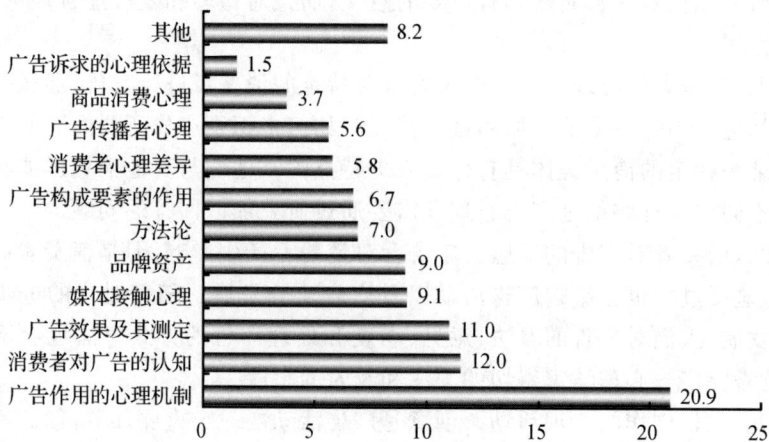

图 1-1　广告心理研究领域分布状况(%)

# 第三节　广告心理学的研究方法

广告心理学的研究既采用心理学的一些研究方法,也吸收了传播学以及其他社会科学的研究方法。根据燕文慧的研究,在可以透过摘要判断研究方法的

---

①　燕文慧.二十世纪国际上广告心理研究之研究[D].厦门大学新闻传播学院硕士论文,2008

论文中,采用实验法进行研究最多,占 46.4%,其次是调查法,占 40.1%,最后是内容分析法,占 10.5%,其他均极少。可见,广告心理学研究常用的研究方法主要有实验法、调查法和内容分析法,如图 1-2 所示。

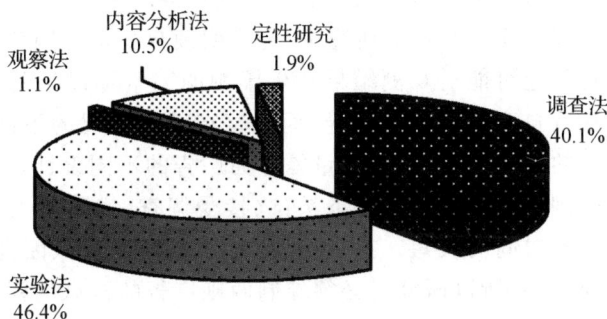

**图 1-2 广告心理学的研究方法**

## 一、实验法

实验法是心理学研究中的一种普遍方法。这种方法主要用于探索心理现象之间是否存在着因果关系,是探讨广告传播心理机制,揭示广告活动心理规律的一种重要研究方法。20世纪初(1918),拉斯勒(Laslett)就采用实验法研究广告插图与文案内容是否相关联的价值,他从两本杂志中选择出全页广告并插进测验杂志中,让大学生和农妇看杂志5～7分钟。然后检查他们对广告的记忆。研究发现,有关联插图广告的回忆率大约是无关联插图广告的 10 倍。[①] 两年后,Adams(1920)对 463 名被试进行实验,以考察版面大小不同的广告的发布顺序对该系列广告记忆的影响,结果表明,如果一个公司做四次大小不同的广告,那么先大后小比由小到大效果好。[②] 20 世纪 80 年代以后,随着研究的深入,更复杂的实验设计常常出现在研究文献之中。

实验法是指在控制条件下对某种心理现象进行观察的方法。在实验中,研究者可以控制住一些干扰或无关因素使另一些因素发生有序的变化,而后观察

①　Laslett H R.The value of relevancy in advertisement illustrations[J].Journal of Applied Psychology,1918,2(3):270-279

②　Adams H F.The Effect of Climax and Anticlimax Order of Presentation on Memory [J].Journal of Applied Psychology,1920,4:330-338

在不同条件下被试所产生的心理变化。

实验中由研究者控制的因素,通常称为自变量或独立变量。研究者在改变不同实验条件下所观察或测量到的心理活动和行为,称为因变量或依存变量。例如在探讨影响户外广告效果因素的研究中,户外广告的位置、色彩等因素就是实验中的自变量。而研究者通过调查获得的关于户外广告的记忆成绩则为因变量。在采用实验法的研究中,为了明确自变量与因变量之间的关系,研究者必须对其他可能对观测结果产生影响的因素加以控制,尽量使得观测条件仅仅存在着自变量水平的差异,而不存在其他情况的不同。例如在研究两则平面广告的效果差异时,自变量是平面广告的不同设计,称设计 1 和设计 2,因变量是两则广告在速示条件下被试(接受调查、实验的人)觉察到广告存在所需要的呈现时间的长短。在这个实验中,不同的被试因视力不同可能会影响到观测的结果,所以研究者必须控制两则广告的被试的视力水平,使他们尽可能相同。

实验法一般分为实验室实验和现场实验(也叫做自然实验)。实验室实验是在实验室条件下借助专门的实验设备,对实验条件严格加以控制下进行的。这种方法的优点是控制条件比较容易实现,允许人们对实验结果进行重复验证,因而在研究中被广泛地加以运用。但是实验室实验法也存在着一个致命的弱点,即实验条件是由研究者严格控制的,实验情景带有很强的人为性质。被试处在控制情景中,清楚自己正在接受实验,这种实验意识可能会对实验结果产生干扰,影响结果的客观性。

现场实验是在自然条件下进行的。在现场实验中,研究者也对实验条件进行了控制,但这种控制通常不是人为地创造条件,而是适当地选择自然条件。被试一般不清楚自己正在接受实验,实验结果比较符合客观实际,比较容易为人们所理解、接受。但是现场实验也存在明显的不足,即控制或选择不同的实验条件很困难,对其他干扰因素往往无法加以严格控制,这些问题使得它在实际运用中受到一定的限制。

## 二、调查法

调查法是社会科学的重要研究方法。早在 1917 年,盖斯勒(Geissler)就采用调查的方法来研究广告对人们购买特殊品牌的影响。他们调查了 300 个被试,要求他们在听到 20 种商品的名字时,说出首先出现在心中的第一品牌以及购买该品牌的原因。该研究发现,一类商品中品牌数量越少,知道该商品一或两个品牌的人越多。广告是回忆广告品牌时第二重要的原因。①

采用调查法进行研究时,研究者要预先拟好调查问题(或问卷),然后通过适当的手段,让受调查者表达他们对事物、观点的态度或意见。这种方法常常用于广告心理研究之中,用以探讨人们对广告活动的意见和看法,以及广告活动对消费者产生的心理影响,即广告效果。

根据调查者与受调查者之间的接触方式的不同,调查法可分为邮寄问卷调查、电话调查、面对面调查和互联网调查。邮寄问卷调查是把设计好的问卷通过邮政寄给受调查者,由受调查者自己填答后回寄给调查者。电话调查是调查者通过电话向受调查者询问有关的问题,并记录受调查者所做出的回答。面对面调查是由调查者当面向受调查者提出问题,在受调查者做出回答之后加以记录。互联网调查则是通过向被调查者发送包含问卷的邮件或者在专业性调查网站收集问卷的调查方法。这四种方法各有利弊:邮寄问卷调查适合于受调查者比较分散的情况下进行,但问卷回收难度较大;电话调查具有快速方便的特点,但向调查者询问的问题不能过于复杂;面对面调查可以比较深入地研究问题,但是研究费用比较高;互联网调查成本较低,是目前应用最广泛的调查方法,但可信度稍差。

在使用调查法时,抽样的问题应该非常谨慎,因为大多数调查都是抽样调查,研究者是通过样本来推断总体的情况。如果抽样不合理,样本没有代表性,那么所作的统计推论就有问题。

## 三、内容分析法

内容分析法是一种对第二手资料(或案头资料)进行分析以揭示其中隐含的规律的方法。它是传播学研究中的一种重要方法。在广告心理学研究中,它经常被用于广告活动心理策略运用以及民族心理差异的研究。例如,了解理性诉求和感性诉求这两种策略在现行视频贴片广告中的运用情形。此外,研究者还经常将它与其他方法(如实验法)结合起来,用于探讨广告作品的各种构成要素与广告效果之间的关系。例如广告语的各种特点与广告语记忆效果的关系等。

采用内容分析法进行研究时,通常要经过以下几个步骤:

第一,确定所要分析的问题,对每一个问题进行严格的定义,制定可以掌握、容易操作的内容分析标准和编码方法(或评分方法)。1977 年雷斯尼克等人的

---

① Geissler L R.Association - reactions applied to ideas of commercial brands of familiar articles[J].Journal of Applied Psychology,1917,1(3):275-290

研究,对理性诉求(情报性诉求)广告下的操作定义是"含有一种或一种以上信息内容的广告",对广告中可能有的信息内容,他们界定为 14 种,包括产品的功能、用途、价值和质量等。[①] 对于每一种信息内容,他们制定了严格的分析标准。例如对于"功能用途"的分析标准是"产品有什么用途,与其他产品相比较,该产品的使用效果好到什么程度"。评分方法是,有上述信息的广告记为"1",没有记为"0"。

第二,对现有案头资料进行科学合理的抽样,要求被抽到用于分析的资料应该具有代表性。

第三,对编码员进行训练,让他们熟练地掌握内容分析标准和编码过程。经过训练,力求使不同的编码员对内容分析标准的理解达成一致。在实际研究中,一般要求不同编码员的一致性程度达到 85％以上。

第四,对编码后获得的数据进行统计分析。

这三种方法各有特色,分别适用于不同的研究课题,既可以单独使用,也可以把几种方法结合起来使用。

对研究方法感兴趣的读者,可以参阅黄合水,陈素白编著的《广告调研方法》(厦门大学出版社 2016 年版)一书。

# 第四节　广告心理学与相关学科的关系

广告心理学是一门边缘交叉学科,与心理学、广告学、消费心理学等学科都有密切的关系。它在引用、吸收其他学科的理论和方法的基础上,逐步发展成为一门独立的学科。

## 一、广告心理学与心理学

心理学是研究人的一般心理现象和心理规律的科学,心理学研究所揭示的许多规律是各个应用心理学科的理论基础,当然也是广告心理学的重要理论基础。例如在广告心理学中,要求广告人员创作出来的广告语不要过长。这一指导原则的理论依据就是认知心理学关于短时记忆的研究结论,即短时记忆的容量一般为 $7\pm2$ 个组块。所以,要深入研究广告活动中的心理学问题,离不开基

---

① Resnik A J,B L Stern.An analysis of information content in television advertising[J]. Journal of Marketing,1977,41(1):50-51

础心理学研究提供的理论基础以及方法。

广告心理学是从探索心理学原理在广告活动中的应用开始,而后逐渐发展形成一门独立的学科。虽然广告心理学与基础心理学都是以人为研究对象,但是心理学研究的是一般情况下的人,而广告心理学研究的则是处于广告活动情景中的人。虽然广告心理学要以基础心理学的研究为基础,但是广告心理学的研究成果,反过来也丰富了心理学的学科知识。

总之,广告心理学是心理学在应用领域的一个分支。也可以说,广告心理学是应用心理学的一个分支。所以在广告专业杂志出现之前,许多广告心理学研究成果主要发表在应用心理学杂志上。

## 二、广告心理学与广告学

广告学是探讨广告活动现象及其一般规律的科学。广告学的研究描绘出广告活动的基本框架,广告心理学正是在广告学所描绘的广告活动框架之下,探讨人在广告活动中产生的心理现象和心理规律,为广告活动提供理论基础。相对而言,广告学研究的广告活动过程是宏观的,而广告心理学研究的广告活动中人的心理是微观的。

在广告学中,人们既强调广告的艺术性,也强调广告的科学性。但在广告心理学中,人们更加重视从科学性的角度来审视和探讨广告以及广告活动。换个角度来说,广告心理学是适应广告的科学性要求逐步发展起来的。它为广告活动中的各种决策提供科学的理论依据、实证依据。例如,广告目标的决策问题,如果没有广告心理学提供的层次效果等理论模型,解决起来就缺乏理论基础。现代广告诉求对象的确定,如果没有心理学关于人格分类的理论和测量手段,广告宣传要做到有的放矢就比较困难,因为传统的按人口统计学特征来界定广告诉求对象在许多情况下并不十分有效。

## 三、广告心理学与消费心理学

广告心理学与消费心理学有着非常密切的关系。在西方国家,广告心理学常常被看作是消费心理学的重要组成部分。这种认识并非偶然,因为无论是广告心理学,还是消费心理学,都将消费者作为重要的研究对象。特别是关于消费动机的研究,都深受这两个学科的重视,也可以说,在消费动机这个领域,两个学科是统一的。但是仅将广告心理学当作消费心理学的一部分是不恰当的。原因在于,第一,广告心理学所研究的一些问题,消费心理学并不关心,如广告的认知过程、广告的说服、广告创意的思考方法、媒体接触的心理活动等。相反,一些广告消费心理学关注的问题,广告心理学并不关心。如消费情景、文化环境对消费行为的影响等。第二,消费心理学侧重研究人与商品的关系。广告心理学虽然也关注这种关系,但它更加侧重于人与广告活动的关系。第三,消费心理学研究服务于市场营销,而广告心理学研究主要服务于营销活动中的广告宣传。所以说,这两个学科有共同关心的问题,也有各自要解决的问题。它们是相互交叉的两个学科。

# 第五节　广告心理学的发展简史

　　广告是商品经济的产物,在人类社会发展到商品交换之后,人们便开始了广告活动,即采取各种手段吸引人们进行商品交易或买卖。由此推断,广告已经有了相当长的历史。在漫长的广告发展过程中,为了有效地招徕顾客,广告者不断地进行摸索,不断地改变广告技法。如叫卖者用摇铃、敲打器械代替喊叫,将"叫卖"改变为"唱卖",以及后来利用大众媒体进行广告宣传等。这些广告技法以及工具的革新和演变,实质上都意味着叫卖者(广告者)对经验的总结和对顾客接受信息状况有了新的认识,反映了广告者对广告心理现象及规律的探索。尽管如此,真正将广告和心理学联系起来,是在 19 世纪末科学心理学诞生之后。

　　1879 年,著名的德国心理学家冯特在德国莱比锡建立了人类历史上的第一个心理学实验室,由此标志着科学心理学的诞生。从那以后,许多心理学实验室纷纷建立,越来越多的心理学家开始放弃原来的内省法(早期的心理学研究方法)转而采用实验法、调查法来研究心理学问题。1895 年,美国明尼苏达大学心理实验室的 H.盖尔率先采用问卷调查法,探索消费者对广告及广告商品的态度和看法。经过几年的调查研究,1900 年盖尔出版了《广告心理学》一书。一般认为盖尔的这些研究是广告心理方面最早的研究,但是盖尔的研究工作没有产生足够的影响,1901 年美国西北大学心理学家 W.D.斯科特在芝加哥的年会上,提出把广告的工作实践发展成为一门科学和心理学对此可以大有作为的见解,得到了当时与会者的热烈支持。在随后的两年间,斯科特连续发表了 12 篇有关广告心理的文章,并汇集成一本书,书名叫《广告原理》,于 1903 年出版。该书的问世标志着广告心理学的诞生。1908 年,斯科特进一步将广告心理学的知识系统化,写成《广告心理学》一书并出版。与此同时,闵斯特博格也开展了关于广告面积、色彩、文字运用、广告编排等因素于广告效果关系的研究,这些研究成果汇集在他所撰写的《心理学与经济生活》一书中。①

早期关于广告心理的研究都是在以生产者为中心的经济条件下进行的,因而研究的目的也自然是服务于卖方市场。第二次世界大战之后,随着商品经济的快速发展,市场竞争的日益剧烈化,以及市场营销观念由生产者为中心向消费者为中心的转变,对消费者行为的研究越来越受到广告研究者和心理学家的重视,美国的许多商业机构都开展消费者行为尤其是消费者购买动机这一涉及广告主题或广告诉求问题的研究。其中比较典型的是速溶咖啡行销障碍的深层动机研究。这些实用性研究,大大地丰富了广告心理学的知识。

与此同时,心理学和社会心理学的研究也有了很大的发展。当时,心理学界正是行为主义心理学的时代,以华生、斯金纳为代表的行为主义心理学家围绕着刺激与反应的问题进行了大量研究。另一方面,以霍夫兰为代表的一批社会心理学家在战后继续了战时关于说服方面的研究,也取得了丰硕的成果。这些研究成果以及心理学其他相关的研究成果大量地被引用到广告实践中,从而丰富了广告心理学的内容,促进了广告心理学的发展。

20世纪60年代以后,西方发达国家的科学技术突飞猛进,经济高速成长,广告业也取得了前所未有的发展。在这种背景下,对广告活动的科学化要求日益提高。作为广告活动的基础理论学科,广告心理学越来越受到人们的关注和重视。在这个阶段,心理学本身也发生了重大的历史性变化,一种新的心理学思想、一个新的心理学学科——认知心理学诞生了。认知心理学以其旺盛的生命力在短短的时间里取代了传统行为主义心理学的地位,渗透到心理学的各个研究领域。

在广告活动实践要求的推动和认知心理学以及其他科学技术发展的影响下,特别是随着广告学科的专业杂志 JAR、JA 等刊物相继创刊,60 年代以后的广告心理学取得了巨大的发展。具体体现在以下几个方面:

1. 研究成果越来越丰硕。仅就 JA 和 JAR 两本杂志来说,广告心理学的研究成果从 60 年代起几乎是每 10 年翻一番,②如图 1-3 所示。研究成果除了发表在上述两本专业杂志之外,还发表在以下几个主要杂志上,包括《消费者研究》(*Journal of Consumer Research*)、《营销研究》(*Journal of Marketing Re-*

---

① 陈培爱.广告攻心术[M].厦门:厦门大学出版社,1993:8
② 燕文慧.二十世纪国际上广告心理研究之研究[D].厦门大学新闻传播学院硕士论文,2008

search )、《营销》( *Journal of Marketing* )、《国际营销研究》( *International Journal of Research in Marketing* )、《应用心理学》( *Journal of Applied Psychology* )、《心理学与营销》( *Psychology and Marketing* )以及其他一些相关的心理学和营销杂志。

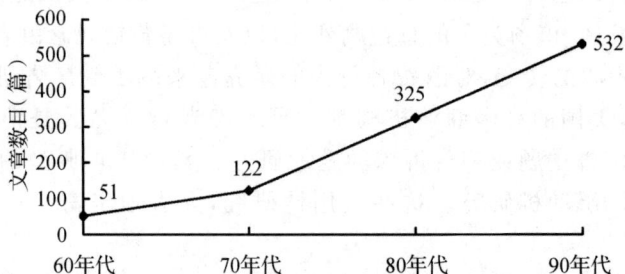

图 1-3　JA 和 JAR 发表的心理学论文总数

2. 研究机构越来越多。60 年代以后,仅在 JA 和 JAR 发表 10 篇以上论文的研究机构就包括得克萨斯大学、纽约大学等 15 所美国高校(见表 1-1),此外还有美国其他高校、专业公司,英国、加拿大、澳大利亚、日本等其他国家的高校。

表 1-1　2000 年前在 JA 和 JAR 上发表 10 篇以上论文的研究机构

| 研 究 机 构 | 篇　　数 | 研 究 机 构 | 篇　　数 |
|---|---|---|---|
| 得克萨斯大学 | 28 | 克利夫兰大学 | 13 |
| 纽约大学 | 25 | 纽约城市大学 | 12 |
| 鲁格斯大学 | 19 | 亚利桑那州立大学 | 12 |
| 伊利诺伊大学 | 19 | 宾夕法尼亚大学 | 11 |
| 南加利福尼亚大学 | 17 | 西北大学 | 10 |
| 加利福尼亚大学 | 16 | 华盛顿州立大学 | 10 |
| 佐治亚州立大学 | 14 | 哥伦比亚大学 | 10 |
| 密歇根州立大学 | 13 | | |

3. 研究队伍越来越庞大。从表 1-2 可以看出,在 JA 和 JAR 上发表 3 篇以上论文者中,60 年代开始就在进行广告心理学研究的学者有 4 人,70 年代增加到 8 人,80 年代有 13 人,90 年代有 15 人。如果将发表成果数量较少以及在其他刊物上发表研究成果的学者统计进来,数量的增长会更加明显。

表 1-2 在 JA 和 JAR 上发表 3 篇以上论文的研究者

| 研 究 者 | 60 年代 | 70 年代 | 80 年代 | 90 年代 | 合 计 |
|---|---|---|---|---|---|
| Ronald E.Frank | 3 | 1 | 0 | 0 | 4 |
| William D.Wells | 2 | 2 | 0 | 2 | 6 |
| Henry Assael | 2 | 1 | 0 | 4 | 7 |
| Arch G.Woodside | 0 | 3 | 4 | 2 | 9 |
| Marc G.Weinberger | 0 | 0 | 3 | 4 | 7 |
| Jonathan Gutman | 0 | 2 | 5 | 1 | 8 |
| Herbert E.Krugman | 1 | 2 | 3 | 2 | 8 |
| Russell I.Haley | 0 | 0 | 2 | 3 | 5 |
| Elizabeth C.Hirschman | 0 | 0 | 4 | 3 | 7 |
| David W.Stewart | 0 | 0 | 2 | 3 | 5 |
| Darrel D.Muehling | 0 | 0 | 4 | 3 | 7 |
| Betsy D.Gelb | 0 | 0 | 3 | 5 | 8 |
| Avery M.Abernethy | 0 | 0 | 2 | 3 | 5 |
| Alan J.Bush | 0 | 1 | 2 | 3 | 6 |
| Michael A.Kamins | 0 | 0 | 3 | 2 | 5 |
| Fred S.Zufryden | 0 | 1 | 2 | 3 | 6 |

4. 研究领域越来越广泛。包括广告的认知过程、广告表现与民族心理的关系、各种广告表现或诉求手段的心理效果分析、广告传播的心理机制、广告的说服技巧、潜意识与广告、广告的情感作用、广告对儿童的影响、消费者对广告的反应、广告效果的测量指标和测量方法、品牌资产、赞助广告及其效果、网络广告及其效果、广告重复与效果等。

5. 研究方法越来越多样。传统的研究以调查法、实验法为主要手段。现代的广告心理学研究不仅继承了传统的研究方法,而且采用了一些心理学、传播学研究的新方法,如内容分析法、语义分析法、投射法等。对于传统的研究方法在技术上也作了改进和更新,采用了许多现代电子技术设备,如录音录像设备、速示器、计算机、眼动记录仪、心电图、脑电波分析仪、核磁共振、肌电图等。例如Krugman 等人(1994)利用眼动记录仪研究青少年对香烟上警语的反应。[①] 此

---

① Krugman D M,Fox R J,Fletcher J E,Fischer P M,et al.Do adolescents attend to warnings in cigarette advertising? An eye-tracking approach[J].Journal of Advertising Research,1994,34(6):39-52

外,随着计算机技术和统计学的发展,研究数据结果的分析水平也有了明显的提高,一些高级的统计分析方法纷纷出现在已发表的研究报告之中。例如 Barban & Grunbaum 采用因素分析方法研究黑人和白人对广告刺激的反应。[①]

由于广告心理各个方面研究的发展以及研究资料的积累,20 世纪 80 年代以后,美国、日本等发达国家,一些广告心理学方面的专著纷纷出版问世。如朝仓利景的《广告心理学》,阿尔维特和米切尔的《心理过程与广告效果:理论、研究和运用》。这些著作的问世,标志着广告心理学已经初步成为一门具有相对完整体系和内容独立的学科,它不仅探索有关心理学理论原理在广告实践中的运用,也研究广告活动本身特有的心理现象和心理规律。

---

[①] Barban A M,W F Grunbaum.A factor analytic study of Negro and white responses to advertising stimuli[J].Journal of Applied Psychology,1965,49(4):274-279

# 第二章
# 广告策略的心理基础 >>>

广告要讲究策略,这是不言而喻的。广告策略可以针对竞争对手制定,也可以针对广告对象——消费者制定。在制定针对广告对象的策略时,广告策划者必须对消费者有比较深入的了解。

## 第一节　各种消费群体的心理特征

大多数品牌都有其相应的消费群体(市场区隔),不同的消费群体,其消费心理和行为特征也不一样。为了使广告主在制定广告战略时有的放矢,使广告活动有效地打破消费者的心理防御。了解目标消费群体(或广告诉求对象)的心理特征是十分必要的。在广告和营销实践中,由于以人口统计学特征作为标准来区隔市场或区分消费群体极为广泛,所以本节按年龄、性别、经济收入、文化程度等方面将所有消费者加以区隔,在此基础上,着重探讨各种群体在广告活动和消费活动中的心理、行为特征及其差异。

### 一、年龄差异

以年龄来区隔市场,通常可分成 0～6 岁(学前期),7～12、13 岁(小学期),13、14～18、19 岁(中学期),19、20～27、28 岁(工作初期),28、29～50 岁(工作中期),51～60 岁(退休前期),60 岁以上(养老期)等七个年龄段。这些不同的年龄段的消费者,他们较为突出的差异体现在以下几个方面:

#### 1. 在广告效应方面

不同年龄段的消费者,由于他们的身心发展程度不同,在经济生活和家庭生活中的地位不同,所以,他们观看广告的动机也不同(如年龄比较小的孩子,看广告的目的主要是为了娱乐,年龄大一点的孩子则是想从广告中寻找信息,以便更好地与他人相处,或把自己打扮得更漂亮些①),广告对他们产生的影响也有所不同。对有些消费者来说,广告使他们知道了某一品牌的产品。对另一些消费者来说,广告帮助他们形成了对品牌的爱好。还有一些消费者可能因为接受广告的影响而采取购买行动。

学龄前儿童最初是在襁褓中被动地跟着父母一起看电视广告的。逐渐地,他们学会了能够主动观看变化无穷的电视广告画面。在学龄前这一阶段,随着儿童语言能力的不断发展,他们从鹦鹉学舌地念着一些广告词和广告品牌名字开始,逐步地学会了复述广告语,如由简单地念"脑白金"到完整地复述"脑白金年青态,健康品"。不过,此时,广告还不大会引起他们对广告产品的占有欲,也很难直接影响他们的购买行为。但是,他们善于鹦鹉学舌的结果会导致他们的父母或看护人增加了对品牌名称和某些广告词的记忆。换言之,学龄前儿童常常会充当广告传播的"二级传播"者,为广告主做免费广告。

到了小学期,儿童已经学会了自己到商店买东西,并拥有成人给的少量自己可以支配的零花钱。这时广告效应在他们身上的表现是多方面的。第一,广告可能诱使他们把零花钱,甚至包括给他们买学习用品的钱花在买巧克力、QQ糖、卡通形象或小玩具上,即直接导致他们的消费行为。第二,比起学龄前儿童来说,小学生的语言表达能力已得到了很大的发展,电视、广播广告中使用的一些歌谣、顺口溜、广告口号以及品牌名称,很容易被他们记住并脱口而出。所以说,他们是更优秀的"二级传播"者。第三,广告中,特别是电视广告中儿童喜欢的玩具、食品,有时会引起他们的占有欲,并促使他们进一步向家长提出要求,甚至成为购买决策的制定者。② 许多家长尽管也认识到长期无条件地满足小孩子的要求是不合适的,但在这些"小皇帝"要求不太大的"圣旨"面前,他们却常常不愿意"抗旨"。根据西班牙社会调查部门对阿根廷、巴西和墨西哥的 4 500 名 6～11 岁的儿童进行的消费习惯调查,那些在家中收看付费有线电视的儿童,其购物习惯要高出收看一般电视的孩子。因为有线电视和卫星电视节目中的广告比一般电视更多。该调查还发现,孩子们在购买服装方面也不都是听从大人的,有22%的孩子坚持自己挑选所喜爱的服装,有 69%的孩子能接受家长的部分意见,只有 9%的孩子完全听从家长的选择。另一项对 250 位 3～21 岁被试在 28天里向父母索要用品的调查显示,索要的比例是 13.5%,索要的数量随年龄增长而下降,较大的孩子较少要求,因为他们伴随父母购物的机会较少。对谷类和小吃的要求各年龄组一样。尽管较小孩子提出的大量要求是在购物的同时,但

---

① Van Evra J.Advertising's impact on children as a function of viewing purpose[J]. Psychology & Marketing,1995,12(5):423-433

② Roedder D L,Sternthal B,Calder B J.Attitude-behavior consistency in children's responses to television advertising[J].Journal of Marketing Research,1983 20:337-350

是大多数要求发生在家中。对于孩子的要求,母亲最常见的反应是答应要求。母亲的拒绝很少导致冲突。[①] 在一项对 289 名一(92 名)、三(101 名)、五(96 名)年级的男孩所进行的调查中还发现,高的广告暴露度往往会增加儿童对产品的需求。研究中,高的广告暴露度会带来 53％的产品需求,而低的广告暴露度则是 45％的产品需求。[②] 不过,也有研究发现,广告的暴露度太高会引起儿童的厌烦情绪;高的暴露度虽然会让儿童记住产品、品牌名等,甚至会改变其原有的产品、品牌的偏好,但是却没有改变他们的购买行为。[③] 鉴于广告对儿童的影响,瑞典早在 1991 年就颁布法律,全面禁止针对 12 岁以下儿童的电视广告。作为第一个禁播儿童广告的国家,瑞典的这项政策得到大多数瑞典人的支持。他们指出,"儿童有权利免受广告的侵害",向儿童做广告是不道德的,因为儿童缺乏经验和判断力,根本无法弄明白电视广告和他们喜爱的动画片之间的区别。[④]

## 小资料——X 世代、Y 世代、Z 世代和 Alpha 世代[⑤][⑥]

世代群体理论(The theory of cohorts)

"世代群"指的是出生在同一时期的一群人。当某个世代群成年时(一般为 17～23 岁)所发生的外部社会事件会对该世代群的成员产生巨大的影响,对他们的个人偏好、欲望、态度、购买行为等起到塑造作用,这也造就了不同世代群体的显著差别。

目前来说,社会上比较关注的世代群为"X 世代"、"Y 世代"、"Z 世代"以及"Alpha 世代"。这四代人的出生年代不同,经历的社会变迁不同,媒介接触行为也不同。从世代的角度来了解不同年龄层的消费者的成长背景及媒介接触行为,有利于我们进一步了解他们的媒介接触行为特点,更好地把握年龄差异与媒介接触行为之间的关系。

表 2-1 为对 X 世代、Y 世代、Z 世代及 Alpha 世代的特点总结与对比。

---

① Isler L,Popper E T,Ward S, Children's purchase requests and parental responses:Results from a diary study[J].Journal of Advertising Research,1987,27(5):28-39

② Robertson T S,Rossiter J R.Children's responsiveness to commercials[J].Journal of Communication,1977,27(1):101

③ Gorn J G,Goldberg E M.Children's responses to repetitive television commercials[J].Journal of Consumer Research,1980,6(4):421

④ Jarlbro G, Children and Advertising on Television[J].Nordicom Review,2000,1:71-78

⑤ Mccrindle M,Wolfinger E.The abc of xyz:understanding the global generations[M].University of New South Wales Press,2014

⑥ Nagy ádám,Lcsey A.Generation alpha:marketing or science[J].Acta Technologica Dubnicae,2017,7(1),107-115.

表 2-1　X 世代、Y 世代、Z 世代及 Alpha 世代对比

| 群体 | 出生时期 | 社会背景 | 媒介接触 |
|---|---|---|---|
| X 世代<br>(Generation X) | 20 世纪 60 年代末～70 年代 | • 中国改革开放和现代化进程拉开序幕<br>• 教育机会和个人发展机会相对增多<br>• 东西方文化交流渐趋密切 | • 计算机技术向信息技术转型,信息技术和数字化世界初步发展<br>• 互联网方兴未艾<br>• 电视、广播兴盛 |
| Y 世代<br>(Generation Y) | 20 世纪 80 年代～90 年代 | • 社会主义市场经济蓬勃发展<br>• 教育机会和个人发展机会大幅增多<br>• 全球化进程加快 | • 因特网逐渐普及,数码设备和网上冲浪流行,社交网站备受青睐<br>• Y 世代是首批互联网"原住民",他们自幼便接触到信息技术和互联网,是真正的"数码一代"<br>• 电脑、移动电话和 MP3 流行 |
| Z 世代<br>(Generation Z) | 1995～2009 年 | • 中国经济步入转型升级阶段<br>• 初等教育得以普及,高等教育进一步发展<br>• 人口老龄化社会逐渐来临 | • Web 2.0 时代来临,社交媒体兴盛,Z 世代不仅接收互联网信息内容,而且可以进行创作和分享<br>• 智能手机流行,移动设备的使用量呈指数增长 |
| Alpha 世代<br>(Generation Alpha) | 2010 年及以后的人 | • 人口老龄化加剧<br>• 全球连接更加紧密 | • 科技将完全融入人们的生活<br>• 媒体不仅仅是看和听的工具,更是说和交流的手段<br>• 电脑、电子游戏和互联网等等电子语言是 Alpha 世代的"母语" |

　　对于中学生,广告的效应主要体现在影响他们零花钱的使用以及某些他们需要的日常用品的选择上(参见小资料 2-1-1)。例如当中学生需要一双鞋时,家长可能给钱让他们自己去购买,或带他们到商店选购。在中学生的品牌选择时,广告可能起着重要的作用。此外,中学生也可能是家庭购买决策的信息或意见的提供者。开明的父母常常会接受或采纳他们的意见。杜拉基亚(Dholakia)曾经访问 168 位 8 年级的印第安男孩和 88 位母亲。结果指出,母亲认为她们的孩

子是她们获得品牌信息的重要来源。[①]

当中学生走出校门步入社会以后,他们逐步在经济上获得完全的自主和独立。广告不仅能增加他们的品牌意识,改变他们的品牌态度,而且还能进一步影响他们的品牌选择和购买行为。换言之,成年人由广告引起的欲望能够转化为现实的满足。在这一点上,他们与前面几个年龄阶段的消费者有着明显的区别。这也是为什么大量的广告都是针对成年消费者的缘故。

### 2. 在媒体接触行为方面

消费者与媒体的接触是广告暴露于消费者、影响消费者的基本前提。消费者在媒体行为的年龄差异可以从下列几个方面来考察。

(1)媒体类型的接触倾向

媒体类型的接触倾向与消费者的媒体信息接受能力以及日常活动范围有关。学前儿童由于文字语言知识少,活动范围受到家长们的限制,他们一般只能接触电视媒体。有些户外广告如街道两旁的路牌广告、霓虹灯广告等,虽然有时也会进入他们的眼帘,但对他们几乎不起作用,因为他们接受这些信息有困难。在整个小学期,儿童的活动范围仍旧有限,虽然他们的语言能力有了很大的发展,但能够使他们感兴趣的仍然是有丰富视觉刺激的电视媒体以及可以玩游戏的互联网。

中学生和大多数成年人,活动的范围大大地扩大了。此时,各种广告媒体,不管是大众媒体、户外广告媒体,还是互联网,他们都有能力接受其信息。他们可以按其意愿去接触任何一种媒体。但是到了养老期,个体的活动范围又缩小了,他们除了在公园或离家不远的地方活动之外,大多数时间都是待在家里或老年人娱乐场所。因此,他们的媒体接触范围又逐渐缩小在几种大众媒体上。

除了上述客观原因之外,兴趣爱好也是人们选择接触媒体类型的原因之一。例如在互联网上可以聊天、进行各种游戏娱乐活动,所以它深受青年人的喜欢,是时尚青年接触的主要媒体。

(2)花在媒体上的时间

接触媒体是闲暇活动的一个重要组成部分。媒体接触活动是人们在完成日常工作和学习任务之后进行的。所以日常工作和学习任务所占时间的多少会影响到媒体接触时间的多少。一般来说,在学龄阶段,学习任务繁重(大多数中、小学生回家还得做作业),接触媒体的时间就相应较短。退休之后,必须完成的任务少,闲暇时间大大增多,媒体接触时间也相应的增多。

不同年龄阶段与网络使用情况

---

① 　Dholakia R R.Brand names or cognitions? A look at information processing behavior of Indian mothers and sons[J].Management and Labor Studies,1986 11(2):115-121

依据 CNNIC《第 47 次中国互联网络发展状况统计报告》,截至 2020 年 12 月,我国网民仍以 20～49 岁群体为主,占整体的 57.1％。其中 30～39 岁年龄段的网民占比最高,达 20.5％,20～29 岁、40～49 岁群体占比分别为 17.8％、18.8％。50 岁及以上网民群体占比由 2020 年 3 月的 16.9％提升至 26.3％,互联网进一步向中老年群体渗透。详见图 2-1。

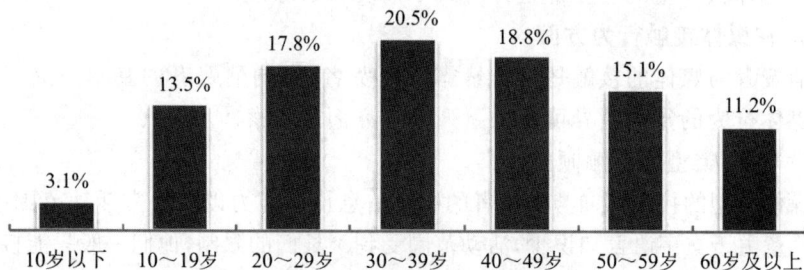

图 2-1　中国网民年龄结构

来源:中国互联网络信息中心(CNNIC)《第 47 次中国互联网络发展状况统计报告》。

(3)媒体内容的选择内容

媒体的主要内容包括新闻、科学文化知识和文艺节目等。受众对媒体内容的兴趣,与他们的知识经验以及他们在社会中承担的责任有关。一般来说,年龄越小,对科学文化知识的兴趣和欲望就越强。年龄越大,知识经验愈丰富,在社会中承担的责任愈重大,了解国内外时事政治也愈重要。所以在吸取科学文化知识和了解时事政治方面,年龄上的差异是很大的。媒体的主要内容包括新闻、科学文化知识和文艺节目等。受众对媒体内容的兴趣,与他们的知识经验及他们在社会中承担的责任有关。一般来说,儿童对科学文化知识比较感兴趣;到了青少年、青年时期,逐渐对娱乐文艺节目感兴趣;随着年龄继续增长,知识经验愈丰富,在社会中承担的责任愈重大,对了解国内外时事政治、经济发展及社会问题的需求越强烈。据企鹅智酷针对 19 岁及以下、20～39 岁以及 40 岁以上的人群在手机上阅读时,对哪类新闻更感兴趣,结果如图 2-2 所示,最受 19 岁及以下人群最喜欢轻松娱乐类、图片视频类及明星综艺类的新闻,比例分别为 26.6％、20.5％和 16.9％;而 20～39 岁的青年人则对社会调查类和产业经济类新闻更感兴趣,其比例分别为 27.5％和 12.2％;40 岁以上的用户最愿意阅读时政类和生活服务类新闻,比例高达 44.1％和 41.9％。

在与传统媒体差异很大的网络媒体世界中,人们对媒体内容的趣向,也会有很大的变化。以前受众只能作为被动的信息接收者,现在,许多受众热衷于作为信息的发布者,如在各种论坛上发表言论,写博客,做视频信号的发送者等。也

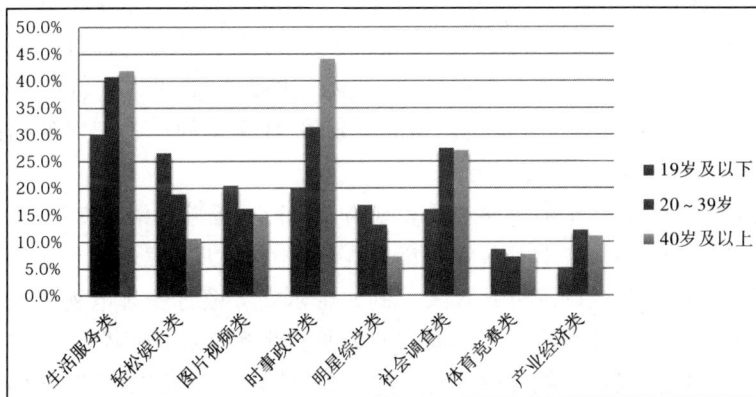

**图 2-2 你更愿意在手机上阅读哪些类型新闻?**

来源:企鹅智酷.《2015 年新媒体发展趋势报告:中国网络媒体的未来》[EB/OL].ht-tp://www.199it.com/archives/404766.html

有相当一部分受众热衷于互动,如游戏、聊天。广告实践者要及时不断地关注网络媒体在这方面的发展。

**3. 在认知方面**

人的认知能力随着生理机能的变化而变化。当生理发育成熟时,认知能力的发展亦趋于稳定。而当生理机能开始衰退时,认知能力也逐渐下降。所以认知能力和认知特点的年龄差异在 18 岁以前和 55 岁或 60 岁之后表现得比较突出。

在注意方面上,儿童(包括学龄前儿童和小学生)注意的特点是:①能把注意力集中在感兴趣的事物上(包括广告),而且一旦他们集中注意于某事,就很难同时再注意别的事。但是这种注意很容易因其他强烈的刺激而转移。例如当他们在做作业时,隔壁房间的电视声响就可能会分散他们的注意力。②对新奇、运动、变化的刺激容易产生注意,而对静止、枯燥、单调的刺激容易丧失兴趣,这也是为什么喜欢看广告、动画片而不喜欢看室内电视剧的原因之一。③注意自己能理解的东西。有研究表明,即使在学龄前期,儿童也能主动地注意自己能理解的节目内容。儿童的这些注意特点在少年(中学生)以至于成年人身上也有所体现,不过随着年龄的增长,人们对刺激物的注意主要靠刺激物的意义性来维持。

在记忆方面,年龄上的差异首先表现在记忆方式上。在 12、13 岁以前,儿童的机械记忆得到了充分的发展,他们的大量知识都是通过机械记忆积累下来的。所以在儿童广告文案的创作上,应该强调广告语的语音特征而不是语义信息。13、14 岁以后,个体的语义记忆不断发展,并逐渐代替机械记忆而处于主导地位。其次表现在记忆能力上,年龄小记忆力强,记住的东西容易保持而且保持得久。年龄越大,特别是到了 50 岁以上,一方面是学习的东西不容易记住,另一方面是记住的东西容易遗忘。杜波（Dubow,1995）的研究证实了记忆能力随年龄变化而变化的观点。该研究从 3 个文案测验公司搜集了资料,利用"一天后回忆"、"品牌回忆"、"再认"为广告记忆测量指标,比较了 18 岁以下、18～34 岁、35 岁以上等 3 个年龄组的广告记忆。研究发现,3 种测量的广告记忆的确随年龄变化而变化,年龄越轻,记忆越好。①

在感知理解方面,年龄差异主要表现为:年龄小,经验和语言知识少,有些语言符号无法感知(如广告上有些字儿童不认识)。有时儿童虽然能够感知广告的语言,但不一定能够准确理解其含义。例如希尔安大败毒胶囊电视广告语中的一句话"下面的问题就解决了"(下面的问题是指生殖系统的问题),许多小孩子虽然听了很多遍,但仍不能理解。对一些"双关语言"、"幽默语言",他们甚至可能会误解。随着年龄的增长,到了 17、18 岁以后,个体的语言感知和理解能力就基本上发展成熟。研究发现,部分 5～6 岁的儿童可以分辨出广告,包括针对儿童和成年人的广告②,甚至 2 岁的儿童就有这种区分能力,③7～8 岁以后一般能够理解广告的意图④。

在思维方面,年龄小的儿童,他们的思维批判性还没有发展成熟,对老师的话,书本的知识或传播媒体上的观点、看法往往深信不疑。⑤ 正如 20 世纪 90 年代,有些小孩子看了"我不打针,我不打针"的银黄口服液电视广告之后,坚持不打针一样。国外研究表明,绝大多数 7～10 岁的儿童未能察觉有误导性的广告,并且承认他们在辨别时存在着困难。但是 11～12 岁的儿童则具备了这种辨别的能力,他们能够透过广告中使用的声音、行为方式以及语言上的细微差别来判断该广告是否有误导的成分。⑥ 17、18 岁以后,个体的思维批判性逐渐发展成熟,开始对事物、观点持审慎态度。此时广告想对他们进行有效说服也变得困难。

### 4. 在需要和动机方面

众所周知,人的需要有些是与生俱来的,有些是后天习得的。后天的需要是

---

① Dubow J S.Advertising recognition and recall by age—including teens[J].Journal of Advertising Research,1995,35(5):55-60

② Blosser B J, Roberts D F.Age differences in children's perceptions of message intent [J].Communication Research,1985,12(4):455-484

③ Young B M. Anticipating Children's Reactions to Television Commercials: Emulation, fears and misunderstandings[R].Report to the Independent Television Commission(ITC),1997

④ Jarlbro G.Children and advertising on television[J].Nordicom Review,2000(01):71-78

⑤ 林崇德.中学生心理学[M].北京:北京出版社,1983

⑥ Bever T G,Martin L S,Bengen B,Thomas G J.Young viewers' troubling response to TV ads[J].Harvard Business Review,1975,53:109-120

人们在学习生活和社会活动中产生的。在个体的发展过程中，年龄越小，先天需要的地位越突出，由这种需要产生的动机对个体的行为的支配作用也越大。随着年龄的增长，后天各种各样的需要逐渐产生，并成为强有力的动机直接主宰着个体的行为。由此可见，处于不同年龄段的个体，对他们的行为，特别是消费行为产生较大影响的需要和动机也不一样。

（1）12、13 岁以下

对于这一年龄段的儿童来说，他们的日常行为中所隐含的需要或动机主要包括生理需要（饮食等）、好奇心以及家长和老师的赞赏和奖励。生理需要和好奇心与他们的消费行为有关，是他们购买和消费行为的内在动力。例如当他们口渴时，他们会用自己的零花钱去买汽水。当他们看到一种新式的玩具或文化用具时，由于好奇心的驱使，他们会要求家长给他们买。有些小孩还会到网吧去猎奇。不过家长的赞赏或老师的表扬作为他们的一种需要，更多的是激励他们的学习行为。

（2）13、14～18、19 岁

与儿童相对照，这一年龄段的个体活动范围扩大了，社会交往增多了。他们的自我意识逐渐觉醒，性意识开始萌发，独立感也在增强。他们的需要开始显得多样化。除了正常的生理需要和好奇心之外，他们的群体归属需求、成人感以及对美的追求已逐渐在他们的行为中表现出来。同伴拥有的东西，他们也希望拥有以便获得同伴的认同；成人的意见他们有时会表示反对或提出自己的看法来表示自己不再是一个小孩。在这一年龄段，随着年龄的增大，下面两种需要越变越突出：

第一，成熟的渴望。即希望自己是成人。这表现在他们喜欢模仿成人的行为举止。如男孩子学抽烟、喝酒，女孩子学化妆、打扮等。他们希望别人把他或她当做成人看待，任何把他们看做小孩的言语、举止往往都会引起他们的不愉快或反感。

第二，性的需要。随着生理发育的逐渐成熟，少年的性意识逐渐增强，他们开始对异性产生好奇，并喜欢在异性面前表现自己。他们开始注重自己的衣着打扮，有意识地表现自己的魅力，对性知识的探求欲望也日益增强。这也是小书摊越摆越多、长盛不衰，黄色光盘、黄色网站屡禁不止的原因之一。

（3）19、20～28、29 岁

这一年龄段的青年，一部分继续进入大学深造，另一部分则步入社会开始参加工作。他们开始逐步掌握自己的经济命脉。其中大学生和待业青年虽然在经济上仍然依赖于父母或家庭，但是他们对自己所需物品基本上拥有购买的决定权。

这一年龄段的多数青年，没有家庭负担，闲暇时间充裕，社会交往或网络活动多，他们的身体和智力发展基本成熟，人格和世界观也初步形成并趋于成熟。他们代表着新一代的社会风貌。此时影响他们的行为的心理因素主要有：

第一,逆反心理。逆反心理表现为人们越是得不到的东西,越想去得到;越是不允许接触的东西,越想去接触;越是不让知道的东西,越想方设法弄清楚;越是不允许干的事情,越想试一试。逆反心理是一种普遍的心理现象,但在青年人身上表现最为突出。能够有效地运用人们的逆反心理,也可以使广告获得成功。例如,有个美国"皇冠牌"香烟的推销员,在西欧某海滨城市推销其香烟时,发现香烟市场已被其他公司捷足先登。他偶然登上一辆公共汽车,抬头看见车上写着"禁止吸烟"的字样,顿时灵机一动,想出了一个绝妙的主意。不久,这个城市到处贴着这样的广告:"此地禁止抽各种香烟,连皇冠牌香烟也不例外。"这使人们想到,皇冠牌香烟从来没有用过,也要禁止,那倒要试试它有什么与众不同之处。于是皇冠牌香烟的销售量激增。

第二,博得异性的好感。这一年龄段的青年正处于恋爱、婚姻阶段,他们与异性交往的机会比较多,希望从交往的对象中选择自己的异性朋友或终身伴侣。在交往过程中,如何博得异性的好感不仅是继续交往的前提,也是交往成功的保证。为了达此目的,青年们常会采用一些办法,如赠送对方喜爱的物品,通过自己的外表装饰表现自己的美丽、风度和不俗的气质。

第三,冒险心理。青年人无牵无挂,身强体壮,精力充沛,这是他们敢于冒险和勇于冒险的资本。青年人冒险心理表现为敢于接受新思想、新事物、新观念,对于采取某种行为所导致的不利后果和获得的利益,他们更关心后者。在新产品打开市场时,敢于冒险的人往往被看作是突破口。国外早期的一项研究将女性分为不同类型的人加以比较发现,越敢冒险的人,广告对他们的商标选择的影响越大。换句话说,那些不因怕出差错而缩手缩脚的人,受广告宣传的影响较大。

第四,好胜心理。争强斗胜是青年人的一大特点。好胜心有时表现为好虚荣、好攀比,它是人的自尊需要的表现。青年人一般不愿意承认自己的智力、能力弱于别人。相反,每个人都企图表现出不亚于别人,甚至强于别人。在消费方面也是如此。例如在一群青年中,通常要是有人抽高档香烟,其他人也不会示弱。尽管平时自己舍不得买高档香烟,但在同伴面前,也要显得似乎自己长期都是使用高档香烟。社会上的许多高消费现象都跟青年人的好胜心理有关。

(4)28、29~50岁

这一年龄段是人生中事业步入顶峰的阶段,也是人生历程中最艰难的时期。在工作上,他们要承担最复杂、最繁重的任务;在生活上,他们要关心老人、照顾小孩、完成烦琐的家务;在经济上,他们要抚养子女、赡养老人和维持家庭生活。如果把18、19~28、29岁的年轻人称为感情冲动型的人,那么,28、29~50岁的就应该成为理性务实型的人。对这个年龄段的人来说,下列几个方面对他们的购买和消费行为起着重要的作用：

第一，功利心理。其表现是期望以最小的付出获得最大的利益或满足。中青年人的功利心理与他们所承受的经济压力有关。许多广告和促销活动在价格上做文章，其实质就是针对消费者的功利心理而为。

第二，方便心理。繁忙的人总希望能避开琐事，或从琐事中节省出时间来。因此，如果一种物品或工具比另一种更便于使用，将更受欢迎。中青年人繁重的家务和工作任务造成他们产生对物品的方便性要求。

第三，家庭温暖。家庭的温暖主要表现为家中成员的和睦相处，相亲相爱，互相尊敬和帮助。中青年人对家庭温暖的需要，一方面是因为和睦的家庭有利于解除工作和社会事务上的精神压力，另一方面有利于将更多的精力投入工作和事业中。然而家庭融洽气氛的保持，除了思想上的沟通和工作上的相互支持外，有时也需要借助于物质来交流感情。例如丈夫出差回来给妻子买一条裙子，妻子为丈夫的生日买一套他很早就想买的西装。

第四，对子女的爱。美国广告学家施塔奇（Starch）关于动机强度的调查研究表明"对子女的爱"这一动机是各种各样动机中最强的一种，它仅次于"食欲"动机，处于第二位。在家庭观念和传宗接代观念更强的我国，这一动机的强度以及它对人们的购买和消费行为的影响作用，是不言而喻的。如今各种名贵的少年儿童用品之所以在市场中销售行情看好，原因就在于此。[1]

(5)51～60岁

大多数这一年龄段的人都正在担任他们一生中最重要的角色。重要的工作任务要求他们付出大量的时间和精力。所以投入其他方面的时间和精力就相对较少。在这个年龄段，人的体力和精力都在下降，已有的信念越来越稳固，处理问题的方式也越来越模式化。在家庭生活方面，这一年龄段的人由于子女逐渐独立出去，因此他们关心的问题也由子女的婚恋、就业逐渐转移到自己的晚年生活上。此时，对他们的消费行为影响较大的因素有：

第一，守旧心理。上了50岁的人倾向于保留自己的生活习惯和生活风格，他们愿意接受他们曾经信任、喜爱的物品，而不愿意接受新的物品。换句话说，他们在品牌的选择上表现出强烈的品牌忠诚，要说服他们接受一种新的品牌相当困难。国外研究表明，年老妇女对于新型奶罩和香料这样一些各种不同形式和性质的产品的变化是不大受引诱的，而年老男人则对于各种牌子的板烟丝，某几种酒精饮料，各种类型的剃刀片以及刮面后洗面剂的各种品牌和香味等的改变是相当反对

① 蓝三印，罗文坤.广告心理学[M].香港：天马出版社，1979

的。[①] 另有一项研究还发现,"抑制"新产品或对新产品反应"迟钝"者一般都是老年消费者。在一项对新产品反应的调查研究表明,有 19％的人一般拒用新产品。在这 19％的人中,58％的人年龄在 50 岁或 50 岁以上。而在那些不拒用新产品的 81％的人中,年龄在 50 岁或 50 岁以上者仅占 20％。[②]

第二,健康需要。随着身体机能的衰退,51～60 岁的人逐渐意识到健康的重要性。由于物质生活条件已稳定或完善,健康需要就成为他们最强有力的消费行为的原动力。当前老年迪斯科以及其他健身活动的兴起和普及,老年保健药品的兴盛,都反映了他们对健康的需要。

(6)60 岁以上

60 岁以上的人基本上都从各种事物压力中摆脱出来。他们一般都是在家休养,但可以根据自己的意愿选择某些活动。由于生活方式的重大(由在职人员变成退休人员)以及身心机能的衰老,他们的心理需求也发生了一些变化。西蒙斯(Simmons)1960 年的跨文化研究指出,老年人有五种基本需要或目标:[③]

第一,尽可能设法将生命延长;

第二,获得更多的休息;

第三,保持他们所具有的成就;

第四,保持活动的心情,希望有事情可做,以便打发时间,但不一定完成什么事情;

第五,在一种快乐生活的希望之中舒适地死亡。

简而言之,老年人的需要集中在健康和愉快地度过晚年悠闲的生活,要满足他们的这些需要一方面依靠老年人自身的生活安排,另一方面则依赖于子女的"孝心"。台湾的许多广告就是通过激发子女的"孝心"来打开老年产品的市场。脑白金也是通过给父母送礼来撬开市场的。

## 二、性别差异

男性和女性不仅在生理上存在差异,在传统社会角色以及心理、行为等方面也存在一定的差异。在购买和消费活动中,消费者的性别差异早就受到市场学家、消费心理学家的重视。消费心理学家布莱克威尔、恩格尔和科洛特 1969 年研究过 301 位丈夫和妻子在冰箱和汽车购买决策中的差异。他们的研究将决策

---

① 任崇宝.商业心理学[M].光明日报出版社,1989

② 王德馨,王显升.市场学[M].台湾:三民书局印行,1980

③ 井上腾也,长屿纪一.老年心理学[M].上海:上海翻译出版公司,1986

过程分为几个阶段加以分析发现,在冰箱的购买决策中,妻子的参与人数比例较大,而在汽车购买决策中,丈夫的参与人数比例较大(见表 2-2)。[①]

表 2-2　在电冰箱和汽车购买决策过程中丈夫和妻子参与决策的人数

单位:％

| 阶　　段 | | 冰　　箱 | | 汽　　车 | |
|---|---|---|---|---|---|
| | | 丈夫 | 妻子 | 丈夫 | 妻子 |
| 购买前计划阶段 | 发起人 | 71 | 89 | 93 | 39 |
| | 提议购买何种款式、机型 | 33 | 70 | 80 | 29 |
| | 提议购买何种品牌 | 33 | 45 | 73 | 21 |
| | 拟订预算 | 35 | 45 | 73 | 17 |
| 寻找消息阶段 | 收集信息:由他人口中得知 | 92 | 85 | 57 | 43 |
| | 由媒体上得知 | 59 | 55 | 57 | 43 |
| 购买阶段 | 惠顾 | 88 | 86 | 96 | 73 |
| | 购买者 | 71 | 79 | 94 | 52 |

性别差异是一个很广泛的研究领域,这里仅就与广告活动有关一些问题作分析(见表 2-3)。

### 1. 媒体接触

表 2-3　受众经常或每天做的事

单位:％

| 受众 | 看电视 | 读报纸 | 听广播 | 读杂志 |
|---|---|---|---|---|
| 男 | 89.1 | 25.4 | 18.2 | 17.1 |
| 女 | 82.1 | 19.7 | 15.4 | 14.4 |

从表 2-3 可知,男性接触媒体的人数一般比例要大于女性。例如 1997 年对全国受众的调查表明:无论是经常或每天看电视、听广播,还是读报纸、读杂志,男性的比例都大于女性的比例。[②] 而在新媒体的使用亦是如此。看艾瑞调研数据显示,新媒体男性用户占比为 57.3％,女性用户占比为 42.7％,同整体网民性别分布基本一致;从年龄分布来看,新媒体用户中近一半集中于 80 后(26～35 岁),占比为 49.5％。可见,80 后、男性是新媒体用户主力军。

---

① 　伍德斯 W A.消费者行为[Z].杭州商学院(内部资料)

② 　罗明.中国电视观众现状报告[M].北京:社会科学文献出版社,1998:472-474

在媒体内容取向上,男性一般比较关心新闻、经济和体育信息,而女性对文艺、娱乐和电视剧更感兴趣。据艾瑞调研数据显示,男性新媒体用户移动端观看的节目内容排在前三位分别为:新闻资讯(占比为53.7%)、电影(占比为50.7%)、电视剧(37.0%);女性用户移动端观看内容 Top 3 分别为:电视剧(占比为50.9%)、电影(49.3%)、新闻资讯(49.3%)。详见图2-3。可以看出女性与男性在媒体内容上的差异上的差异:女性用户在电视剧上高于男性13.9个百分点,在综艺节目上高于男性12.1个百分点;男性用户则在体育赛事高于女性11.1个百分点,在财经节目上高于女性6.6个百分点。具体见图2-4。

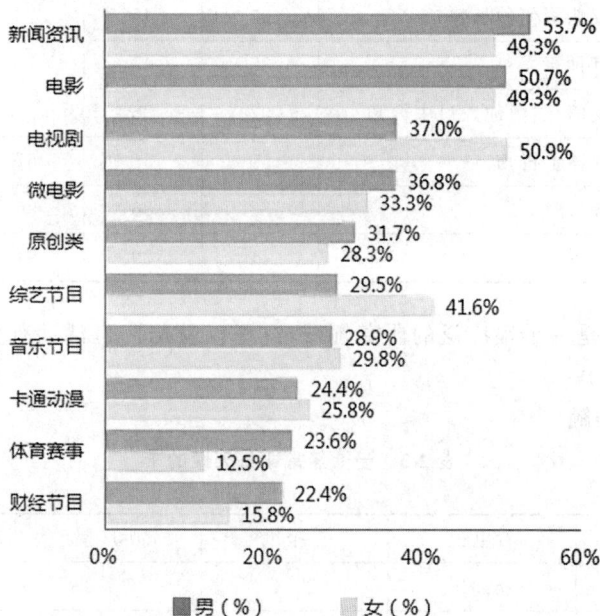

图 2-3  2014 年不同性别客户移动端观看内容分布图

来源:艾瑞咨询于2014年12月至2015年1月通过IUserSurvey在IClick社区上联机调研获得。

## 2. 消费心理

对女性消费者来说,在广告的诉求和表现上,要十分重视下列两个对她们的购买和消费行为有重要影响的内在因素。

①美的追求。俗话说"爱美之心人皆有之"。但相对而言,女性对美的追求比男性更为强烈,这可能是长期以来的传统观念——"郎才女貌"所造成的。当今服装、化妆品、减肥产品、健美产品市场十分活跃,其背后深刻的市场推动力主要就是女性的爱美之心。不过对现代女性来说,她们追求的不仅是视觉效果上的美,而是自身的整体魅力。

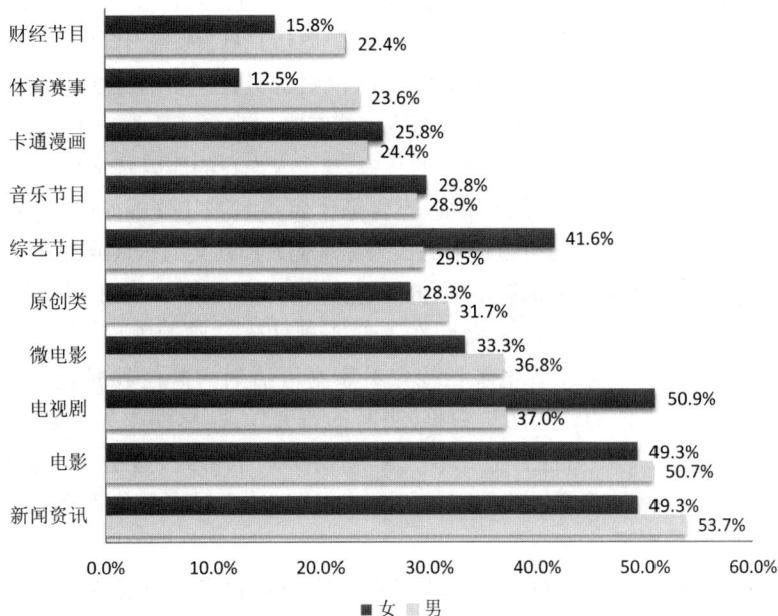

图 2-4　受众对各类媒介内容的关注度

②当好贤妻良母。贤妻良母是传统中广为强调、认可和接受的优秀女性形象。在强调男女平等的今天，人们虽然不再强调女性应该当好贤妻良母，但是传统的观念在人们的心目中是很难改变的。换言之，有相当多的女性还希望在别人看来自己是一个贤妻良母，有相当多的男性希望自己的妻子是贤妻良母。

贤妻良母是一个内涵十分丰富的概念，很难加以定义。不过，对于"贤妻良母"的女性应该具有什么的道德思想观念和行为方式，似乎每个人特别是女性都很清楚，因此，她们的思想和行为表现会自觉不自觉地以头脑中的"贤妻良母"概念为准绳。

当好"贤妻良母"，不仅体现在精神生活方面，也体现在物质生活方面。例如做一个好母亲，很重要的一个方面就是要照顾好孩子，让孩子健康成长。而做一个贤妻，至少要把家里整理得干干净净，让丈夫穿得整整齐齐。这样，许多商品的销售也就跟如何帮助女性成为"贤妻良母"联系起来。

男性消费者与女性消费者不同，影响他们购买和消费行为的内在因素主要是：

①爱潇洒。"女人爱漂亮，男人爱潇洒"，这是曾经一度十分流行的一首通俗歌曲的歌词。此歌之所以能在青年中流行，与歌词道出青年女子爱漂亮、青年男子爱潇洒的心理有密切的关系。另外一首歌曲"潇洒走一回"的广为流行，也正是因为歌词唱出了青年朋友的心声。

青年男子的爱潇洒之心体现在衣食住行各个方面。广告如能恰如其分地诉诸男性青年消费者的爱潇洒之心,就能够引起他们的共鸣。由于青年男子的这一心理特点,所以男士服装广告经常的做法是邀请一些"帅哥"作为品牌代言人,通过他们展示服装给他们带来的潇洒气度,以吸引男性消费者的关注和喜欢。

②爱自尊。在某种意义上说,男人的自尊有时比生命还重要。男人的许多出乎意料的,甚至是危害他人、危害社会的行为,其个人内在的原因就是自尊心受到伤害。所以为了得到自尊,男人都把事业(不管是什么事业)或工作看得很重,甚至比家庭还重。他们希望通过自己努力得来的成果赢得他人和社会的承认或赞许。有时当他们的自尊心无法得到充分的满足时,他们也会借助各种物品的使用来满足。

除了上述突出差异之外,男女性在消费心理的许多细微方面都存在明显的差异。有人运用 A.C 尼尔森电子扫描仪对家庭清洁剂的监控数据(包含被调查者在过去的 138 周内的购买历史数据)进行的研究发现:男性购买家庭消费品的比例高达 25%～30%;男性一般比女性购物的平均价格高,这是因为他们不愿使用优惠券并且倾向于"高价"品牌。妇女为了节省,面对产品价格变化,通常使用优惠券而不是更换品牌[①]。

一项对南京市 521 名参加商业性俱乐部的消费者进行问卷调查表明,不同性别健身消费者在价格因素、品牌因素、产品因素、地址因素四个维度上存在显著差异:女性更注重俱乐部的价格因素,俱乐部的打折健身卡或价格促销手段对她们有很大的吸引力。男性健身消费者较女性更加关注俱乐部的品牌效应。女性对于俱乐部的产品因素重视程度高于男性。女性消费者较男性更关注健身地点的便利性。[②]

1995 年的一项研究证实,女性把钱消费在个人外表相关的产品(如化妆品、服装等)上,男性则主要消费在休闲娱乐产品和服务上。[③] 2000 年的另一项关于信用卡使用和购买习惯的研究也得出类似的结果,女性学生比男同学更多地使用信用卡购买服装,男同学则更多持卡购买电子产品,进行娱乐消费和出外就餐。[④]

---

① Tridib M,Purushottam P.Gender difference in price and promotion response[J].Pricing Strategy & Practice,1995,3(1):21-34

② 王野,吴晓红.不同性别健身消费者消费行为影响因素的差异性研究[J].南京体育学院学报,2007,21(3)

③ Dittmar H,Beattie J,Friese S.Gender identity and material symbols:Objects and decision considerations in impulse purchases[J].Journal of Economic Psychology,1995,16(3):491-512

④ Hayhoe C R,Leach L J,Turner P R,Bruin M J,Lawrence F C.Differences in spending habits and credit use of college students[J].Journal of Consumer Affairs,2000,34(1):113-134

在一项关于圣诞礼物的搜索策略的研究发现:女性更全面、更细致地搜寻店内信息,更充分地利用店内信息资源。男性有选择地缩小搜索信息的范围。相对于男性,女性明显比男性更早开始圣诞节礼物购买活动,并倾向于进行更多次礼物购买活动,买更多的礼物。①

### 3. 对广告的反应

克雷恩(Crane)在其研究中让被试报告他们对广告的喜欢程度以及原因。研究发现,男性对广告的喜欢程度取决于广告本身,而女性对广告的喜欢程度则取决于节目②。另一项研究表明,女孩比男孩更愿意相信广告将影响她们的购物行为。七年级的女生看广告是为了打扮或知道有什么样的洗发水可买。她们可能在如何使自己变得更漂亮方面,将广告作为可信的信息源。相较之下,男孩产品的广告可能没那么大的影响力。因为男女由于在文化和社会方面所扮演角色的差异,使他们对外表的关注程度不同。男性受众不太可能从广告中寻找他们想要的信息。③ 拉斯特和瓦特金斯(Rust & Watkins)1975 年研究 80 个 6~9 岁儿童对电视广告的反应。结果显示,男孩子对纯自然反应较好,女孩子对社会和人际反应较好。该研究还发现,运动的性质和故事对被试反应的影响远大于人物外表细节的影响。④

达利和史密斯(Darley & Smith 1995)的实验研究通过使被试(包括男性和女性)收听低风险和高风险产品的广告,得出如下结论:女性作为全面型的信息加工者,对广告中的感性和理性诉求内容都同样关注,并且易感知广告中暗示性线索;当广告中暗示的产品风险较低时,女性对于广告中的感性和理性信息持有同样积极的态度,而当产品感知风险较高时,女性对于广告中的理性诉求的态度更加积极。男性则把注意力集中于广告中的理性诉求信息,广告中暗示性的产品风险信息,对于男性的广告态度影响不大。⑤

---

①　Laroche M,Saad G,Cleveland M,Browne E.Gender differences in information search strategies for a Christmas gift[J].Journal of Consumer Marketing,2000,17(6):500-522

②　Crane L E. How product, appeal, and program affect attitudes toward commercials [J].Journal of Advertising Research,1964,4(1):15-18

③　Van Evra J.Advertising's impact on children as a function of viewing purpose[J]. Psychology & Marketing,1995,12(5):423

④　Rust L,Watkins T A.Children's commercials:Creative development[J].Journal of Advertising Research,1975,15(5):21-69

⑤　Darley W K,Smith R E.Gender differences in information processing strategies:An empirical test of the selectivity model in advertising response[J].Journal of Advertising,1995,24(1):41-56

2004 年一项关于大学生对不同产品类别的平面广告的反应也发现:女性大学生对言语性的、温情的、复杂的,以产品类型为取向的广告表现出积极的广告态度和购买意向,而男性则更喜欢竞争性的、简单的、产品特征取向的广告[①]。

## 三、经济收入差异

按经济收入的高低为标准,消费者一般分为高收入者、中等收入者和低收入者。经济收入不同的消费者,在许多方面都存在着差异。仅就广告信息而言,研究发现,收入越高的消费者,运用广告信息的越多。[②] 在对媒体态度和对广告的态度上,伯内特(Burnett)比较了 812 位年龄在 65 岁以上的高收入和中等收入老年人的差异。研究发现报纸、杂志、电视和广播对不同收入的老年人的覆盖均有显著差异。高收入女性喜欢阅读报纸的食品、生活方式、旅游部分,中等收入的妇女喜欢广告增刊;高收入者与低收入者对媒体和广告价值的态度均有所不同。高收入者认为广告侮辱了她们的智慧,贬低了妇女的地位。[③]

在消费心理方面不同收入阶层的差异也是很大的。

### 1. 高收入者

按照某一特定社会的普通生活水准来衡量,高收入者的经济状况是经济收入扣除维持一般生活水准的支出外,还有相当的剩余。由于经济上的富足,他们不仅会选择较高的物质生活方式,而且在精神文化生活方面,他们也会有较高的要求。在商品消费方面,他们突出的特点包括:

①逐名心理。高收入者的逐名心理主要表现在他们对品牌选择过程中。对这类消费者来说,他们的购买决策比较简单,他们很少去考虑产品的品质,而是以产品的品牌知名度为依据。在同类竞争品牌中,不管质量、价格如何,只要名气大就容易获得他们的青睐。这也是名牌效应之所以会产生的深层原因,也是奢侈品在我国市场不断扩大的推动力。

②攀比心理。大多数消费者都是因为实际需要才购买商品或服务的。但是,对于有些高收入者来说,商品有无实际用途、服务是否必要,这些都是无关紧

---

① Putrevu S.Communicating with the sexes:male and female responses to print advertisements[J].Journal of Advertising,2004,33(3):51-63

② Callahan F X.Advertising's influence on consumers[J].Journal of Advertising Research,1974,14(3):45-48

③ Burnett J J.Examining the media habits of the affluent elderly[J].Journal of Advertising Research,1991,31(5):33-41

要的,关键是"别人有了,我不能没有"、"别人见过的,我不能没见过"、"我买的东西档次不能比别人差"。这种心理是当今房地产和汽车市场兴旺发达的主要原因。

③冒险心理。以较为丰厚的经济收入为后盾,高收入者不担心某种物品购买可能导致的经济损失,因而勇于试用新产品。顾客行为学家罗伯逊1966年分析过18项研究发现,在13个有关收入与创新性关系的研究中,9项研究发现消费者的收入与创新性有正相关,4项无相关,0项负相关。由此可见,把新产品的市场目标指向高收入消费者有利于打开产品的市场销路。[①]

④享乐心理。经济上的富有容易产生享乐的心理,这是一种常见的现象。在经济较为发达的沿海地区,各种高级的休闲娱乐服务如KTV、RTV、桑拿、高尔夫等近些年来蓬勃发展,其消费的推动力,固然还有别的原因,但不能不说跟高收入者的享乐心理有密切的关系。

### 2. 中等收入者

中等收入者的经济收入大多限制在一定的范围之内,他们的经济收入除了满足维持一般生活水平的要求之外,还有一定的富余。所以如果说高收入者以高消费为特征,那么中等收入者则以合理消费为特征。他们在产品购买、消费过程中常常要考虑的主要问题包括:

①产品的用途。中等收入者的购买活动一般是在一定现实需要的驱使下进行的。他们对产品的第一要求是具备适合他们需要的某种用途。打个比方,一个吸烟者要买一个打火机,他首先会看哪一种打火机更适合自己的要求。如果他经常在野外工作,他就会要求打火机具有防风功能;如果他准备把打火机摆在茶几上,以便客人使用,那么他会选择外观精美一点的打火机;如果他是为了自己随身使用方便,那么他就可能买一个简单、便宜的打火机。假如他需要一台计算机,那么他可能会选择联想,而不是IBM。

②品牌或产品的象征意义。每一个人都有自尊或自我显示的需要。当人们具备一定条件时,就会尽可能地满足自己的这些需要。在一种产品类别中,往往有多种品牌,他们分别具有不同的象征意义。例如在汽车行业中,奔驰汽车象征着豪华、高品质;保时捷汽车则象征品质和速度;法拉利不仅象征着速度,还意味着艺术。消费者通过选择不同的商品,选择不同的品牌,能够在某种程度上表现自我,满足自尊。中等收入者由于经济收入有限,不可能像少数高收入者那样去追逐名牌,所以他们在商品选择时,会更加关心产品和品牌的象征意义。

### 3. 低收入者

低收入者的经济收入相当有限,通常只能维持较低的生活水准。因此他们

---

① 科特勒 P.行销原理[Z].中兴管理顾问公司,内部资料,1979

在商品购买和消费上表现出如下特点：

①讲究节约。由于受到经济收入的限制,低收入者购买的商品一般都是用来解决某些具体生活问题的。过于奢侈或不太实用的消费品,他们都会尽可能避免购买。例如贫穷家庭的孩子,经常只能羡慕同伴或其他同龄孩子拥有时尚玩具、高级学习用品、高级服装,因为这些物品他们的父母是不会给他们买的。在品牌选择过程中,价格的高低对低收入者有很大的影响,商品的折价、削价或大拍卖往往都能引起他们的兴趣。

②怕冒风险。对低收入者来说,任何经济损失,哪怕是数量不大,也要尽量避免。购买时,他们对产品的质量通常十分重视。在不了解、不熟悉或没有使用过的产品面前,他们往往小心谨慎、犹豫不决。因此他们常常要采用从众购买或忠诚性购买的策略,即买别人买过的或自己使用过的产品,这样就可以降低购买风险。

## 四、文化程度差异

以文化程度为标准,消费者可分为文盲或半文盲、小学、初中、高中(含中专)和大学或大学以上等五个细分市场。在广告活动中,对于消费者的文化程度差异,应该着重注意以下三个方面:

### 1. 媒体接触

文化程度的高低,会影响到人们的信息接受能力。文化程度低,信息接受能力也低,反之亦然。而受众信息接受能力也会影响到受众的媒体接触。据中央电视台总编室 1987 年调查,天天接触媒体的受众比例,随文化程度的提高而增大;但报纸的增长幅度最大,电视和广播的增长幅度小。换言之,文化程度高、低对接触报纸的比例的影响很大,但对接触广播电视的影响相对较小(见表2-4)[1]。

表 2-4　不同文化程度的受众经常或每天做的事

单位:%

| | 看电视 | 读报纸 | 听广播 | 读杂志 |
|---|---|---|---|---|
| 不识字 | 48.2 | 2.5 | 8.7 | 1.5 |
| 小学 | 66.8 | 7.4 | 10.5 | 4.0 |
| 初中 | 71.2 | 17.9 | 16.3 | 12.8 |
| 高中 | 73.8 | 40.6 | 23.1 | 30.1 |
| 大专 | 76.5 | 63.4 | 29.0 | 42.8 |
| 大学以上 | 71.8 | 64.7 | 32.2 | 43.9 |

---

[1]　罗明,胡运芳,刘建鸣.中国电视观众现状报告[M].北京:社会科学文献出版社,1998:472-474

更近的调查结果从反面说明了不同文化程度的受众,媒体接触情况不同(表2-5)。从不接触广播、报纸和杂志的受众,随着文化程度的提高,所占的比例逐渐减少。[①]

表 2-5　文化程度对传媒接触的影响

| 文化程度 | 传媒从不接触比重分布 | | |
| --- | --- | --- | --- |
| | 广播 | 报纸 | 杂志 |
| 小学及以下 | 49.8 | 56.6 | 76.3 |
| 初中 | 37.7 | 29.8 | 52.0 |
| 高中 | 28.6 | 6.9 | 28.6 |
| 大专及以上 | 13.7 | 1.4 | 4.0 |

在节目内容的趣向上,一般来说,文化程度越高,对时事新闻的兴趣越浓,文化程度越低,对消遣娱乐方面的内容越感兴趣。对节目中的科学文化知识,文化程度太低者接受不了;文化程度比较高者缺乏兴趣;所以只有中等文化程度的受众相对感兴趣一点。表2-6关于观众的电视观看目的调查结果说明了这一点。[②]

表 2-6　不同文化程度看电视的目的

单位:%

| 目　　的 | 不识字 | 小学 | 初中 | 高中 | 大专 | 大学以上 |
| --- | --- | --- | --- | --- | --- | --- |
| 学习各种知识 | — | 4.7 | 5.6 | 4.8 | 3.0 | 3.0 |
| 娱乐消遣 | 34.1 | 29.2 | 21.9 | 16.2 | 14.2 | 14.2 |
| 了解国内外时事 | 22.0 | 30.0 | 35.2 | 47.1 | 61.0 | 58.4 |

## 2. 对产品的要求

国外的研究表明,文化程度高的人,目光比较远大,着眼于未来,容易接受新思想、新观念。例如,弗里切茨1977年的研究发现,具有较高文化程度的选购者,比较能坚持购买有利于保护环境资源的产品[③]。又比如,文化程度较高的父母,一般喜欢给孩子购买一些有利于智力开发的玩具,而不是买仅仅玩玩而已的手枪、布娃娃之类的玩具。此外,文化程度比较高的消费者比较喜欢格调和品质高、耐久性能好的产品等等。

---

①　北方经济咨询有限公司.1999年广告受众调查研究报告[EB/OL].http://www.3see.com/,1999

②　罗明,胡运芳,刘建鸣.中国电视观众现状报告[M].北京:社会科学文献出版社,1998:502

③　仁科贞文.广告心理[M].北京:中国友谊出版公司,1991

### 3. 接受劝导

文化程度的高低与知识经验的多寡和思维判断能力的强弱有关。文化程度愈高的人,逻辑思维能力愈强,理解能力也愈强,误解的可能性就越少(见图 2-5)[①]。教育程度高的人在接受观点、结论时往往需要经过自己的逻辑论证,而这种论证是以自己所掌握的事实材料和自己已有的知识经验为基础。因此,试图让他们接受一个缺乏论证、论据无力或逻辑不严密的结论或观点比较困难。相反,文化水平低的人往往容易不加批判地接受别人的观点,只要观点或意见的倡导者可靠即可。一般来说,具有高中以上水平的消费者,都具备较高的理性思维能力。

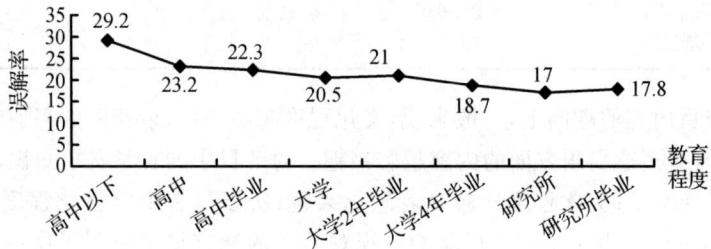

图 2-5　误解与教育程度的关系

# 第二节　消费者的品牌选择策略

品牌选择是任何商品购买活动之前消费者都要做出的决策。品牌选择可能在购买现场做出,也可能在家中或其他非购买现场做出;品牌选择可能非常简单,也可能很复杂;品牌选择可能是审慎做出的,也可能是未经深思做出的。一般说来,在购买现场进行的品牌选择是比较简单、未经深思的,而在非购买现场作出的品牌选择则是经过深思熟虑的,是比较复杂的。本节把品牌选择策略分成简单的品牌选择策略和复杂的品牌选择策略两种加以分析。

## 一、简单的品牌选择策略

简单的品牌选择通常涉及消费者熟悉的、价格低廉的日常用品,与低风险性的品牌购买有关。例如买一支普通的圆珠笔少则几角钱,多则几元钱。即使买

---

① Jacoby J,Hoyer W D.The Comprehension/Miscomprehension of Print Communication:Selected Findings[J].Journal of Consumer Research,1989,15(4):434-443

到的笔不好用或者是不合格的,也不会让人觉得损失很大。所以在品牌选择时
消费者不会作太多的考虑。

在现代市场活动中,只要细心加以考察,就会发现,许多消费者的品牌选择
都是采用这种简单的策略,他们或因为产品的外观造型漂亮,或因为许多人都在
购买使用,或因为自己曾经使用过,或因为自己经常听说或看过而选择某一品
牌。也就是说,他们的品牌选择依据是产品的外观、品牌的知名度、别人是否使
用以及自己的消费习惯等,这样就无须费太多心思。

简单的品牌选择最突出的特点,一是选择的思考时间非常短暂;二是选择决
定是在购买地点做出的。由于采用这种品牌选择策略的购买现象随着社会经济
的发展越来越普遍,所以许多广告主所展开的广告活动经常都在产品的销售地
点上做文章。这也就是当今无论你什么时候走到杂货小店,还是经由百货商店,
你都可以看到各式各样的 POP 广告的原因。针对简单的品牌选择策略,除了采
用 POP 广告之外,其他的广告对策包括:

①给你的商品设计一个显眼、让人爱不释手的包装。

②借助于大众媒体,努力提高品牌的知名度。这类广告不必作太多的介绍,
只要把品牌名称及包装形态让广大消费者熟知即可。

③选择适当的时机搞一些促销活动,如给消费者派送免费样品让他们试用
等,培养他们的行为习惯。

## 二、复杂的品牌选择策略

一种产品往往有许多属性或特点,如质量、性能、用途、价格、包装造型、知名
度等等。复杂的品牌选择策略是指消费者根据产品各方面的属性或特点进行分
析比较和权衡,然后从中选择一种自己比较满意的品牌。在这一策略中,消费者
经常要考虑或评价的两个重要变量是:各种属性的优劣(或信念评价值)和各种
属性的相对重要。由于不同的消费者在其品牌属性的信念评价中所采取的方式
以及对品牌各属性的重要性看法不同,因而品牌选择时采用的选择模式也不一
样,这样就形成了多种复杂的品牌选择模式。

### 1. 优势模式

该模式假设消费者在进行品牌偏好选择时,会对品牌的各方面属性加以考
虑,并要求这些属性都达到最优。如果有一方面不能达到最优,那么该品牌就会
被淘汰。以手表选择为例打个比方,假设手表有三个属性,属性 1 为"三防",这
一属性的信念评价值范围为 0~3。完全具备"三防"取值为 3,完全不具备取值
为 0。属性 2 为"造型的美观程度",信念评价值范围为 0~10,十分美观取值为

10,一点也不美观取值为 0。属性 3 为"走时准确度",信念评价值范围为 0～10,走时非常准确取值为 10,非常不准确取值为 0。现在我们进一步假设有五种品牌(甲、乙、丙、丁、戊)的手表,它们的信念评价值见如表 2-7 所示。

表 2-7　五种品牌的信念评价值

| 属　　性 | 甲 | 乙 | 丙 | 丁 | 戊 |
|---|---|---|---|---|---|
| 属性 1 | 2 | 3 | 3 | 3 | 2 |
| 属性 2 | 8 | 9 | 7 | 9 | 8 |
| 属性 3 | 9 | 9 | 8 | 7 | 9 |

根据优势模式,表 2-7 中,只有乙品牌手表在三个属性上的信念值都达到最高,因而它将获得消费者的最高评价,并成为被选择品牌中的唯一获胜者。其他四种品牌由于都有一种或两种属性的信念评价值达不到最高,因而不被选择。

采用优势模式进行品牌选择的消费者,其意图是想挑选出十全十美的品牌,客观地说,在当今竞争激烈的市场中,任何一种品牌都很难在各个方面占据优势地位。现实的情况是,甲品牌可能在 A 属性上占优势,而乙品牌则在 B 属性上领先。不过,绝大多数消费者很难对商品的各种属性作出客观的衡量,他们的信念评价往往是主观的。所以尽管客观上没有十全十美的品牌,但有些消费者仍然可以选出他们认为各个方面都有优势的品牌。

商品经济发展初期,在广告中把自己的产品说得十全十美,还有不少人相信。而如今,如果广告再把自己的产品说得什么都好,也只有广告创作者或广告主自己会相信。那么广告如何来塑造品牌的"十全十美"的形象以满足优势模式的消费者呢? 这里有相应的两种广告对策:

其一是指出广告品牌在各个方面的优势。例如图 2-6 的欧曼重卡,广告中,先说出了选择欧曼重卡的八点理由,接着又指出购买欧曼重卡的六大理由。

其二是透过不同的媒体或不同的广告介绍产品的不同优点。例如在电视广告上突出商品的外观造型,在报纸广告上强调产品的性能。在社交媒体上传达高质量的用户体验。

其三是努力提高品牌的知

图 2-6　欧曼重卡广告

名度,或努力塑造品牌在竞争市场中的优势地位,使消费者在品牌的信念评价时出现社会心理学所谓的"光环(晕轮)效应",即先让消费者认为某品牌是优秀的,继而让他们自己作出"优秀品牌的各方面应该是不错的"推出。

### 2. 连续性模式

该模式假设人们在品牌选择时先把品牌分成两类，即可以接受的和不可接受的。然后在产品的每一属性上定一个最低标准，要求品牌的每一属性都要达到最低标准才能接受。否则，哪怕是只有一个属性没有达到最低标准，也不予接受。继续上述例子来说，假设有一位消费者在手表的品牌选择时，给手表的各个属性定下的最低标准分别为：具备三防（信念评价值为3），外观造型比较漂亮（信念评价值为7），走时很准确（信念评价值为8）。根据这些要求，表2-7中的乙和丙都有可能被选择，其他三种品牌均因为有个别属性的评价值没有达到最低标准而被舍弃。

这种模式对于不具特色、普普通通的产品来说，是比较有利的。针对这种品牌选择模式的消费者，广告的做法是明确介绍产品具有多方面的属性。例如图2-7的iPhone 14系列手机广告，其电量、灵动岛功能、相机的升级与更新，更是吸引了一大波粉丝疯狂购买。海报将两种机型进行对比，让人清

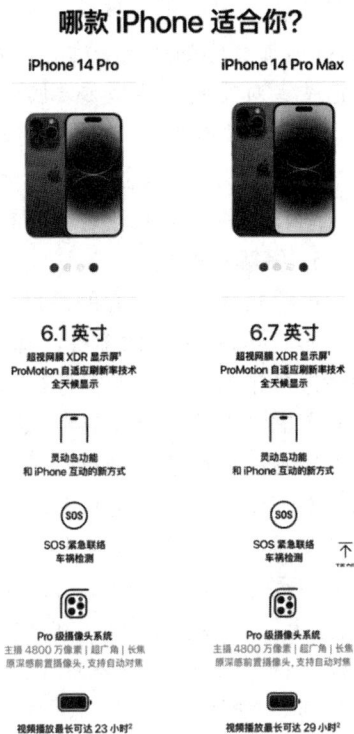

图2-7 iPhone 14系列手机广告

楚地看到两者之间的区别，从而根据自己的需求选择更适合自己的手机型号。

### 3. 不连续模式

不连续模式与连续性模式基本相似，它也要求品牌的属性达到最低的标准。所不同的是，连续性模式要求所有的属性的信念评价值都要达到最低标准，而不连续模式只考虑产品的重要属性，只要产品的重要属性达到要求，那么该品牌就有可能被选择。至于其他次要的属性是好是坏，都无关紧要。再以上述手表为例来说，有的消费者可能会认为"三防"是次要的；"走时准确"与否各种品牌差别也不会太大；最重要的是手表的"外观"要漂亮，并要求美观程度达到9分或9分以上。据此，表2-7中的乙和丁就成为该消费者的选择对象。青年女性在服装的品牌选择上经常就采用这一模式，她们通常只考虑服装的样式和颜色，只要这两个方面满足她们的要求，其他方面就变得无足轻重了。

这是一种应用比较广泛的品牌选择模式。针对这一模式，在广告信息组织上，通常是强调商品的某一或某些属性的重要性，然后指出产品在这些属性方面

能够有效满足广大消费者的要求。有时当
消费者所认定的重要属性与你的品牌不相
吻合时,那么你的广告努力方向就应该是改
变消费者对哪些属性是重要属性的看法。

图 2-8 瑞风汽车广告,只突出强调汽车
的"稳",如果这一属性是消费者最为关心
的,那么,这种诉求无疑是正确的。

### 4. 编纂式模式

该模式假设消费者的品牌选择就像编
写词典一样,一个词的多种注释按其重要性
顺序进行排列。消费者在进行品牌选择时,
首先考虑品牌的最重要属性,如果第一重要
属性还不能导致选择(如有多种品牌在这一
属性上都没有太大差别),那么,他们就以第
二重要属性为标准。如果第二重要属性仍
不能导致选择,就考虑第三个属性,如此下

图 2-8　瑞风汽车广告

去,直至能做出选择为止。该模式可以用表 2-8 来表示。根据属性 1,品牌 3 先
被淘汰;根据属性 2,又淘汰了品牌 1、4 和 6,剩下品牌 2 和 5;再根据属性 3,淘
汰品牌 5,因而选择品牌 2。由于根据前三个属性就能做出选择,因此属性 4 和
5 就不用考虑。但如果依照前三个属性还不能做出选择,就要依据属性 4 甚至
属性 5 来做选择。

针对这一模式,在广告宣传之前必须对其他竞争品牌的各种特点有充分的
了解,并把它们与自己的品牌作比较(见表 2-8)。如果自己品牌是具有表中品
牌 3 的属性,那么就要努力说明其他四种属性都比属性 1 重要。如果自己品牌
是表中的品牌 6,很显然,突出强调属性 1 和 5 的重要性是最有利的。

表 2-8　编纂式模式

| | 属性 1 | 属性 2 | 属性 3 | 属性 4 | 属性 5 | 选择结果 |
|---|---|---|---|---|---|---|
| 品牌 1 | √ | | √ | √ | | |
| 品牌 2 | √ | √ | √ | | | ☆ |
| 品牌 3 | | √ | √ | √ | √ | |
| 品牌 4 | √ | | √ | | | |
| 品牌 5 | √ | √ | | √ | | |
| 品牌 6 | √ | | | | √ | |

图 2-9 广告,突出强调是节水,然后是节
省洗涤剂,再来是节电。此外还有清洁抑菌、
不伤衣料等好处。这则广告就适合采用编撰
模式进行品牌选择的消费者,当然它也适合
另一种模式——期望值模式的消费者。

### 5. 期望值模式

期望值模式主张,消费者的品牌选择是
以品牌的每一种属性为标准的,各种属性的
重要性在消费者的心目中不一样。但是,它
们之间可以互补,也就是说,某一属性的优势
可以弥补另一属性的不足。该模式可表示为
如下公式:

$$A_{jk} = \sum_{i=1}^{n} W_{ik} \times B_{ijk}$$

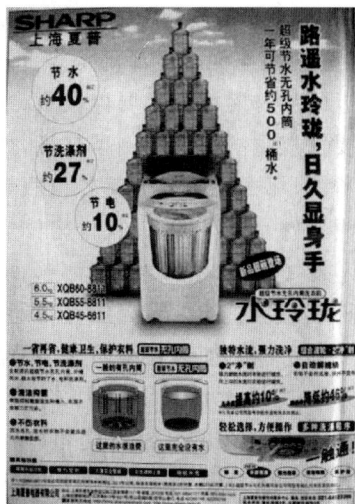

图 2-9 上海夏普洗衣机广告

式中,$A_{jk}$ 表示 $k$ 消费者对 $j$ 品牌所持的态度;$W_{ik}$ 表示 $k$ 消费者赋予 $i$ 属性的重
要性权重;$B_{ijk}$ 表示消费者 $k$ 对品牌 $j$ 所提供的属性 $i$ 的信念评价值。消费者在
最终作出选择时,就是依据每一种品牌的 $A_{jk}$ 的大小来决定。

根据这种模式,在广告宣传上,一方面要努力去改变消费者对品牌属性的重
要性的认知,使消费者认为你的品牌最突出的属性是比较重要的。假设你的房
地产交通最方便,那么你的一切广告努力就应该是让消费者觉得房子交通方便
是最重要的。另一方面,就是要努力提高消费者对你的品牌的各种属性的评价。
这犹如一个高中生想在高考取得好成绩,各个学科就必须均衡发展一样。

### 6. 理想点模式

前面五种模式都假设每一个属性的效用都可以用信念评价值来表示,评价
值愈大,其作用也愈大。与此不同,理想点模式主张,在每一个商品属性上,消费
者都有一个理想点,各个属性越接近理想点的品牌,越可能成为他们选择的目
标。例如在商品房的面积上,消费者可能希望某一适当的大小如 150 平方米,太
大或太小他们都会觉得不合适。理想点模式可用公式表示如下:

$$D_{jk} = \sum_{i=1}^{n} W_{ik} \mid B_{ijk} - I_{ik} \mid$$

式中,$D_{jk}$ 表示 $k$ 消费者对品牌 $j$ 的不满意程度,$I_{ik}$ 表示 $k$ 消费者对 $i$ 属性的理
想水平。$B_{ijk}$ 和 $W_{ik}$ 的含义同上一公式。$D_{jk}$ 愈小,$k$ 消费者对 $j$ 品牌的偏好就
愈强。如果有一种品牌的各种属性皆达到理想的标准,即 $\mid B_{ijk} - I_{ik} \mid = 0$,那么,
该品牌也就是最理想的。

针对理想点模式的广告对策,其核心就是:第一,改变消费者的理想点($I_{ik}$),使之与你的产品的信念评价值尽可能接近;第二,增加与消费者理想点相接近的品牌属性的重要性权重,或降低与消费者理想点相距较大的品牌属性的重要性权重。举一个例子来说,如果消费者已习惯于浓郁的白酒,而你的白酒比较清淡,那么你的广告就要说服他们,让他们觉得喝清淡白酒更适合。而如果你的酒刚好是清淡的,而且价格偏贵,那么就要强调酒的品味是最重要的。

图 2-10 甲壳虫汽车广告,所体现的正是这种理想点模式。甲壳虫轻巧的身材,这与当时美国市场上铺天盖地的大型轿车形成反差,一开始其销量惨淡。而那句经典的"Think small"(想想小的好处),这句广告语改变了美国人的传统汽车观念,让他们意识到了小型车的优点。"我们的小车并不标新立异。许多从学院出来的家伙并不屑于屈身于它;加油站的小伙子也不会问它的油箱在哪里;没有人注意它,甚至没人看它一眼。其实,驾驶过它的人并不这样认为。因为它耗油低,不需防冻剂,能够用一套轮胎跑完 40000 英里的路。这就是为什么你一旦用上我们的产品就对它爱不释手的原因。当你挤进一个狭小的停车场时、

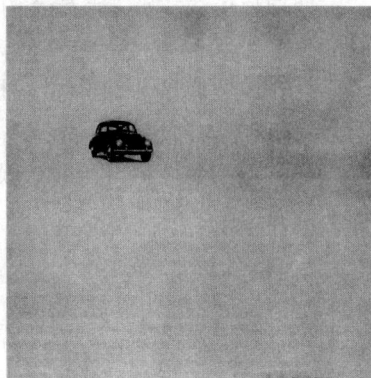

**图 2-10　甲壳虫汽车广告**

当你更换你那笔少量的保险金时、当你支付那一小笔修理账单时,或者当你用你的旧大众换得一辆新大众时,请想想小的好处。"该广告词一出来,甲壳虫就颠覆了美国消费者心中关于汽车属性的理想点。可谓是改变理想点模式的经典之范。

# 第三节　消费者的购买行为

消费者的购买行为依据不同的标准,可以进行不同的分类。各种类型的购买行为的发生,既与消费者的特点有关,又与产品的类别有关。因此针对不同类型的购买行为,广告策略也应有所不同。

## 一、按理性参与程度分类

根据消费者在产品购买过程中的理性参与(或计划完善)程度,购买行为可分为非理性购买行为和理性购买行为。当然,这种分类不是绝对的,大多数购买决策都包含一定程度的计划(理性)。但影响购买是计划还是冲动的因素包括:以前对产品的兴趣水平、以前购买对产品的考虑、广告暴露等因素。[①]

非理性购买的主要特点之一就是没有计划,这类消费者占用一定的比例,见图 2-11。[②]

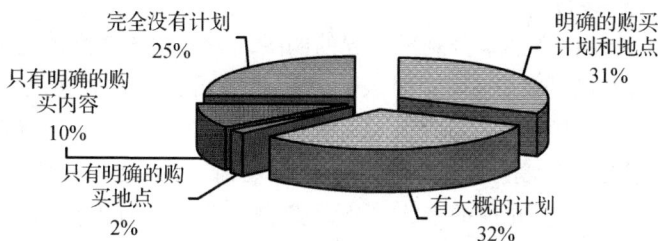

**图 2-11 消费者购买前的计划**

非理性购买行为又可以进一步分为忠诚性购买行为、诱惑性购买行为和从众性购买行为三种。这三种非理性购买行为的特点各不相同。

### 1. 忠诚性购买行为

忠诚性购买与消费者对产品品牌的态度、信任程度以及产品的购买习惯有关。当某种品牌已为消费者所偏爱,并取得消费者的信任时,消费者一旦需要这一类别的产品,就会不加思考地选择该品牌,而不愿意花时间去把这种品牌与其他品牌作比较。从品牌的使用频次来说,消费者使用次数愈多的产品,愈可能成为他们选择的对象,即熟悉的东西才敢于相信。一般来说,忠诚性购买行为随消费者年龄的增加而逐渐增多。此外,性格内向的消费者,也更可能发生忠诚性购买行为。

对于忠诚性购买者来说,在广告活动的不同时期,应采取不同的策略。首先,在产品推入市场的初期,广告活动应该以树立品牌形象为目标,促使消费者

---

① Agee T,Martin B A S.Planned or impulse purchases? How to create effective info-mercials[J].Journal of Advertising Research,2001,41(6):35-42

② 明略市场策划(上海)有限公司.上海高级商场消费人群研究报告[EB/OL].http://www.3see.com/,2003

在心目中对品牌产生良好的态度,甚至产生偏爱;其次,在市场导入期过后,广告活动应以促进产品销售为目标,配合促销活动进行,以期造成消费者重复购买,逐步建立消费者的品牌忠诚;再次,当消费者已经初步形成了品牌忠诚之后,广告活动目标就应该转移到支持消费者的品牌态度上来,增加消费者对品牌的信任感。此外,要维护消费者对品牌的忠诚,还必须让消费者在使用产品或服务之后感到满意。这里广告所能做的事是如实地告诉消费者品牌或产品能够带来的利益,不要过分地夸大产品的功能、效用,否则适得其反。长期以来,我国的保健产品、健美产品的宣传大多有夸大之嫌,因此一个又一个的品牌被消费者所抛弃,培养不出忠诚的消费者。

**2. 诱惑性购买行为**

诱惑性购买是由产品本身刺激引起的购买。随着现代产品的造型设计和包装技术的发展,产品的外观、样式对人们产生了不可抗拒的诱惑力。新奇的样式、鲜明的色彩、精致的包装都会让人爱不释手。为了满足一时的好奇心和感官刺激的需要,消费者常常为之慷慨解囊。在市场活动中,这一现象屡见不鲜,从年幼无知的儿童到年过花甲的老人都不乏其例。儿童拥有大量的玩具,年轻姑娘拥有大量的装饰品和服装,都与诱惑性购买有关。

包装是产品的服装,是促使消费者产生诱惑性购买的重要决定因素。包装的好坏,对产品的销售影响很大。国外关于化妆品的研究发现,许多名贵的化妆品与价格低廉的化妆品在营养成分构成方面没有太大的差别,给人造成二者有巨大差别的都是人为因素,其中包装是最重要的因素之一。

诱惑性购买行为的发生与商品在货架的摆设也有关系。哈巴德1969—1970年曾对货品在货架上的朝向效果进行研究,他发现朝向走道的同品牌产品减少时,销售量也降低,尤其是消费量大、容易被拿走的产品项目更是如此。反之,当朝向走道的数量增加时,销售量也随之上升(见表2-9)[①]。

表 2-9　货品朝向与销售量的关系

| 产品目录 | 以前朝向走道的同品牌货品数 | 后来朝向走道的同品牌货品数 | 每周销售量改变(%) |
|---|---|---|---|
| 葡萄汁(1400克) | 4 | 2 | 0 |
| 橘子汁(1000克) | 3 | 1 | −29 |
| 家用喷雾清洁器(1) | 2 | 4 | +40 |
| 家用喷雾清洁器(2) | 3 | 1 | −66 |

① 郑伯埙.消费心理学[M].大洋出版社,1988

续表

| 产品目录 | 以前朝向走道的同品牌货品数 | 后来朝向走道的同品牌货品数 | 每周销售量改变（%） |
|---|---|---|---|
| 液体万能清洁器 | 2 | 4 | +25 |
| 无柄移动清洁器 | 3 | 1 | −60 |

货架位置的高低也影响货品的销量。研究发现,随着商品在货架上陈列位置的高低变化,销售量也呈现明显的升降变化,如图 2-12 所示。

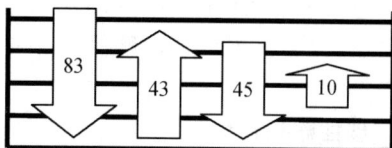

专柜展销、POP 等也会促使消费者产生诱惑性购买。所以,要有

图 2-12　货品位置改变时销售量的增减情况

效地促进消费者的诱惑性购买行为,下列几个方面值得重视。第一,产品的包装造型一定要设计得美观、有特色,让消费者喜欢;第二,搞好商品在商店柜台的陈列,使商品处于显眼的位置;第三,举办商品的专柜展销或联合展销;第四,加强POP 广告宣传,如橱窗展览、柜台招贴等。

**3. 从众性购买行为**

从众性购买是指由于受他人或周围情景因素的影响而进行的购买活动。从众性购买行为的发生一般有两种情况:其一,消费者不是真正需要这种商品,他们自己对所购买的产品事先并没有充分地了解,也没有购买的计划。他们的购买行动是由于别人的行动引起的。商店里的抢购现象就是这种从众购买的典型例子。其二,消费者存在着某种需要,有购买某类商品的意图。但是在品牌选择上,他们不是选择经过分析比较后而认为较为合适、较为满意的品牌,而是选择他们所隶属团体的成员经常使用的品牌。社会上曾经掀起的流行“超短裙”“铅笔裤”“公主裙”均是这类从众购买所致。而在如今强调个性化的年代,人们的从众行为则表现为买与别人不一样品牌、款式的产品。

从众性购买行为的发生与购买情境有密切的关系。当一个人置身于某一情境之中时,情境中其他人的行为和认知判断都会影响到他的行为反应。美国“色泽研究院”曾做过一项测验,把六种不同颜色的围巾放在参加测验的妇女面前。当询问她们哪一种颜色的围巾最漂亮,有 75% 的人都说第六号围巾最漂亮。过后作个别猜奖游戏,以这些围巾作为奖品。结果获奖的人大多数选择其他围巾,选择第六号围巾者仅占 1/10。其原因就是当众询问时,个人屈服于其他人的压力而做出附和的选择,其他人的这种压力通常是无形的<sup>①</sup>。

促使从众购买现象的发生是产品市场推广的一种快速、有效的重要手段。从众购买的产生,通常是由一些"弄潮儿"率先购买使用,进而影响同一群体的其他人。因此,有些新产品广告在宣传的初始阶段,可针对这些"弄潮儿"着力进行攻击,通过他们来影响广大消费者。在广告的创作制作上,针对从众购买者,一方面可以请合适的名人来担任产品介绍人;另一方面也可以采用流行性诉求的表现手段,让接触广告的消费者觉得该产品是适合他们使用的流行产品。此外,为了促进从众性购买行为的发生,做好 POP 广告和促销活动也是相当重要的。

**4. 理性购买行为**

理性购买行为是指在掌握必要的商品信息的基础上,经过思考、计划以求有效达到一定目的的购买行为。与上述几种类型的购买者不同,理性购买者通常对产品的特性都有充分的了解,他们对同一类别的各种品牌也有自己的看法,他们的购买活动是根据实际需要事先计划好的。一旦他们作出购买决定,就不大可能再受别人的影响。总之,理性购买行为一般具有下列特点:

①从整个生活情况来看,产品是有用的;
②产品购买是实际生活中最迫切的;
③购买自己中意的、对自己适合的、体现自己个性的商品;
④强调产品应该是优质的;
⑤完全满意后才购买;
⑥强调令人信服的价格;
⑦重视按计划购买和靠智慧购买;
⑧重视情报性购买,购买时挑选范围较大;
⑨购买前考虑产品或品牌的时间较长。

理性购买行为通常有一个复杂的过程,对此,著名的营销学家科特勒用一个简单的模式(见图 2-13)来描述。在这个模式中,他把购买程序分为五个阶段,即唤起需要、资料搜寻、估价行为、购买决定和买后感觉。

(1)唤起需要。唤起需要是购买程序的起点。消费者在日常生活中,会产生各种各样的需要,如节省开支、减少病痛、减少身体疲劳、娱乐等。消费者的购物行为有时是由这些需要引起的,有时则是由广告唤起的。

假如一个人唤起的需要很强烈,而且可以满足需要的物品就在眼前或附近,那么他就会立即行动以满足需要。例如当一个人口渴时,就会马上买饮料来喝。

① 萨尔曼.市场心理学[M].王元译.北京:经济管理出版社,1986

但是在很多情况下，被唤起的需要是不能马上得到满足的，必须暂时储存在记忆之中以期将来得到满足。例如许多年轻人都希望拥有自己的汽车，但是还不具备经济实力，这种需要只有等待今后来满足。

（2）资料搜寻。按照需要的强度，需要在个人身上会产生两种情况。在不很强烈的情况下，个人对能满足自己需要

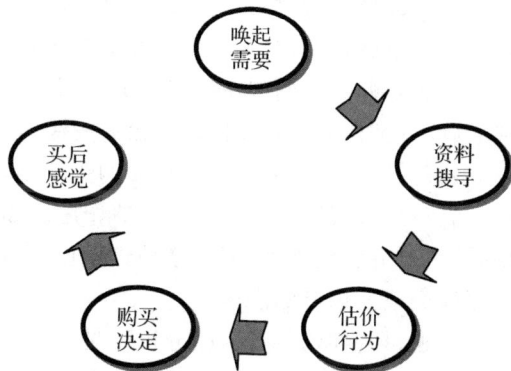

图 2-13　理性购买的过程

的资料变得敏感起来，此时他们并不主动寻找资料，但他们接受资料。例如一个人想买家具时会更加注意家具展销广告。在需要强烈的情况下，人们便进入积极的资料寻找状态。消费者花在信息搜索上的时间与购买产品的价格存在正相关[①]。一般来说，资料的来源主要有以下四个方面：

①个人来源：家庭成员、亲友、邻居、同事等；

②商业来源：广告、推销员、经销商、包装品、展销会等；

③公共来源：大众传播媒体、消费者组织等；

④经验来源：操纵、实验和使用产品的经验。

（3）估价行为 。当个人获得资料后，就会处理资料以达到对产品品牌形成一定的态度倾向，这就是估价行为阶段。通常，消费者要用很多资料来形成他们对品牌的态度。没有一种资料可以单独满足他们作出评价的要求。当消费者购买耐用品时，广告是一种重要的信息来源，但其他来源的信息在实际决策中重要得多[②]。纽曼和斯迪尔林（Newman & Staelin，1973）对 653 个新汽车或大件器具购买家庭的调查也发现，广告是次要的信息来源。该研究还显示，许多广告效果发生在购买决策过程之前。广告来源的运用与乐观展望、认识到需要信息、教育水平中上、妻子单独或单个成人作购买决策相联系[③]。

---

① Callahan F X.Advertising's influence on consumers[J].Journal of Advertising Research,1974,14(3):45-48

② Callahan F X.Advertising's influence on consumers[J].Journal of Advertising Research,1974,14(3):45-48

③ Newman J W,Staelin R.Information sources of durable goods[J].Journal of Advertising Research,1973,13(2):19-29

（4）购买决定。在购买决定阶段,消费者往往将他们喜欢的品牌作为他们选择的对象。也就是说,购买意向是品牌态度的函数。当然仅有购买意向并不等于产品的实际购买。例如在决定购买之后采取购买行动之前,市场上又推出更新的品牌。此时,消费者可能改变已有的决定。

（5）买后感觉。买后感觉是产品购买使用时,消费者对产品是否满足需要的评价。它对品牌态度具有重要的反馈作用。如果产品能够有效地解决消费者的问题,让消费者感到满意,那么这种经验就会加强他们对品牌的偏好。反之,消费者可能会改变已有的态度。

由上述对理性购买行为的分析可见,理性购买行为的发生是以事先对商品的了解为基础。消费者关于商品的知识越多,了解越全面,他们对产品购买的风险知觉就会下降,购买产品的可能性也会相应地增大。因此,从广告活动的总体战略上看,应该加强商品知识的宣传,让消费者对产品有足够的了解。在媒体策略上,应侧重印刷媒体和专业网站上投放广告,以便能对产品作充分而详细的介绍。在广告内容方面,应对产品的特点作充分地介绍或论证,提供有说服力的证据,例如可以引用有关产品的研究结果、技术鉴定资料。总之,广告内容要注意以事实为依据,不要仅作泛泛之谈或口号式的自我吹嘘。此外对于一些尚未成为人们需要的新产品,在广告上有时应先努力去激发消费者的需要。

图 2-14 是轩尼诗李察干邑酒的广告。该酒价格昂贵,一瓶售价一万多元。购买这种酒的消费者不可能凭一时的感情冲动就购买。

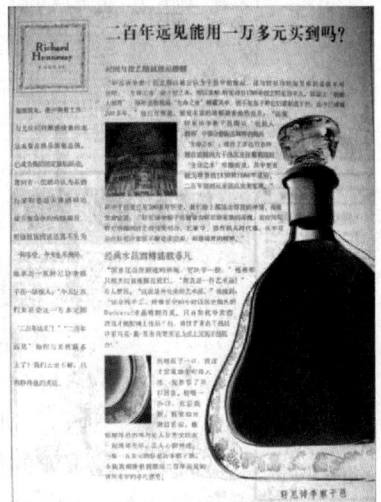

**图 2-14　轩尼诗李察干邑酒广告**

在购买之前他们肯定会了解一下为什么一般的好酒才几百元,而它要一万多元。所以,广告中对该酒的价值来源作了详细地说明。

## 二、把购买行为看作一种问题解决活动来分类

这种分类方法是霍华德(Howard)1974 年提出来的。霍华德据此把购买行为分为例行反应行为、有限度解决问题和广泛解决问题三类。

### 1. 例行反应行为

例行反应行为是最简单的购买行为,常常发生在廉价或常购的商品中。消

费者了解产品的等级,知道他们所需要的品牌,也很清楚如何选择他们所喜爱的品牌。消费者并不经常购买同一家公司的产品,因为各种牌号的产品似乎没有太大的差别,而且他们的选择可能受商店无现货或销售特制品等的影响。总之,在例行购买行为中,消费者只把购买看作是一件程序化必须完成的工作。在行动时,不喜欢花太多的时间去思考或搜寻。对于有些物品来说,消费者倾向于购买自己使用过的品牌,如果该品牌买不到,则买跟该品牌比较接近的品牌。例如,当家中的牙膏用完时,你可能不加思考地决定购买高露洁牙膏(或中华牙膏),买不到时,则买中华牙膏或其他比较熟悉的牙膏。

例行反应行为通常受下列因素的影响:

第一是购买的方便性。一般来说,对于一些廉价、常购的商品,消费者愿意在离家不远的地方购买,或者在外出方便时附带购买。可想而知,谁也不会为了买一支牙膏、一袋洗衣粉特意跑到离家很远的大商场购买。

第二是对商品的熟悉性。许多日常用品在质量、性能、功效上都没有明显的差别,因此一旦用习惯了,人们都不太愿意改变。熟悉产生偏爱,偏爱导致不断重复使用。

第三是品牌的知名度。品牌知名度对例行反应行为的影响,一方面是因为知名度反映了品牌的质量和信誉,另一方面是现代的消费者具有"慕名购买"的心态。

第四是购买时的情境刺激。由于在例行反应行为中,消费者对品牌的选择是在商店里进行的。所以,售货员的推荐、介绍,商品的包装造型,商品陈列的位置以及店内招贴广告等,都会影响消费者的购买。

由此可见,要影响消费者的例行反应行为,使之倾向于某一品牌,在广告活动目标上,应以提高品牌知名度为主。由于消费者的决策过程非常简单,无须太多资料,所以在媒体选择上,应侧重电子媒体特别是电视媒体。此外POP广告尤其是商品在货架、柜台上的陈列也应加以重视。

**2. 有限度解决问题**

购买者对各种产品品牌没有什么概念,但却很清楚自己所需要的产品的性能和用途。在这种情况下,他们的购买行为往往就是有限度解决问题。换言之,有限度解决问题的购买者知道自己的需要,不知道何种品牌能满足自己的需要,因而在购买之前采取审慎的态度,或询问他人,或寻找广告阅读,以求增加对各种品牌的了解。例如想买一套适合自己家庭的家具,他们可能知道许多家具店,但不知道这些家具店各有哪些款式的家具。因此在作出购买决定之前,他们会先对这些家具店进行了解。

有限度解决问题所要购买的商品,性能、结构通常比较复杂,而且是现代生活所必需的。消费者的购买过程一般是先弄清楚自己的需要,然后寻找资料了解商品,等到自己对各种各样的品牌都有了比较清楚的了解之后,才做出品牌选择的决定。所以针对这种购买行为,广告应着重让消费者了解你的产品,并对产品的质量、性能等问题做出较为明确的许诺。在广告媒体选择上,应高度重视有意选择,可以长时间进行加工的广告媒体,如文字链接,专业网站,印刷媒体如报纸、杂志、广告传单、包装说明书等。

**3. 广泛解决问题**

广泛解决问题是一种复杂的情境。在这种行为中,购买者对品牌产品的属性不了解,不知道产品如何使用,自己所需要的品牌应该具备什么特点、性能、用途也不清楚。举一个例子来说,拥有私家车的热潮正席卷中国家庭,许多购车者刚开始对小汽车一无所知,他们不仅不知道自己需要什么性能、特点的小汽车,而且也不知道各种品牌型号的小汽车有何差别。对于这些消费者来说,他们的购买行为就属于广泛解决问题。由于广泛解决问题类型的购买者对于自己的需要以及品牌的特点都不清楚,所以他们需要更多的信息,需要更长的时间来做决策。

鉴于广泛解决问题的特点,在品牌的广告宣传内容上,要着重介绍产品在现代生活中的作用,激发消费者的新需要;告诉消费者如何使用产品,让他们不对新产品产生畏惧感。在媒体上,要特别重视运用产品宣传小册,以提供丰富全面的资料,此外,在专业的垂直网站,论坛,企业自身的网站等也可以提供丰富而详细的资料。

# 第四节  各类商品的购买心理

对于不同类别商品的购买活动,消费者的购买决策过程、购买行为方式以及购买动机均有所不同。广告是一种推销商品的重要工具,如果广告主或广告者希望它有效地达到说服消费者购买商品的目的,那么在制定广告策略之前,先了解消费者的商品购买心理是十分必要的。

在现代市场上,商品成千上万,数不胜数。各种各样的商品,可依据不同的标准将它们进行分类。

## 一、以购买方式为标准进行分类

按此标准,消费商品可粗略地分为日用品、选购品和特殊品。

### 1. 日用品

日用品是指消费者在购买之前早已熟悉或具有有关知识,只要花很小气力即可购买得到的商品。购买日用品的消费者,一般不愿意花费时间去比较不同商品的价格和品质,愿意接受其他替代品,但希望买到与原来使用商品最接近的一种。日用品的范围相当广泛,包括一般杂货、廉价糖果、牙膏、内衣、牛奶、面包、打火机、纸巾、电池等。当消费者需要某一类物品时,往往希望立即买到。

日用品主要是用于满足人们的一些基本生活需要。在购买这类物品时,消费者受购买习惯和感情的影响较大,受时尚或新奇方面的影响不大。对于著名品牌,消费者也不会有过分的偏好。

伍德斯和奥斯本(1970)所进行的调查表明,维持生活所需的产品品牌很少发生改变。例如食糖、油盐酱醋,人们经常购买同一牌号的产品。人们之所以一直购买同一牌号的产品,并不是因为他们忠诚于这种牌号,而是因为没有改用其他牌号的理由。

对于日用品的非忠诚购买,也可以用消费者很容易改用低价格品牌产品的情况来加以说明。伍德斯和奥斯本的调查还表明,因价格而改用其他品牌(即购买便宜货)与该产品适用于维持生活行为的程度有关,其关系如表 2-10 所示[①]。

表 2-10　在 5 年中消费者因价格原因而改用其他品牌产品的百分比

|  | 食 糖 | 清洁剂 | 除臭剂 | 香 水 |
|---|---|---|---|---|
| 因价格而改用品牌 | 13.7 | 8.7 | 3.3 | 0.3 |
| 已改用最低价格的品牌 | 7.0 | 10.7 | 3.3 | 1.3 |
| 总　　计 | 20.7 | 19.4 | 6.6 | 2.6 |

注:产品按维持生活行为中适用程度的大小自左至右依次排列。

一般而言,日用品价格低廉,象征意义不大,购买时消费者所冒的风险(包括经济损失和名誉损失)较小,而且它们是需要经常使用的物品,消费者比较熟悉,因而广告对于消费者的日用品购买的影响是相当有限的。美国有一项调查研究广告对 500 多名妇女的购买行为的影响,结果是广告对购买行为的影响相当小,只有小部分的购买行为是根据某种形式的广告所提供的信息进行的。然而对于一些产品,像各种用具、玩具、家具和自动化附件等,广告的影响相当大。这些产品不经常购买,所以顾客要利用广告提供的产品品牌和价格等信息。而对于另一些产品如鞋和个人日用品等,广告的利用率仅为 10%。这些产品由于经常购

---

① 　郑伯埙.消费心理学[M].台湾:大洋出版社,1988

买,消费者有了较多的了解,没有必要依靠广告。因此,针对日用品的广告,应该以提醒为目的。

### 2. 选购品

选购品主要是指家用电器等使用周期较长的物品。消费者在购买这类物品之前,往往缺乏充分的了解。他们需要对同一类型的不同品牌的产品作品质、价格以及其他属性的分析比较,而后决定购买哪一种品牌。

与日常用品相比较,选购品的价值比较高,购买风险比较大。它不像日用品那样一旦需要必须立即购买。消费者对品牌的概念往往也是不确定的。所以,对这一类产品来说,广告所提供给消费者的信息相当重要,它能帮助消费者确立品牌的形象。

消费者购买选购品一般是出于日常生活、文化娱乐生活的需要。也就是说,生活的需要是他们购买的主要原因。但是,他们购买这类商品常常也是为了满足自己的其他需要,特别是在品牌选择上,他们可能更多地考虑自己高层次的需要,如自尊需要。因此品牌的象征意义对他们的品牌选择具有较大的影响。

### 3. 特殊品

特殊品是指那些消费者感觉到不能被其他商品替代的商品。如高级服装等较少更换的物品以及作为特殊礼物送人的手表、珠宝饰物。被选购的特殊品牌与其他竞争品牌之间的差别是消费者观念上的,并非是客观存在的。

特殊品的购买决策往往需要一段很长的时间。在这段时间之内,消费者会主动搜集有关产品的各方面信息,因而在购买行动发生之前,他们对产品已有了充分的了解。一旦消费者决定购买某种品牌,一般来说,他们不愿意接受替代品牌,而愿意花更多时间去寻找这种品牌。

特殊品的购买跟消费者的"爱和归属需要"、"自尊需要"或"自我实现需要"有密切的关系。购买特殊品时,消费者的理性动机要强于情感动机,他们的购买是在长期的深思熟虑之后决定的,而不是凭一时的感情冲动决定的。对于这类物品来说,产品的质量、耐久性是比较重要的,广告应该抓住这些特性进行有效的宣传。

## 二、以产品信息的了解程度为标准分类

Nelson(1974)依据消费者购买产品前对产品质量信息的感知程度,将产品类别划分为搜索品和体验品,其中搜索品的质量及主要属性在购买前能够被消费者所感知,如电脑、U 盘、电视等;体验品的质量及主要属性在购买后的使用过程中才能够被感知,如香水、巧克力、丝巾等。

这种分类方法在网络购物环境中应用最为广泛。消费者在购买搜寻品时,

零售商及制造商的网页被认为很有用。在购买体验品时,消费者会更多的使用他人的推荐,如从其他消费者网络口碑,如淘宝中的产品评价,以及中立方收集到的网络信息,如大众点评网的评价。网络购物降低了搜寻特定产品和产品相关信息的成本,消费者能够利用网络获得他人对于产品的相关感受和经验,能够收集到在传统购物渠道中难以得到的产品相关信息,不仅能够查询到产品的搜寻属性,而且能够获得产品的体验属性,颠覆了在传统购物方式中搜寻品和体验品的分类标准。也就是说,无论是搜索品还是体验品消费者都可以在购买购买之前就了解到产品的主要属性和质量。如今,搜寻品和体验品的真正区别不在于消费者在购买前后对产品相关属性和质量的了解程度和了解方式,而在于购买产品过程中所搜寻的信息类型和对信息的处理模式。消费者在购买搜寻品时会更加注重搜索的广度,浏览更多的网页来了解产品的主要属性;在购买体验产品则更加注重搜索的深度,以期获得产品的体验属性。如何在购买前就获得体验品的特性和质量呢,网购中现今最常采用的方式是深入了解其它消费者的反馈和评价,今后推荐系统,如用于试衣的 APP,基于虚拟现实技术的 3D 试衣等,将发挥巨大的作用以帮助消费者决策。

这种产品的分类标准对电子商务非常有益。电子商务的商家可以依据自己售卖的产品类别来设置相对应的营销传播方法,从而与消费者有效沟通而达到销售的目的。如果是售卖体验产品,由于不亲自体验就无法了解产品特性和质量,消费者面临的不确定性很高,消费者更倾向于在购买前通过他人的评价或推荐系统来感受其体验过程,从而推断产品属性和质量。因此商家能够提供其它消费者产品体验的反馈、专家推荐意见以及基于该消费者过去搜索和购买纪录提供个性化推荐。而对于搜寻品而言,其相关信息大多为容易获得的客观属性信息,消费者仅通过客观信息就能获得产品特征,但是通过互联网获得的信息是传统渠道获得的几千倍、几万倍,消费者凭人工很难处理和加工这些海量信息,商家此时需要为消费者提供性能良好的推荐系统。如淘宝的宝贝店铺搜索、当当网的当月最畅销图书排行榜以及京东提供的对比栏。

## 小资料 2-1　电子商务中的推荐系统①

在实际生活中,如果想要买零食我们在便利店里都有很多,由于店面有限,所以用户可以慢慢的查找,即便是将所有的商品看上即便也不会用到很多的时间。在比较大的超市中,用户可以借助于分类信息来找到自己的产品。当面对

---

① 曾洁.个性化推荐系统评价指标体系的实证研究[D].厦门大学硕士论文,2016

更大的网络的时候,商品和商家的数量一下子变的巨大了。用户即便是有时间也不能够一一查看相应的商品。在这个时候,就需要借助于搜索引擎来对于自己所需要的问题进行查找。

但是当你需要面对很多的选择的时候,正确的挑选很重要。当你有一百个同类型的商品需要进行挑选,这个时候你将变得非常的手足无措,而且由于挑选的难度很大,你会有一种非常困难的感觉。在互联网时代这个状况是能变得更加的糟糕,你将看到更多的商品,这些商品如果一个一个仔细看的话,你发现一个很不好的局面就是你根本无从选择。在很多选择的面前,人们通常是根本无从下手的,这不是选择恐惧症,而是一种处于本能的恐惧。网络在带给我们方便的时候,也将这种恐惧发送给我们。究竟如何解决这样的一种困局呢?如何能够快速的找到想要的东西呢?

在这个信息时代,知识和信息的数量成倍的政治,人们每天有意无意都能接触到成千上万的信息,每一条讯息如果都看的话,那么人们将没有时间去做别的,在这个时代不是人主导信息的年代,信息已经犹如一个怪兽向人们袭来,人们无法阻挡信息的涌入,能够真正快速找到有用的信息已经成为了人们迫切的需要,很多时候信息太多,导致用户无法获得真正对自己有用的信息,对信息的有效使用率反而降低了,另外一方面真正有价值的信息业很难在垃圾信息中脱颖而出。

推荐系统就是一个基于人工计算的根据用户的习惯测算出用户需要的信息的一种方式,也就是个性化推荐系统。

"推荐系统"这个概念是 1995 年在美国人工智能协会(AAAI)上提出的。当时 CMU 大学的教授 Robert Armstrong 提出了这个概念,并推出了推荐系统的原型系统——Web Watcher。在同一个会议上,在美国名校斯坦福大学中,科研人员们做出了第一个基于自动化的计算机推荐系统 LIRA1。

推荐系统通过学习用户行为的模式,来寻找某个人在从未体验过的物品集合中,将会喜欢的东西,极大地改变了人们对产品、信息以及其他用户的发现方式。21 世纪以来,推荐系统的研究与应用随着电子商务的快速发展而异军突起,各大电子商务网站都部署了推荐系统,其中 Amazon 网站的推荐系统比较著名。有报告称,Amazon 网站中 35% 的营业额来自于自身的推荐系统。随着推荐系统显示出了其巨大的商业价值和无限的发展潜力,它被业界寄予了很大的希望,希望能够解决信息太多给人们带来的困扰和麻烦,并且能够让人们可以更有效率的使用互联网。在我国国内很多互联网公司都开始了对于推荐系统的研究,这也研究已经成为电商领域的一各发展的重点,人们热衷于对于智能互联推荐系统的研发。

当今中国互联网主要领域、主要公司、各种和推荐有关的产品和服务,包括:

①淘宝、京东等电商网站的个性化产品推荐;

②爱奇艺、土豆网等视频网站的视频推荐;

③酷狗、豆瓣音乐等音乐网站的音乐推荐;

④新浪微博、腾讯微博等社交网站的好友推荐;

⑤百度文库、鲜果网等网站的个性化阅读;

⑥各种个性化广告。

推荐系统诞生后,在学术界对于互联网推荐系统的总是成都也是非常高的,在1999年美国就开始进行了针对电子商务的基于互联网推荐系统的国际会议之一,其内容体现了当前推荐系统研究的热点和发展趋势。最近的10年间,学术界对推荐系统越来越重视。目前为止,数据库、数据挖掘、人工智能、机器学习方面的重要国际会议都有大量与推荐系统相关的研究成果发表。

那么当前应用于电子商务中的推荐系统系统有哪些? 如何分类呢? 按不同的分类方式,存在着许多不同类型的个性化服务系统(Pretschner & Gauch,1999)。

1. 按推荐算法分类

以往的研究多聚焦在推荐系统的推荐算法上,因此在这方面已经有较多的学者进行了研究并取得了丰硕的成果。根据推荐结果的产生机理和算法可以将电子商务推荐系分为:基于内容过滤技术的系统,基于协同过滤技术的系统,基于混合技术的推荐系统(Terveen & Hill, 2001)。

基于内容过滤技术的系统:它们利用资源与用户兴趣的相似性来过滤信息。基于内容过滤的系统其优点是简单、有效,缺点是难以区分资源内容的品质和风格,而且不能为用户发现新的感兴趣的资源,只能发现和用户已有兴趣相似的资源.根据产品的相似性,并考虑顾客的消费偏好,向顾客推荐与其已有兴趣偏好相似的商品。

(2)基于协同过滤技术的系统:这种系统是利用用户之间的相同之处进行协作分析,能够将用户的共同点进行充分的挖掘,得到非常有用的数据。缺点是存在两个很难解决的问题,一个是稀疏性,亦即在系统使用初期,由于系统资源还未获得足够多的评价,系统对于用户相似性的挖掘是比较费力的,也就是说系统不能够有效的挖掘出用户的相似点。从另一方面来看,用户的增加对于系统来说可能导致系统的效率的降低。

(3)基于混合技术的推荐系统就是量内容过滤与协助过滤进行结合的技术,

用这种技术来为用户提供不一样的服务（Burke，2007）。结合这两种过滤技术可以克服各自的一些缺点，为了克服协作过滤的稀疏性问题，可以利用用户浏览过的资源内容预期用户对其他资源的评价，这样可以增加资源评价的密度，利用这些评价再进行协作过滤，从而提高协作过滤的性能。事实证明，同时使用内容过滤和协同过滤技术做出推荐，是商家最明智的选择（Maes，Darrell，Blumberg，& Pentland，1997）。

2. 按个性化程度的分类

如果以个性化的程度分，可以将系统分为非个性化的推荐系统和基于用户个性化的推荐系统。

非个性化推荐系统：就是不分客户，只要客户需要，就给他们推荐搜索出来的一样的产品。主要来源于三类，第一类是来源于商家或电子商务平台的统计数据，如各种商品排行榜、销售数量、被关注被情况、商家的信用情况等等；第二类是基于产品基本情况，如价格、购买者的评价及评分、商品图片及技术参数、近期销售情况等；第三类是来源于商家或电子商务平台的各种促销信息，如热销推荐、团购、秒杀打折等。

个性化推荐系统：指的就是个性化的推荐，这种推荐方式首先会按照人群区分，基于对用户以往数据的分析找到关键词，然后对于客户进行一个分类，将分类的人群进行一系列的处理，找到相关联的产品，将关联度比较大的产品放置在推荐名单的前面进行推荐。这是一种比较准确的推荐，与非个性化推荐不同它则是基于用户的偏好作出不同推荐。

就两种推荐类型的整体效果而言，许多研究者认为个性化推荐效果优于通用推荐（Choi，Lee，& Kim，2009；Senecal & Nantel，2004；Shi & Wang，2008），但仍有许多在线购物者对个性化推荐持消极反应或使用意愿不高。

当下国内几大电子商务网站中常见的非个性化推荐类型和个性化推荐类型如表 2-11 所示。

表 2-11　几大电子商务网站中的通用推荐和个性化推荐[①]

| 网站 | 非个性化推荐 | 个性化推荐 |
| --- | --- | --- |
| 天猫/淘宝 | 宝贝排行榜（销售量、收藏数） | 看了又看…… |
| 京东 | 新品推荐，产品排行榜（同价位、同类别、同品牌）、最佳组合等 | 根据浏览猜你喜欢……、浏览/购买了该商品的用户还浏览/购买了 |

① 江娟.推荐系统对消费者在线决策行为的影响研究[D].厦门大学硕士论文，2015

续表

| 网站 | 非个性化推荐 | 个性化推荐 |
|---|---|---|
| 当当 | 热卖商品、产品排行榜等 | 看过/买过本商品的还看了/买了……; |
| 亚马逊 | 热销推荐,经常一起购买的商品、与商品相关的商品推广 | 购买/看过此商品的顾客购买根据您的浏览历史记录推荐商品……, |
| 一号店 | 热卖推荐,周销量排行榜 | 看/购买了本商品的用户看/购买了…… |

　　3. 按自动化程度的分类

　　自动化程度,是指客户要得到推荐系统的推荐是否需要显式的输入信息。根据自动化程度,可以将推荐系统分为"手动方式"推荐系统和"自动化方式"推荐系统。

　　"手动方式"推荐系统:指该系统需要用户明确输入对产品的偏好,"手动方式"推荐系统需要用户告知其偏好,直接询问偏好可能最为准确,但消费者并不像理性经济人完全清楚自己想要什么,且输入偏好会增加他们的决策努力感知。

　　"自动化方式"推荐系统:通过分析用户行为数据推断其偏好(Aggarwal & Vaidyanathan, 2003b; Pu, Chen, & Hu, 2012)。"自动化方式"推荐系统可以持续追踪用户行为,且不需要用户为此付出额外努力,但又难以准确理解用户的行为(Jannach, Zanker, Felfernig, & Friedrich, 2010)。

　　4. 按持久性程度的分类

　　持久度主要是系统对于用户的数据采集是基于用户的最近的行为,还是基于用户长期以来的养成的行为。我们可以按照持久度将用户推荐系统进行分类。其中,使用长期数据的用户推荐系统我们称之为永久性的推荐系统。

　　持久性程度是基于客户多个信息以及历史记录(Sarwar et al., 2000a)计算出来的。根据持久性维度可将推荐系统分为:完全暂时性的推荐系统和完全永久性推荐系统。持久度的概念非常好理解,主要是系统对于用户的数据采集是基于用户的最近的行为,还是基于用户长期以来的养成的行为。我们可以按照持久度将用户推荐系统进行分类。其中,使用长期数据的用户推荐系统我们称之为永久性的推荐系统。

　　(1)完全暂时性的推荐系统的推荐系统持久性程度较低,是在产生推荐当时产生的一种结果,只为当前用户提供当前的信息,与客户先前的任何其他信息不发生有机的关联。

　　(2)永久性的推荐系统:保存系统的每一个客户在系统中的信息,例如该客户的浏览过程,买到的宝贝,及其对宝贝和客服的的评价等等,介于客户的需求,系统将客户的浏览信息进行分类记录,并计算出结果,为商家和客户提供信息,这类推荐系统具有持久性的特点。

### 三、以用途为标准进行分类

依据用途可以将商品分为工业品、医药用品、日杂品、食品、文体用品、化妆品、家用电器、房地产、小汽车等类别。根据尼尔森网联全媒体广告监测（AIS）数据显示，2016 年第二季度中国广告市场投放总额为 2252.1 亿元人民币，环比增长 10%。全媒体广告投放额最大的行业依次：药品、饮料、化妆品、食品、工商农医疗保健业、零售服务、汽车及有关产品、家居用品、房地产、网络服务业等等，如图 2-15 所示。

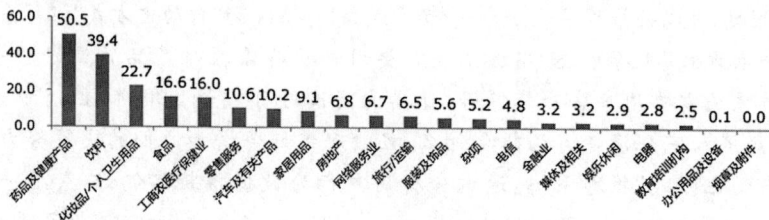

**图 2-15　2016 年第二季度各行业全媒体广告投放总额**（单位：亿元）

资源来源：尼尔森网联全媒体广告监测，包括电视、报纸、杂志、电台、PC 互联网。

（http://jiankang.163.com/16/0901/15/BVSUM8AH003880L9.html）

下面我们着重介绍一下广告中经常出现的化妆口、医药用品、食品、家用电器、房地产、小汽车以及金融服务作分析和探讨。

**1. 房地产**

20 世纪 90 年代末以来，房地产的发展十分迅速，开发商开发的房地产已经由早期的商用为主演变为以民用为主。

房地产作为一种商品，与其他各种商品相比较，是一种极为昂贵的商品。绝大多数房地产消费者都处于事业的起步或发展阶段[①]，购买一处地产，意味着要花掉过去已有的积蓄，并且还要在将来相当长一段时间（如 5 年、10 年、15 年）内不断地支付所欠余额。所以，花很多时间，通过不同的渠道对不同品牌、不同楼盘的房地产进行反复地分析、比较，是普通商品房购买者的典型购买行为。消费者对商品房购买的慎之又慎，还有出于生活、工作的考虑，正所谓安居才能乐业。

绝大多数消费者购买房子的目的是为了改善生活空间、方便工作生活、满足

---

①　北京大视野社会经济调查有限公司.2002 年冬季房地产住宅市场调研报告［EB/OL］.http://www.3see.com/,2002

住房需求。① 在选择商品房过程中,消费者要考虑的因素很多,包括商品房本身的因素如楼层、结构、朝向、材料、楼高、价格等,环境因素如交通、绿地、学校、医院、社区服务等,售后服务因素如开发商的信誉、物业管理等。根据有关调查结果,消费者最看重的因素包括:价格、质量、交通便利性、户型结构、小区配套等(见图 2-16 和表 2-12)②。但是不同的年龄群体关注的重点略有不同,25 岁以下的人关注地理位置、价格和户型;36～45 岁的人关心社区环境、社区规划、容积率、园林设计、建筑风格等;45 岁以上人群关注物业管理;退休人群关心物业管理、交通、价格。③ 所以,在房地产的广告宣传时,要注意从各个方面全方位地说服消费者(参见小资料 2-2)。

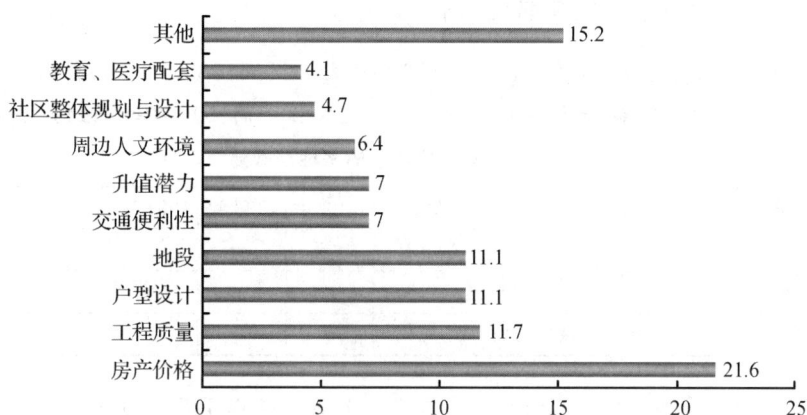

**图 2-16　购房时最看重的因素(%)**

**表 2-12　消费者对房地产各因素的重视程度**

单位:%

| 重视程度 | 非常重视 | 比较重视 | 一般 | 比较不重视 | 非常不重视 | 不知道 |
|---|---|---|---|---|---|---|
| 房子的质量 | 66.2 | 17.8 | 12.4 | 2.2 | 1.3 | 66.2 |
| 品牌知名度 | 23 | 39 | 25 | 8 | 1 | 4 |

---

① 北京大视野社会经济调查有限公司.2002 年冬季房地产住宅需求研究(下)[EB/OL].http://www.3see.com/,2002

② 盖洛特市场研究有限公司.福州地产品牌研究报告[EB/OL].http://www.3see.com/,2004;杭州华坤市场研究有限公司.房交会专题调查报告——消费者行为描述[EB/OL].http://www.3see.com/,2004

③ 北京大视野社会经济调查有限公司.房地产行业消费基础研究报告[EB/OL].http://www.3see.com/,2002

续表

| 重视程度 | 非常重视 | 比较重视 | 一般 | 比较不重视 | 非常不重视 | 不知道 |
|---|---|---|---|---|---|---|
| 价格性能比 | 34.7 | 41.8 | 16.0 | 5.3 | 0.4 | 1.8 |
| 小区配套完善性 | 45.3 | 35.6 | 14.2 | 3.1 | 0.9 | 0.9 |
| 小区绿化环境 | 47.1 | 40.4 | 7.6 | 4.4 | | 0.4 |
| 房子户型/结构合理性 | 48.4 | 28.9 | 16.0 | 4.4 | 0.4 | 1.8 |
| 交通便利性 | 57.3 | 31.6 | 8.4 | 2.7 | | |
| 楼盘档次定位 | 19.1 | 37.3 | 31.1 | 8.4 | 1.8 | 2.2 |

## 小资料 2-2  房地产广告都说些什么

根据对《羊城晚报》(1984.1—1995.6)和《文汇报》(1985.1—1995.6)所登房地产广告(见表2-13)的标题的记录分析发现,尽管不同品牌房地产的广告标题

表 2-13　各年份登广告的房地产数量

| 年　份 | 1990 年以前 | 1990 年 | 1991 年 | 1992 年 | 1993 年 | 1994 年 | 1995 年上半年 |
|---|---|---|---|---|---|---|---|
| 重复出现 | | 6 | 13 | 16 | 40 | 50 | 17 |
| 新出现 | 10 | 14 | 18 | 42 | 50 | 15 | 0 |
| 总数 | 10 | 20 | 31 | 58 | 90 | 65 | 17 |

五花八门、无一相同,但所体现的诉求重点主要集中在以下几个方面:

1. 环境(22.8%)

环境是这几年房地产广告中最受广告主重视的诉求点。以环境为诉求点的房地产广告,一方面从"风景如画"方面做文章,另一方面则从"环境幽静"入手加以宣传。如昌腾大厦:"依山傍水,景色宜人";恒福阁:"毗邻花园酒店,世贸中心,远眺白云山,麓湖公园";金穗花园:"久居都市繁华,重归自然温馨";侨源阁:"踏破铁鞋无觅处,眼前都市桃花源"。

随着城市的发展,林立的高楼逐渐使人们的视野变得狭窄,空气、噪音污染的加重使人们越来越难以呼吸到新鲜的空气和享受到清静的乐趣。所以人们对良好的生活居住环境的需求也越来越强烈。在这种情况下,强调房地产的环境是有一定道理的。2. 增值保值(9.7%)

房地产能否增值、保值,是房地产投机商的首要考虑因素。所以在房地产广告中,有相对较多的房地产广告标题直接以保值、增值为广告的诉求重点。如朝阳钻石广场:"大好'钱'景把握致富机遇";大德大厦:"营业者居此商集创业,置业者选此投资增值";穗安楼:"黄金地段黄金屋,升值首选穗安楼";侨宏花园:

"投资增值,战胜通胀"。

3. 豪华(自尊)(9.0%)

在所有利用广告进行推广销售的房地产中,大多数房地产都是档次比较高的商住楼、写字楼和花园公寓。它们的销售对象基本上是那些商家富豪。因此有一部分广告着重针对商家富豪的追求体面、气派的自尊心理,以豪华、显赫、尊贵作为广告的标题。如碧桂园:"碧桂园,给您一个五星级的家";湖家花园:"清幽如画的人间仙境,显赫富豪的梦想宅第";翠竹苑:"西班牙式豪华住宅,即日开始发售"。

4. 价钱(7.6%)

花同样的钱买更好的东西,或买同样的东西花更少的钱,这是人们普遍存在的购物心理。尤其是购买昂贵的商品时更是如此。房地产是一种非常昂贵的商品,价格的差别远非一般的消费品或耐用品的差别可比。不管是购房者,还是租房者,对房地产的价格都十分重视。所以一些房地产广告重视价格也就成为自然的事了。这类的广告标题如河畔花园:"住中山九路,买河畔花园,享都市风情,花一半价钱";元隆花苑广场:"天河中心成本价高层住宅 4850 元/mm～5360 元/mm,元隆花苑可以做得到";怡景花园:"怡景花园,用您的薪水买您的梦园"。

5. 风水(5.5%)

在中国人传统观念里,造楼房是要讲究"风水"的。尽管这种观念是一种迷信观念,早已陈旧。但是从下列房地产的广告标题中可以看出,这种观念对现代人仍然有一定的影响力。鸿福大厦:"近水楼台旺地起,万丈鸿福天地间";金手指商都:"金手指指天作石皆成金,此商都福地福楼都是福";中城广场:"风水宝地,种银收金";丽江花园:"风水这边独好"。

6. 地点(4.8%)

房地产能否保值或增值,与房地产的地点有关;按传统的观念,风水的好坏也与楼房的地理位置有关。所以将地点或地理位置作为广告的诉求重点,也在下面的标题中体现出来。合兴苑:"花卉之乡,置业理想选择";中山第一城:"雄踞中山黄金地位";山水商业城:"雄踞山水黄金地位,生财旺铺永恒资本";太平海滨花园:"珠江虎门黄金地,海滨花园系至尊";广丰大厦:"虎踞羊城金融商贸中心,尽览越秀流花湖光山色"。

7. 交通(4.1%)

现代商业社会,人们不怕距离远,只怕交通不便。特别是对"商家富豪"来说更是如此。下面的标题就是从交通方面加以诉求的房地产广告案例。安富花园:"去搭地铁,方便快捷";百丽广场:"佛山地王,交通总汇";叠翠山庄:"尽享田园恬静之胜,独处广州交通交汇点,投资机会难逢";水荫南商住楼:"交通便利,既有大都市的繁华,又有远离喧嚣的清幽"。

### 8. 入住时间(3.4%)

对于以居住为目的的房地产购买者来说,什么时候可以使用是一个影响他们购买的重要因素。所以有些房地产从这个方面加以诉求可以有效地吸引那些急需房子的顾客。如荷景花园:"全部现楼,户户单边";景福商住楼:"售价低平,余房有限,年底入伙,入住广州";王府公寓:"北京现房发售出租,至高境界";赤岗小区:"现房购买,手续简便,优质服务,即买即住"。

上述几个方面是房地产广告经常加以诉求的。除此之外,还有小部分广告标题突出"配备设施"(2.8%)、"建筑风格"、"户口"等方面。突出"配备设施"的如福莱花园(完美设施,只俱少数人使用)和中旅广场(智慧商厦之尊,消闲购物之选);突出"建筑风格"的如名人山庄(觅人间仙境于莲花山畔,享欧陆风情在名人山庄)和粤海凯旋广场(欧陆风情,装修豪华,黄金宝地,置业首选);强调户口的如侨金苑(可入广州市户口)。此外还有以产品独具特色的方面为诉求点的,如澳泉花园(澳泉花园,世界罕有,护理安疗苏打温泉流入每一户)。

## 2. 汽车

在发达国家以及新兴工业化国家,汽车是一种普通消费品,汽车工业则是经济发展的支柱产业。大多数发达国家都有自己的汽车品牌。如美国有通用、福特、雪佛莱、别克、凯迪拉克、克莱斯勒,日本有丰田、日产、本田、三菱、马自达、五十铃,德国有戴姆勒-克莱斯勒、奔驰、宝马、保时捷、大众、奥迪,英国有劳斯莱斯、莲花、罗孚,法国有雷诺、标志、雪铁龙,意大利有飞亚特、法拉利、兰西亚,瑞典有沃尔沃,西班牙有西亚特,韩国有大宇、现代等。

汽车作为普通的消费产品,已经在城市中日渐普及。尽管如此,一辆汽车,少则几万、多则十几万、几十万。这样一个价位,相对于普通消费者的收入来说,无疑是一笔较大的开支。因此,不管拥有的汽车是什么品牌,拥有汽车本身已经能够很好地说明消费者的经济地位。所以,显示自己的经济地位,是购买汽车的重要推动力之一,尽管最重要的推动力是交通方便、快捷的需要。

汽车是一种昂贵的产品,同时也是一种复杂的产品。普通消费者要真正了解汽车的性能、特点、质量等,的确非常困难。因此,相对于其他消费品来说,购买汽车的风险比较高。为了减少风险,消费者会采取各种措施,如广泛地搜寻各种汽车信息,征求"意见领袖"(有车族)的意见,货比三家。但是,最终能够让消费者放心应该是可靠的质量证据和可靠的售后服务。所以努力让消费者相信产品的质量和良好的售后服务,是汽车市场推广成功的关键。有一项对827名北京私人轿车用户和潜在购买者的调查结果表明：在购车时，消费者最看重的因素是"安全性"，其次是厂商或经销商提供的售后服务。总体上说，消费者希望能够选购到：安全性能高，性能优良，耗油少，操控方便，性价比较高，有强大售后服务为后盾的轿车。[①]

### 3. 医药保健用品

医药用品是用于健身治病的物品，它对于个体生命的延续具有重要的作用。避免疾病、保持身体健康是人类最基本的需要和最强有力的行为动机之一。医药用品的购买与这类需要或动机是分不开的。

医药用品犹如一种问题解决方法，这一方法的有效性是消费者决定是否运用这一方法来解决问题的关键。据有关调查（见图 2-17），消费者在选择购买家庭日常药品时，影响其行为的主要因素排列次序分别是药品的疗效 89％，药品的质量 71％，药品的价格 57％，品牌知名度 37％，药品的成分 28％，厂家实力 14％，促销活动 3％。[②] 可见，如果能成功地让人们相信某种药品功能强、效果显著，那么这种药品的市场拓销就已经成功了一半。此外，质量、价格、品牌等因素也是产品促销或广告宣传时需要加以考虑的。

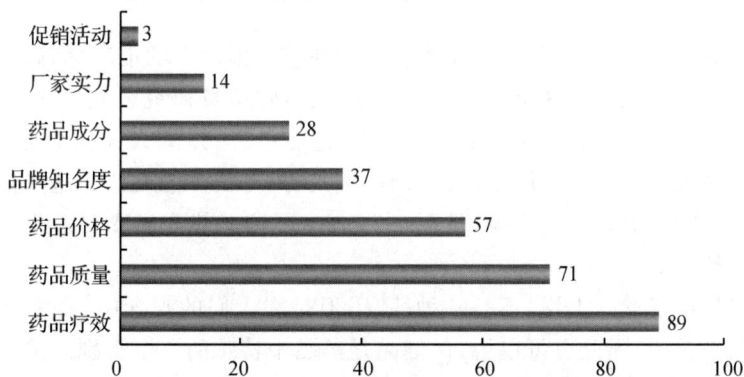

图 2-17　影响购买日常药品行为的主要因素(％)

普通病患对医学科学的知识相当有限，所以在药物的购买和使用过程中，医生起着关键甚至是决定性的作用。一般来说，病患对医生特别是名医犹如小学生对老师一样，都是非常信任的，医生的忠告往往就是他们的决定。所以能够利

---

① 勾海奥德维思汽车市场研究公司.北京居民汽车消费状况研究调查［EB/OL］.http://www.3see.com/,2004

② 广东现代国际市场研究公司.国内中成药厂家,如何抢滩 OTC 市场［EB/OL］.http://www.3see.com/,2001

用医生的威信来影响消费者,是医药用品推销的有效手段。有关的调查结果也支持了这种看法,城市居民把"医生"作为药品最可靠信息来源,其次是"电视"和"家人亲友"(如图 2-18)[①]。可见,在推介药品上,要充分发挥医生、电视和家人亲友的作用。

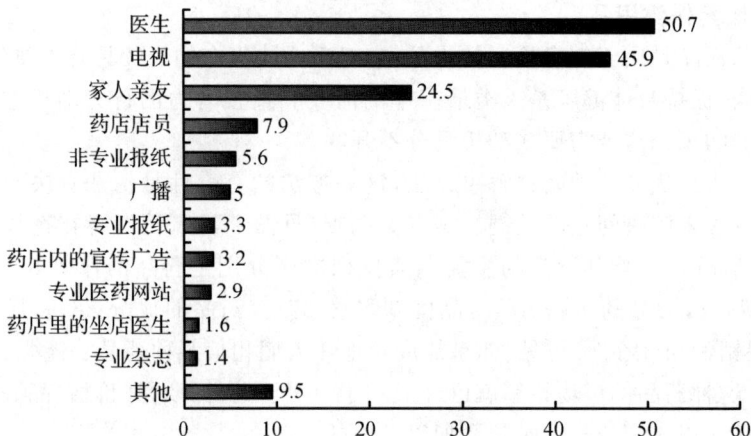

图 2-18　全国地级市市区居民认为可靠的药品信息渠道比较(%)

　　为了促进产品销售,制药厂家都很注意在零售渠道上的推广,如店外发放传单、张贴海报等,但是作用如何呢? 广东现代国际市场研究公司(2001)调查发现,虽然有 36% 的人则是注意到店外发放宣传单、31% 的人关注到张贴海报、24% 的人见到促销人员或医生助诊讲解,但是,只有很少的人认为这些促销手段会对他们的购买决定产生影响(见图 2-19)[②]。可见大部分消费者去药店买药前早已心里有数。

　　保健品严格意义上说,不是一种药品,但是在人们的观念中,常常将它作为一种药品来看待,因此也可以说,保健品是药品中特殊的一个类别。关于保健品的相关消费行为,请读者参见小资料 2-3。

　　① 北京美兰德信息公司.中国城市家庭常备常用药品——消费市场状况揭晓[EB/OL].http://www.3see.com/,2002

　　② 广东现代国际市场研究公司.国内中成药厂家,如何抢滩 OTC 市场[EB/OL].htp://www.3see.com/,2001

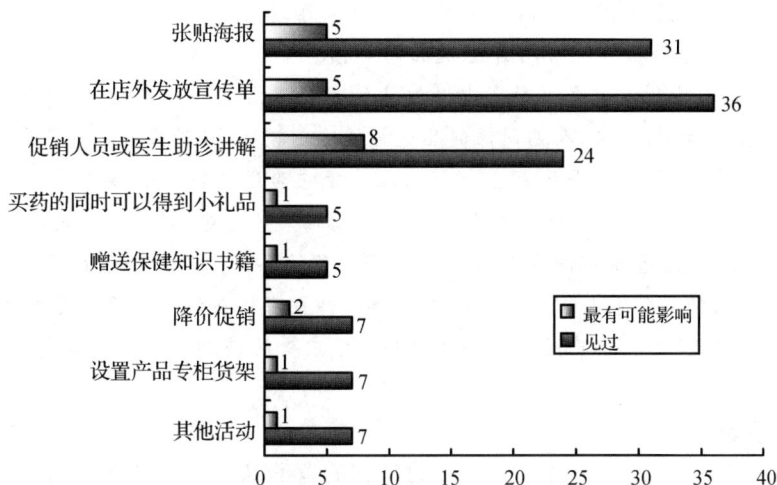

图 2-19 见过及最有可能影响购买决定的活动(%)

## 小资料 2-3 保健品的消费行为[①]

**选择保健品时考虑什么因素？**

消费者选择保健品时还是很有针对性的,大家都很关注保健品的功能性,对症下"药"。当然在功能越来越同质化的前提下,有名的牌子就成了主要的选择指标。在上海、杭州、南京三地,消费者对保健品的品牌看得相对要重一点。

其次,保健品有无副作用也是比较关键的因素之一,大家在做选择时越来越理智,都不希望捡了芝麻,丢了西瓜。再次,亲友的推荐也是消费者选择保健品的重要考虑因素。另外,各种广告对各地消费者的影响也比较大。消费者对品牌的忠诚其实也反映了广告的影响力。

各地的保健品消费者有五六成都是在付诸行动前就已经确定了想要购买的品牌,一处买不到就到别处去买。特别是在青岛,有70%的消费者在付诸行动前就已经确定了品牌。可见,保健品的品牌效应和消费者的品牌忠诚是保健品市场的撒手锏。

**家里的营养保健品从哪来？**

各地消费者大多是从药店购买营养保健品,而在上海、南京、杭州、宁波,有近50%的消费者都愿意在超市购买营养保健品。北京消费者营养保健品的来

---

① 央视市场研究股份有限公司.2002 年收听率调查结果分析[EB/OL].http://www.3see.com/,2002

源比较分散,在药店、超市、商场购买以及别人赠送的比例都比较平均。而一般来说,大家都没有在医院诊所开保健品的习惯。

亲朋好友的赠送也是百姓家中保健品的重要来源之一。在杭州、上海、宁波、南京、北京、成都和武汉,人们用保健品送礼的比例较高,在选择送礼的品牌时,"脑白金"高居榜首,各城市平均有 22.9% 的人选择它为送礼第一品牌,"昂立一号"位列第二,另外,"青春宝"、"保龄参"、"安神补脑液"、"养生堂"、"太太口服液"、"彼阳牦牛壮骨粉"也是各城市消费者送礼时选择较多的品牌。值得一提的是,"安利纽崔莱"这个国外品牌也与国内其他知名品牌一样拥有较多的消费者。另外,前两年挺火的"盖中盖"等补钙产品也在今年"脑白金"广告的硝烟中退居了二线。

### 4. 食品

在消费者的心目中,食品最主要的是它的营养和风味。消费者对营养的需求是比较一致的,几乎每个人都希望购买营养丰富的食品。但是对风味的要求则千差万别,例如四川、湖南、湖北人喜欢辣味,江苏、浙江、上海人喜欢甜味,而东北人则偏好咸味。不过风味除了满足消费者的饮食习惯要求之外,它还有满足消费者猎奇尝鲜的作用。

不过在食品购买中,当消费者买来自己使用时,与买来让别人使用时,考虑的因素大不一样。例如在儿童食品的消费方面,夸克(中国)顾问市场研究公司(2000)曾对北京、上海、广州、沈阳、济南、长沙、成都、西安、浙江湖州、安徽芜湖、山西运城等 11 个城市 4 048 名孩子和成年家庭成员进行过入户调查,调查结果发现,小孩子购买食品的最主要动机是"包装好看",而成人购买儿童食品的主要动机是"补充营养"(具体情况参见小资料 2-4)。

酒是食品这一商品大类中的一个类别。但是在我国的食品广告中,酒类广告却举足轻重。对于酒的购买选择,消费者似乎都非常内行。每当逢年过节、请亲送友时,人们都很理智地选择具有特殊品味的酒,如剑南春、五粮液、茅台、杜康、汾酒等;在日常的饮用中,消费者也能根据自己的"品味"要求购买某一种品牌而不是另一种品牌。不可否认,不同类别的酒的确存在着很大的差异,许多同一类别但不同品牌的酒也存在着品味上的差别。但这种品味上的差别,大多数消费者一般是很难加以区别的。这一观点在国外的许多研究中已经得到充分的证实。所以,在消费者关于酒的购买行为中,品牌的象征意义以及消费习惯比酒的品质、品味意义更为重要。

饮料也是食品家族的一个成员,而且是一个大成员,在广告中占有重要的一席之地。饮料可以进一步分出许多小类,如碳酸饮料(包含汽水、可乐)、果汁、包装水(包括矿泉水、纯净水、蒸馏水)、茶饮料、速溶咖啡、奶饮料(包括鲜奶、酸奶、乳酸菌饮料、豆奶/花生奶)等。消费者购买饮料一般都是基于这两种动机:解渴、补充营养。但在选择产品类别和品牌时,口味、成分(果汁)和品牌,起着重要的作用。关于饮料的消费行为,参见小资料 2-5。

## 小资料 2-4　儿童食品消费行为和对厂家的促销建议[①]

少年儿童食品市场是一个比较特殊的市场,产品的目标消费群是少年儿童,但是父母是家庭消费过程中的参与者,有时是决策者。在调查中,0～6 岁的孩子零食购买决策 80% 由家长决定,但 6～14 岁小孩 70% 由自己决定购买,因此产品的目标消费群就有两个:孩子和家长。这两者的消费心理差异性较大,如图 2-20、图 2-21 所示,孩子们认为"产品包装"是最重要的因素,其次是"其他小朋友在吃",由此可见儿童消费是一种典型的感性消费;而家长属于理性消费,他们认为"产品是否有营养"是购买时考虑的最重要因素。

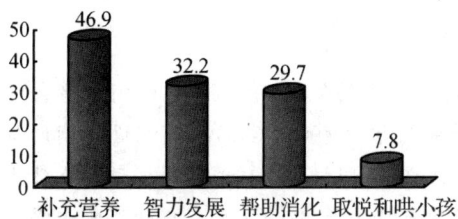

图 2-20　家长购买儿童食品的动机(%)

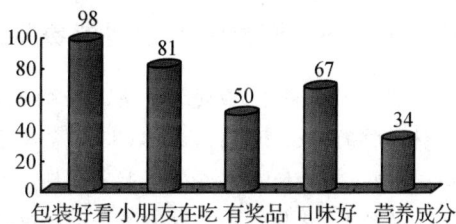

图 2-21　儿童购买儿童食品的动机(%)

调查还显示,消费者最常购买儿童食品的地点以"生活区/学校附近的杂货点"为主,累计占 80% 以上;超市、自选商场居第三位,为 17%(见图 2-22)。在日常生活中,儿童消费者通过各种渠道得到产品信息,希望迅速得到实现,学校周围的杂货店便成为其最迅速的实现地点;对于没有购买决策权(能力)的儿童,回家以后,在家长的带领下,即在生活区周围的杂货店得到满足;至于超市和自选商场,从数据分析来看,主要是在家长和孩子一起购物时的附带消费。

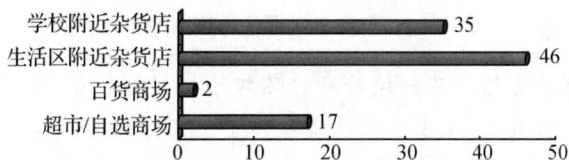

图 2-22　消费者最常购买儿童食品的地点(%)

①　夸克(中国)顾问市场研究公司.儿童食品消费报告[EB/OL].http://www.3see.com/,2000

根据上述结果,厂家在产品促销上应该考虑以下因素:

1. 在产品的外观、包装设计和颜色图案等方面深下工夫,突出"新奇",以吸引孩子注意力,例如将产品形状设计成各种动物或小孩的智力玩具,包装上采用卡通人物等等,争取最大限度吸引孩子的好奇心。

2. 在产品中要加入一些维生素、钙、锌等元素,加重产品营养的宣传,详细说明产品中含有的营养成分;同时,在产品包装上要显示出非常干净卫生,以吸引家长。

3. 在产品口味上,不要纯甜,添加一点酸味,或者是添加一些水果原汁。

4. 广告要善于抓住家长的消费心理,诉求点清晰明确,突出营养、卫生、高品质的产品形象。

5. 广告应牢牢地抓住儿童心理特点来进行策划,充分利用孩子的从众心理和追求新奇的特点,通过某些手段,使自己的产品成为儿童业余生活的时尚话题、道具。

## 小资料 2-5　消费者的饮料消费特点①

在各类饮料中,最受消费者欢迎的就是可乐类的饮料,有 92.1% 的消费者会喝各种品牌的可乐产品;瓶装水(80.1%)与传统汽水饮料(81.3%)拥有相近比例的拥戴者;即饮茶类饮品也有了较大的市场。相比之下,同样作为传统饮料经过现代技术加工的饮品,豆奶类产品在消费者中的选择比例就较低,仅有不到三成的消费者喝即饮豆奶类产品(见图 2-23)。

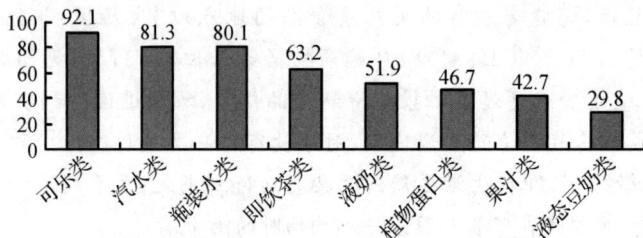

图 2-23　消费者饮用各类饮料的比率

通过研究消费者选择某种饮料时的品牌选择习惯发现,多品牌选择("两三个牌子换着买")居多数,追求方便("不看牌子,见到什么牌子,就买什么牌子")、忠诚性单品牌选择("只喜欢一个牌子")和习惯性单品牌选择("总是买一个牌子,但说不上喜欢,只是习惯了")次之,价格导向型("不看牌子,哪个便宜就买哪

---

① 零点调查与分析公司.为饮料消费者"把脉"[EB/OL].http://www.3see.com/,2001

个"）占少数（见图 2-24）。

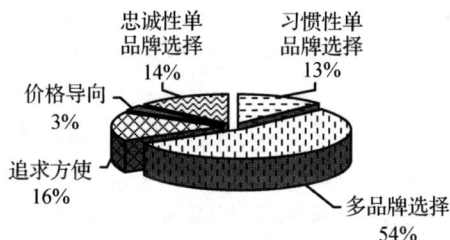

图 2-24　消费者的饮料品牌选择习惯

当问到认知各种不同品牌的两种主要途径时，大多数的受访者（75.4％）声称主要是通过广告获悉各种不同品牌的，自己喝过后知道的也占一半以上（58.4％）。其他诸如亲友的介绍和卖饮料的介绍也为消费者认知各种品牌的饮料起到一定的作用（见图 2-25）。

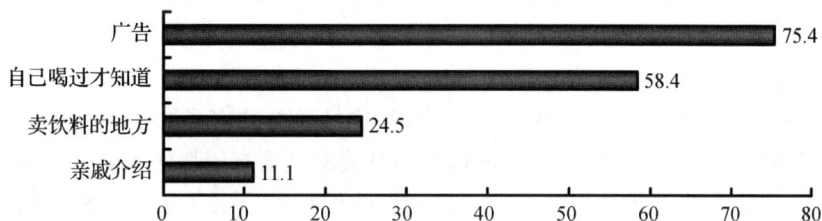

图 2-25　饮料品牌的认知渠道

在购买地点方面，61.3％的消费者一般都是在超市购买饮料的。个体小商店或副食品店也是消费者较常购买饮料的地方（28.4％）。这两种零售点合起来占饮料经常购买地点的将近九成（见图 2-26）。

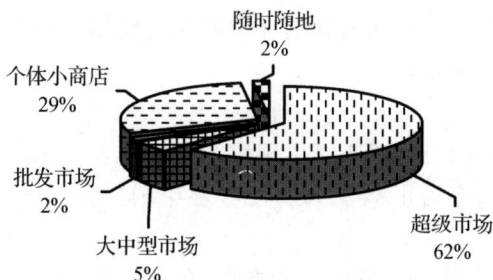

图 2-26　消费者的购买饮料的地点

### 5. 家用电器

家用电器包括电视机、录音机、音响、空调、电脑、吸尘器、微波炉、洗衣机、消毒柜、电风扇、热水器等。家用电器这一类别的商品在现代广告特别是在电视广告中,占有相当的比重。

近些年,随着城镇居民收入的迅速增长,家用电器作为城市居民的"大件"家具的年代已经过去了,代之的是房子、汽车等产品。因此家电原来在消费者心中所具有的财富象征意义也逐渐消失,已经变成纯粹的生活必需品。但是相对于消费水平远远低于城市居民的广大农村消费者来说,购买一件家用电器如电视机、冰箱,仍需要考虑再三。许多家电对他们来说仍然是奢侈品,家电产品及品牌仍然有着重要的象征意义。

过去由于技术、管理尚未成熟等原因,消费者对产品的性能、质量都十分关注。而今,随着市场的成熟,产品质量的提高,人们关心的则是价格、售后服务等因素。海尔品牌的系列家电近些年来,市场不断扩大,其主要原因就是所谓的"五星级"服务以及国内第一的家电品牌形象。

### 6. 化妆品

化妆品是改革开放以来我国最繁荣、竞争最激烈的市场之一。化妆品市场繁荣和兴旺与人们物质生活水平的提高和对美的追求有密切的关系。与医药用品相比,化妆品的长久效用并不显著。例如我们很难发现使用了某种增白的化妆品,皮肤就增白了多少。但是化妆品的暂时效用却很明显。常言道"三分长相,七分打扮"。人一经打扮,形象就会或多或少地发生变化。正因为如此,化妆品广受消费者,特别是女性消费者的青睐。

然而在竞争激烈的化妆品市场中,一种品牌的效用很容易被另一种品牌所替代。换言之,许多品牌都具有差别不大的功效。此时,人们选择一种品牌而不选择另一种品牌的依据就不再是产品的功效。其他产品属性如包装、价格以及品牌的知名度、品牌的形象,在品牌选择中的作用就越来越大,也就是说化妆品的人为属性对于销售举足轻重。

### 7. 金融服务

1999年,招行在CCTV投下了中国第一则银行业电视广告,从此揭开了银行业的广告大战。迄今为止,金融服务已经在中国广告营业额中占有重要的一席之地。

随着经济的发展,人们生活水平的提高,金融服务对消费者日常生活的影响越来越大。大多数人到了成人以后都或多或少地消费着金融服务,而且,随着年龄从青年步入中年,金融服务的消费越来越频繁。那么哪些因素会影响到消费者对金融服务品牌的选择呢?到目前为止,服务的方便性应该说是第一因素。

这也是几乎所有金融企业过去都着重扩充网点的原因。其次是网点服务的水平。这包含网点的环境、服务的效率、服务人员的态度等。然而,随着金融企业的迅速增多,特别是 2008 年金融危机中银行的倒闭,以及网络金融服务的发展,消费者的安全意识被唤醒了,所以,未来金融服务的安全性会更加引起人们的重视。

中国人的优良特点之一是比较勤俭节约,所以银行的储蓄率比较高。随着银行储蓄的增多,消费者的理财投资意识也不断增强。从未来的角度来看,哪家金融企业在理财投资方面比较专业,哪项理财投资可以获得较大的利润,这一因素会逐渐变成消费者金融品牌选择的重要原因。

## 四、以消费者的卷入程度进行分类

卷入是对产品或品牌的关心程度。根据卷入程度的不同,产品可分为高卷入产品和低卷入产品。高卷入产品如药品、计算机、汽车、房子以及对自己很重要的各种产品;低卷入产品如干电池、洗衣粉、香皂等。对于低卷入产品来说,消费者的错误决策所带来的风险比较小,所以,消费者对品牌评估没有兴趣,购买决策显得比较简单和不太重要,决策所需的思考时间也比较短;而对于高卷入产品来说,消费者的错误决策所带来的风险比较大,所以消费者对品牌之间的差异很感兴趣,在使用或购买行动之前会仔细地评估品牌的差异,进行决策所需的思考时间比较长。

沃恩(Vaughn)1980 年依据消费者的卷入程度(高或低)以及他们对考虑广告讯息的特点(感性或理性),将广告策略分为四种类型(分布在四个象限),即资讯型、情感型、习惯型和满意型。他认为这些广告策略是分别针对不同的产品的,于是各种产品也被他相应地分为四种类型(见表 2-14)。他的模型也被称为FCB 方格。在 FCB 方格中,各类产品或更高策略对应的广告层次效果是不一样的,高卷入理性产品对应的层次效果是"认知→情感→行动";高卷入感性产品对应的是"情感→认知→行动";低卷入理性产品则是"行动→认知→情感";低卷入感性产品是"行动→情感→认知"。[①]

---

① Vaughn R.How Advertising Works:A Planning Model[J].Journal of Advertising Research,1980,20(5):27

表 2-14    产品类别(FCB 方格)

|  | 理　　性 | 感　　性 |
|---|---|---|
| 高卷入 | 1　汽车、保险、家具(资讯型) | 珠宝、化妆品、流行服饰(情感型)　2 |
| 低卷入 | 3　清洁用品、纸制品、汽油(习惯型) | 香烟、糖果、啤酒(满意型)　4 |

　　与沃恩的做法相类似,罗斯特和佩斯(Rossiter & Percy)1991 年将消费者的高低卷入程度与拉斯基、阿伦和德(Laskey,Allen & Day)的讯息策略分类[1]结合起来,将产品分为四种类型[2]。第一种是低卷入转换型,如糖果、饮料、新奇品;第二种是低卷入宣告型,如阿斯匹林、日常用品、淡啤酒;第三种是高卷入转换型,如汽车、旅游、服饰;第四种是高卷入宣告型,如微波炉、洗碗机、保险。对于这四种类型,罗斯特和佩斯分别指出其相应的广告策略。针对第一种类型的商品,广告应以感性为主要表现方式,品牌形象以暗示或联结的方式来传递,要使目标视听众喜欢广告;针对第二种类型的商品,广告强调一或两点利益即可,以单一问题解决方式,重点在提醒购买,直接且清晰地表达产品利益;针对第三种产品,广告以感性为主要表现方式,并尽可能与目标视听众的生活形态相联结,使其认为自己与广告产品有关;针对第四种商品,广告要取信于人,不可夸大产品利益,当自己品牌有独特利益时,可使用比较式广告。

　　这里所谓的宣告型和转换型即拉斯基、阿伦和德的两种讯息策略,前者指提供实际、相关的品牌信息,以理性逻辑的方式表现;后者指将消费者使用特定品牌的经验与其独特的心理特性相联结。

## 五、按风险的高低和消费者的目的分类

　　温伯格、坎贝尔和布罗迪(Weinberger,Campbell & Brody)1994 年提出一个所谓的产品彩色矩阵(简称 PCM)的产品分类框架如表 2-15 所示。该矩阵根据产品风险的高低和消费者的目的将产品分为四个类别,并分别给它们起一个形象的名称。第一类叫做白色物品或大工具,包括大型用具如小汽车、卡车、房子、冰箱、洗衣机、商业设备、保险和机动车轮胎、蓄电池等。第二类叫做红色物品或大玩具,包括流行服装及其配件、染发剂、摩托车、赛车、旅行包、珠宝等。第

---

①　Laskey H A,Day E,Crask M R.Typology of main message strategies for television commercial[J].Journal of Advertising,1989,18(1):36-42

②　Rossiter J R,Percy L,Donovan R J,A better advertising planning grid[J].Journal of Advertising Research.1991,31(5):11-22

三类叫做蓝色物品或小工具,包括洗涤剂、家用清洁器、土霉素(OTC)药品、汽油、非点心食品等。第四类叫做黄色物品或小玩意儿,包括小吃、零食、酒、香烟等[①]。

表 2-15　产品彩色矩阵(PCM)

|  | 功能性工具 | 炫耀性玩具 |
|---|---|---|
| 高风险 | 第一类:白色物品或大工具 | 第二类:红色物品或大玩具 |
| 低风险 | 第三类:蓝色物品或小工具 | 第四类:黄色物品或小玩意儿 |

白色物品通常是耐用品或昂贵品,资金风险比较高。消费者的购买动机是产品的功能,消费者加工信息的动机比较强,常常要考虑产品的价格,进行理性的比较选择。所以,在广告上应着重采用理性诉求或信息性诉求,示范或比较的表现方式。红色产品一般是奢侈品,人们为了炫耀而购买。它也是高风险产品,但其风险不仅包括资金风险,还包括社会风险。消费者加工信息的动机比较强,决策考虑比较全面。蓝色商品一般是非耐用品或原材料,购买风险比较低。人们为了其功能而购买。消费者加工信息的动机不强也不弱,决策是启发式的,靠灵感。黄色物品一般是非耐用品,购买动机是"感觉好"或"引人注目"。消费者的信息加工的动机比较弱,购买行为具有冲动性特点。

## 六、按广告中理性和感性讯息的高低进行分类

台湾学者吕玉华(1990)按感性和理性讯息的高低将产品或服务划分为四种类型,第一种类型是高理性高感性讯息,包括自用汽车、音响、电视机、住房、机车、手表、随身听;第二种类型是高理性低感性讯息,包括个人电脑、电话机、电话答录机、录像机、洗衣机、微波炉、医疗就诊、存款项目、保险、考试补习班、旅行社、证券商、航空公司、汽车租赁等;第三种类型是低理性高感性讯息,包括内衣、保养化妆品、电视节目、电影、色彩化妆品、弹簧床垫、灯饰、香水、皮包、外出服饰、洗发精、理洗烫发、居家服饰、自行车、巧克力、日常外膳、香槟、床罩、品茗茶具、宴请外膳等;第四种类型是低理性低感性讯息,如食米、口香糖、啤酒、研磨咖啡豆、报纸、搭乘计程车、命理、矿泉水、卫生纸等。根据这一分类,她分别提出各类产品相应的广告策略如表 2-16 所示。

---

① Weinberger M G,Spotts H,Campbell L,Parsons A L,The use and effect of humor in different advertising media[J].Journal of Advertising Research,1995,May/June:44-56

表 2-16　产品类别与广告策略

| 商　品 | 广　告　策　略 | |
|---|---|---|
| | 广告讯息 | 媒体组合 |
| 第一类 | 兼具感性和理性 | 电视和报纸杂志兼具 |
| 第二类 | 以说明性的理性讯息为主,用感性诉求建立公司形象,创造差异化 | 以平面媒体最理想,电视可辅以感性讯息,建立企业形象 |
| 第三类 | 以密集式且直接刺激情绪为主,或以画面、图案塑造感性气氛 | 电视、流行或个性杂志较为理想 |
| 第四类 | 以塑造产品的感性形象为主,理性讯息较少 | 电视为主 |

# 第五节　消费者对广告的反应

广告活动是针对消费者而进行的。在信息爆炸、传播过剩的今天,每一个消费者每天都面临着大量各种各样的广告的轰炸。广告已经渗入人们生活的各个方面,人们很难避开或不接触广告。在这种情况下,消费者对广告会作何心理反应和行为反应呢?清楚地认识这一问题,对于制定广告策略具有重要的指导意义。

## 一、消费者对广告的态度

### 1. 对广告的总体态度

消费者对广告抱着什么态度,这不仅会从总体上影响广告业的发展,对具体的广告活动效果也会产生重要的影响。梅塔(Mehta)对 1914 名 18 岁以上的杂志常规读者的资料分析发现,印刷广告的绩效受到消费者对一般广告态度的影响。对广告态度越好的被试在暴露一天后回忆出较多的广告,产生较大的购买兴趣[①]。培特罗修斯、泰特斯和赫奇(Petroshius,Titus & Hatch)研究也发现,医生对药品广告的态度能够很好地预测医生对广告的注意、将广告产品写进处

---

① Mehta A.Advertising attitudes and advertising effectiveness[J].Journal of Advertising Research,2000,40(3):67-72

方,以及回应病人对广告产品的要求①。所以在一些广告业比较发达的国家,广告研究者早就十分关注消费者对广告的态度了。

1981 年,美国广告学者赞诺特(Zanot)回顾了 20 世纪 30 年代以来所进行的 38 项民意调查发现,在 60 年代到 70 年代之间,美国人对广告的态度越变越消极②。例如在鲍尔(Bauer)和格雷瑟(Greyser)分别于 1964 年和 1967 年进行的调查中,喜欢广告的消费者占四成至五成,抱有复杂心态的占 1/3 左右,漠不关心占极少数,不喜欢占 15% 左右(见表 2-17)。而在巴托斯(Bartos)和邓恩(Dunn)1974 年报告的研究中,狂热爱好者占 23%,怀疑热心者占 22%,温和主义者占 26%,批评者和拒绝者占 29%③。同年,霍尔(Haller)对 5 个大城市的 500 名大学生的调查指出,大约 1/3 的人觉得任何广告都是必要的,但有多于 2/3 的人觉得大多数广告令人愤怒,80% 以上的人觉得大多数广告侮辱了他们的智力④。1998 年,夏维特、罗威利和哈伊诺(Shavitt,Lowrey & Haefner)采用电话调查方式访问了 1 000 名成人消费者,结果(见图 2-27)发现,很喜欢和有点喜欢广告的消费者合起来占 44%,很不喜欢和有点不喜欢之和占 25%。态度不置可否的占 31%。夏维特、罗威利和哈伊诺(1998)的研究还发现,对于他们见过的广告,51.7% 的消费者说他们喜欢看,36.8% 的人说他们不喜欢看,11.5% 的人无所谓。可见,长期以来,美国消费者喜欢广告的人始终保持在 40% 以上⑤。

**表 2-17　对广告活动的总体态度**

单位:%

| 调查时间 | 喜欢 | 复杂 | 漠不关心 | 不喜欢 | 未作答 |
|---|---|---|---|---|---|
| 1964 | 41 | 34 | 8 | 14 | 3 |
| 1967 | 49 | 31 | 3 | 15 | 2 |

对广告的态度存在着背景差异。皮尔斯(Pierce)1971 年测量在美国的外国学生对广告的兴趣发现,母国经济发展比较落后的学生,对美国广告态度比较积

①　Petroshius S M, Titus P A, Hatch K J. Physician attitudes toward pharmaceutical drug advertising[J]. Journal of Advertising Research, 1995, 35(6):41-51

②　Zanot E. Public Attitudes toward advertising[M]//H K Hunt, ed. Advertising in a New Age-AAA Proceedings. Provo, UT: American Academy of Advertising, 1981

③　Weibacher W M. Advertising[M]. Macmillan Publishing Company, 1984

④　Haller T F. What students think of advertising[J]. Journal of Advertising Research, 1974, 14(1):33-38

⑤　Shavitt S, Lowrey P, Haefner J. Pulic attitudes toward advertising: More favorable than you might think[J]. Journal of Advertising Research, 1998, July-August:7-22

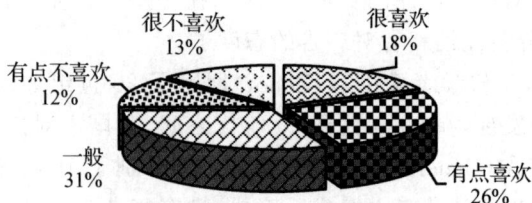

**图 2-27　美国人对广告的态度**

极,相反,对来自经济发达国家的留学生,对美国广告表达较低的肯定①。

　　关于人们不喜欢广告的原因,阿尔维特和普拉哈克(Alwitt & Prabhaker)
1992 年对 228 个家庭的调查发现,人们不喜欢广告的原因是"广告是无礼的"、
"他们不能完全信任描述产品的方式"以及"许多广告与他们的需要和自我形象
无关"②。

　　我国广告业起步比较晚,广大消费者对广告的态度又是如何呢?

　　1987 年上海市抽样调查组在 12 个区、3 个县抽选了 1 285 名 12～75 岁的
本市居民进行调查,结果是:30.1%的人对广告表示"有限度欢迎";48.2%的人
表示"还可以接受";10.3%的人"有点反感";2.5%的人"非常厌恶";8.9%的人
表示"说不清楚"。③

　　北方经济咨询有限公司 1999 年的研究发现,有 66.7%的受众认为广告是
当今社会中"必不可少"的一部分,有 21.5%的人认为广告"可有可无",有 5.6%
的人认为"最好没有",另有 6.2%的人"说不清楚"。而 1996 年类似的调查数据
是:认为广告必不可少的比重为 58.1%(见表 2-18)。可见,在大多数受众心目
中,广告还是很重要的④。

---

　　①　Pierce F N.How foreign students see advertising[J].Journal of Advertising Research,
1971,11(6):26-30

　　②　Alwitt L F,Prabhaker P R.Functional and belief dimensions of attitudes to television
advertising:Implications for copytesting[J].Journal of Advertising Research,1992,32(5):30-
42

　　③　中国广告协会秘书处,内部参考资料

　　④　北方经济咨询有限公司.1999 年广告受众调查研究报告[EB/OL].http://www.3see.
com/,1999

表 2-18 受众对广告社会地位看法的变化

单位：%

| 广 告 地 位 | 1996 年 | 1999 年 |
|---|---|---|
| 必不可少 | 58.1 | 66.7 |
| 可有可无 | 31.3 | 21.5 |
| 最好没有 | 5.9 | 5.6 |
| 说不清楚 | 4.7 | 6.2 |

截至 2020 年 12 月,我国网民规模达 9.89 亿,互联网普及率达 70.4％,较 2020 年 3 月提升 5.9 个百分点,[1]网民对广告的总体态度就非常重要。据艾瑞的调研表明,中国互联网用户对各类媒体广告的态度差异巨大,其中对互联网广告、报纸广告、户外媒体广告和杂志广告的认同度比较高,认为这些广告能获取一些有用信息,并可当做娱乐内容来看,但是手机广告、广播广告和电视广告等由于其强制性特点,相对而言,网民对这些广告比较厌烦。具体如图 2-28 所示。

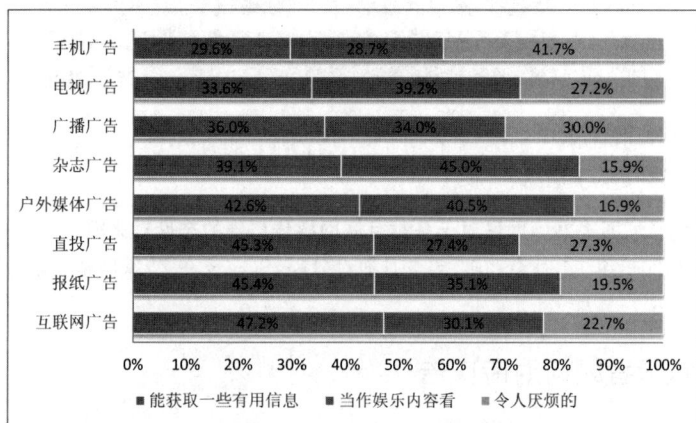

图 2-28 网民对于各类媒体广告的态度对比图

来源:艾瑞于 2011 年 11 月至 2012 年 2 月通过 iUserSurvey 在 21 家网站上联机调研获得

随着互联网的普及,互联网广告也是到快速发展,针对互联网广告,艾瑞咨询公司调查了网民对互联广告的总体态度。结果如表 2-19 所示。可以看出,与传统媒体的广告相比,用户对于互联网的接受度有所下降,非常认同和比较认同的相加百分比中人有 39.1％,而非常排斥和比较讨厌的比例高达 32.7％。

---

[1] 中国互联网信息中心(CNNIC).第 47 次中国互联网络发展状况统计报告[EB/OL].http://www.cnnic.cn/index.htm,2021

79

表 2-19　网民对网络广告的总体态度

| 用户态度 | 非常排斥 | 比较讨厌 | 无动于衷 | 比较认同 | 非常认同 |
|---|---|---|---|---|---|
| 所占百分比 | 8.2% | 24.5% | 28.2% | 32.4% | 6.7% |

来源:根据艾瑞 2015 年 12 月在 iClick 社区调查数据统计分析所得。

　　而对于互联网中各类广告的态度则如图 2-29 所示。从图可知,最受欢迎的互联网媒体广告是购物类网站和搜索引擎广告(分别占 30.5% 和 30.0%),而最令人讨厌的媒体广告是社区、博客和视频网站广告(分别占 35.8% 和 34.1%)。

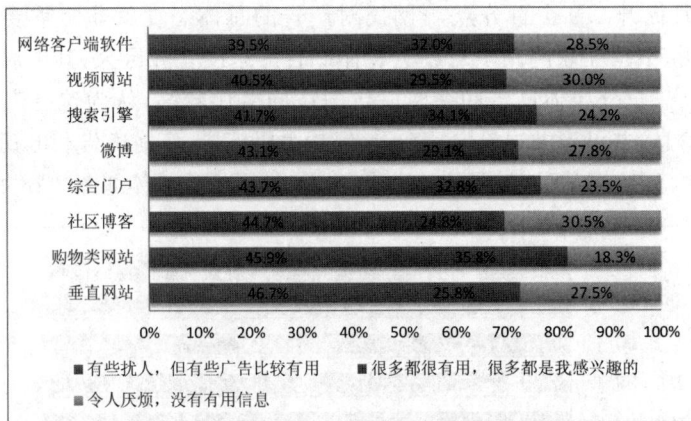

图 2-29　网民对于各类互联网媒体广告的态度对比图
来源:艾瑞于 2011 年 11 月至 2012 年 2 月通过 iUserSurvey 在 21 家网站上联机调研获得

## 二、消费者如何对待广告

　　前面介绍消费者对广告的总体态度。那么他们在与广告的具体接触时,又是怎样对待广告的呢?据美国广告学者米特尔(1994)的研究结果,消费者在电视广告播映时,最常采用的行为反应就是"离开房间"、"注意房间里别的事"或"调频道"(见表 2-20);而在心理反应上,他们既无法完全拒绝广告,同时也不会很认真地关注广告(见表 2-21)。其他的研究还发现,广告时调换频道更可能在以下家庭发生:较高收入、孩子在 18 岁以下、有录像机、高等教育的多人口家庭[①]。

表 2-20 对电视广告间隙的行为反应

| 反 应 类 型 | 从不 | 偶尔 | 有时 | 经常 | 总是 |
|---|---|---|---|---|---|
| ①我离开房间 | 2 | 21 | 29 | 47 | 2 |
| ②我注意房间里别的事 | 2 | 16 | 29 | 50 | 4 |
| ③我继续看电视,好像节目还在进行 | 11 | 49 | 31 | 7 | 1 |
| ④我调频道 | 14 | 26 | 24 | 31 | 5 |
| ⑤当看到一个以前录过的节目时,我就快进 | 13 | 10 | 12 | 19 | 45 |

表 2-21 对广告接触的心理反应

| 反 应 类 型 | 不同意 | 中性 | 同意 |
|---|---|---|---|
| ①我对电视广告漠不关心,它不会干扰我 | 40 | 28 | 32 |
| ②我经常发现我自己很注意电视广告 | 43 | 23 | 34 |
| ③我发现电视广告是受欢迎的节目间隙,这时我能注意别的事 | 47 | 17 | 36 |

　　我国相关的调查结果(表 2-22)显示[②],在广告出现时,观众"从头到尾看下去"的占大约 1/5,有些地区将近 1/3。相反,"马上转换到其他频道"和"开着电视机去干其他事情"合计大约 1/5 至 1/4。或许是因为以节目形式集中一个时段播出的广告容易遭到观众的回避,20 世纪 90 年代后期,在电视节目播出过程中,插播广告的现象越来越多,那么对插播广告,观众如何应对呢?有关的研究发现,当插播广告出现时,84.5%的人会出于不同的动机而继续收看下去(见表 2-23)[③]。由此可以判断,插播电视广告的效果要比时段广告效果好。

---

　　① Zufryden F S,Pedrick J H,Sankaralingam A,Zapping and its impact on brand purchase behavior[J].Journal of Advertising Research,1993,33(1):58-66

　　② 黄升民.中国广告活动实证分析[M].北京:北京广播学院出版社,1992

　　③ 北方经济咨询有限公司.1999 年广告受众调查研究报告[EB/OL].http://www.3see.com/,1999

**表 2-22　当电视出现广告时,您通常的做法是什么**

单位:%

| 做　　法 | 1990 年的结果 | | | 1994 年的结果 |
|---|---|---|---|---|
| | 北京 | 上海 | 广州 | |
| ①马上转换到其他频道 | 9.7 | 5.8 | 11.3 | 3.1 |
| ②看过一两条后再换频道 | 19.5 | 15.5 | 18.4 | — |
| ③从头到尾看下去 | 20.3 | 31.8 | 18.4 | 20.2 |
| ④开着电视机去干其他事情 | 11.3 | 12.8 | 14.0 | 5.8 |
| ⑤选择自己感兴趣的看 | 39.2 | 34.3 | 36.4 | 47.9 |
| ⑥耐心等自己喜爱的节目 | — | — | — | 24.1 |
| ⑦无回答 | 0 | 0 | 1.1 | — |

**表 2-23　受众在收看电视广告时的反应分布**

| 问　题　选　项 | 比　重　分　布 |
|---|---|
| 一直看下去 | 18.8 |
| 喜欢看广告 | 2.4 |
| 看自己喜欢的广告 | 25.3 |
| 为等下面爱看的节目而看 | 32.9 |
| 边做别的事边看广告 | 5.1 |
| 做要做的事,播完广告再看 | 5.0 |
| 出现广告就换台 | 10.5 |

## 三、消费者对广告作用的评价

### 1. 对宏观作用的评价

在广大消费者对广告的态度不是很肯定的情况下,他们对广告的作用的认识会是怎样呢? 对此 20 世纪 80 年代有人曾就电视广告的作用对上海、广州和北京地区的消费者作调查,结果表明,大多数的消费者都认为:①电视广告可以提供商品信息,促进经济发展。②电视广告提供生活信息、知识,对消费者有利。③电视广告有利于更新观念,推动社会进步;一半左右的人认为电视广告可以给予观众艺术享受和丰富了电视节目。只有少数人同意或比较同意这样的看法:"电视广告会刺激商品消费,对社会发展不利"、"电视广告加剧了社会文化的庸俗轻浮的倾向"。详见表 2-24。可见,消费者对电视广告的宏观作用是持肯定态度的。

表 2-24　消费者对广告作用的评价(同意或比较同意的比例)

单位:%

| 广　告　的　作　用 | 北京 | 广州 | 上海 |
|---|---|---|---|
| ①电视广告可以提供商品信息,促进经济发展 | 81.9 | 93.5 | 84.0 |
| ②电视广告提供生活信息、知识,对消费者有利 | 76.4 | 90.8 | 82.0 |
| ③电视广告有利于更新观念,推动社会进步 | 38.7 | 77.5 | 64.8 |
| ④电视广告可以给观众以艺术享受 | 40.2 | 70.0 | 45.2 |
| ⑤电视广告丰富了电视节目 | 43.3 | 60.5 | 42.5 |
| ⑥电视广告会刺激高消费,对社会发展不利 | 11.6 | 7.0 | 10.1 |
| ⑦电视广告加剧了社会文化的庸俗轻浮的倾向 | 10.0 | 6.8 | 8.5 |

　　1994 年另一项关于中国广告意识的调查结果(见表 2-25)也发现,中国公众大多数对广告的作用都是从正面给予肯定,只有少数人认为广告有各种负面作用[①]。

表 2-25　受众对广告的看法

单位:%

| | 同意和比较同意 | 说不清 | 不太同意和不同意 |
|---|---|---|---|
| ①广告可以提供商品信息,促进经济发展 | 88.8 | 2.2 | 1.8 |
| ②广告会刺激高消费,对社会发展不利 | 5.9 | 9.2 | 70.9 |
| ③真正好的东西不要做广告,刊播广告是一种浪费 | 6.4 | 6.0 | 73.7 |
| ④广告刺激企业竞争,促进企业不断提高产品质量 | 73.1 | 8.0 | 10.1 |
| ⑤广告使商品价格上升,增加消费者负担 | 21.5 | 15.5 | 48.3 |
| ⑥广告可以给人们以艺术享受 | 69.7 | 9.2 | 10.2 |
| ⑦广告干扰人们的正常生活,是强加于人的 | 4.0 | 4.9 | 75.2 |
| ⑧广告收入能支持大众传播媒介发展,丰富人们文化生活 | 61.1 | 16.2 | 8.8 |
| ⑨广告助长了社会文化庸俗的倾向 | 6.5 | 12.3 | 65.3 |
| ⑩广告有助于更新消费观念,推进社会进步 | 72.8 | 8.5 | 7.4 |

　　后来的研究(见表 2-26)表明,人们对广告的宏观作用的评价总体上说,不如以前那么高,例如只有 48% 的人认为广告"有助于信息交流搞活经济",而对

---

①　现代广告,1995,(1)

广告的负面作用则有所升高,如有 27.5％的人认为广告"使一些人上当受骗"[1]。

表 2-26  受众对广告作用看法的分布

| 问 题 选 项 | 同意者比重 |
|---|---|
| 有助于信息交流搞活经济 | 48.0 |
| 方便了群众生活 | 60.1 |
| 有助于消费者选购商品 | 57.2 |
| 促进企业产品销售 | 36.0 |
| 帮助人们认识新产品 | 50.6 |
| 使一些人追求高消费 | 10.5 |
| 使一些人上当受骗 | 27.5 |

### 2. 对微观作用的评价

在广告的微观作用方面,夏维特、罗威利和哈伊诺(1998)对 1004 名美国消费者的调查表明,68％的消费者回答他们经常或有时利用来自广告的信息做购买决策,32％的消费者很少或从不利用广告信息做购买决策[2]。阿尔波斯坦和佩罗特(Alperstein & Peyrot)1993 年就对处方药品广告调查 440 名消费者发现,接近 70％的被试相信处方药品广告对他们有教育作用[3]。

一项关于我国消费者接触广告目的的调查结果(见表 2-27)[4],从不同侧面反映了广告可以在一定程度上帮助消费者,有四成左右的人认为看广告的目的是为了购物和了解市场动向。后来关于消费者主动接触广告的调查,也得到类似的结果。有一半左右的消费者认为主动接触的原因是购买消费品(详细资料见表 2-28)[5]。

---

① 北方经济咨询有限公司.1999 年广告受众调查研究报告[EB/OL].http://www.3see.com/,1999

② Shavitt S,Lowrey P,Haefner J.Pulic attitudes toward advertising:More favorable than you might think[J].Journal of Advertising Research,1998,July-August:7-22

③ Alperstein N M,Peyrot M.Consumer awareness of prescription drug advertising[J].Journal of Advertising Research,1993,33(4):50-56

④ 黄升民.中国广告活动实证分析[M].北京:北京广播学院出版社,1992

⑤ 北方经济咨询有限公司.1999 年广告受众调查研究报告[EB/OL].http://www.3see.com/,1999

表 2-27　您看广告的目的是什么

单位：%

|  | 上海 | 广州 | 北京 |
|---|---|---|---|
| ①主要是为了购物和了解市场动向 | 43.3 | 38.8 | 40.0 |
| ②比起一些节目,广告更有意思 | 5.9 | 7.0 | 4.7 |
| ③作为一种消遣 | 19.0 | 20.3 | 11.0 |
| ④等下面的节目 | 30.0 | 30.0 | 35.8 |
| ⑤其他、无回答 | 1.8 | 4.0 | 8.2 |

表 2-28　受众主动接触广告原因分布

| 问题选项 | 比重分布 | 问题选项 | 比重分布 |
|---|---|---|---|
| 喜欢看广告 | 23.8 | 求学求职 | 14.1 |
| 经商需要 | 12.5 | 购买消费品 | 53.3 |
| 工作需要 | 12.6 | 购买生产资料 | 16.9 |
| 求医求药 | 28.8 | 跟上消费潮流 | 15.1 |

## 四、消费者对广告影响力的感受

1987 年在上海的一项广告影响力调查中,有一个问题是"您是否有过受广告宣传而激发购买的欲望",结果 51.1% 的人回答"有过",38.1% 的人回答"从未有过",10.7% 的人未作回答。①

在 1988 年关于 400 名广州居民的抽样调查中,消费者感觉广告影响"非常大"的占 3.1%,"比较大"的占 46%,"影响不大"的占 32.5%,"无所谓"的占 13%,"没有感觉到影响"的占 3%。类似的问题在北京地区调查的结果是:"影响很大"占 4.6%,"影响较大"占 20%,"影响不大"占 50.7%,"几乎没有影响"占 24.7%。②

由上述结果可见,至少有 1/4 以上的消费者感受到广告的影响很大或比较大,但广州比北京有更多的人感受到。从表 2-29 还可以看出,消费者不仅感受到广告的影响,而且还感受到广告对人们的日常生活、消费活动以及电视节目、市容环境等各个方面的影响。③

---

① 中国广告协会秘书处,参考资料
② 中国广告协会秘书处,参考资料
③ 黄升民.中国广告活动实证分析[M].北京:北京广播学院出版社,1992

表 2-29　消费者感受到广告各种影响的比例

单位：%

| 影　响　的　方　面 | 上海 | 北京 | 广州 |
|---|---|---|---|
| ①有了广告,市容环境变化了 | 18.7 | 23.8 | 15.7 |
| ②同以前相比,电视台的节目有了很大的改变 | 24.2 | 34.8 | 20.3 |
| ③买东西时经常会想起各种广告 | 35.8 | 32.0 | 32.2 |
| ④广告信息常常是朋友家人交谈的话题 | 16.5 | 18.8 | 16.9 |
| ⑤年轻人、妇女模仿电视广告演员的衣着打扮 | 16.7 | 8.8 | 11.1 |
| ⑥艺术团体的演出有浓厚的商业气息 | 8.3 | 9.0 | 6.3 |
| ⑦少年儿童模仿一些广告词、广告歌 | 20.3 | 20.5 | 13.5 |
| ⑧人们热衷于名牌货与外国货 | 28.2 | 25.5 | 18.4 |
| ⑨其他 | 0.2 | 1.8 | 4.0 |

## 五、消费者对广告真实程度的看法及对广告的信任度

关于广告真实性问题,夏维特、罗威利和哈伊诺(1998)的调查结果显示,对于"我用过的产品与广告中关于质量和性能的承诺相符合"这样的看法,50.4%的人表示"非常赞同或赞同"、15.1%的人表示"无所谓",另有34.5%的人表示"非常不赞同或不赞同",说明一半左右的人认为广告是真实的。[①] 然而对大学生的调查则发现,3/4的人相信一半以上广告存在无效或误导的陈述。[②]

对我国电视广告真实性的调查(见图2-30)发现,[③]不到1/3(31.1%)的人认为电视广告真实或基本真实(真实程度80%以上),多数人对电视广告的真实程度持不同程度的怀疑态度,认为电视广告或多或少包含着一定的水分。

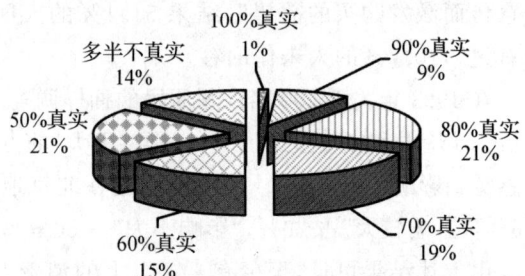

图 2-30　受众对电视广告的真实程度的看法

①　Shavitt S,Lowrey P,Haefner J.Pulic attitudes toward advertising:More favorable than you might think[J].Journal of Advertising Research,1998,July-August:7-22

②　Haller T F,What students think of advertising[J].Journal of Advertising Research,1974,14(1):33-38

③　北方经济咨询有限公司.1999年广告受众调查研究报告[EB/OL].http://www.3see.com/,1999

关于对广告的信任程度,夏维特、罗威利和哈伊诺(1998)的调查结果表明,对于"一般来说,我会相信广告"这样一种描述,有37.7%的人表示"非常赞同或赞同",10.8%的人表示"无所谓",51.5%的人表示"非常不赞同或不赞同";当问及"做购买决策时你对广告中见过的信息的信任程度"时,表示"非常相信或有点相信"的人占64.6%,表示"不太相信或一点也不相信"的人占35.4%。[①] 这一研究结果说明,从总体上说,美国消费者不太敢相信广告,但是就具体情形来说,广告还是赢得多数人一定程度的信任的。

根据有关调查(见图2-31)[②],我国消费者对电视广告的信任情况如下:非常相信和比较相信的消费者共占37.4%,与美国消费者相近;半信半疑的占47.8%,远多于美国;而很少相信或根本不信的占14.8%,远少于美国。可见我国消费者对电视广告疑虑较多。

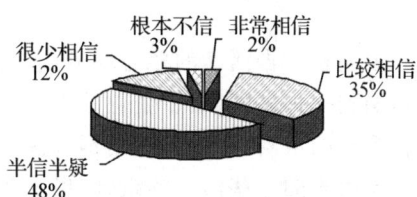

图 2-31　受众对电视广告的信任程度

该调查进一步分析了消费者对各种产品类别的信任程度(见图2-32),发现消费者对有些产品(如家电、音响)的信任度比较高(61.7%),对有些产品(如化妆品)的信任度较低(25.4%)。可见,企业在进行电视广告宣传时,如何让消费者相信你的广告,是首先要考虑的问题。

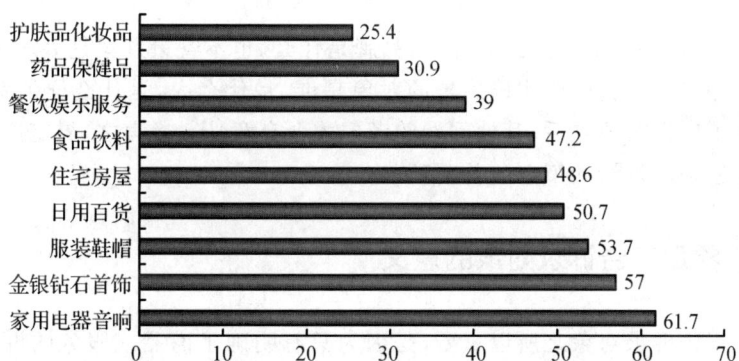

图 2-32　消费者对各类产品电视广告的信任程度(%)

---

① Shavitt S,Lowrey P,Haefner J.Pulic attitudes toward advertising:More favorable than you might think[J].Journal of Advertising Research,1998,July-August:7-22

② 北方经济咨询有限公司.1999年广告受众调查研究报告[EB/OL].http://www.3see.com/,1999

# 第三章
# 广告策划的心理依据和方法 >>>

　　策划是广告活动的核心环节,它关系到一场广告运动的成功与失败,有时甚至影响到一种品牌、一个企业的生死存亡。所以,广告主和广告公司都非常重视广告活动的策划。然而,策划不仅仅是写一本策划书而已,也不仅仅是几个人凭空想象出来的一些活动的组合,更重要的是要使得策划书的所有活动有机地统一起来,并使之达到最佳的广告效果。要实现这样的策划目的,没有科学的依据和方法是不行的。

## 第一节　界定广告诉求对象的标准

　　从事广告策划,不管产品是什么,品牌是什么,也不管策划案是大还是小,策划者的第一步工作就是要明确广告的对象是谁,是什么人,是什么样消费群体。只有明确了广告对象之后,其他问题的考虑才会有意义。换言之,界定广告活动的诉求对象是广告活动策划的首要环节。

### 一、界定广告诉求对象的意义

　　界定广告诉求对象之所以重要,是因为只有明确了商品或服务的诉求对象是谁之后,才能做好以下三个方面的工作:

#### 1. 找到适当的广告诉求点

　　在设计一则广告,形成一个广告创意时,凭空的构想很难达到理想的宣传效果。一个好的创意,必须能够抓住消费者最关心的问题。然而不同消费者群体,他们的消费心理、消费行为均不相同。广告活动只有先界定好目标对象,并透过对目标对象的消费心理、产品消费动机的了解、研究,才能把握广告应该说些什么,否则,就可能变成无的放矢。例如儿童食品广告,如果广告诉求对象是家长,那么关于营养的诉求就容易引起他们的关注。如果对象是使用者儿童本身,那么包装、奖品就比营养更为重要(参见第二章第四节的小资料 2-4-3)。

### 2. 正确地运用媒体

现代广告媒体不胜枚举,各种媒体的特点和传播功能均有差别。不同的消费者对媒体以及媒体的节目、栏目的爱好和接触习惯也不相同。在这种情况下,明确了产品的目标消费者,就能以他们的媒体爱好和媒体接触习惯作为依据来选择媒体和广告发布时机,使媒体充分发挥信息渠道的作用,使广告信息有效地传达给消费者。

例如,不同职业的人士接触网络的比重不同,据 CNNIC 第 47 次中国互联网络发展状况统计调查,截至 2020 年 12 月,中国网民中学生群体占比仍然最高,为 21.0%;其次为个体户/自由职业者,比例为 16.9%;第三位为农村外出务工人员,占比达 12.7%,具体情况请参见图 3-1。如果你的广告对象是中学生群体,最佳媒体是互联网。

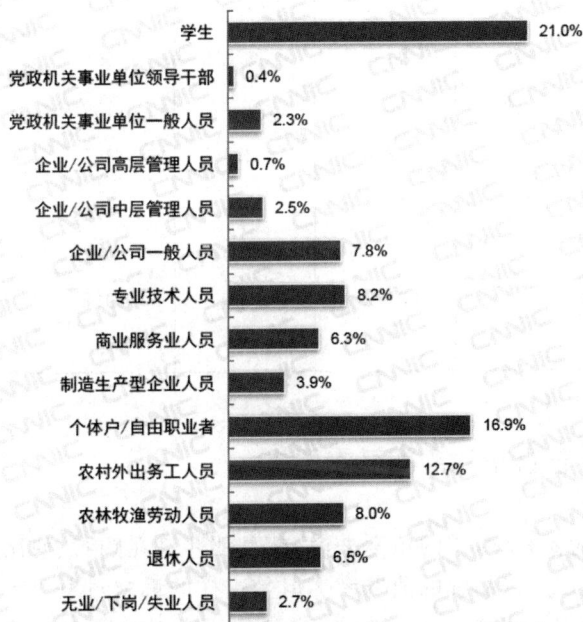

图 3-1　中国网民职业结构

来源:中国互联网络信息中心(CNNIC)《第 47 次中国互联网络发展状况统计报告》。

### 3. 选择有效的广告表现手段或方式

广告表现一定要让人容易接受和愿意接受,许多成功和失败的广告案例都说明了这一点。然而,不同的消费者群体由于文化程度、年龄等方面的差异,他们的信息接受能力和接受方式也必然存在一定差异。广告不能强迫人们接受他们不能接受或不愿意接受的东西。例如以儿童为宣传对象的广告,太多的文字或语言信息就不容易被他们所理解和接受,也不会引起他们的兴趣。根据北方经济咨询有限公司(1999)的调查资料(见表 3-1)①,传统的电视广告表现形式如"说快板"和"相声",年龄越大,喜欢的人越多;而现代的表现方式如"明星表演"、"卡通片"、"科幻"、"动物拟人"等,年龄越小,喜欢的人越多。可见,只有界定好广告的诉求对象,广告创作者才能根据他们的特点,采用有效的广告表现手段。

表 3-1　不同年龄受众对不同广告形式喜欢比重分布

单位:%

| 广告形式 | 受众年龄分组 | | | | |
|---|---|---|---|---|---|
| | 10～20 岁 | 21～30 岁 | 31～40 岁 | 41～50 岁 | 51 岁以上 |
| 幽默表演 | 66.0 | 74.9 | 67.3 | 65.0 | 65.0 |
| 明星表演 | 50.0 | 40.9 | 42.7 | 42.2 | 35.7 |
| 儿童表演 | 32.1 | 21.2 | 21.8 | 20.2 | 18.7 |
| 卡通片 | 44.8 | 21.7 | 18.5 | 9.4 | 6.7 |
| 小故事 | 30.2 | 16.7 | 21.3 | 15.2 | 16.3 |
| 说快板 | 9.7 | 2.0 | 8.5 | 13.5 | 22.6 |
| 相声 | 22.8 | 19.2 | 22.3 | 37.7 | 48.1 |
| 科幻 | 26.9 | 26.1 | 12.3 | 10.3 | 7.1 |
| 兼公益性 | 10.1 | 34.0 | 27.0 | 19.7 | 17.3 |
| 动物拟人 | 22.0 | 13.8 | 14.7 | 13.0 | 8.8 |

## 二、界定广告诉求对象的基本要求

广告的诉求对象,从营销的角度来说,就是那些已在购买、使用广告品牌或将来可能购买、使用广告品牌的消费者。但是这样的诉求对象概念通常是比较模糊的,不便于把握和操作。一般来说,广告的诉求对象至少要满足以下三个条件:

①能够被明确界定。也就是说,判断哪些消费者属于诉求对象,哪些消费

---

　　①　北方经济咨询有限公司.1999 年广告受众调查研究报告[EB/OL].http://www.3see.com/,1999

者不属于诉求对象,必须要有一个明确的标准,如年龄、性别等。如果没有明确的标准,或者标准不容易操作,那么这种界定往往是无效的。例如,尽管性感是一个经常使用的术语,似乎成年人人人都懂,但是,如果将某种化妆品的广告诉求对象界定为性感的女性,这就不合适了,因为很难判断什么样的女性是性感的女性,除非能够对什么样的女性是性感的女性做详细而具体的描述。

②广告诉求对象范围要足够大。即广告诉求对象的商品或服务潜在需求量要大到值得实施广告或促销活动。如果诉求对象的潜在需求太小,那么对他们进行广告宣传就不值得。例如,目前,如果将小汽车的广告诉求对象界定为农民就不合适,尽管农民数量很大,但是他们尚没有这种需求,也不具备这种消费能力。

③广告信息必须能够透过广告或促销活动送达广告诉求对象。换言之,广告诉求对象要与某些特定的宣传媒体的受众相互重叠。如果广告诉求对象中消费者的媒体偏好或媒体接触行为没有一致性,要将广告信息送达他们是非常困难的。

## 三、界定广告诉求对象的标准

考虑到广告诉求对象的上述条件,在实际广告策划中,常以一些能够测定的有关因素作为界定广告诉求对象的标准。这些标准包括地理区域、城市类别、人口统计学特征等。

### 1. 地理区域

一些跨国销售的产品,可以以国际区域或国家为标准来区分。例如以国际区域为标准,某种商品可以从东南亚地区、北美地区、中东地区、东欧地区、拉丁美洲地区、南部非洲地区、北欧地区等地区中选择一个或若干个地区作为广告诉求对象。以国家为标准,世界上有 100 多个国家,每一个国家都可以确定为广告诉求对象,也可以将几个国家作为广告的诉求对象。

国内销售的商品可以以行政区域如地区、省、市、县、区为标志加以区隔。例如以较大的行政区域——地区来区分,我国可分为华东地区、华北地区、东北地区、西北地区、华中地区、华南地区、西南地区等。以省为标准,则可以分为三十几个省、市、自治区。

在按地理区域进行区隔时,有时也要考虑居住地人口数(即城市的大小)和居住地人口密度(如市中心或市郊)。

## 2. 城市类别

我国幅员辽阔,城市之间,差异较大。许多产品、品牌在市场推广时,会根据全国各城市的经济、人口等综合情况,将它们分为一线城市、二线城市、三线城市等,然后在选择某一类城市着重展开广告、营销活动。关于什么是城市的划分,目前尚没有统一的标准,各企业、广告营销公司的分类也会略有不同,但是一般认为,一线城市包括北京、上海、广州、深圳等四个城市;二线城市则包括各省会城市以及沿海经济较为发达的开放城市如大连、青岛、厦门、宁波、苏州等;三线城市主要指地级市。三线城市之外就是城镇,然后就是广大的农村。

## 3. 人口统计学特征

人口统计学特征包括年龄、性别、收入、文化程度、婚姻状况、家庭人口数、职业、城乡等。这些特征都可以作为界定广告诉求对象的标准。例如旅游服务、高档消费品常常要用收入来界定广告诉求对象;保健用品则要用年龄来加以区分。

以年龄来界定广告诉求对象,通常可分成以下几个部分:0～6 岁,7～12、13 岁,13、14～18、19 岁,19、20～27、28 岁,28、29～50 岁,51～60 岁,60 岁以上。当然,广告产品不同,年龄的分段也不一样,但是 18～45 岁通常是广受重视的群体。

以性别来区分,消费者可分为男性和女性。

以收入来区分,消费者通常可分为三个层次:高收入者、中等收入者和低收入者。也可以分为五个或更多的层次。

以文化程度为标准,所有消费者经常被分为:文盲或半文盲、小学、初中、高中(包括中专)、大专或大专以上。

以婚姻为标准,一般分为:未婚和已婚。

以家庭人口数为标准,则可分为单身家庭、两口之家、三口之家、四口或四口以上的家庭。

以职业来区分,可分为:工人、农民、军人、商人、公务员、教师和科技人员、学生、个体经营者、待业人员等。

以城乡来区分,可分为城镇居民和农民。城乡居民在经济收入、消费支出、受教育水平等方面均有很大的差别。

## 4. 心理特征

上述界定广告诉求对象的标准,都是比较直观、容易测定和判断的。然而,随着以"消费者为中心"的营销观念逐步代替以"生产者为中心"的营销观念,以及商品市场的逐步细分化,国外的市场营销者早在 20 世纪 70 年代就从消费者的心理层面来对消费者市场进行区分。

从消费者的心理特征来界定广告诉求对象,可以采用许多不同的标准。根据人格心理学家阿尔波特的观点,人根据价值观可以分成以下六种类型[①]:

①理论型:此类型的人主要兴趣在于发现真理,他们活动和生活的主要目的是将自己的知识系统化、条理化。他们不太重视生活的其他方面。

②经济型:此类型的人态度趋向于现实——实用事物,是务实人士。他们的一切工作都从实际需要出发,他们比较重视财力、物力、人力和效能。

③艺术型:此类型的人重视形象的美与心灵的和谐,善于审视美好的情景和乐于多种情趣。他们以优美、对称、整齐、合宜等标准来衡量一切。

④社会型:此类型的人以爱护他人、关怀他人为高尚的职责。他们多投身于社会,交往于人际,以提供服务为最大乐趣。

⑤政治型:此类型的人对权力具有极大的兴趣,实权成为其基本的动机。他们多有领导他人和支配他人的愿望和才能。

⑥宗教型:此类型的人重视命运和超自然力量,其心灵结构在于创造最高满足的价值经验。他们大多有坚定的信仰。

在精神分析学家荣格看来,人有两种心理类型,即内倾和外倾。他认为内倾是人的心灵指向个体的内部世界,外倾是人的心灵指向外部环境。内倾者的性格是安静、富于想象、爱思考、退缩、害羞和防御性的,对人的兴趣漠然;外倾者则爱好交际、好外出、坦率、随和、乐于助人、轻信和易于适应环境。

荣格的人格分类对于区分广告的诉求对象是有益的。然而在实践中,广告诉求对象往往是以人的兴趣、爱好和价值取向等微观而具体的心理倾向为标准,同时结合人的活动趣向、对事物的意见以及人口统计学特征,将消费者区隔成为各种生活形态的人群。这种广告诉求对象的界定方法,也叫做心理图示法。

在心理图示法中,人的心理特征的区分标准如是否喜好交际、是否乐于助人、是否追求时髦、是否追求成功、是否合群、传统或现代、对家庭的兴趣等等。对事物的意见如对自己、社会问题、商业、政治、经济、教育、文化、体育、未来、产品等的意见。活动倾向如体育运动、逛街购物、娱乐、工作、节日庆祝活动等。

国外的行销广告实践中,许多广告主或行销者常根据此一方法来界定广告诉求对象。例如,NH&S(Needham Harper & Steers)公司界定了 10 种生活形态的消费者,这 10 种生活形态的消费者分别是:

①自我实现的商人　　　　②成功的专业人员
③热爱家庭的人　　　　　④受挫折的工厂工人

---

①　陈仲庚,张雨新.人格心理学[M].沈阳:辽宁人民出版社,1986

⑤退休后常留在家中的人　　⑥感到心满意足的主妇

⑦时髦的郊区居民　　　　　⑧漂亮的社交名流

⑨好心的母亲　　　　　　　⑩老式传统主义者

美国 SRI 国际公司,以消费者的生活形态和价值观为界定标准,建立了一套使用于发展行销和广告计划的广告诉求对象界定系统,他们称之为"价值观与生活形态系统"。这一系统将消费者分为四个主群体和九个子群体[①]。它们分别是:

①需要驱动者:这些人都是收入有限的消费者,他们购买的物品大多是用来满足基本生活需要的,但有时为了炫耀,他们也购买奢侈品。需要驱动者在美国大约有 1 700 万人,占成人人口的 11%。这个群体可分为两个子群体:

A. 残存者:这是一群年老、贫穷、沮丧、远离文化主流的人。

B. 苦撑者:这是一群年轻、狡猾、挣扎于贫困边缘、想出人头地的人。

②外在导向消费者:这些人持身端正,深受他人的尊重,构成美国社会的中坚。他们占美国 2/3 以上的成年人口,可分为三种类型。

A. 归属者:这些人的特征是传统、保守、世俗、怀旧、重感情、清心寡欲。

B. 好胜者:这些人野心勃勃、力争上游、注重声望,有大男子气概和竞争精神。

C. 成就者:这些人是政府官员、商业领袖、专业人员。他们注重效率、名誉、身份、正直的生活等。

③内在导向消费者:此一群体的消费者的购物活动基本上是以个人内在需要的满足为主,而非反映他人的意见。他们约占美国人口的 28%。此一群体包括三个子群体:

A. 我行我素者:这些人的特征是年轻、充满活力、好表现、自我陶醉、表情丰富、情绪冲动等。

B. 亲身经验者:这些人是更为成熟的"我行我素"者,他们积极参与,亲身体验,关注自己内心的成长。

C. 关心社会者:这些人向往纯朴自然的生活,倾向于支持保护大自然的生态环境。

④统合者:这些人结合内、外在导向消费者的感受于一身,是心理上完全成熟的人。他们具有宽容、自我、放眼世界、以天下为己任的胸襟。这些人只占人口的 2%左右。

### 5. 购买和使用情形

基于消费者或潜在消费者购买什么商品、购买的次数、购买的数量、购买的

---

① 丹·E. 舒尔茨,等.广告运动策略新论[M].北京:中国友谊出版公司,1994

时间、再购方式、使用商品的速度、数量等来确认目标市场或广告的诉求对象(见图 3-2)。国外的市场研究发现,大多数产品类型都存在着"大量使用者",这一广告诉求对象有大有小,因产品类型不同而异,但他们的产品消费占产品消费总量的绝大部分(见图 3-3)[①]。

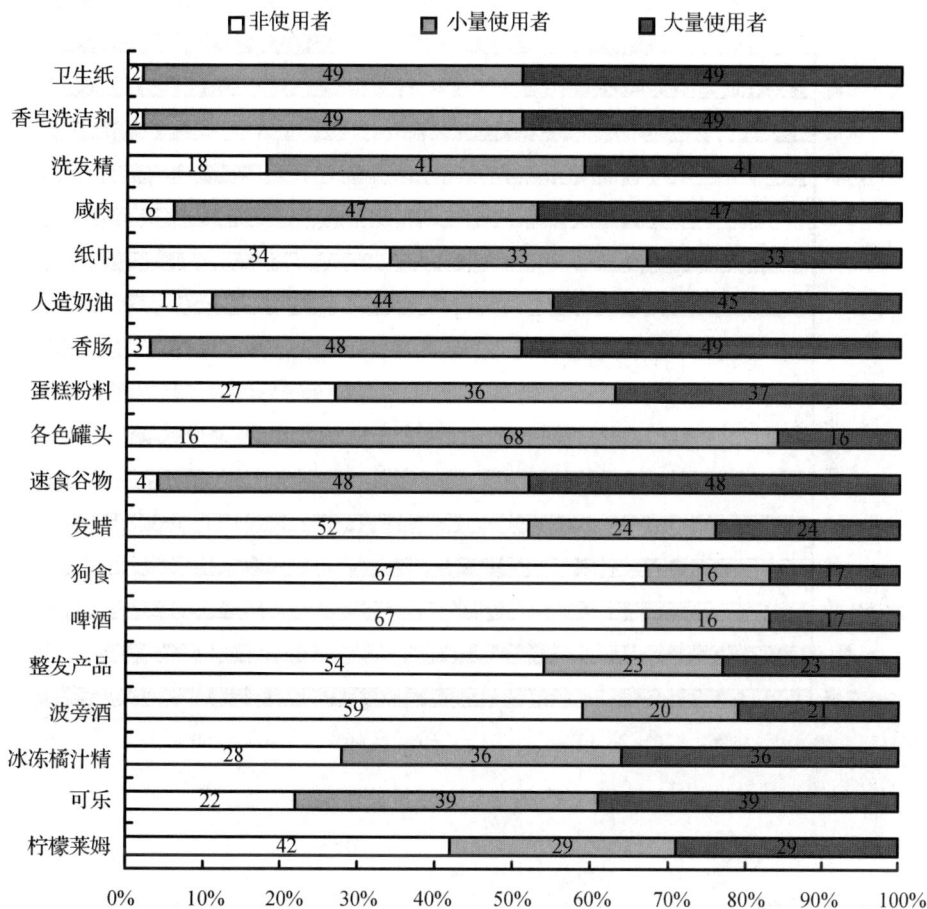

图 3-2　使用情形的广告对象

不过,以购买和使用情形来界定广告诉求对象,按使用情形确认了"大量使用者"之后,还必须配合人口统计学特征来加以描述,也就是说要将"大量使用者"进一步界定清楚。

①　丹·E.舒尔茨,等.广告运动策略新论[M].北京:中国友谊出版公司,1994

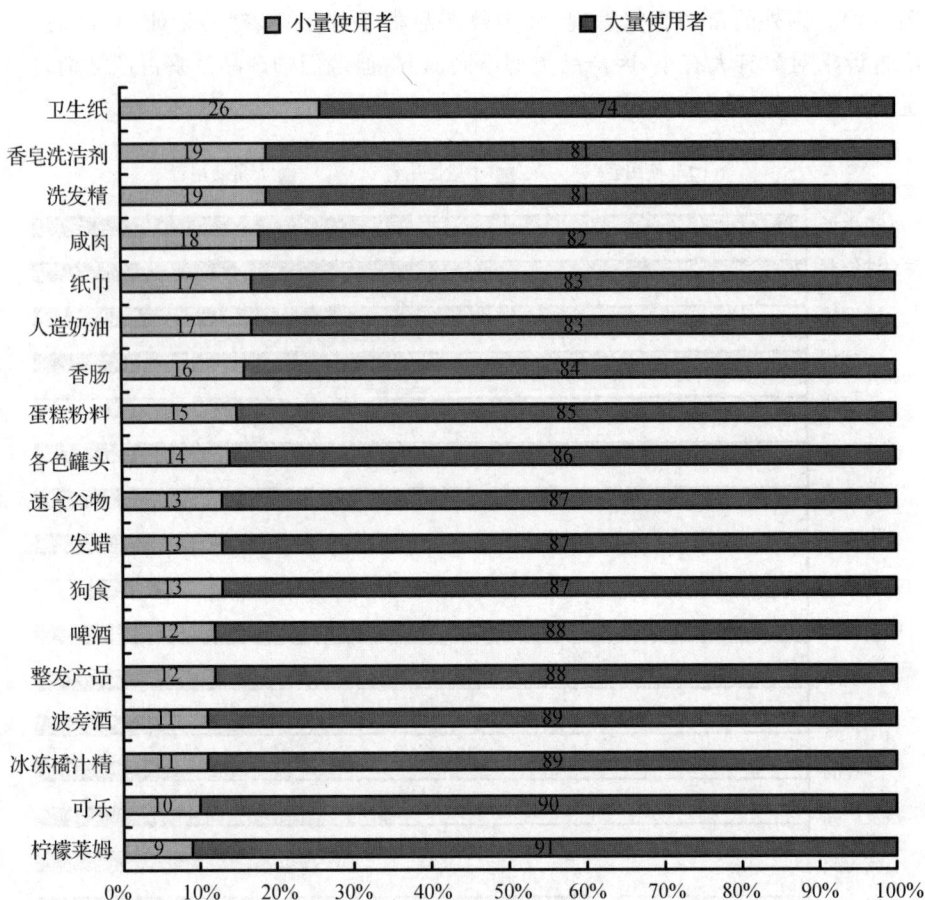

图 3-3　使用情形的广告对象

## 四、案例

以上介绍的是一些常见的区隔标准,在实践中,通常是将几种标准综合使用,并利用调查手段,将不同品牌的消费群体区隔开。

#### 1. 牙膏消费者特征

国外有人曾依据消费者追求的主要利益、人口统计特征和行为特征,将牙膏市场区分为四个小市场,它们的名称分别为:感觉派、社交派、忧虑派和独立派(见表 3-2)。

表 3-2　牙膏的市场区隔

| 区隔市场名称 | 感觉派 | 社交派 | 忧虑派 | 独立派 |
| --- | --- | --- | --- | --- |
| 所期求的主要利益 | 香味或商品外表 | 牙齿的光洁 | 预防蛀牙 | 价钱 |
| 人口统计特征 | 儿童 | 十几岁年轻人 | 大家族 | 男性 |
| 行为特征 | 绿薄荷味使用者 | 抽烟 | 多用者 | 多用者 |

#### 2. 茶油的消费者特征①

随着中国经济发展和人民生活水平大幅度提高,人们对食用油的营养、天然与健康的属性日趋重视。与此同时,大豆、花生等传统食用油原料价格不断上涨,传统食用油价格优势越发不明显。因此,人们对食用油的选择范围不再局限于花生油、大豆油等传统食用油,而是将目光投向新品种食用油,以橄榄油、核桃油、茶油、葵花籽油为代表的新品种天然食用油日益成为众家庭尤其是中高收入家庭的首选。下面本书就介绍一下茶油的目标消费者的特征。

购买茶油的消费者女性多于男性,有研究调查表明,在所调查的女性当中有39.7%购买过茶油,而男性中只有 34.4%购买过茶油。究其原因,女性一般负责家庭饮食起居,会花更多的时间在食品信息搜集处理和食品购买方面,相比男性会更加关注食用油的价格和营养程度,因而女性比男性更会选择购买茶油。此外,茶油消费者多为收入较高和年龄较大的消费者。调查表明,年收入水平在3~5 万元的被调查者中只有 33.0%购买过茶油,而 5 万元以上的有 47.1%购买过茶油;30 岁以上的群体购买过茶油的比例为 43.2%,而 30 岁以下的群体购买过茶油的比例只有 28.7%。家庭结构也会影响消费者对茶油的偏好,与家中没有未成年子女或老人的家庭,家中有未成年子女或老人的家庭更关注营养与健康,因而更倾向于购买茶油。调查表明有未成年子女的家庭有 39.7%购买过茶油,而没有未成年子女的家庭则只有 29.2%购买过茶油。家庭居住地的不同

---

① 卢素兰,刘伟平.消费者对茶油的认知情况及购买意向——以福州市闽侯县为例[J].福建农林大学(哲学社会科学),2015,18(4)

购买茶油的情况也有差异,越靠近茶油生产或销售基地的消费者由于以往具有食用茶油的习惯或经验,对茶油的营养价值和药用价值的认可,并且越来机会接触到茶油的营销传播,因而越容易购买茶油。家庭居住地距离茶油生产或销售地的距离与购买率之间的关系见表 3-3。可以看出,距离越近,购买率越高,距离越远,购买率越低。

表 3-3　居住地距离茶油生产或销售地的距离与购买率之间的关系表

| 居住地与生产或销售地的距离 | 购买率 |
|---|---|
| 1 公里以内 | 48.5% |
| 1~5 公里 | 36.4% |
| 5~10 公里 | 33.3% |
| 10~50 公里 | 28.4% |
| 50 公里以上 | 20.8% |

茶油消费者心理特征表现为:比较重视食用油的营养价值,但对茶油的价格相对敏感,对茶油的品牌不太信任,往往愿意托亲朋好友到乡下购买没有品牌的农家产品。对茶油的销售推介不认可,但会受亲朋好友影响或推荐而购买。另一个特点就是消费者常常把茶油当作一种具有药用或保健作用的产品用于特殊用途,比方说坐月子,此时消费者很关注茶油的质量,如茶油是否纯正。茶油还经常视为一种健康礼品,因而为作为礼品而被购买,此时消费者很重视茶油的包装和品牌知名度。

### 3. 高端车(40 万元以上)消费者特征①

2016 年艾瑞咨询公司对价格 40 万元以上的全国范围内的车主进行调查,对于高端车主的人口统计学特征、心理特征和消费行为都有较详细的描述。

报告表明男性依然是高端车的消费主力,占 64.6%;女性虽然只占 35.4%的市场份额,但从所有车型消费的女性占比来看,女性偏是爱高端车的,比平均水平高出 6%个点。

从年龄来看,70 年代后和 80 年代后是高端车的中坚力量,并表现为年龄也大,消费能力越强。详情请参见图 3-4。

---

① Iresearch 咨询.2016 年高端车主洞察——车·生活研究报告[EB/OL].http://www.iresearch.com.cn/,2016

| 年龄段 | 占比 | 箭头 |
|---|---|---|
| 18-25岁 | 7.7% | |
| 26-30岁 | 14.7% | |
| 31-35岁 | 17.0% | |
| 36-40岁 | 17.6% | ↑3% |
| 41-45岁 | 17.9% | ↑5% |
| 45岁以上 | 25.2% | ↑9% |

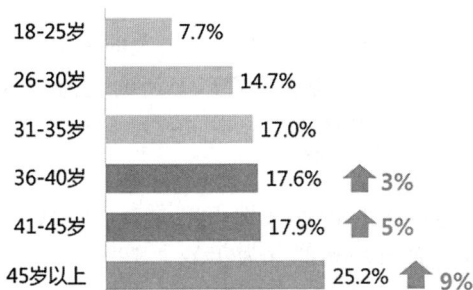

来源：易车指数–销量指数
注释：向上箭头（↑）表示高于市场平均水平，反之亦然。

**图 3-4　高端车消费者的年龄分布图**

从地域分布来看,广东、浙江、江苏、北京占前四位(详见图 3-5)。

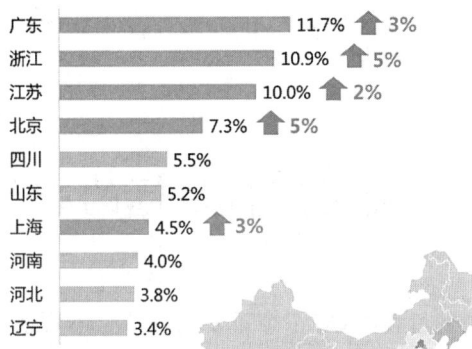

| 地域 | 占比 | 箭头 |
|---|---|---|
| 广东 | 11.7% | ↑3% |
| 浙江 | 10.9% | ↑5% |
| 江苏 | 10.0% | ↑2% |
| 北京 | 7.3% | ↑5% |
| 四川 | 5.5% | |
| 山东 | 5.2% | |
| 上海 | 4.5% | ↑3% |
| 河南 | 4.0% | |
| 河北 | 3.8% | |
| 辽宁 | 3.4% | |

**图 3-5　高端车主地域分布 Top10**

　　从消费者心理特征来看,高端车的消费者关注理财,喜欢到各种媒体收集有关财经、房产类方面的资讯。他们虽然关注时尚,但他们却不爱逛街和网购。他们注重健康养生,热爱烹饪厨艺,喜欢旅游和摄影,故常常浏览旅行、见闻类和摄影网站。他们还是户外运动的爱好者,常常参加极限运动、高尔夫、赛车和滑雪等运动。

　　从消费者的消费习惯来看,高端车主与普通车主相比,高端车主假日出行里程更远,范围更广。高端车主的出行时间一般会避开早晚高峰期。高端车主的驾驶习惯为追求速度感,看重车辆动力和操控性,与此同时,他们很注重驾驶体验,强调车的安全性能。高端车偏爱大排量汽车,一百公里油耗平均为12.2升,比普通车主高出 16%。高端车主在大排量汽车(排量在 3.0 以上)的占比为26%,而普通车主的占比为只有 1%。高端车的女性消费者偏爱白色车,并且倾向购买德系 SUV,而男性消费者则偏爱黑色车,并倾向购买日系和美系 C 级轿车。

### 4. 电商类保险的消费者特征[①]

电子商务与传统商业模式相比,消费者面临更大的风险,因而催生了新的业务,比如运费保险,该保险保证当消费者发现网上所购买商品不满意时,可以免费退换,运费由保险公司出。接下来我们介绍下这种在互联网背景下的新型产品与服务的消费者特征。

由于女性始终是网购的主力,因而女性占电商类保险消费者的 70%,从年龄特征来看,电商类保险的客户决大部分为年龄为 19—45 岁的年青消费者,占总体消费者的比例为 94.4%,其中 26~35 岁的消费者占 55.9%,19~25 岁的消费者占 19.7%,36~45 岁的消费者占 18.8%。而 19 岁以下和 45 岁以上的消费者寥寥无几。

电商类保险消费者分布在苏杭地区,年网购消费达 10 万元。他们的典型保费需求在 50~500 元之间,典型消费金融需求在 1 万~2 万元,而典型财富管理需求在 10 万~30 万元之间。据估计,电商类保险优质消费者的商业价值在 10 万~35 万元之间。

# 第二节　确定广告目标的心理依据

在制定广告计划的过程中,有一个重要的环节是不可遗漏的,那就是确定广告的目标。确定广告目标是一个做决策的过程,它不仅需要有现实的依据,还需要理论的依据。现实的依据来源于市场研究提供的资料,而理论依据则来源于心理学的研究成果——广告心理效应。

## 一、广告目标与广告心理效应

广告心理效应,是指广告对消费者的心理所产生的影响。它可能是认知方面,也可能是情感方面,还可能是行为方面。

确定一场广告活动的目标,从广告主的角度来说,最好是用产品的市场销量或市场占有率来加以界定,这样既直截了当,又容易理解。然而,产品的销售是整个市场营销活动的效果,广告活动只是产品市场营销组合中的一个方面。换

---

① Iresearch 咨询.2016 年中国创新保险行业白皮书[EB/OL].http://www.iresearch.com.cn/,2016.

句话说,广告活动不一定会促进产品的销售,而且没有促进产品销售的广告也不一定就没有效果。所以,在现代的广告活动计划中,广告目标的制定不仅仅以产品的销售作为指标,通常还以消费者认知、情感和行为变化作为指标。下面是一些实际案例:

某产品的广告目标:

①在全国广告运动上市导入年度第一年终了之前,于我们的目标市场中为某品牌创造70%的知名度(主要是对全国100个最大市场中的妇女,年龄为18~49岁,有一个以上未满18岁的子女同住,每年全户收入约在15 000美元之上)。

②在我们的目标市场中,以有助回忆法测定,得到70%消费者记住我们广告创作策略中所宣布的承诺。

③在我们的目标市场中,有65%的消费者报告对某品牌的偏好超过其他竞争品牌。

经广告与行销共同努力达成的目标如下:

④在所计划的配销区域内,于上市导入年度终了之前,我们的目标市场产生39%的试用率。

⑤在上市导入年度终了之前,于我们目标市场中达成65%的再购率(平均每年购买5次并每次购买6包)。

美国一种低泡沫洗洁剂的广告目标是:"在一年之内,从3 000万拥有自动洗衣机的家庭主妇中,把那些认为某品牌是低泡沫洗洁剂并信服它能把衣服洗得更清洁的主妇,从10%增加到40%。"

美国一家航空公司在一个广告计划中所制定广告目标之一是:"在这一广告运动的前四个月中,使目标市场的60%对'伟姿班'航空公司(Whiz-Bang Airlines)新提供的、贯通美国东西两岸的服务达到'知名'的程度。"

下面以一个公司向18~34岁女性市场推销某品牌洗发香波为例,详细说明广告目标中所设定的预期效果。

## 某品牌高级香皂在广告策划中层级心理效应的设定

时限:12个月

目标1:使80%目标消费者知晓这个品牌。在电视、视频网站贴片广告、门户网站广告等媒体投放广告,反复传播一些简单的信息。

目标2:使60%目标消费者中对这个品牌感兴趣。在广告中传达产品的特点和优点——含有天然肥皂角成分,改善肤质。

目标3:使35%的目标消费者喜欢本品牌,25%的消费者偏好这个品牌。通过样品试用、促销活动等方式使消费者了解产品特性并对产品质量满意。引导消费者通过网站了解诸如护肤、美容等更多知识。

目标 4:使 25％目标消费者试用。通过网络发放优惠券,在商场发放试用品等方式,尽可能促进消费者试用本产品。

目标 5:拓展并保有 10％的目标消费者成为本品牌的重复购买者,并提升其忠诚度。加大广告投放频次,提高消费者广告接触频次,并用购买返券形式,增进消费者的重复购买。并与专业人力、网络意见领袖沟通,以提升消费者对本品牌的信任度和忠诚度。

上述案例中广告目标的制定,都是以广告心理效应的理论和广告事实为依据,这些理论和事实在以下两部分中加以介绍和分析。

## 二、广告心理效应模式

### 1. 传统广告的心理模式

众所皆知,广告活动的最终目的是把产品推销出去,然而广告能否达到这一目的,则取决于广告能否对消费者产生深刻的影响。广告对消费者的影响通常是多层次、多侧面的。对此,广告研究者从 20 世纪初开始就进行了广泛的研究,至今已形成了一系列形形色色的广告心理效应模式,这些模式依提出年代的先后顺序呈现如下:[①]

(1)AIDA 模式(1900):

注意 ⟶ 兴趣 ⟶ 欲望 ⟶ 行动

(2)霍夫兰等人的模式(1953):

注意 ⟶ 理解 ⟶ 接受

(3)科利(Colly)模式(1961):

未知 ⟶ 知晓 ⟶ 了解 ⟶ 信服 ⟶ 行动

(4)勒韦兹(Lavidge)和斯坦纳(Steiner)模式(1961):

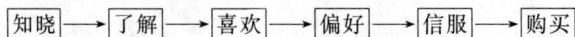

知晓 ⟶ 了解 ⟶ 喜欢 ⟶ 偏好 ⟶ 信服 ⟶ 购买

(5)罗杰斯(Rogers)模式(1962):

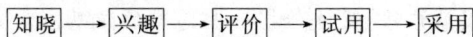

知晓 ⟶ 兴趣 ⟶ 评价 ⟶ 试用 ⟶ 采用

---

① 丹·E. 舒尔茨,等.广告运动策略新论[M].北京:中国友谊出版公司,1994;仁科贞文.广告心理[M].北京:中国友谊出版公司,1991

(6)门德尔松(Mendelsohn)模式(1962):

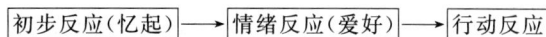

初步反应(忆起) ⟶ 情绪反应(爱好) ⟶ 行动反应

(7)沃尔夫等人(Wolfe,et al)模式(1962):

知晓 ⟶ 接受 ⟶ 偏好 ⟶ 兴趣 ⟶ 销售

(8)(日本)饱户模式(1963):

传达可能性 ⟶ 注意率 ⟶ 认知结构 ⟶ 行为化 ⟶ 固定化

(9)阿斯平沃尔(Aspinwall)模式(1964):

接受 ⟶ 偏好 ⟶ 坚持

(10)M.S.I.模式(1968):

知晓 ⟶ 了解 ⟶ 喜欢 ⟶ 偏好 ⟶ 信服 ⟶ 购买

(11)(日本)电通 CSP 模式(1968):

未知 ⟶ 知晓 ⟶ 理解 ⟶ 好感 ⟶ 欲求 ⟶ 行动

(12)施瓦茨(Schwartz)模式(1969):

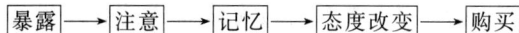

暴露 ⟶ 注意 ⟶ 记忆 ⟶ 态度改变 ⟶ 购买

(13)霍华德(Howard)与谢思(Sheth)模式(1969):

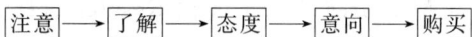

注意 ⟶ 了解 ⟶ 态度 ⟶ 意向 ⟶ 购买

(14)谢思(Sheth)模式(未具日期):

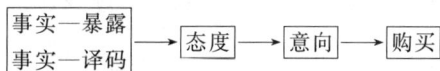

事实—暴露 / 事实—译码 ⟶ 态度 ⟶ 意向 ⟶ 购买

(15)默菲(Murphy)模式(1971):

态度 ⟶ 了解 ⟶ 重要 ⟶ 差异 ⟶ 催化作用

(16)罗伯逊(Robertson)模式(1971):

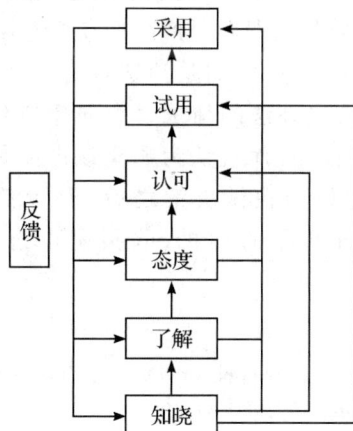

(17)泰勒(Taylor)与彼德森(Peterson)模式(1972)：

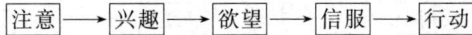

注意 ⟶ 兴趣 ⟶ 欲望 ⟶ 信服 ⟶ 行动

(18)杨(Young)模式(1972)：

注意 ⟶ 传播 ⟶ 信服

(19)霍尔布鲁克(Holbrook)模式(1975)：

注意 ⟶ 认知 ⟶ 记忆 ⟶ 态度 ⟶ 意向

(20)李奥贝纳广告公司的 CAPP(Continuous Advertising Planning Program)模式：

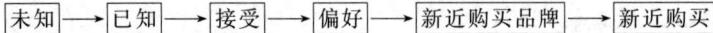

未知 ⟶ 已知 ⟶ 接受 ⟶ 偏好 ⟶ 新近购买品牌 ⟶ 新近购买

(21)通用汽车公司的模式：

认知 ⟶ 购买种类 ⟶ 考虑种类 ⟶ 第一选择

　　在这些模式中，AIDA 模式提出的时间比较早，因而在理论方面影响比较大，在广告研究文献中经常被引用、介绍；科利模式也是一个影响比较大的模式，不过，科利模式之所以影响大，并不是因为该模式的合理性得到人们的广泛认可，而是因为该模式跟科利著名的"制定广告目标以测定广告效果"法(Defining Advertising Goals for Measured Advertising Results 简称 DAGMAR)相提并论。真正得到广告界广泛认可的是勒韦兹和斯坦纳模式[①]，简称 L&S 模式。该模式不仅常常被广告研究者引用、提起，而且成为许多企业及广告代理公司制定广告目标的理论基础。

　　勒韦兹和斯坦纳认为，消费者对广告的反应由三个部分组成，即认知反应、情感反应和意向反应。认知反应包括知晓和了解。所谓知晓，是指消费者发觉到产品的存在，它发生于消费者与广告接触之际；了解是消费者对产品性能、效用、品质等各方面特点的认识。情感反应包括喜欢和偏好。喜欢是消费者对产品的良好态度；偏好是消费者对产品的良好态度扩大到其他方面，喜欢和偏好是密切联系的两种反应，它们是消费者对产品的评价，是产品是否是一种满意而合适的问题解决办法的衡量。意向反应包括信服和购买。由于偏好，消费者产生了购买欲望，而且认为购买该产品是明智的，这就是信服。信服代表决策的结果，它说明在做决策之后，消费者已经坚信购买广告产品，或者说有了购买广告产品的动机；购买是由态度转变为实际的行为反应。

---

　　① Lavidge R J，Steiner G A.A model for predictive measurements of advertising effectiveness[J].Journal of Marketing，1961，25(6)：59-63

勒韦兹和斯坦纳还认为,广告活动要达到最终目的,就要促使消费者由知晓向购买进展。该模式可以用表 3-4 更具体地加以表示。在表中,勒韦兹和斯坦纳还指出各个层次目标实现的相关广告营销手段以及效果评估的研究方法。

表 3-4　层次效果模型及其相关的广告活动和广告研究方法

| 相关行为维度 | 移向购买 | 与各步骤有关的广告和促销手段 | 各步骤最适用的研究方法 |
|---|---|---|---|
| 意向:动机领域。广告诱发或指导欲望 | 购买 ↑ 信服 | POP,零售店广告,讨价还价,甩卖,价格诉求,证言广告 | 市场或销量测试,分半测试,购买意向,投射技术 |
| 情感:情绪领域。广告改变态度和情感 | 偏好 ↑ 喜欢 | 比较广告,论证文案,形象广告,地位、魅力诉求 | 品牌偏好排序,评分量表,形象测量(包括核对列表和语义区分),投射技术 |
| 认知:思想领域。广告提供信息和事实 | 了解 ↑ 知晓 | 公告,说明性文案,分类广告,口号,歌谣,空中文字,悬念广告 | 信息问题,回放分析,品牌意识调查,有助回忆 |

然而 L&S 也存在着下列问题:

①对某些产品,消费者不一定按照 L&S 模式所制定的次序进行,他们可能开始一两个过程后就停止或重新开始。

②后一阶段的活动结果反馈,可能对前一阶段产生影响。例如对产品的信服可能加强消费者对产品的偏好。

③有些消费者可能一下子将全部过程完成,以至于区别不出各个阶段进展的过程。此种情况特别在低风险、低花费产品上更为多见。

④有些消费者可能完全不遵循这种过程,他们可能按照某种其他途径作购买决策。例如有的消费者可能由知晓直接进展到偏好,而省略掉了解和喜欢这两个阶段。

鉴于 L&S 模式存在的这些问题,罗伯特后来提出了所谓"采用过程模式"。不过,正如舒尔茨等人所说,"尽管有这些不合规则的情况,L&S 模式仍然是提供广告运动计划者建立厂商能够测定的广告目的的最好方法"[1]。

**2. 网络广告心理效果模式**

网络广告和传统媒体广告相类似,也是向消费者传递商品或品牌信息,当消费者传接触网络广告时,同样也会产生认知、情感、购买意向或行为等心理效应,这些心理学指标同样也是网络广告心理效果评价系统的基本指标。但网络广告

---

① 丹·E. 舒尔茨,等.广告运动策略新论[M].北京:中国友谊出版公司,1994

作为一个具有独特的手段和技术的媒体广告,其传播范围广泛,交互性和针对性强,形式多样,实时到达,并且可以马上转化为购买行为,网络广告有其独特性,因而它对消费者的心理有着独特的影响效果。

(1)江波的网络广告心理效果模式

依据广告信息传播的一般心理效应,结合网络广告独特的心理效果,江波(2001)提出了网络广告心理效果模式,见图3-6。

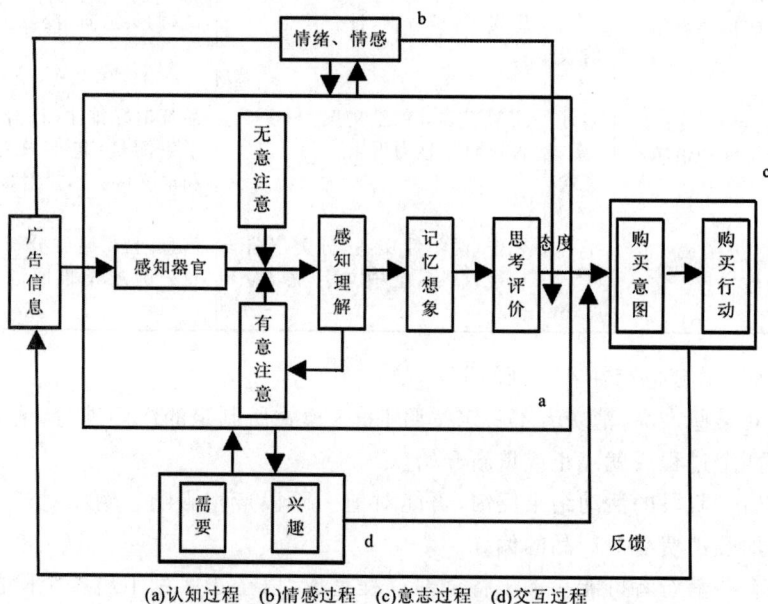

(a)认知过程　(b)情感过程　(c)意志过程　(d)交互过程

**图3-6　网络广告心理效果模式**

资料来源:江波.网络广告心理效果模式初探[J].心理学动态,2001,9(3),270-275.

(2)互动广告的心理效应模式[①]

有学者还特意针对互动广告而提出全新的广告效果模式。2000年罗杰斯(Rodgers)和索尔森(Thorson)认为消费者的上网动机与浏览其他媒体的动机有别,是主动而非被动选择,引发的是有意注意,其次网络与广播电视或纸质媒体等传统媒介相比,其最大的特点就是互动性与虚拟现实性。因而他们舍弃传统的广告心理效果模式,而是创立了全新的互动广告心理效果模式,如图3-7所示。互动广告模式由以下消费者控制(Consumer-Controlled)因素、广

① 周象贤,孙鹏志.网络广告的心理传播效果及其理论探讨[J].心理科学进展,2010,18(5):790-799

告人控制（Advertiser-Controlled）因素以及各因素间的相互作用（图 3-7 中箭头所示）。

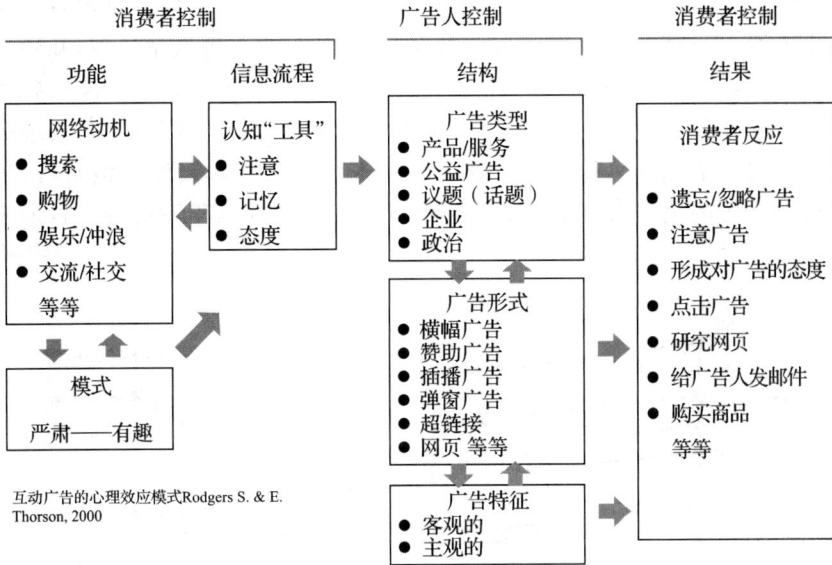

图 3-7　互动广告的心理效应模式

资料来源：Rodgers S，Thorson E. The interactive advertising model：how users perceive and process online ads[J]. Journal of Interactive Advertising，2000，1(1).

## 三、广告的客观心理效应

前面介绍了广告可能产生的心理效应。这一部分着重要讨论一下广告究竟发挥了哪些作用，即客观存在的心理效应。

### 1. 广告提高消费者的品牌意识

改革开放十几年来，我国的一些企业、生产厂家，通过大量的广告宣传，其企业名称、品牌名称很快就变得家喻户晓，如健力宝饮料、康泰克感冒药、三九胃泰、北大方正、联想集团、海尔集团、脑白金等。即使是一些现在已经不存在或黯然失色的品牌如小霸王学习机、太阳神口服液、巨人集团、爱多 VCD、秦池酒、亚细亚等，人们仍然记忆犹新。一些外国商品、企业也由于通过各种形式的广告宣传，迅速地提高了它们在中国消费者中的品牌知名度，如松下彩电、先锋音响、三菱重工、柯达胶卷、可口可乐、万宝路香烟、雀巢咖啡、IBM、摩托罗拉、诺基亚、大众汽车等。这些具体的例子都说明广告起到了提高消费者品牌意识的作用。

在国外,研究者很早就注意到广告对品牌意识的作用。盖斯勒(Geissler)1917 年调查 300 名被试,要求他们在听到 20 种商品的名字时,说出首先出现在心中的第一品牌及其原因。结果发现,一类商品中品牌数量越少,知道该商品一或两个品牌的人越多。广告是回忆广告品牌时第二个最常被提到的原因[①]。日本 20 世纪 80 年代一项有关调查提供了有力的证据证明,广告能有效地提高消费者的品牌意识。该研究区别了不同广告接触程度的消费者,发现经常接触广告的消费者对品牌和新产品的注意度明显高于不接触广告的消费者(见图 3-8)[②]。

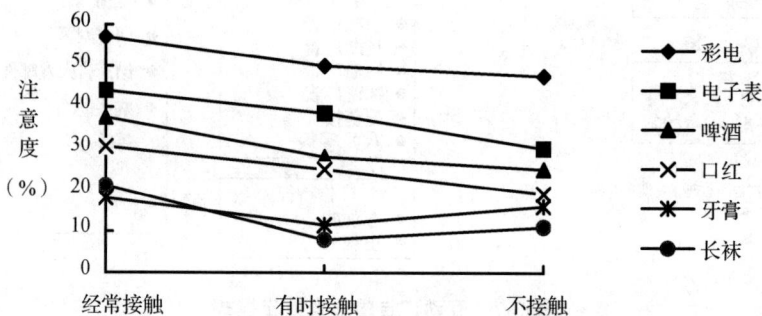

图 3-8　广告接触状况与品牌的注意度

美国以塔拉哈市的佛罗里达历史博物馆于 1986 年初以举办的 MASH 临时展览为背景,做了一次抽样调查。在此展览之前,佛罗里达历史博物馆通过新闻报道、广告专栏等手段,进行了一次大规模的宣传活动。结果发现,在抽样的 569 人中,具有广告意识的为 346 人,占总数的 61%。[③] 巴特拉(Batra)等人对来自常购包装品的追踪资料的元分析结果显示,广告花费对增长产品类别中较少见到的品牌的品牌意识有较大的影响。[④] 这些结果都支持了广告能够提高消费者的品牌意识。

明略市场策划(上海)有限公司(2002)在南京对 300 位 25～45 岁的人进行

　　① 　Geissler L R．Association－reactions applied to ideas of commercial brands of familiar articles[J]．Journal of Applied Psychology,1917,1(3):275-290

　　② 　饱户弘,等.经济心理学[M].北京:中国商业出版社,1987

　　③ 　中国广告协会秘书处,参考资料

　　④ 　Batra R ,Lehmann D R,Burke J,Pae J H.When does advertising have an impact? A study of tracking data[J].Journal of Advertising Research,1995,35(5):19-32

的调查发现,各种品牌的广告提及率与品牌提及率惊人的相似,广告提及率高,品牌提及率也高,反之,广告提及率低,品牌提及率也低(如图 3-9)[①]。

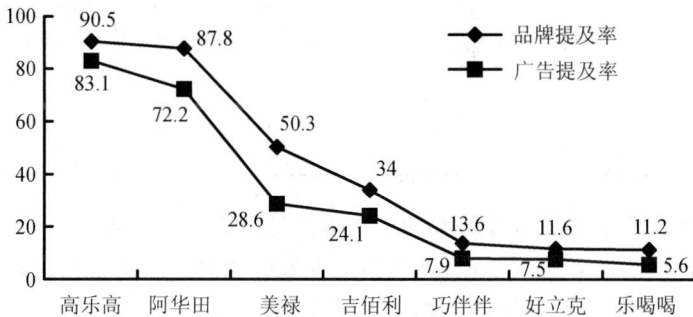

图 3-9　麦乳精品牌和广告提及率(%)

### 2. 广告增强消费者的品牌信任感

在这一问题上,日本的研究提供了有力的证据。[②] 从表 3-5 可以看出,随着广告接触频度的增加,消费者对广告商品的信任感也增强。相反,对于刚投入市场的新产品,通过接触广告了解产品,消费者对新产品的不信任感明显减少(见表 3-6)。

表 3-5　接触广告的频度与对广告产品的信任感

单位:%

| | 口红 | | 长袜 | | 牙膏 | | 啤酒 | | 电子表 | | 彩电 | |
|---|---|---|---|---|---|---|---|---|---|---|---|---|
| | 东京 | 福井 | 东京 | 福井 | 东京 | 福井 | 东京 | 福井 | 东京 | 福井 | 东京 | 福井 |
| 一般 | 54 | 60 | 51 | 56 | 54 | 61 | 56 | 67 | 54 | 61 | 63 | 67 |
| 经常接触 | 61 | 64 | 58 | 58 | 57 | 62 | 59 | 64 | 61 | 61 | 66 | 69 |
| 有时接触 | 55 | 62 | 52 | 58 | 50 | 60 | 55 | 70 | 55 | 61 | 62 | 70 |
| 不接触 | 47 | 54 | 41 | 52 | 54 | 54 | 52 | 50 | 49 | 61 | 48 | 48 |

---

①　明略市场策划(上海)有限公司.孩子们钟爱的营养食品——南京麦乳精市场现状[EB/OL].http://www.3see.com/,2002

②　饱户弘,等.经济心理学[M].北京:中国商业出版社,1987

表 3-6　从广告了解产品时不信任感减少者的比例

单位:%

| | 口红 | | 长袜 | | 牙膏 | | 啤酒 | | 电子表 | | 彩电 | |
|---|---|---|---|---|---|---|---|---|---|---|---|---|
| | 东京 | 福井 | 东京 | 福井 | 东京 | 福井 | 东京 | 福井 | 东京 | 福井 | 东京 | 福井 |
| 接触广告 | 15 | 17 | 19 | 18 | 17 | 15 | 15 | 14 | 13 | 13 | 15 | 13 |
| 不接触广告 | 15 | 8 | 15 | 14 | 12 | 13 | 13 | 11 | 14 | 11 | 14 | 14 |

　　我国的一些虚假广告诈骗案的发生也从反面说明了广告增加了消费者对品牌的信任感。消费者接触了广告,相信了广告所说的产品或品牌的好处,从而购买该产品。结果发现,产品并不如广告所说的那样。

**3. 广告激发了消费者的购买欲望**

　　日本学者的研究,对广告的这一客观心理效应给予直接支持。他们的研究发现,当消费者不持有广告商品时,经常接触广告的人产生购买欲的比例大于不接触广告的人,而对于产品持有者来说,差异并不显著(见表 3-7)[1]。

　　西方的许多研究也支持上述观点。西蒙和马克(Simon & Marks)1965 年对消费者的邮寄调查的结果发现,报纸广告影响普通产品的需求,以及对特殊品牌和零售店的需求。[2] 巴特拉等人(1995)的研究也给予一定程度的支持。他们的研究认为广告费用在一定条件下对购买意图有较大的影响。条件是广告采用一种新策略、新文案或新利益,品牌有重大的贸易推广支持,广告文案不是"软推销",而且品牌不是一个下降的品牌。[3] 不过,莱曼(Lehmann)1977 年的调查则显示,广告似乎在增加消费者的汽车知识以及对自己判断能力的信心方面是最有效的,在改变态度方面也有一点作用,但在改变购买意图上没有效果。[4]

---

　　[1] 饱户弘,等.经济心理学[M].北京:中国商业出版社,1987

　　[2] Simon L S,Marks M R.Consumer behavior during the New York newspaper strike [J].Journal of Advertising Research,1965,5(1):9-17

　　[3] Batra R,Lehmann D R,Burke J,Pae J H.When does advertising have an impact? A study of tracking data[J].Journal of Advertising Research,1995,35(5):19-32

　　[4] Lehmann D R.Responses to advertising a new car[J].Journal of Advertising Research,1977,17(4):23-27

**表 3-7  耐用消费品的购买意图**

单位:%

| 彩色电视机 | | 东京 | | | 福井 | | |
|---|---|---|---|---|---|---|---|
| | | 经常<br>接触 | 有时<br>接触 | 很少(或不)<br>接触 | 经常<br>接触 | 有时<br>接触 | 很少(或不)<br>接触 |
| 非持有者 | 如可能想换一台 | 11 | 13 | 2 | 15 | 12 | 6 |
| | 虽不太满意,但不打算更换 | 24 | 27 | 31 | 29 | 32 | 2 424 |
| | 感到满意 | 64 | 59 | 67 | 55 | 56 | 70 |
| | 人数 | 494 | 246 | 81 | 287 | 108 | 33 |
| 电子表 | | 东京 | | | 福井 | | |
| | | 经常<br>接触 | 有时<br>接触 | 很少(或不)<br>接触 | 经常<br>接触 | 有时<br>接触 | 很少(或不)<br>接触 |
| 持有者 | 一定要买 | 15 | 9 | 8 | 9 | 6 | 4 |
| | 如可能,想买 | 50 | 45 | 39 | 59 | 46 | 34 |
| | 不想买 | 32 | 34 | 49 | 30 | 47 | 59 |
| | 人数 | 220 | 385 | 251 | 102 | 214 | 106 |

### 4. 广告影响消费者的购买行为

关于广告对消费者购买行为的影响,在国外存在大量直接或间接地来自不同研究方法、不同研究领域的研究证据。早在 1967 年,罗斯乌特(Lo-sciuto)等人分别采用听觉和视觉的广告进行的实验表明,品牌选择与广告量成比例;放置在接近选择点的讯息比远离选择点的讯息导致更多的选择,动态的讯息比平静的讯息更有效。[①] 伍德塞和瓦德尔(Woodside & Waddle)1975 年研究发现,售点广告和降价都会增加速溶咖啡的销量,但两种方法综合运用销量更大。[②] 布尔茹瓦和巴恩斯(Bourgeois & Barnes)的研究分析 1951—1974 年加拿大每年 15 岁以上的人的啤酒、葡萄酒、烈酒的消费量,以决定印刷、广播广告的数量与

---

① Lo-sciuto L A,Strassman L H,Wells W D.Advertising weight and the reward value of the brand[J].Journal of Advertising Research,1967,7(2):34-38

② Woodside A G,Waddle G L.Sales effects of in-store advertising[J].Journal of Advertising Research,1975,15(3):29-33

酒精消费的关系,结果发现二者有显著相关。<sup>①</sup> 沃尔顿(Walton,1980)访问了1 000名医生,以考察连续 5 个季度出现在医药杂志上的 186 种药品的 354 则广告的效果。研究发现,那些回忆出广告的医生开处方的倾向明显增加。一半以上意识到产品广告的医生后来都开了处方,可见医药广告暴露与较大量的使用者有关。<sup>②</sup> 麦瓦利(Metwally,1980)采用回归分析方法探讨销售量与广告的关系发现,二者存在非线性相关,越多的消费者依附于一个品牌,广告的销售弹性就越低,市场中品牌意识较高的品牌的广告/销售比例也越高。<sup>③</sup> 约翰逊和麦斯默(1991)研究广告对选择一个度假地点(威廉斯堡)的影响。在对来自 1988年的旅游普查资料和对 1 721 项调查资料的分析中,他们发现,参观威廉斯堡的决定常常伴随着两个阶段的活动:信息咨询和实际参观。广告影响这两个阶段,总体广告费用影响咨询的比例,而电视广告影响参观<sup>④</sup>。威尔科克斯(Wilcox)1991 年的研究则利用最小平方回归方法分析美国 1949—1985 年销售的流行香烟品牌的年度广告预算与消费的关系。数据库包括 10 个香烟品牌的消费变量、10 个香烟品牌的广告变量和 3 个社会经济学变量。分析发现,对于 5 个品牌的香烟来说,广告与消费水平存在显著的正相关<sup>⑤</sup>。1995 年,琼斯(Jones)以市场占有率为广告效果指标的分析发现,70％的广告运动立即增加销售量。广告对20％被研究的品牌有短期的效果,对另外 30％的品牌有适度的影响,对 46％的品牌产生长期(时间超过 1 年)的影响。<sup>⑥</sup> 克拉克(Clarke)通过对已有大量关于广告效应的研究的再分析也发现,对成熟的低价常购品,90％的广告对销售的影响持续 3 到 9 个月。<sup>⑦</sup> 这从另一个侧面证实,广告在广告之后一段时间内仍然持续影响着消费者的购买行为。

① Bourgeois J C,Barnes J G.Does advertising increase alcohol consumption? [J].Journal of Advertising Research,1979,19(4):19-29

② Walton H.Ad recognition and prescribing by physicians[J].Journal of Advertising Research,1980,20(3):39-48

③ Metwally M M.Sales response to advertising of eight Australian products[J].Journal of Advertising Research,1980,20(5):59-64

④ Johnson R R,Messmer D J.The effect of advertising on hierarchical stages in vacation destination choice[J].Journal of Advertising Research,1991,31(6):18-24

⑤ Wilcox G B.Cigarette brand advertising and consumption in the United States:1949—1985[J].Journal of Advertising Research,1991,31(4):61-67

⑥ Jones J P.Single-source research begins to fulfill its promise[J].Journal of Advertising Research,1995,35(3):9-16

⑦ Clarke D G.Econometric Measurement of the Duration of Advertising Effect on Sales[J].Journal of Marketing Research,1976,13(4):345-357

　　我国学者王建刚在一项研究中,探讨了观众对不同产品类别的广告的喜欢程度与受其影响程度的关系。研究结果表明,观众对产品类别电视广告的喜欢程度与广告对他们平时购物的影响有明显的相关关系(见图3-10)[①]。这一研究结果,虽然不是直接探讨广告与购买行为的关系,但它从侧面支持了广告影响消费者购买行为的观点。

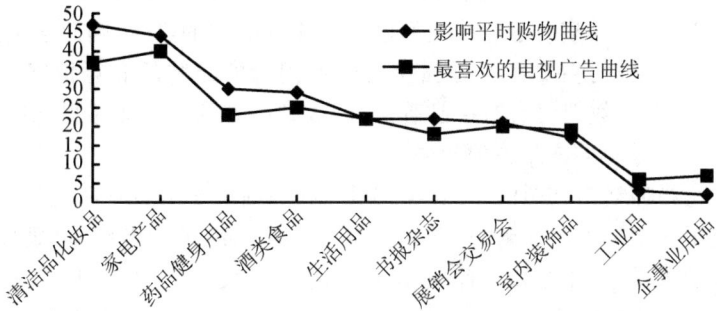

图 3-10　观众对不同广告的喜欢程度及受影响程度的关系

　　明略市场策划(上海)有限公司(2002)在深圳、广州、上海三地进行的街头拦截访问结果表明,各种碳酸饮料品牌的广告提及率高,该品牌的购买率一般来说也相对较高(见图3-11)[②]。

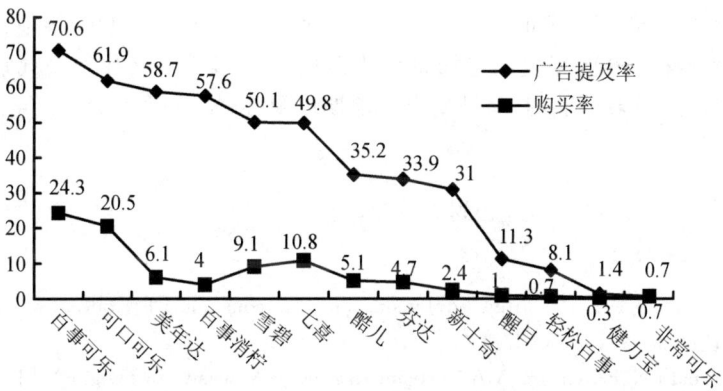

图 3-11　饮料的广告提及率和购买率

　　①　王建刚.电视广告的多重效应[J].新闻广播电视研究,1989:5-6+45

　　②　明略市场策划(上海)有限公司.碳酸饮料市场大透视[EB/OL].http://www.3see.com/,2002

　　一些旨在促使受众产生行为反应的广告活动表明,广告的确能够促使受众产生行动。例如厦门有家心理咨询机构,曾经为了促进该机构的"电话咨询"活动,在《厦门日报》中缝刊登了一则小小的广告。广告登出后,咨询电话立即应接不暇,过了三四天之后,才逐渐减少。

### 5. 广告的其他作用

　　关于广告的其他作用,也有很多研究证据。艾伦伯格(Ehrenberg)1974 年的研究认为,消费者倾向于忽视他们已经不用的品牌的广告,因此这类品牌没有说服的余地,广告的主要作用是强化已经使用过的品牌的满意情感。[①] 进一步的研究指出,大多数消费者有多品牌选择,成熟品牌的广告能够强化或偶尔促进消费者消费已有购买该品牌的倾向。[②]

　　萨瑟兰和加洛韦(Sutherland & Galloway)调查 267 名家庭主妇,询问她们多数人使用什么品牌的牙膏、彩电和一次性尿布。结果指出广告(媒体优势)是顾客判断别人是否接受和产品是否流行的重要线索。[③] 唐纳修(Donohue)对 162 名一、二、三年级黑人学生进行的调查认为,电视广告促进消费者怀疑价值的发展,对于食品营养要素的重要性以及服药几乎没有教育作用。[④]

　　除了以上作用之外,广告活动还会影响股票市场。麦瑟和麦瑟(Mathur & Mathur)1995 年采用事件研究方法和投资回报评估方法,考察广告口号改变通告对 87 家上市公司的市场价值的影响。研究发现,公司广告口号的改变平均增加公司的年度收益 600 万~800 万美元,投资者对口号改变通告的反应一般是延迟的,他们一般用肯定的观点来评价公司的策略调整。[⑤] 1997 年他们进一步对 1993 年退役、1995 年复出芝加哥公牛队的乔丹事件对其代言公司股价的影响进行研究。结果显示,对乔丹复出的预期以及乔丹的可见度增加,导致代言公

---

　　①　Ehrenberg A S. Repetitive advertising and the consumer[J]. Journal of Advertising Research,1974,14(2):25-34

　　②　Barnard N,Ehrenberg A. Advertising:Strongly persuasive or nudging? [J]. Journal of Advertising Research,1997,37(1):21-31

　　③　Sutherland M,Galloway J. Role of advertising:Persuasion or agenda setting? [J]. Journal of Advertising Research,1981,21(5):25-29

　　④　Donohue T R. Effect of commercials on Black children[J]. Journal of Advertising Research,1975,15(6):41-47

　　⑤　Mathur L K,Mathur I. The effect of advertising slogan changes on the market values of firms[J]. Journal of Advertising Research,1995,35(1):59-65

司市场价值平均升高 2%,股市价值增加 10 亿多美元。[1]

## 四、品牌资产

在现代广告活动中,广告既有长远的目标,也有近期的目标。近期的目标主要是解决品牌当前存在的问题,以达到企业希望达到的品牌销售要求,或者达到从品牌销售中获得的利润要求。

长远的目标则是要创建品牌,累积品牌资产,为品牌的可持续发展,为提升企业的竞争能力和赢利能力打好扎实的基础。那么什么是品牌资产呢?

### 1. 什么叫做品牌资产

所谓品牌资产就是消费者关于品牌的知识。[2] 它是有关品牌的所有营销活动给消费者造成的心理事实。这个定义表明品牌资产具有四个特点。首先,品牌资产是无形的。因为知识是储存在人脑之中,看不见摸不着的。其次,品牌资产是以品牌名字为核心。也就是说,提到品牌资产,一定要涉及具体的品牌名字。再次,品牌资产会影响消费者的行为包括购买行为以及对营销活动的反应。因为消费者关于品牌的知识,属于"意识"范畴,人的意识当然会左右自己的行动。最后,品牌资产依附于消费者,而非依附于产品。品牌知识自然是存在于消费者的记忆之中,不可能依附在没有生命的产品上。对于这个定义,可口可乐公司的一位官员曾经说过的一句话对此做了非常恰当的诠释。这句话是:"如果公司在天灾中损失了所有的产品有关的资产,公司将毫不费力地筹集到足够的资金来重建工厂。相反,如果所有消费者突然丧失记忆,忘记与可口可乐有关的一切东西,那么公司就要停业。"[3]

从这个定义可以进一步作出以下几个推断:

(1)品牌资产因市场而变化。不同的国家或地区,营销宣传或营销活动的投入不同,消费者对品牌的了解也不同。

(2)品牌资产有正资产,也有负资产。如果消费者记忆中关于品牌的知识是对品牌的不利描述,那么这种资产就是负资产。反之,有利的描述是正资产。例

---

① Mathur L K,Mathur I,Rangan N.The wealth effects associated with a celebrity endorser:The Michael Jordan phenomenon[J].Journal of Advertising Research,1997,37(3):67-73

② 黄合水.论品牌资产———一种认知的观点[J].心理科学进展,2002,10(3):350-359

③ Rangaswamy A,Burke R R,Oliva T A.Brand equity and the extendibility of brand names[J].International Journal of Research in Marketing,1993,10:61-76

如,一个品牌给消费者留下的记忆是质量差,那么这种知识就会阻止消费者购买使用该品牌。

(3)品牌资产的维持或提升,需要营销宣传或营销活动的支持。根据记忆规律,储存在记忆中的信息如果长期没有得到重复、提取使用,就会被遗忘。所以,将营销投入特别是广告投入作为品牌资产来计算,是有一定道理的。

(4)品牌资产会因消费者的品牌经验而变化。因为消费者品牌购买、使用本身就是获得品牌知识的一种重要途径。

### 2. 品牌资产的构成

关于品牌资产的构成,黄合水(2002)提出一个所谓的"联想模型"(见图 3-12)。该联想模型的主要思想包括以下几个方面:

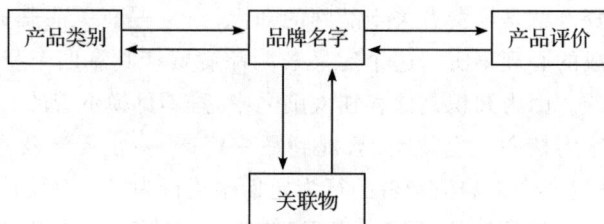

图 3-12　品牌资产的联想模型

(1)品牌资产是由品牌名字与产品类别、产品评价和关联物的联想构成的。品牌与产品类别的联想关系是营销文献中所谓的"品牌意识";品牌名字与关联物的联想关系则是一般营销文献所指的"品牌联想";品牌名字与产品评价的联想关系,其含义与所谓的"主观质量"、"品牌态度"基本一致。

这里,关联物是指产品类别和产品评价之外的其他与品牌有关的任何信息或线索。如产品属性:产品的性能、构成等;利益:产品给顾客带来的好处;价格;产地:生产产品的国家或地区;主观广告量:消费者感觉到的品牌广告是多还是少;主观流行度:消费者认为产品是否流行;主观知名度:消费者感觉到品牌知名度的高低;使用者:使用产品的人是什么样的人;包装;公司规模:公司的大小;名人;品牌历史:品牌的年龄或市场导入的相对顺序;等等。

(2)品牌名字与产品类别的联想比较具体,是其他联想建立的基础。[1] 换言之,如果消费者不知道某个品牌的产品是什么类别,就无法建立其他品牌联想。

---

① Aaker D A.Managing Brand Equity:Capitalizing on the Value of a brand name[M].New York:Free Press,1991:163;Sen S.The Effect of Brand Name Suggestiveness and Decision Goal on the Development of Brand Knowledge[J].Journal of Consumer Psychology,1999,8(4):431-455

而品牌名字与产品评价的联想比较抽象,它往往是在其他联想的基础上形成的,但独立于其他联想独自在记忆中被储存和提取。[①] 这话的意思是说,品牌名字与产品评价不可能凭空形成,它主要依赖于品牌名字与关联物的联想。举个例子来说,有一种新产品的品牌名字叫做"美尔达",仅对这样一个名字,你很难说它质量如何。但是,如果告诉你这是一种法国化妆品,即让你建立了品牌名字——产品类别和品牌名字——产地(关联物)的联想,那么,你大概就会作出这样的判断,美尔达质量应该不错。这时你的品牌名字——产品评价的联想就建立起来了。

## 小资料 3-1　Aaker 的品牌资产模型[②]

在艾克(Aaker,1991)看来,品牌资产包括五种成分,即品牌忠诚、品牌意识、品牌联想、主观质量、其他权益(见图 3-13)。他认为,品牌资产在相当大的程度上取决于周期性购买品牌的消费者的数量,所以,他将品牌忠诚看作是品牌资产的首要构成成分。品牌再认和回忆会对消费者的品牌选择产生重要的影响,所以,品牌意识是品牌资产的第二要素。主观质量在许多营销文献中都被证实对消费者的品牌选择或购买产生重要影响,特别是当购买者不愿意或不能对各种产品进行细致的分析时。此外,主观质量还是品牌延伸的基础。因此,它也被看作是品牌资产的一个要素。品牌名字的基本价值常常是基于与之相联系的联想,实际上,品牌意识和主观质量也是品牌联想,只不过是它们比较特殊罢了,所以品牌联想是品牌资产的第四个组成要素。其他品牌权益包括专利、注册商标、已建立的销售网络等,艾克将这些归为第五要素。

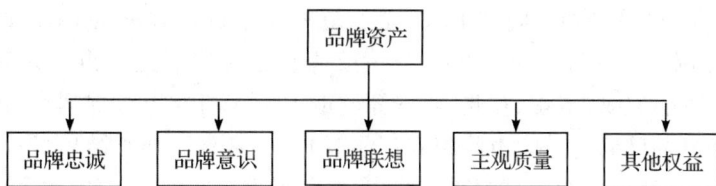

图 3-13　Aaker 的品牌资产模型

对于这五个要素之间的关系,艾克认为,它们之间会相互影响。例如,主观

① Carlston D E.The recall and use of traits and events in social inference processes[J]. Journal of experimental social psychology,1980,16:303-28;Lingle J H & Ostrom T M.Retrieval selectivity in memory-based impression judgments[J].Journal of experimental social psychology,1979,23:93-118

② 黄合水.品牌资产——一个认知模型及其验证[D].北京师范大学博士论文,2002

质量、品牌联想和知名的品牌名字(品牌意识)会给购买者提供购买的理由,也会影响品牌使用的满意度,进而影响消费者的重复购买(即品牌忠诚)。一个经常看得见的名字品牌可能是质量比较好的。一个顾客(忠诚者)是不会重复购买他们认为质量差的产品。品牌名字与类别之间的联想(品牌意识)是建立其他品牌联想的基础等。

(3)在品牌名字与关联物的联想中,关联物可以分为三类,即有利的、不利的和中性的。对于一个品牌来说,有利的关联物是正资产,而不利的关联物是负资产。所以,在品牌管理过程中,要注意建立有利的联想,避免不利联想的形成。我国有些品牌,为了获得瞬间的知名度,在广告上不惜采取欺骗或激恼消费者的手段,如"脑白金"广告。虽然迅速地建立起了品牌名字与产品类别的联想关系,但同时也建立起来一些不利的品牌联想,即广告界常说的"美誉度"不好。

(4)在品牌名字与关联物的联想中,也可以将关联物分为独特的或共同的。共同联想是指一个品牌与其他品牌共享的联想。如洁白就是许多牙膏品牌共享的关联物,高露洁——洁白,佳洁士——洁白。独特联想是指一个品牌所独有的联想。如阿里巴巴——马云、腾讯——企鹅、京东——次日送达。独特的联想与产品的独特特性或定位有关,一般都是品牌的正资产。

(5)品牌资产与产品类别等概念之间的联想是双向联想关系,而且这种双向联想关系常常是不对称的。托斯基和加提(Tversky & Gati,1978)研究发现,大多数消费者认为 Dr.Pepper(可口可乐的发明者)至可口可乐的联系比可口可乐至 Dr.Pepper 联系密切。同样 Dove 至香皂的联系也比香皂至 Dove 的联系密切。[①] 零点调查与分析公司(2000)的一项调查也说明了这一点。该调查对北京、上海、广州、武汉、成都、郑州、西安等城市 18 岁以上 4 095 名居民,进行了有关"由产品到品牌联想"和"由品牌到产品联想"的考察。调查结果显示,两个节点之间相互有意识的激活是不对称的,存在着很大的区别。例如,由手机联想到诺基亚的受调查者比例为 28.7%,而由诺基亚联想到手机的比例则高达82.9%。[②]

在品牌名字与产品类别等概念的双向联系中,一般来说,只要联想物是有利

---

① Tversky A,Gati I.Studies of similarity[M]//E Rosch & B B Lloyd,eds.Cognition and Categorization.Hillsdale,NJ:Lawrence Erlbaum Associates,1978:79-98

② 零点调查与分析公司.产品比拼,知名品牌抢占天下;品牌较劲,代表产品充当先锋[EB/OL].http://www.3see.com/,2000

的,那么两个方向的联想的建立都是品牌资产的构成部分。由品牌名字至关联物的联想是消费者评价品牌、形成品牌主观质量或品牌态度的基础,例如在中华牙膏——护牙洁齿等联想的基础上,消费者就可能形成中华牙膏——质量很好的联想,进而导致购买或重复购买。由关联物至品牌的联想类似于提哲特(Tigert,1983)所谓的"热键"。提哲特认为,消费者的商品或商店选择,通常由一两个属性(如价格、路程)决定的,这一两个重要属性就是所谓的"热键"。① 侯登和拉兹(Holden & Lutz,1992)和伍德塞和特拉皮(Woodside & Trapey,1992)的研究认为,消费者学会关联物与品牌的联系是有用的,因为关联物(如商店的利益)在购买或消费情境中扮演该品牌的提取线索。② 伍塞和特拉皮(1992)还用研究证实,消费者由利益(蔬菜最新鲜、路途最近)至商店的记忆提取,在很大程度上决定着他们的首选商店。他们的研究结果发现,最常光顾某商店的消费者比率是由三至五个利益联想到该商店的比率的函数。哲仁和伍德塞(Thelen & Woodside,1997)的实验结果强烈地支持这样的结论:一定的关联物(地理位置最方便和最低价格)到商店的提取能高度地预测消费者心目中的首选商店,该研究结果是对澳大利亚一个地区的 401 户家庭的调查得到的。③

　　(6)品牌名字与各种概念的联想有强度之别。强势品牌与某些重要概念的联想强度一般要大于弱势品牌与这些概念的联想强度。例如黄合水(2002)以质量最好、知名度最高等为提取线索的回忆率作为联想强度指标,选择了四种产品类别(牙膏、洗衣粉、彩电、感冒药)的八组强度不同的品牌进行了比较研究,结果表明,品牌越强,回忆率越高,说明它们与这些提取线索的联想强度越大。④ 可见,提升品牌资产,不仅要建立品牌名字与有关概念的联想关系,还必须使联想关系不断得到强化。

---

　　① 　Tigert D J.Pushing the hot buttons for a successful retailing strategy[M]//W R Darden & R F Lusch.Patronage Behavior and Retail Management.New York:North-Holland,1983

　　② 　Holden S J S,Lutz R J.Ask not what the brand can evoke:ask what can evoke the brand? [M]//J F Sherry & B Sternthal,eds.Advances in Consumer Behavior,19,Provo,Utah:Association for Consumer Research,1992:101-107;Woodise A G,Trappey R J.Find out why customer shop your shore and buy your brand:Automatic cognitive processing models of primary choice[J].Journal of Advertising Research,1992,32:59-78

　　③ 　Thelen E M,Woodside A G.What evokes the brand or store? Consumer research on accessibility theory applied to modeling primary choice[J].International Journal of Research in Marketing,1997,14:125-145

　　④ 　黄合水.品牌资产——一个认知模型及其验证[D].北京师范大学博士论文,2002

### 3. 品牌资产的形成

从品牌资产的定义以及模型可以看出,品牌资产是以品牌名字为核心的联想网络,也即消费者心中品牌的意义。那么品牌的意义从何而来呢?品牌的意义首先来自品牌名字的字义,并在品牌名字词义的基础上,通过营销活动和产品购买、使用这两种途径学习积累而成。

(1)品牌命名是品牌资产形成的前提

品牌资产是以品牌名字为核心的联想网络,因此一种产品在没有名字之前,就没有什么品牌资产可言。另外,给一个品牌起什么样的名字还会影响品牌知识的发展。所以说,品牌命名是品牌资产形成的前提。

一个品牌起什么名字,人们通常会考虑两个基本的维度,第一是品牌名字的语义暗示性,即品牌名字是否暗示产品类别、产品利益等;第二是品牌名字容易不容易记忆。[①]

科勒(Keller)等人(1998)指出,品牌名字的语义暗示性是一个可能影响品牌知识如何发展的品牌名字特征。[②] 营销人员常常选择这样的品牌名字,即暗示品牌类别,或根据类别相关属性或利益的竞争优势暗示策略性定位。[③] 暗示品牌类别的品牌名字(如 Timex、洁银),由于它直接将品牌名字与产品类别联系起来,因此品牌意识比较容易建立,品牌知名度比较容易提高。但是,也正因为这种品牌名字与特定产品的联系非常密切,要将该品牌延伸到其他类别的产品,消费者不容易接受。暗示产品属性和利益的品牌名字(如 Ivory 香皂、飘柔香波),不仅给消费者提供关于品牌属性或利益的参考线索,而且会吸引消费者在接触广告期间注意这样的信息,强化其与品牌名字在记忆中的联想,增加相关属性或利益在回忆时被提取的可能性。[④] 也就是说,这种名字有助于建立品牌与产品某些属性或利益的联想。这是有利的一面,不利的一面是消费者容易过分注意品牌名字暗示的属性,而忽视产品的其他属性,从而不利于品牌其他属性的联想的建立,不利于品牌的系列延伸以及市场的重新定位。

---

① Kotler P, Armstrong G. Marketing: An introduction(4th ed.) [M]. Englewood Cliffs, NJ: Prentice-Hall, 1997; McCarthy E J, Perreault W D. Basic Marketing: A managerial Approach(9th eds) [M]. Homewood, Ill.: Irwin, 1987

② Keller K L, Heckler S E, Houston M J. The effects of brand name suggestiveness on advertising recall[J]. Journal of Marketing, 1998, 62(1): 48-57

③ Kotler P. Marketing Management: Analysis, planning, implementation and control [M]. Englewood Cliffs, NJ: Prentice Hall, 1994

④ Keller K L. Conceptualizing, Measuring and Managing Customer-Based Brand Equity [J]. Journal of Marketing, 1993, 57: 1-22

对于非暗示性的品牌名字如索尼、海尔来说，由于名字很难让人产生任何联想，要建立品牌名字与产品类别的联想、品牌名字与产品属性或利益的联想，需要大量的营销投入，而且由于靠营销活动建立起来的联想没有必然的语义联系，因此品牌名字很难成为记忆中储存的传播效果的提取线索。[①] 但是，也正因为非暗示性品牌名字与产品类别、产品属性或利益都不是必然的语义联系，它才可以进一步与其他产品建立联想，进行品牌延伸，而不太受已有产品的限制。

品牌命名时人们常常要考虑的另外一个主要问题是起什么名字才便于记忆。认知心理学以及营销学的许多研究发现，品牌名字的词义、词频、词形、词性、拼写、发音等都与记忆有关。高频词比低频词容易记忆，低频词比高频词容易再认，具体词比抽象词容易记忆，高意义的词比低意义的词记忆成绩较好。[②] 冯登伯格（Vanden-Bergh）等人的研究发现，1979 年美国排名在前 200 个品牌中，46.5％以爆破音开头。以爆破音开头的词比不以爆破音开头的词容易被回忆出来，被再认的可能性也较大。[③] 可见，品牌意识的建立、品牌知名度的提高，首先受到品牌名字的制约。透过对品牌意识形成的影响，品牌名字还会影响其他品牌联想的建立。

综上所述，品牌命名作为品牌资产建设的前提，应该加以充分的重视。因为它决定品牌资产建设的速度和品牌资产进一步扩大的可能性。一般而言，暗示性的品牌名字或容易记忆的品牌名字，品牌资产的建设速度较快，但品牌资产规模的扩大有一定局限；非暗示性的名字，品牌资产的建设速度比较慢，但品牌资产可以通过品牌延伸不断的扩大。

（2）营销和传播活动是品牌资产形成的保障

给产品起一个合适的名字对品牌资产建设固然重要，但是，没有相应的营销传播活动，品牌一样建立不起来，品牌资产也无法形成。根据国外的研究，在某

---

①　Keller K L. Memory factors in advertising: the effect of advertising retrieval cues on brand evaluations[J]. Journal of Consumer Research, 1987, 14: 316-333; Keller K L. Cue compatibility and framing in advertising[J]. Journal of Marketing Research, 1991, 28: 42-57; Keller K L. Memory and evaluation effects in competitive advertising environments[J]. Journal of Consumer Research, 1991, 16: 463-477

②　Eysenck M W. A Handbook of Cognitive Psychology[M]. Lowrence Erlbaum Associates Ltd., 1984

③　Vanden-Bergh B G. More chicken and pickles[J]. Journal of Advertising Research, 1983, 22: 44; Vanden-Bergh B G, Collins J, Schultz M, Adher K. Sound advice on brand names[J]. Journalism Quarterly, 1984, 61(4): 835-840

些消费者市场,导入一个新品牌估计要5 000万美元至1个多亿美元的营销费用,总费用估计要达到15 000万美元。[1] 唐纳虎(Donahue,1995)的研究发现,成功的品牌,其广告占整个类别的比率比较高。[2] 一直在进行的 PIMS 已经证实,市场只有率与广告占有率(share of voice)之间存在密切的关系。总体上说,市场领导者比最接近他的竞争者多花 20% 的广告费。[3] 总之,有较大广告预算的品牌,实质上产生较高水平的品牌资产,而较高品牌资产的品牌产生明显较大的偏好和购买意图。[4]

在各种营销活动中,广告是最为重要的活动之一,它与促销活动占据企业营销预算的绝大部分。利用广告来加强消费者的品牌意识,提高品牌知名度,这是广告主投资广告的目的之一。正如博加特(Bogart,1986)所说,广告主利用重复迫使"广告品牌名字进入消费者的意识,并使之对该品牌感到舒适"。[5] 在受众对广告缺乏兴趣或低卷入情景中,广告往往只能保持或提高消费者的品牌意识。[6] 从广告活动的客观效果来说,广告的确是品牌意识迅速提高的重要手段。我国许多品牌(如飞科剃须刀、飞鹤奶粉等)的"名气"都是依靠大量广告造就出来的。国外的许多研究也发现广告与品牌知名度的关系。一项对服务类别11年(1986—1996)的追踪研究发现,广告与公司的知名度包括第一提名和无助回忆知名度有正相关,广告与广告知名度(包括无助广告回忆和广告总回忆)也有正相关。[7]

广告不仅有助于提高品牌意识,它还有助于建立品牌联想、形成消费者的主观质量。纳尔逊(Nelson,1974)认为,经验物品的质量在购买之前是不能确定

① Tauber E M.Brand leverage:Strategic for Growth in a Cost-controlled World[J].Journal of Advertising Research,1988(Aug.-Sept.):26-30

② Donahue M D.Translating Vision into a Meaningful Identity:Brand Loyalty Marketing[M]//Transcript Proceedings,641 Lexington Avenue,New York,NY.1995

③ Kim P.A perspective on brands[J].Journal of Consumer Marketing,1990,7(fall):63-67

④ Cobb-Walgren C J,Ruble C A,Donthu N.Brand equity,brand preference,and purchase intent[J].Journal of Advertising,1995,24(3):25-40

⑤ Bogart L.Strategy in Advertising:Matching Media and Messages of Markets and Motivation[M].Lincoln,IL:NTC Business,1986:208

⑥ McMahon H W.TV Loses the Judgment of Previous Occurrence[J].Psychological Review,1980,87(3):252-271

⑦ Miller S,Berry L.Brand salience versus brand image:two theories of advertising effectiveness[J].Journal of Advertising Research,1998,38(Sep.-Oct.):77-82

的,大量广告会提高经验物品的主观质量。[①] 艾克和先施比(Aaker & Shansby,1982)发现,定位广告通过强调品牌的理想属性,从而创建品牌联想和主观质量。[②] 其他研究证明,广告影响消费者对使用的产品的知觉,广告使得品牌评价和态度在记忆中容易接近。[③]

　　除了广告之外,其他营销活动如产品展示也有助于提高品牌知名度。研究证据表明,简单地因为展示在货架上,就会提高品牌知名度并导致试用。[④]

　　营销活动不仅是提高品牌知名度的重要手段,也是建立品牌联想的重要方法。传播的层次效果理论(如 Lavidge & Steiner,1961)认为,广告的作用过程首先是提高意识,其次就是增加了解。了解的过程就是在消费者的记忆中建立品牌联想。消费者记忆中的许多品牌联想如品牌—名人、品牌—产品属性、品牌—利益、品牌—主观知名度、品牌—主观广告量等,都是通过营销传播建立起来的。例如品牌独特市场定位的广告传播(如行业中名列第二的 Avis 出租车、去头皮屑的海飞丝)就是消费者形成独特联想的原因。斯蒂格勒尔(Stigler,1961)发现,提供诸如价格和物理特点信息的广告将影响品牌联想。[⑤] 比狄和米切尔(Beatti & Mitchell,1985)提出一个信息编码模型,来解释品牌联想的形成机制。他们认为,广告(在著名大学的实验室测试表明 TRIM 牙膏比其他牙膏能更有效阻止牙齿衰老)暴露之后,消费者会做出言语反应(似乎它能够有效阻止牙齿衰老,但味道不好闻),之后就是在记忆中留下痕迹(TRI——牙膏、TRI——防止衰老最有效、TRI——味道不好),即建立品牌联想。[⑥]

　　对于品牌名字与产品评价的联想即品牌态度的形成来说,营销活动的影响

　　① Nelson P.Information and consumer behavior[J].Journal of Political Economy,1970,78(2):311-329

　　② Aaker D A,Shansby.Positioning Your Product[J].Business Horizons,1982(May-June):56-62

　　③ Hoch S,Ha Y W.Consumer Learning:Advertising and the Ambiguity of Product Experience[J].Journal of Consumer Research,1986,13:221-233;Farquhar P H.Managing Brand Equity[J].Marketing Research,1989(01):24-33

　　④ Heeler R.On the awareness effects of mere distribution[J].Marketing Science,1986(05):273

　　⑤ Stigler G.The Economics of Information[J].Journal of Political Economy,1961,69(3):213-225

　　⑥ Beatti A E,Mitchell A A,The relationship between advertising recall and persuasion:An experimental investigation[M]//Alwitt L F,Mitchell A A.Psychological Processes and Advertising Effect:Theory,Research and Applications.London:Lawrence Erlbaum Associates,1985:139

有直接的,也有间接的。直接的影响在关于纯暴露效应的研究中发现。扎乔尼克(Zajonc)的实验证实即使不能再认,熟悉的刺激比不熟悉的刺激较受喜欢。[①]詹尼斯泽斯基(Janiszewski,1988)的研究认为,即使没有意识为中介的调节作用,熟悉仍然导致较高的喜欢。[②] 再认研究发现,重复暴露会影响喜欢,即使再认水平明显不受影响。[③] 营销传播对品牌态度的间接影响或通过品牌意识,或通过品牌联想达成。多项研究证实,第一提名回忆与态度和购买行为的关系。例如在一项关于三个产品类别(快餐、苏打、银行)六个品牌的研究表明,偏好和购买可能性的较大差别,取决于品牌在无助回忆任务中是第一、第二或第三提到的。[④] 在品牌联想对品牌态度的影响方面,情况比较复杂。有时一种联想可以单独影响品牌态度。例如,研究认为,在缺乏其他信息的情况下,消费者会利用国家形象作为线索推断出他们的产品评价。[⑤] 因此只要建立品牌—生产国家的联想,即可形成品牌态度。但在许多情况下,消费者对品牌的态度是在大量信息的基础上形成的,许多态度改变的认知理论如佩蒂(Petty)等人认知精细加工理论就是建立在这种假设上。消费者记忆中的品牌联想作为内在的信息影响着品牌态度的形成。

(3)消费者的产品经验是品牌资产形成的关键

消费者的产品经验对品牌资产形成的重要性体现在以下两个方面。

第一,产品经验会强化或修正基于营销传播建立起来的联想。有些促销活动会使消费者在对产品没有了解的情况下试用产品,但更多的情况是消费者在对产品有一定了解(建立了许多品牌联想)的基础上试用产品。所以产品使用是对已有基于营销活动建立起来的各种品牌联想的实践检验。通过检验,合理的品牌联想会得到强化,不合理的品牌联想则会被修正。例如,一般广告都宣称自己的产品质量是好的,但购买使用之后,如果消费者发现,现实

---

① Zajonc R B.Feeling and thing:Preferences need no inferences[J].American Psychologist,1980,35:151-175

② Janiszewski C.Preconscious processing effects:The independence of attitude formation and conscious thought[J].Journal of Consumer Research,1988,15(Sept.):199-209

③ Reichheld F F.Loyalty-Based Management[J].Harvard Business Review,March-April,1993

④ Woodside A G & Wilson E J.Effects of consumer awareness of brand advertising on preference[J].Journal of Advertising Research,1985,25(Aug.-Sept.):41-48

⑤ Bilkey W J & Nes E.Country-of-origin effects on product evaluations[J].Journal of International Business Studies,1982,13(Spr.-Sum.):89-99;Johansson J K.Determinants and effects of the use of 'Made in' labels[J].*International Marketing Review*,1989,6(1):47-58

的产品与广告中所说的并不一样,他们就会改变已有品牌与质量好的联想。相反,广告中呈现的包装一般都与现实中的产品一样,因而购买后的品牌与包装关系则会得到强化。品牌与产品类别的关系一般也是随着产品使用次数的增加而加强。

第二,产品经验导致一些联想的形成。知识有通过间接经验习得的,也有通过直接经验掌握的。在消费者的品牌记忆联想网络中,诸如品牌与使用情景、品牌与购买情景、品牌与产品评价、品牌与产品的次要属性等联想,往往来自于消费者使用产品的直接经验。克鲁格曼(Krugman,1965)认为在低卷入的情况下,消费者对产品的态度是在产品使用之后才发生的,产品使用的经验决定着品牌态度。[1] 贝根(Beggan,1992)的研究发现,单纯拥有一种产品,会增加对它的喜欢,贝根称这种效应为纯拥有效应。[2] 其他学者的研究还发现,基于直接经验建立起来的联想比基于间接经验(营销传播)建立的联想对个人更为重要,联想强度更大,更可能被保持,因而成为品牌资产的更重要组成部分。[3]

# 第三节　品牌的定位决策

定位决策是市场营销要解决的问题,但是定位决策的落实,需要广告活动的全面配合。因此在现代广告策划过程中,不仅要弄清楚广告品牌产品的市场定位,还要清楚市场定位的实质,这样才能有效地贯彻定位战略。

---

[1]　Krugman H E.The impact of television advertising:Learning without involvement [J].Public Opinion Quarterly,1965,Fall:49-56

[2]　Beggan J K.On the social nature of nonsocial perception:The mere ownership effect [J].Journal of personality & social psychology,1992,62(2):229-237

[3]　Bumkrand R E,Unnava H R.Effects of self-referencing on persuasion.Journal of Consumer Research,1995,22:17-26;Haugtvedt C P,Leavitt C,Schneier W L.Cognitive strength of established brand:Memory,attitudinal and structural approaches[M]//Aaker D & Biel A (eds.),Brand equity and advertising:Advertising's role in building strong brands.Hillsdale, NJ:Lawrence Erlbaum Associates,1993:247-261;Smith R E,Swinyard W R.Attitude-Behavior Consistency:The Impact of Product Trial versus Advertising[J].Journal of Marketing Research,1983,20(Aug.):257-267;Biel A L.Converting image into equity[M]//Aaker D,Biel A.Brand Equity and Advertising.Hillsdale,New Jersey:Lawrence Erlbaum Associates,1993

## 一、何谓定位

定位是市场学的一个概念,20世纪50年代就出现了。但它到70年代以后才受到广告界的重视。70年代以后,在一些经济发达的国家,市场上的产品愈来愈多,同一类型产品在质量、性能等客观物理化学属性的差异愈来愈小,这使得广告宣传愈来愈困难。在这种背景下,广告大师大卫·欧格威于1974年4月发表了一篇论文认为,广告的成功,最重要的不在于怎样企划,而在于先确定其广告商品的位置。随后,美国《广告时代》杂志并以"商品定位时代来临"为题,连续发表论文指出,广告界突破两三年来困境的一条生路就是走向"商品定位"时代,强调"唯有正确的定位,才是有效销售最重要的步骤"。就这样一个新的广告时代——品牌定位时代开始了。

里斯和特劳特(Ries & Trout,1986)认为,定位就是要把商品标定在准客户大脑之中,以单纯的信息在准客户的脑海里塑造一个位置,这一位置不仅要表明该企业本身的优点和缺点,而且要表明与别家竞争企业的区别。[①] 可见,所谓定位,实质上就是给产品在市场上确定一个位置,使之与其他产品区别开来。从效果上说,定位是给产品在消费者心目中确立一个显著的概念,提供一个消费者容易识别并促进他们选择该品牌的最有诱惑力的理由。打个比方来说,对一个没有特色而五官端正的陌生男人,您不知该如何称呼他。如果他把头发烫成卷发或带上一个耳坠,您就很容易(至少在心里)称呼他——"卷毛"或"带着耳坠的男人"。所以"定位常常是一个处理心目中所存事物的问题"[②],这种说法是有一定道理的。

## 二、定位的方法

"定位的基本方法,不是去创作某种新奇或与众不同的事项,而是去操作已经存在于心中的东西,去重新结合已存在的联结关系。"[③]

如果要给定位下一个操作定义,那么可以认为,定位是先在各种各样的维度上把拟将定位的产品与其他竞争产品加以衡量和比较,然后选择该产品在某一

---

① Ries A L,Trout J.Positioning:The Battle for Your Mind[M].New York:McCraw-Hill,1986

② 里斯 A,等.广告攻心战略——品牌定位[M].北京:中国友谊出版公司,1991:177

③ 里斯 A,等.广告攻心战略——品牌定位[M].北京:中国友谊出版公司,1991:1

维度上独特的、具有较大相对优势的或在多维坐标上独特的位置。用来衡量产品的各种维度可以是产品有关的客观属性,也可以是产品有关的心理属性。具体地说,一种产品可以从功能、用途、价格、使用方便性、使用场合、消费者市场、原材料来源、产地、销售量、市场占有率等各个维度来定位。广告主或广告代理者的努力目标就是找出一种最适当的位置,使该产品的位置在消费者的心目中突出出来,让消费者感觉到该产品某一方面在同一产品类别中是最为突出的。

产品的定位一般包括以下几个步骤:

①分析该品牌产品在众多竞争品牌中是如何被消费者分类和把握的,即消费者将广告商品归到哪一类别上。例如,"透明皂"消费者容易将它看作是用来洗衣服的,而不是用来洗澡的。

②在这一特定的分类中,分析该产品以什么特点被消费者识别出来。也就是说产品有什么显著的特点区别于其他商品。例如"麦当劳"与国内的快餐店对比,特点是"干净、卫生、整洁"、"服务态度好、速度快"、"美国风味"、"配送玩具"。

③分析消费者所持有的品牌形象,以及"理想点"的分布情形。继续以"麦当劳"为例来说,在美国社会中,它只不过是"廉价"、"方便"的餐饮服务。但是在中国市场,由于价格相对于中国消费者的购买力来说比较昂贵,又由于环境卫生、整洁,服务的态度和效率都显著好于或高于国内快餐店。因此,在许多消费者的心目中是"有档次"的"洋快餐"。相对而言,国内的快餐店则是"低档次"的"土快餐"。同时,由于"麦当劳"配送玩具,适合小孩子就餐,因此其典型的形象是适合小孩子就餐的有档次的洋快餐。

④从该产品的特性来分析判断它可能参与的分类和定位,以及新的分类与定位的可能性。由于上述形象,麦当劳的合适的定位应该是"带小孩的年轻父母"或"三口之家"。

⑤分析在消费者理想点中某种定位与竞争对手定位及其强度相比之下,是否足以吸引消费者。尽管麦当劳的食品口味不一定适合中国成人,但是"有档次"带来的"体面",整洁环境带来的"卫生",以及玩具对"小皇帝"的吸引力等因素,使之足以吸引大量的"三口之家"到麦当劳就餐。

对定位的步骤作了简单的说明之后,下面以王老吉的定位为例来做更加详细的说明。

### 王老吉的品牌定位

2002年底,加多宝集团找到一家专门从事品牌定位理论研究与推广的营销顾问公司——成美广告公司,初衷是想让广告公司为王老吉拍一条以赞助奥运会为主题的广告片,要以"体育、健康"的口号来进行宣传,以期推动销售。但成美广告公司经初步研究后发现,王老吉的品牌问题不是一条创意广告可以解决的,首要问题是没有进行品牌定位。从1995年开始,王老吉虽然销售了7年,但从未经过系统、严谨的品牌定位,企业无法回答王老吉究竟是什么,消费者也不清楚它究竟属于哪个品类——这是王老吉缺乏品牌定位所致。显然这个根本问题不解决,拍什么样"有创意"的广告片都无济于事。经过沟通,加多宝集团最后接受了广告公司的建议,决定暂停拍广告片,先对王老吉进行品牌定位。

## 一、检视产品

王老吉以中草药为原料,主要有夏枯草、仙草、金银花、蛋花、布渣叶、菊花、甘草等。夏枯草有消肿散结、清肝明目等作用;仙草有清热解暑、利湿解毒的功效;金银花有抗炎、解热抑菌等功效;蛋花有清热解毒、润肺止咳的功效;布渣叶有清热消食的功能;菊花有清肝明目、清热疏风的功效;甘草有解毒、润肺的功能;等等。因此从中医角度来看,王老吉具有"预防上火"和"降火"的作用。与其他饮料相比,这种实实在在的功效是凉茶的核心优势。

"上火"是人们可以真实感知的一种亚健康状态,通过中医和现代媒体的传播,消费者对"上火"的认知相对清晰,而随着人们健康意识的提高,"预防上火"和"降火"的市场需求日益扩大。作为凉茶市场的执牛耳者,王老吉的功效正好满足了这个未被切割的饮料市场,这为王老吉的井喷提供了机会。

传统的广东凉茶实际上是中草药熬制的药用茶饮料,功效虽好,但口感却有淡淡的中药苦味,不符合大多数人的偏好,即使在广东,年轻人也很难接受。王老吉经过反复的口感测试后,改变了过去微苦的口感,选择了偏甜的口味,味道像山楂水,更接近饮料。王老吉偏甜的口感迎合了不同地区更多消费者的需求,市场空间也得到了极大的扩展。

王老吉与其他饮料相比,有"去火"功效,具有独特优势。而可乐、茶饮料、果汁饮料、矿泉水等明显不具备"预防上火"的功能,所以它们仅仅是间接的竞争对手。王老吉与药品和传统的凉茶相比,无副作用,口感更好,随时可以喝,这也是优势所在。

王老吉的目标人群是那些健康观念比较强、怕上火或者有降火需求的群体,更进一步就是那些爱吃烧烤、火锅或辛辣、油炸食品,经常熬夜,作息时间不规律,或因身体和精神负担过重,易上火的人群。

以上市场调查分析表明,王老吉具有独特的特征,既不能把它归为降火药品,也不能归为大众饮料,这也意味着,开创新品类并成为品类代言品牌是王老吉品牌定位的最好选择。尽管市面上也有一些与王老吉相类似的其他产品,如菊花茶、清凉茶等,但是它们由于缺乏品牌推广,仅仅是低价渗透市场,并未占据"预防上火的饮料"的定位。所以在这一心智区间,王老吉根本没有直接竞争对手。

### 二、检视消费者心智空间

因为消费者的认知几乎不可改变，所以品牌定位必须顺应消费者的认知而不能与之冲突。如果人们心目中对王老吉有了明确的看法，最好不要去尝试冒犯或挑战。

为了了解消费者的认知，成美广告公司的研究人员一方面研究王老吉竞争者传播的信息，另一方面，与加多宝集团内部员工、经销商、零售商进行大量访谈，并聘请市场调查公司对王老吉现有消费者进行调查。在研究中发现，广东的消费者饮用王老吉主要在烧烤、登山等场合，他们认为"吃烧烤容易上火，喝一罐先预防一下""可能会上火，但这时候没有必要吃牛黄解毒片"。在浙南，当地饮食文化对于"上火"十分警惕，如餐桌上的话梅蜜饯、可口可乐都被说成了"会上火"的危险品而无人问津，而他们对王老吉的评价是"不会上火""健康，小孩老人都能喝，不会引起上火"。

消费者的认知和购买消费行为均表明，消费者对王老吉并无"治疗"要求，而是作为一个功能饮料购买，购买王老吉的真实动机是用于"预防上火"，如希望在品尝烧烤时减少上火情况发生等，真正上火以后可能会采用药物，如牛黄解毒片、传统凉茶类治疗。

既然"预防上火"是消费者购买王老吉的真实动机，那么在消费者的大脑中是否可以建立起"预防上火的饮料"这一品类的心智呢？就这样，预防上火的饮料品类——王老吉诞生了！

## 三、定位的策略

为了使消费者在心目中建立某品牌"第一"或独特的概念形象，让消费者认识到产品在市场中的独特位置。在产品定位时，有很多策略可以采用。

（1）强势定位策略

美国可口可乐公司是最早研制生产可乐饮料的，而且该公司可乐饮料的销量不仅是全美国第一，还是全世界销量第一。其他公司的可乐饮料都是模仿可口可乐公司的可乐饮料。也就是说，可口可乐饮料在可乐饮料中是最早的、最强势的品牌。所以，可口可乐的广告口号是："只有可口可乐，才是真正的可乐"，即将自己定位于真正的可乐。由于大多数人都喜欢喝"真正"（而不是"冒牌"或"仿造"）的可乐，因此，可口可乐一直占据碳酸饮料行业的老大地位。

（2）优势分类策略

优势分类策略是按商品的大略分类，选择一种没有强势品牌的商品分类，并将某一品牌产品定位在这一有利的商品分类之中。例如台湾的"梦17"洗面皂，本身具有化妆品、药品和盥洗用品的特性,原可用任何一种商品分类加以定位以让消费者接受,但是根据对市场规模、竞争品牌的强弱以及流通途径等问题进行分析之后,认为定位在第三类最合适。因此以"高级洗脸之洗面霜"的姿态出现在市场,在洗脸用品的市场上占据了一席之地。美国的康柏计算机崛起之初,考虑到无法在商用计算机领域与 IBM 抗衡,于是将自己定位在个人计算机领域,让计算机个人用户可以买到"为个人用户设计"的计算机,因而取得巨大的成功,成为仅次于 IBM 公司的世界计算机大企业。

（3）独特分类策略

采用这一策略最典型的案例之一就是美国的 7up 柠檬汽水。最早 7up 被定位于清凉饮料的分类,事实发现这一定位根本无法与可口可乐、百事可乐等几种品牌饮料相抗衡。于是厂商决定展开商品的重新定位,并将 7up 归类到"非可乐"饮料类别中。这样在"非可乐"这一新的商品类别中,7up 就成为一种"第一"的强势品牌,让许多不喜欢甚至讨厌"可乐"的消费者找到了"知己"。

（4）关联分类策略

该策略不是将具有新商品属性的品牌归到既有的商品类别之中,而是采用各种方法来表示该品牌既与现有商品类别有关联,又有区别。日本一家经济暖气机同时兼有中央暖气系统和石油或瓦斯暖气炉两种商品的特性。中央暖气系统费用高昂又不适合小房间,石油或瓦斯暖气炉有油烟气味,经济暖气机排除了两者的缺点。经权衡得失,厂商决定采用与中央暖气系统造成关联的商品定位,并以"中央暖气系统新发售——小房间专用"为广告标题,因而获得意外的销售业绩。

关联分类策略兼具两类产品的属性,适合于多功能产品。这种定位策略让消费者感觉到该产品能够满足他们的多种要求,因而具有一定的吸引力。

（5）使用场合分类策略

消费者在归类某些商品时,有时并不是考虑商品的形态类别,而是以在生活中的特定需要作为出发点。在这种情况下,广告便可以运用商品在生活场合中所扮演的角色或功能来替产品定位。例如台湾有一种生活中随时可饮用的全天候乳酸饮料,被定位为"早起运动的健康饮料",获得了良好的销售效果。（健力宝饮料则将品牌与运动联系起来,除了出资赞助体育运动外,还聘请许多著名运动员作为品牌的代言人。我国世界著名的体操运动员李宁和李小双先后在广告中推荐健力宝。）由于定位明确,人们形成了健力宝是运动饮料的概念,因此在可口可乐和百事可乐大肆吞并我国饮料品牌的情况下,健力宝成为我国早期知名饮料品牌中少数的幸存者之一。

（6）细分类策略

当一个商品分类中可以再细分为几个新的类别时，可以运用这种细分类来进行商品定位。"台湾的弯弯浴皂"便是一个很好的例子，它把"香皂"再细分出"浴皂"一类，并把自己定位于"洗澡专用的"、"符合人体工学设计之皂形"，结果创造了台湾香皂销售史上的奇迹。

（7）消费市场分类策略

有时一种商品可能适合于消费者大众，但把它定位于某一特定的消费者群体使用，久而久之，这种商品就与特定的消费者群体联系在一起。例如汽水本来是谁都可以使用的饮料，但台湾的吉利果、黑松汽水由于定位的作用而被认为是野外活动者的饮料。

（8）功能定位策略

以产品在功能上的特殊性或相对强弱来确定产品的位置。如海飞丝洗发水广告，以强调去头皮屑功能来突出该品牌与其他品牌的区别，而飘柔则强调产品能使头发更柔更顺的功能。成龙代言的霸王男士洗发水，着重强调固发、防脱之功效，因而在中青年男士市场中占有重要的一席之地。云南白药牙膏，与霸王洗发水则有异曲同工之效，其名字所体现的功能定位，为它在国际品牌林立的牙膏市场中，挤出一片天地。

以上所介绍的仅仅是几种较为常见的定位策略，在实践中商品的广告定位策略并不局限于这几种，广告主和广告者可以根据产品的实际情况来决定采用何种定位策略，为产品进行理想的定位。

# 第四节　广告诉求决策及其心理依据

在广告策划过程中，策划者经常要面临的主要问题之一就是广告应该说什么，即广告活动的主题是什么，具体某一则广告的诉求点是什么。如何解决这些问题，历来备受广告主和广告策划者的重视。所以，这一节首先将探讨如何科学地进行广告诉求决策，然后分析一下影响消费者品牌选择的各种因素，因为这些因素往往就是广告的诉求点或广告活动的宣传主题。

## 一、广告诉求的决策模型

广告主题或诉求点的科学决策过程一般包括五个阶段（见图3-14）。

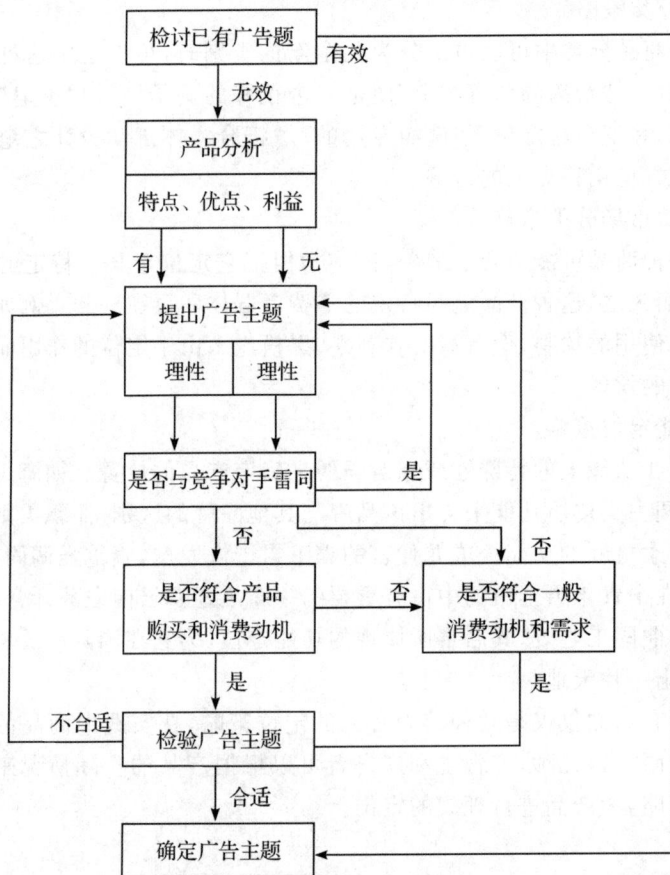

图 3-14　广告诉求的决策模型

## 1. 检讨已有广告主题

　　大多数企业或品牌都有广告活动的经历。因此要确定广告活动的主题,首先要对已有的广告诉求主题作检讨。检讨的方法是依据前阶段的广告活动效果测定来判断已有诉求主题的成败。如果已有的主题失败了,要分析失败的原因,以免重蹈覆辙。如果已有的主题是成功的,要分析成功的原因在哪里,继续加以运用是否仍会取得成功。经过检讨,如果发现已有的诉求主题是成功的、合理的、正确的,就可以继续加以运用。也许"脑白金"发现以"礼品"为主要诉求点收到的销售效果理想,所以不顾人们对广告的厌烦,反复地播出"今年过年不收礼,收礼只收脑白金"。当发现过去的宣传主题或广告诉求点不合适,广告效果不佳时,策划者就要重新从对产品的分析入手,即进入第二阶段。新的产品或以前的广告活动未经精心策划的产品,可直接从第二阶段开始。

### 2. 产品分析

第二阶段是分析产品,分析产品有什么特点,能给消费者带来什么好处或利益,比竞争的品牌有什么显著的优点或相对优势。如果产品存在明显的优点或相对的优势,就可以将它作为广告诉求的方向;如果产品是一般的产品,没有自己独特的地方,检查一下是否有某一产品特点未被同类竞争产品的广告宣传所重视,假如情况的确如此,产品的特点又有诉求的价值,广告的诉求主题可由此提出;当这些途径都行不通时,就只能考虑从感性诉求方面入手。像烟、酒、服装、饮料等产品类型,往往很难进行理性诉求(通过提供给消费者信息或证据让消费者信任产品的诉求方式),只能采用感性诉求(创造一种情景或气氛,让消费者对品牌产品产生某种感觉或情感的诉求方式)。

### 3. 提出广告主题

经过产品分析,产品的特点以及产品给消费者可能带来的利益了然于胸。广告策划人员依据分析结果可以提出广告活动的诉求主题或诉求点。由于不同类别的产品性质不同,可供选择的广告主题的数量也不一样。策划人员可以采用座谈会方式,通过脑力激荡法,提出尽可能多的主题。然后,经过讨论,依靠大家的智慧,初步确定两三个主题。以备进一步审查。

### 4. 审查广告主题

对于初步提出的广告主题,需要进行若干步骤的审查,才能确定。首先是检查已提出的主题是否与竞争对手的主题雷同。在一个产品类别中,同类竞争品牌繁多,与竞争者雷同的广告主题,无法创造产品的差异化和表现品牌独特的个性形象,因而难以引起消费者的重视,无法打破消费者的心理防御。在这种情况下,更换或重新提出一个诉求主题是必要的。如果广告主题有别于其他竞争对手,还需继续进一步的审查。

对于理性诉求主题来说,第二步的审查是,检查该诉求主题是否符合这一类型产品消费者的购买或消费动机。在消费者购买产品时,产品本身的特点或属性通常是一个重要的影响因素,但产品的哪一方面属性比较受到消费者的重视,对消费者的购买行为影响较大,创作者通过诉求主题所体现出来的推测、判断不一定是正确的。举一个例子来说,月饼的材料构成容易被认为是至关重要的,因为它关系到月饼是否好吃。然而在消费者的实际购买中,包装往往比它更重要。又比如针对儿童的儿童食品广告,创作者容易将"好吃"作为诉求的主题,但是,儿童消费者真正购买食品的动机可能是"包装好看"或食品中有好玩的"玩具"。在审查过程中,需要关于消费者产品购买动机方面的信息,这些信息一般需要由市场调查机构提供。经过这一步的审查,如果理性诉求主题所体现的正好是消费者在购买或消费时所考虑的,就可以直接进行最后的审查检验。否则,还要根据消费者的一般消费动机和需要来判断其合理性。对于感性诉求主题来说,只要它不雷同于其他竞争对手,就可以直接从消费者的一般消费动机和需要方面作进一步审查。

众所周知,消费者在购买商品时,不一定基于产品本身的属性作出选择。他们选择商品品牌可能是受更深层次的需要或更强有力的动机的驱动。例如,有的消费者可能是为了获得中奖的机会而购买某一种品牌,而不是因为该品牌有比较诱惑人的优点。一般来说,买房子通常会考虑宽敞舒适、交通方便等跟房子本身有关的因素,很少人会想到房子跟孩子的安全也能联系起来。但这种联系却使 20 世纪 70 年代台湾华南别墅的一系列广告创造了当时房地产的销售奇迹。同样,有些房地产只强调"豪华至尊","独处一隅"却没有想到这种"唯我独尊"的房地产却会带来的"安全"隐患,让许多消费者望而却步,因为"安全"需要是人类的基本需要之一。所以从消费者的一般消费动机或需要来考察广告的诉求主题是合理的,不过这就要求策划或检查人员要具备心理学的知识,同时能够把握消费者在不同时期的不同心态。在审查过程中,获得通过的主题进入最后一步的检验,如未能通过,则必须重新提出诉求主题。

**5. 检验广告主题**

上述审查过程主要是检查提出的广告诉求主题的诉求方向是否正确、是否合理。至于它是否可以在广告活动中加以运用,还需进一步检查,即检验它能否为消费者接受,是否能够借助于媒体的宣传而产生好的广告效果,是否能够帮助广告主把产品推销出去。这是广告诉求主题在实际运用前的最后也是最重要的审查。检验广告主题是广告效果预测的一个重要组成部分,它不是根据已有的信息和经验来研判,而是采用科学的调查法或实验法来甄别。较理想的方法是选择一个试验地区,将通过审查的广告主题进行试验,如果效果理想,则全面推广。当然如果仅仅是个别广告的诉求问题,可以采用实验室实验的方法来解决。一旦一个广告主题经过广告效果预测被证实是比较理想的,就可以确定下来,并着手进行广告创作以及媒体发布等广告活动。

# 二、影响消费者品牌选择的因素

在广告诉求决策过程中,策划者经常要考虑的问题是,影响消费者选择某个产品类别品牌的因素究竟是什么。尽管不同的产品类别、不同地区、不同消费者,影响品牌选择的因素很不一样(请读者参看小资料 3-2),但是仍然有一些是比较共同的,如功能、用途、质量等。下面我们就对这样一些因素作比较深入、全面的分析。

**1. 产品的功能、用途(简称产品的功用)**

商品的功能和用途是商品最重要的属性,是商品生产流通和销售的前提。

商品的功能、用途是用来满足消费者的某种需要。例如电视机是用来满足人们了解国家大事和娱乐的需要,吸尘器则用来满足人们清洁卫生的需要。任何一种商品都只有在能够满足人们的某种或某几种需要时,才能被人们购买使用。正如北京大视野社会经济调查有限责任公司(1999)调查所显示的,绝大部分(83.6％)消费者是因为生活需要而进行消费,而因品牌偏爱、受广告或他人影响及冲动性购物的消费者较少,多数消费者在作出购买决定时比较理性。① 所以消费者在选择商品时,首先考虑的就是商品的功能和用途,哪一种品牌的商品功能和用途更适合消费者的需要,它被选择的可能性就更大。霸王洗发水和云南白药之所以能够在众多国际品牌包围中脱颖而出,其原因就在于其中药的功能。多年来,脑白金广告令人讨厌的程度已经深入人心,但其产品仍然是保健品中的唯一佼佼者,如果没有"功能",恐怕连作为"礼品"也送不出去。

### 小资料 3-2　品牌选择时考虑的因素②

2015 年 5 月至 7 月,陕西师范大学胡效芳教授在课题研究中,针对陕西省21 所高校 1000 名在校大学生进行关于大学生体育品牌选择的电话调查。本次调查综合考虑了调查对象的性别、年级、专业类型等个体因素,问卷内容涵盖了大学生体育品牌选择的诸多影响因素,包括品牌自身因素、产品因素、价格因素、渠道因素以及消费者个体特征等。

最终,调查回收了有效问卷 953 份。调查结果显示,探究影响消费者体育品牌选择的因素模型之时,在对品牌选择有显著影响的因素中,品牌自身对消费者品牌选择影响最大,影响系数为 0.452;消费者个体特征次之,消费者的锻炼习惯影响系数为 0.254,消费者的家庭背景影响系数为 0.159。继而是渠道因素,影响系数为 0.204;价格水平对品牌选择呈负影响,系数为－0.104,这说明这表明在各种因素综合影响的作用下,价格水平的偏低,反而不利于品牌忠诚度的建立。对品牌选择影响最低的显著因素是产品的美观性,影响系数为 0.102。对比十数年前,产品本身对品牌选择的影响性降低了许多。

商品功能用途的重要性,在广告作品中也得到充分的表现。研究表明,美国的杂志广告中,占 26.7％的广告具有有关产品功能的信息,日本的比例是

① 北京大视野社会经济调查有限责任公司.全国十城市消费者消费心态调查[EB/OL].http://www.3see.com/,1999

② 胡效芳,魏冉,孙君厚.大学生体育用品的品牌选择及其影响因素研究——基于陕西21 所高校大学生的调查分析[J].统计与信息论坛,2016(2):95-100

15.5%,中国为48.3%。与其他信息内容相比较,美国杂志广告中功能用途信息的重要性处于第三位,日本处于第二位,中国也处于第二位。[①] 在中国的报纸广告和电视广告中,功能用途信息的重要性也是处于紧次于销售时间地点之后的第二位。[②] 由于购买时间地点对消费者的品牌选择没有实际意义,因此,功能用途实质上就是消费者品牌选择的首要考虑因素。有一项研究从另一个角度(功能用途所带来的利益)证明了功能用途的重要性。该研究让176个老年被试(60~84岁)看了3条不同版本广告:信息版本(呈现明确的产品利益)、音乐版本(几乎没有产品利益)、信息加音乐版本。结果发现,包含产品利益的两个版本是最有效的,而且二者没有显著差异。[③]

由于商品功能用途的现实性和重要性,所以许多商品广告都千方百计来表现突出商品的功能,例如由美国奥美(O&M)广告公司巴黎分公司制作的"超级强力胶三号"电视广告,为了突出该产品的功能,特意将一位播音员的鞋底涂上强力胶,然后将他粘在天花板上10分钟,由这位播音员倒悬着念推销说服的广告词。该产品在南非的广告更悬,将替身演员用胶粘在一架飞机上,飞机在空中飞行40分钟,并作翻筋斗动作。前一广告播出后的六个月内,强力胶销出50万支,1983年全年销量达600万支。事实上,经常留意宝洁公司广告的人就会发现,他们的广告几乎都是在演示产品的功能,如飘柔的使头发更柔顺、海飞丝的有效去屑、汰渍的有效去除污渍油渍、舒肤佳的有效去除手上细菌等。可见商品的功能用途如果广告宣传有力,可以使商品销售取得巨大的成功。

然而随着商品市场竞争的激烈化,想在商品功能的广告宣传时,取得理想的效果,对下面两个方面的问题,必须加以重视。

(1)单一功用和多种功用

在一些伟大的人物中,有的人既是思想家,又是军事家、诗人。有的人则仅仅是诗人、军事家或思想家。跟人可能具有一方面才能或多方面才能一样,一种商品也可能具备一种功用或多种功用。

表面上看,许多多功用产品似乎更容易满足人们的需要,为消费者所喜爱。但实际上情况并非如此。在产品研究中已经发现,消费者虽然口头上称赞产品

① Rice M D,Zaiming L.A Content Analysis of Chinese Magazine Advertisements[J].
Journal of Advertising,1988,17(4)

② 纪华强,朱健强,黄合水.中国报纸杂志和电视广告信息的内容分析[M].//陈培爱.福建省报纸广告优秀论文选.厦门:厦门大学出版社,1993

③ Gorn G J,Goldberg M E,Chattopadhyay A,Litvack D.Music and information in commercials:Their effects with an elderly sample[J].Journal of Advertising Research,1991,31(5):23-32

用途的多面性,但他们往往是为某一特定目的去购买和使用产品的。他们的心目中已有了某种特定的用途,并为此而购买。市场观察表明,多用途形象的产品,除了那些心目中正好有不止一种用途的少数顾客会来购买之外,一般人往往不会选购它。

单一功用和多种功用的产品给人的产品形象有很大的差别。正如人们对专家和杂家的看法一样。如果一位医生是著名的肺癌专家,另一位医生是擅长于治疗多种癌症的著名肿瘤专家。尽管他们在诊治肺癌方面都有深入的研究和同样的临床成功率。但是一般肺癌患者会更愿意寻找肺癌专家诊治,因为他们相信肺癌专家对肺癌有更多的了解和研究,治疗的效果会好一些。多功用产品容易给人每一种功能都不会太强的印象。因此,当消费者只需要产品具有某种用途时,他们宁愿选择只具有该用途的产品,而不愿意选择包含该用途的多功用产品。

美国丰盛牌早餐在广告宣传上没有注意到多功用给人的形象,在包装上作这样的说明:"家用丰盛牌速成调制蛋白质饮料……丰盛牌从早到晚任何时候都好吃……进餐时吃、餐后吃、代饭吃……"结果产品市场总是打不开。相反,另一种叫康乃馨牌的快速早餐仅突出宣传该产品用于快速早餐,因而很快地在市场上获得成功。[①]

可见,从广告宣传的角度来说,如果一种产品具有多种功用,在一则广告中把几种功用同时进行介绍不一定是明智的做法。有效的宣传战略应该是,以特定的形象宣传某种功用,而以另一种形象宣传另一种功用。假如目标市场不重叠,这种策略就可能成功地吸引人们注意这种产品。当然对于一些工具性的产品来说,多功用能给消费者带来方便。所以在广告中对产品的多种功用作全面的介绍也不是不可以的。

(2)可替代功用与独特功用

在琳琅满目的商品市场中,某种品牌的产品可能与一种或一种以上不同品牌的产品具有同样的功能和用途。这种同属于多种品牌的功用,称为可替代功用。例如中华牌香烟和红双喜牌香烟都可以解除瘾君子的烟瘾,香烟的这一功用就是可替代的。反之,当一种品牌产品具有其他品牌所没有的功用时,这种功用就叫做独特功用。譬如,许多新开发研制出来的药品都具有独特功用。

从概率上讲,具有可替代功用的各种品牌产品都有同样被选择的机会。然而事实并非如此。行销心理学家安德森曾在一项实验中,把144个家庭分为六组。其中四个组为实验组,两个组为控制组。在实验组内系统地操纵品牌的种数。实验结果指出,随着可供选择的品牌数量的增加,消费者集中选择某种品牌

---

① 安娜 A,朝仓利景.消费与广告心理学[Z]."大众心理学"杂志资料组印发

的次数也提高,即可供选择的品牌数越多,则个人越集中地选择某种品牌,说明品牌的忠诚性越高。此外,当消费者所选择的品牌缺货时,高忠诚性的人会选择与旧品牌相类似的品牌,但低忠诚性的人则任意选择。[①] 这说明,具有可替代功用的产品,消费者品牌选择的依据并不是产品的功用(因为各种品牌的功用相类似),而是产品功用之外的其他因素如对品牌的忠诚等。

具有独特功用的产品能满足消费者某种特殊的需要。一旦消费者产生这种需要时,他们没有选择的余地,非此莫属。所以在广告宣传中,可替代功用的产品与独特功用的产品,其广告诉求点是迥然不同的。前者着重于该品牌区别于竞争品牌的属性或特点,力求培养消费者的品牌忠诚。后者则强调独特功用的宣传介绍,增加消费者对品牌功用的了解。

### 2. 产品的质量

质量,从生产者的角度来看,是衡量产品的各种技术指标是否达到一定标准的指标。如果产品的各项指标均达到规定的要求,说明产品是优质的。反之,如果产品的某些技术指标没有达到规定的标准,说明产品是不合格或劣质的。判断产品的质量一方面要熟悉产品的各种技术指标,另一方面要借助于仪器仪表的科学手段进行测量。

消费者在购买商品之前,通常也要对产品的质量作检查。但是一般消费者既不可能掌握各种产品的技术指标,也不可能用仪器仪表来分析。他们对产品质量的判断依赖于他们在日常生活和消费活动中积累起来的商品知识以及在这一过程中形成的某些信念。例如一种产品比另一种产品使用寿命长,那么它的质量就比较好;产品使用的效果越好,质量也越高;高水平的工人创造高质量的产品;先进的生产技术,生产高质量的产品;企业的信誉愈高,生产出来的产品的质量愈可靠;生产设备好,劣质产品少;产品价格愈高,质量愈好;质量管理严格,产品质量可靠等等。消费者对产品的质量评价,也称主观质量。

在一些商品经济高度发达的国家,商品的生产和销售都是在激烈的市场竞争中进行的。长期以来的自由市场竞争告诉人们,要使产品赢得市场,强有力的市场行销手段固然重要,但最根本还是要产品质量或服务水平高。只有当你的产品跟别人的产品品质一样优良或更为优良时,你的产品才能在市场竞争中立于不败之地。因此绝大多数企业都把质量看成是企业立根之本。由于企业严把质量关,而且售后服务周到,因而消费者对流通中商品的质量都比较信任,这反映在广告宣传中质量信息的呈现处于次要的位置。例如,美国的杂志广告中包含有质量信息的广告仅占 2.5%,在日本杂志广告的调查中,608 则广告中仅有

---

① 川胜久.广告心理学[M].福州:福建科学技术出版社,1985

一则广告包含质量信息。[①]

与这些商品经济高度发达的国家相比,我国由于各种企业生产能力、生产水平参差不齐,有些企业产品的质量把关也不够严格,再加上一些不法商人唯利是图、胡作非为,市场上劣质品、次品、赝品、掺杂品屡屡可见。所以消费者在购买时,对市场上商品的质量问题仍然十分关心。细心观察市场的人都可以发现,顾客在购买某一物品时,常常要问到这一类问题,"质量会不会有问题?""会不会是假的?""容易坏吗?""能用多久?"等等。许多广告主和广告代理者都认识到这一问题,因而在广告上都比较重视产品的质量宣传。在一项对 1987 年我国杂志广告的内容分析调查中发现,472 则广告中有 109 则广告包含质量信息,占 23.1%,这一比例远远高于美国和日本的杂志广告。[②] 纪华强等人对我国 1990 年年初在各大报纸上刊登的 713 则广告进行的分析还发现,含有质量信息的广告竟高达 64.8%。[③]

一种购买行为冒风险可能性的大小主要体现在产品的质量上。质量好,冒风险的可能性就小;质量差,冒风险的可能性就大。所以,加强产品质量的广告宣传是很有必要的。至于如何进行有效的质量宣传,要注意合理地利用以下信息或手段:

(1)价格

一项对 36 个研究的分析表明,价格被一致发现是强的质量线索。这 36 个研究涵盖常购、低价的消费品。[④] 其实,价格与质量的关系,西方学者如勒维特(Leavitt,1957)和库珀(Cooper,1969)很早就注意到了。库珀(1969)认为,当人们认为价格太高时,会拒绝购买。相反,当价格比他们可以接受还低得多时,他们会怀疑产品的质量。[⑤] 里斯和里斯(Ries & Ries,1998)也指出"高价位是建立高品质认

① Maddern C S,Caballero M J,Matsukubo S. Analysis of Information Content in U.S. and Japanese Magazine Advertising[J]. Journal of Advertising,1986,15(3):38-45

② Maddern C S,Caballero M J,Matsukubo S. Analysis of Information Content in U.S. and Japanese Magazine Advertising[J]. Journal of Advertising,1986,15(3):38-45

③ 纪华强,朱健强,黄合水,中国报纸杂志和电视广告信息的内容分析[M]//陈培爱.福建省报纸广告优秀论文选.厦门:厦门大学出版社,1993

④ Rao A R,Monroe K B. The effect of price,brand name,and store name on buyers' perceptions of product quality:An integrative review[J]. Journal of Marketing Research,1989,26(3):351-357

⑤ Cooper P. The Begrudging Index and the Subjective Value of Money[M]//Bernard Taylor and Gordon Wills,eds. Pricing Strategy,London:Staples Press,Ltd.,1969:122-131

知的关键因素。劳力士、奔驰、劳斯莱斯等,全都是因为高价位大发利市的品牌。"①达森斯(Dodsons)等人(1978)和布拉特伯格聂斯林(Blattberg & Neslin, 1990)从另一个角度进行的研究表明,打折可能对质量判断有负面的影响。如果消费者购买打折扣的产品,他们常会认为,产品质量是差的,所以才打折。②

当然价格与主观质量并不总是存在正相关,二者之间的关系可能因产品类别、消费者产品知识以及其他外在线索(如品牌名字、商店名字)的存在与否而异。例如,对于诸如洗衣粉等某些日常用品,消费者不一定认为价格高的就是质量好的。对于熟悉电脑技术专家来说,尽管他们自己组装的无牌产品价格远远低于品牌机,但质量却可能是最好的。劳和门罗(Rao & Monroe,1988)的研究发现,产品知识制约价格对质量知觉的影响,即价格对知识少的人比对知识多的人有较大的影响。③

但是,无论如何,价格常常是人们赖以判断产品质量的重要线索,特别是其他线索不存在时,如品牌名字不熟悉、不同产品包装差异不大等。

我国产品在国内、外市场经常采用低价策略,这可能有助于产品的短期销售,但对我国产品质量形象的树立是不利的。要树立高品质的质量形象,适当地采用高价格定位同时辅助于其他相关的措施如高质量的包装是十分必要的。

(2)广告

从理论上说,广告的大小、广告重复的程度、广告投入的多少与产品的品质没有必然的关系。但是在缺乏其他信息的情况下,广告会成为消费者推断产品质量的依据。纳尔逊(Nelson,1974)证实,大量广告会改善经验产品(购买使用后才能判断质量的产品)的主观质量。④ 贝克(Baker)等人(1986)和哈希尔和泽克(Hasher & Zacks,1984)采用自动计数器记录的研究发现,如果记录品牌甲的次数多于品牌乙,那么受试者就会推论,品牌甲较为知名,所以它必定较流行,

---

① Ries A,Ries L.品牌22戒:如何建立世界级的品牌[M].脸谱文化事业股份有限公司, 1998

② Dodsons J A,Tybout A M,Sternthal B.Impact of Deals and Deal Retraction on Brand Switching[J].Journal of Marketing Research,1978,15(1):72-81;Blattberg R C,S A Neslin. Sales Promotion Concepts,Methods,and Strategies[M].New Jersey:Prentice Hall,1990

③ Rao A R,Monroe K B.The Moderating Effect of Prior Knowledge on Cue Utilization in Product Evaluations[J].Journal of Consumer Research,1988,15:253-264

④ Nelson P.Advertising as Information[J].Journal of Political Economy,1974,82(4): 729-754

而且可能较好。[①] 科曼尼（Kirmani,1997）的研究认为,消费者会从广告重复来推断不熟悉品牌的质量。由于消费者将重复看作是昂贵的,并认为高费用反映了制造商致力于产品,因而将产品高质量与高水平重复联系起来。然而,极端高水平的重复,消费者可能会感到费用过分,并开始怀疑制造商对产品质量的信心,这就导致产品质量知觉与广告重复的倒 U 形曲线关系。[②]

科曼尼（Kirmani,1990）和科曼尼和怀特（Kirmani & Wright,1989）的研究还发现,平面广告的大小会影响受试者对广告费的判断,进而影响对运动鞋的舒适度和质量的评价。[③] 科曼尼和怀特（Kirmani & Wright,1989）据此进一步认为,消费者存在把广告水平与品牌重要性和质量联系起来的图式和理论。劳、库和鲁科特（Rao,Qu & Ruekert,1999）从符号学理论的角度也认为,广告费用是不可观察质量的一个信号。[④]

鉴于上述研究结果,可以认为,提高主观质量的另一个方法就是广告支持。真正做到广告支持要注意:第一,要让消费者时常感觉到你的品牌的广告,不要因为产品销路好就放弃广告;第二,要让消费者感觉到你的产品的广告量超过竞争对手;第三,在印刷媒体和户外媒体上,广告面积或体积要适当,不要太小,因为大的广告容易让人觉得广告投入大。

（3）包装

要了解一种产品,包装是最直接的、最直观的。奥尔森和杰可比（Olson & Jacoby,1972）认为产品价格、品牌名字、包装和来源国都是外在线索。[⑤] 这些线

---

① Baker J,Grewal D,Parasuraman A.The Influence of Store Environment on Quality Inference and Store Images[J].Journal of the Academy of Marketing Science,1994,22(4): 328-339;Hasher L,Zacks R T.Automatic Processing of Fundamental Information:The Case of Frequency of Occurrence[J].American Psychologist,1984,39(12):1372-1388

② Kirmani A.Advertising repetition as a signal of quality:If it's advertised so much, something must be wrong[J].Journal of Advertising,1997,26(3):77-86

③ Kirmani A.The effect of perceived advertising costs on brand perceptions[J].Journal of Consumer Research,1990,17(2):160-171;Kirmani A & Wright P,Money Talks:perceived advertising expense and expected product quality[J].Journal of Consumer Research,1989,16 (4):44-53

④ Rao A R,Qu L,Ruekert R W.Signaling unobservable product quality through a brand ally[J].Journal of Marketing Research,1999,36(2):258-268

⑤ Olson J G,A coby J J.Cue utilization in the quality perception process[M]//Processings of the Third Annual Conference of the Association for Consumer Research,ed.,1972:167-179

索可能直接影响消费者对产品质量的认识和推论,影响购买可能性。[①] 正面的评价线索可能增强购买欲望,而负面的评价线索则产生相反的效果。[②]

当今市场上有大量的包装品,消费者在购买这些产品时,一般不会事先了解清楚各种品牌的性能特点而做出选择,他们的选择决策往往是在购买地点当场做出的。因此在他们的质量判断和产品评价中,包装是最重要的评价线索之一。

(4)担保

许多研究者都认为,提供质量担保是质量的一个信号,[③]因为消费者会做出如下推论,如果卖主的产品质量差,那么提供担保就是愚蠢的事。

布莱尔和尹尼斯(Blair & Innis,1996)探讨了 73 名熟悉自行车的人和 102 名不熟悉自行车的人对知名和不知名品牌自行车的评价。自行车或提供 2 年担保,或提供 20 年担保。研究发现,这些受试者都认为担保在他们的产品质量决策中比品牌名字更为重要。担保的时间长度与产品主观质量有正相关,对知名和不知名品牌均如此。对不知名品牌来说,当担保时间长度从 2 年增加到 20 年时,不熟悉自行车的人认为产品质量有显著的提高。[④] 对知名产品来说,不熟悉自行车的人认为两种担保质量几乎没有差别。该研究结果说明,当消费者不太了解产品和品牌不知名时,担保时间长度是产品质量的重要线索。可见对质量有信心的产品,提供担保并尽可能延长担保时间有助于提高消费者对产品的主观质量判断。

(5)次要产品属性

消费者利用产品的重要属性如性能、成分为依据来判断产品的质量,这是产品生产者容易想到的。但是消费者利用一些直观的、次要的属性来判断产品的质量,这在实践中就一直未能得到生产者的充分重视。

严格地说,番茄酱的浓度与质量没有本质的联系,但哲雷尔(Zeithaml,1988)

---

① Jacoby J,Olson J C,Haddock R A.Price,brand name,and product composition characteristics as determinants of perceived quality[J].Journal of Applied Psychology,1971,55(6):570-579

② Cordell V V.Competitive context and price as moderators of country of origin preferences[J].Journal of the Academy of Marketing Science,1991,19(2):123-128

③ Boulding W,Kirmani A A.consumer-side experimental examination of signaling theory:do consumers perceive warranties as signals of quality[J].Journal of Consumer Research,1993,20:111-123

④ Blair M E,Innis D E.The effects of product knowledge on the evaluation of warranted brands[J].Psychology and Marketing,1996,13(5):445-456

提供证据证明,番茄酱的浓度与质量有关。研究还发现,在橙汁中,浆汁浓度与高质量有关;但在苹果汁中,浆汁浓度则与低质量有关。[①] 艾克(Aaker,1991)列举了很多例子来说明次要属性作为质量判断依据。如:立体声喇叭规格大意味着较好的声音;洗衣粉泡沫意味着去污能力;清洁剂的柠檬气味可能意味着清洁力;超市产品新鲜度意味着整体质量;小汽车结实的关门声意味着好的工艺和结实安全的车身;新鲜的橙汁好于冷却、瓶装、冰冻和罐装的橙汁等。这些例子说明了一个事实,次要的产品属性,对消费者的产品质量判断来说可能是极其重要的。

(6)促销赠品

有一项关于促销与主观质量关系的研究,促销品是录像机(VCR)和打字机。录像机的促销赠品是录像带,打字机的促销赠品是计算器。录像机的质量有低(200 美元的 Goldstar)、中(250 美元的 Toshiba)和高(350 美元的 JVC),录像带的质量有低(6 美元的 K-Mart)、中(12 美元的 Scotch)和高(18 美元的 Maxell)。研究发现,对整个包装品的评价,赠品的质量与品牌质量一样重要,尽管赠品的价值只占小部分。[②]

从西方品牌营销中学会了附送赠品之后,我国许多企业为了产品促销也采用赠送礼品的方法。但是,大多数西方著名品牌的赠品(如钥匙扣、挂钟、烟灰缸等)都是经久耐用的,不仅有效地发挥了广告的作用,而且也有效地塑造了品牌的高质量形象,因为消费者容易产生这样的判断,即"连小礼品都这么精致和经久耐用,何况其产品"。我国的广告赠品则不然,许多东西给人一看就是粗制滥造的东西,没用两天就坏了。殊不知"由小见大"的道理。图 3-15 是三个品牌的广告赠品,请读者自己作比较。

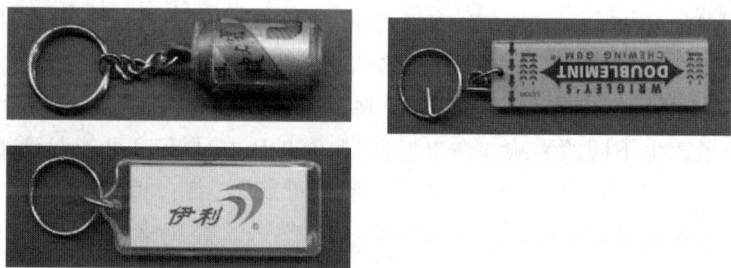

**图 3-15　健力宝、绿箭、伊利的促销钥匙扣**

---

① Zeithaml V.Consumer Perceptions of Price Quality and Value:A means-end model and synthesis of evidence[J].Journal of Marketing,1988,52(3):2-22

② Gaeth G J,Levin I P,Chakraborty G,Levin A M.Consumer evaluation of multi-product bundles:An information integration analysis[R].Working Paper,The University of Iowa,1990

(7)零售商名字

楚和楚(Chu & Chu,1994)研究发现,一个不知名的品牌可以通过让有信誉的零售商销售来标志产品的高质量。[①] 从消费者的角度来看,不同商店销售的产品给人的印象的确是不一样。我国南方许多地方有"夜市"或"地摊",经营服装以及各种日杂用品。试想一下,一件从"地摊"上买来的衬衫,与大百货商店里的衬衫相比较,即使质量没有差别,消费者也会认为是质量比较差。家乐福、沃尔玛等大型连锁超市,在我国长驱直入,一家接着一家地开,其成功除了规模大,产品品种齐全外,消费者相信其产品的质量有保证也是重要原因之一。从这个角度来考虑,我国品牌要打入国际市场,首先就要想方设法让自己的产品进入国外著名连锁店的货架。从广告的角度来看,适当地将品牌产品与有信誉的零售商联系起来也能在一定程度上提高品牌的品质形象。

(8)市场占有率或产品流行程度

卡米罗和迈斯(Cominal & Vives,1996)研究指出,尽管人们注意价格作为质量的信号,但消费者常常注意数量,即消费者会利用占有率作为质量的信号。[②] 也就是说,消费者可能利用一个品牌的占有率来判断产品的质量。那么占有率的高(低)是否也意味着品牌主观质量的高(低)呢?

在判断产品质量时,消费者可能受其他顾客的购买行为的影响,将许多人购买的品牌当作是质量好的,其他购买行为的指标之一就是市场占有率。卡米罗和迈斯(1996)指出,"现在较高的市场占有率会被将来的消费者解释为相对较高的质量的信号,并倾向于增加将来的需求"。但赫罗斯和杰可布逊(Hellofs & Jacobson,1999)对涵盖 28 个产品类别的 85 个不同品牌进行的研究得出的结论是:总体上说,市场占有率的提高会导致主观质量的下降,与卡米罗和迈斯(Cominal & Vives,1996)的理论研究结果不一致。[③]

可见,市场占有率作为主观质量的判断线索,也许会因产品、消费者不同而对主观质量产生不同的影响。在市场低端,高的市场占有率可能起到提高品牌主观质量的作用,即既然许多人都在用,质量可能不会差;相反,在市场的高端,高的占有率反而会损害品牌的主观质量,即既然大家都在使用,那么肯定品质不

---

① Chu W,Chu W.Signaling quality by selling through a reputable retailer:an example of renting the reputation of another agent[J].Marketing Science,1994,13(2):177-189

② Cominal R,Vives X.Why market shares matter:An information-based theory[J]. RAND Journal of Economics,1996,27:221-239

③ Hellofs L L,Jacobson R.Market share and customers' perceptions of quality:when can firms grow their way to higher versus lower quality? [J].Journal of Marketing,1999,63: 16-25

高,否则许多人就买不起。

　　国内的一些品牌,喜欢在广告中指出自己品牌的市场占有率高,销量大,这究竟是利还是弊,值得品牌管理者认真思考。

　　(9)来源国或产地

　　来源国是指品牌拥有者所在的国家或制造产品的国家。大量的研究已经证实,消费者对来自不同国家的产品的质量评价是不一样的。例如,斯古勒(Schooler,1965)的研究发现,来自经济发达国家的产品比来自经济较不发达国家的产品比较受欢迎。后来的很多研究得出类似的结论。[①] 研究发现,在电视机、录像机、立体声系统、手表、洗碗机、汽车、个人电脑、拖拉机等产品领域,美国消费者认为,日本、美国、德国的产品质量好于韩国,或比韩国产品更受欢迎。[②] 在西方国家中,西德的电子产品比较讨人喜欢,墨西哥的电子产品则不太受欢迎。在亚洲国家中,日本的电子产品比较受欢迎,而韩国的电子产品则相对较差。[③] 杰佛和魁斯特(Dzever & Quester,1999)对 277 名工业购买者的调查也发现,来源国直接影响购买者对产品质量的判断,同时也影响购买者的偏好。[④] 工业购买者对发达国家产品的偏好强于对新兴工业化国家和发展中国家产品的偏好。这是我国品牌难以在国际打开销路的重要原因之一,值得注意。

　　我国地大物博,幅员辽阔,不同省、地区由于气候、地理、人文、经济发展水平

　　① 　Schooler R D.Product bias in central American common market[J].Journal of Marketing Research,1965(2):394-397

　　② 　Chao P.The impact of country affiliation on the credibility of product attribute claims [J].Journal of Advertising Research,1989,29(2):35-41;Cordell V V.Effects of consumer preferences for foreign sourced products[J].Journal of international business studies,1992,23(2):251-269;Elliot G R,Cameron R C.Consumer perception of product quality and the country-of-origin effect[J].Journal of International Marketing,1994,2(2):49-62;Johansson J K, Ronkaninen I,Czinkota M.Negative country-of-origin effects:the case of the New Russia[J]. Journal of international Business Studies,1994,25(1):157-176;Maheswaran D.Country of origin as a stereotype:Effects of consumer expertise and attribute strength on product evaluation [J].Journal of Consumer Research,1994,21:354-365;Tse D K,Lee W N.Removing negative country images:Effects of decomposition,branding and product experience[J].Journal of International Marketing,1993,1(4):25-48

　　③ 　Hong S T,Toner J F.Are there gender differences in the use of country-of-origin information in the evaluation of products? [J].Advances in Consumer Research,1989,16:468-476

　　④ 　Dzever S,Quester P.Country-of-origin effects on purchasing agent's product perceptions:An Australian perspective[J].Industrial Marketing Management,1999,28:165-175

等方面的差异,盛产的物品及其质量也不一样。例如,广东盛产电子产品,四川、贵州盛产白酒,河南盛产肉制品。因此适当地利用产地信息,也可以起到标志产品质量的作用。例如,对于一个新品牌的白酒来说,让消费者知道其产自四川或贵州,对该产品的销售是有益的。

(10)广告陈述要客观

国外有些研究者指出满意是消费者判断产品质量的前提,只有消费者对产品感到满意,他或她才可能认为产品的质量是好的。[①] 满意是消费者对特殊消费经验的情感反应,是产品符合消费者期望的一种情绪反应。如果消费者的期望被证伪,即产品不符合消费者的期望,那么,消费者对产品质量的评价就会受到严重的影响。[②]

实际上,要让消费者感到满意比较困难,但是没有感到满意不等于感到不满意。一旦消费者真正感到不满意,品牌质量形象就会受到伤害,所以关键是不能让消费者感到不满意。我国保健产品迅速地兴衰更替,跟消费者的满意度有关。本来保健品就没有明显的药物作用,但是广告主为了吸引顾客,把产品的药效说得神乎其神,激发了消费者对产品的期望。实际使用后,消费者很快就发现,产品根本就不像广告所说的那样,不满情绪油然而生,质量形象一落千丈。许多研究也发现,如果与品牌联系在一起的陈述是高质量,而该品牌证实是质量差的,那么消费者就会惩罚该品牌。[③] 所以,防止广告言过其实,或者说广告中产品性能的陈述客观是避免质量形象受到伤害的主要原因。

---

① Bolton R N,Drew J H.A Multistage model of customers' assessments of service quality and value[J].Journal of Consumer Research,1991,17:375-384;Brown S W,Swartz T A.A gap analysis of professional service quality[J].Journal of Marketing,1989,53:92-98;Parasuraman A,Zeithaml V A,Berry L.SERVQUAL:A multiple-item scale measuring consumer perceptions of service quality[J].Journal of Retailing,1988,64:12-46

② Churchill G A,Surprenant C.An investigation into the determinants of customer satisfaction[J].Journal of Marketing Research,1982,19:491-504;Oliver R L A.Cognitive model of the antecedences and consequences of satisfaction decisions[J].Journal of Marketing Research,1980,17:460-469;Oliver R L,De Sarbo W S.Consumer perceptions of interpersonal equity and satisfaction in transactions:A field survey approach[J].Journal of Marketing,1988,53:21-35;Swan J E,Trawick I F.Disconfirmation of expectations and satisfaction with a retail service[J].Journal of Retailing,1981,57:49-67

③ Montgomery C A,Wernerfelt B.Risk Reduction and Umbrella Branding[J].Journal of Business,1992,65(1):31-50;Wernerfelt B.Umbrella branding as a signal of new product quality:an example of signaling by posting a bond[J].*RAND Journal of Economics*,1988,19(3):458-466

(11)确立品牌专家形象

著名营销学者里斯和里斯(Ries & Ries,1998)在其《品牌 22 戒》一书中指出"专家的品质应该比通才来得高"。换言之,专门生产某种产品的企业,其产品质量要比同时生产多种产品的同类产品高。他们还进一步指出"要建立一个好品质的品牌,你必须凝聚经营焦点,在这个经营焦点上,配合一个好品牌名称和一个高价策略"[①]。劳力士是高品质手表的象征,就因为它致力于手表事业。

现代企业普遍实行多元化经营,普遍进行跨类别的品牌延伸。多元化的经营、广泛的品牌延伸,无疑可以降低企业的经营风险、减少产品导入市场的成本,但是会弱化企业或品牌的质量形象。相反,专向经营或采用独立品牌的策略,则有利于树立品牌的专家形象。

### 3. 产品的价格

价格是商品的属性之一,价格在消费者品牌选择中的重要性是不言而喻的,以最小的付出获得最大的收益,这种功利心理人皆有之。价格信息在广告中的出现频率也从另一个侧面反映出它在品牌选择中的意义。根据有关研究资料,在美国的杂志广告中,出现价格信息的广告占所有广告的 12.5%;在日本的电视广告中,价格信息的出现频率为 59.2%;在中国杂志广告中出现频率为 17.4%,仅次于质量信息、功能用途信息和时间地点信息,处于第四位。[②] 在中国的报纸广告中,出现频率为 20.7%,也是处于第四位。[③] 图 3-16 和图 3-17 就是价格广告的典型案例。

**图 3-16    波导广告**

---

① Ries A,Ries L.品牌 22 戒:如何建立世界级的品牌[M].脸谱文化事业股份有限公司,1998:77-83

② Rice M D,Zaiming L.A Content Analysis of Chinese Magazine Advertisements[J]. Journal of Advertising,1988,17(4):43-48

③ 纪华强,朱健强,黄合水.中国报纸杂志和电视广告信息的内容分析[M]//陈培爱.福建省报纸广告优秀论文选.厦门大学出版社,1993

图 3-17　中星华庭房地产广告

(1)价格信息的作用

由于价格是影响品牌选择的一个重要因素,因此有时就可以利用价格做文章。价格在广告中的呈现一般有四个方面的作用:

①提高广告的可信度

众所周知,许多消费者对广告抱有不信任的态度。究其原因,广告中空洞言辞过多,实在的、具体的言辞过少不能不说是一个主要原因。因此,广告中呈现商品的具体价格,不会让人们发生误解或曲解,有利于增加消费者对广告的信任感。

②为商品的品质判断提供重要线索

下面我们还会讨论到,价格与产品的品质在消费者的认知系统中存在着密切的关系。消费者会自觉不自觉地以价格信息为依据来衡量商品的品质。

③激发消费者的购买欲

在许多消费行为中,普遍存在着两种消费动机,即功利动机和显耀动机。功利动机是希望以最小的付出获得最大的利益;显耀动机是显示比别人占有某种优势。广告中的价格诉求是激发消费者这两种动机的最有效手段之一。例如当广告向消费者证实某品牌与其他竞争品牌在功用、质量等方面没有差别,而价格却比较低廉时,消费者就可能产生购买该品牌的欲望。对于昂贵的产品,如果适当地让消费者知道某种品牌的价格略高于其他品牌,也能促使消费者产生显耀于人的购买欲。

④为购买决策提供依据

在消费者对某一品牌产生了购买欲望时,他们还得考虑自己的经济状况。此时,广告提供给他们产品的价格信息,将帮助他们做出立即购买、延迟购买或不买的决定。一些价格不是很高的商品,告诉消费者价格往往会促使他们做出购买决定。

(2)价格宣传的注意事项

在价格的宣传上,有些问题必须注意:

①消费者对价格的敏感性

对于某些商品来说,价格在一定范围内的变化,不会影响消费者的选择。对于另一些商品来说,价格的轻微波动都会使消费者的选择倾向发生变化。消费心理学家多莱波尔 1966—1967 年间研究百货公司的价格弹性时发现,男人的衣物价格弹性低,女人的运动服装也是如此。而儿童玩具和女人的鞋子则弹性高。换言之,男人的衣物和女人的运动服装对价格变化的敏感性低,价格适当的升降对销售影响不大。但儿童的玩具和女人的鞋子则敏感性很高,价格一旦降低,销售量就会大增。[①] 可见,广告主和广告者在以价格进行诉求时,就要考虑到消费者对广告产品的价格是否具有敏感性。

有趣的是,研究发现,价格广告会导致消费者较高的价格敏感性,而非价格广告导致消费者较低的价格敏感性。此外,价格广告的运用导致产品价格的下降。[②]

②价格与质量的关系

根据功利心理原理,在同样能满足自己需要的各种品牌中,不言而喻,谁都会选择价格比较低的品牌。自由市场上商品购买的讨价还价就是这一原理的具体表现。然而并不是说价格便宜就有利于商品销售,事实上,消费者常常会把价格与产品质量和价值联系起来。心理学家加波尔早在 1966 年就认为,在消费者的心目中,都有一个产品价格的上限和下限,如果产品价格过高,消费者会认为太昂贵;如果价格过低,人们则会怀疑产品不合格、质量低下或是过时货。[③] 美国有一家小型电脑公司,由于技术上的进步和革新,发明了一种新型电脑,性能与原来的一样,但是成本降低了 40%。有趣的是,他们的推销员却无法说服消费者购买价格下降了 40% 的新型电脑。直到价格提高到比原来只降低 10% 以后,新型电脑的销量才大为增加。1971 年,暖风机在台湾销售时期也出现类似的现象。暖风机推出市场的价格范围在 4 900~7 900 元(台币)之间,其中包含三种价格的机型。起初预测最低价格的机型应该最畅销,因为任何人都买得起。[④] 而实际销售中,价格最高的机型反而最受欢迎,销售量最大。这些现象都说明价格低可能会损害消费者对品牌质量的看法。

消费行为学家恩格尔和威尔士曾在一项研究中进一步证实了这种现象。他们呈现给受试者一张卡通片,其内容是:销售者对一位女顾客说"这种品牌的阿斯匹林一瓶 100 粒装,售价 6 角 7 分(美金),另外一种品牌也是 100 粒装,售价 2

① 郑伯埙.消费心理学[M].大洋出版社,1988

② Kaul A,V Rao R.Research for product positioning and design decisions:An integrative review[J].International Journal of Research in Marketing,1995,12:293-320

③ 拉斯 F,柯克帕特里克 C.销售学[M].电子工业出版社,1987

④ 蓝三印,罗文坤.广告心理学[M].香港:天马出版社,1979

角 7 分,在这两种品牌中,您喜欢哪一种？为什么?"有 150 位妇女完成卡通反应,另外 150 位妇女则被直接提问"让我们假设您需要一些阿斯匹林,要到药店购买,如果让您在一种品牌每瓶 100 粒装、售价 6 角 7 分钱的阿斯匹林和另一种品牌一瓶也是 100 粒装、售价 2 角 7 分钱的阿斯匹林中选择,您将购买哪一种？为什么?"结果(表 3-8)表明,较多的受试者选择 6 角 7 分钱的阿斯匹林,其中相当一部分受试者用产品的品质来说明他们所做的选择。

表 3-8    阿司匹林的选择反应[①]

| 选择及说明 | 卡通反应比例(%) | 问题反应者比例(%) |
| --- | --- | --- |
| 6 角 7 分的阿斯匹林 | 48 | 74 |
| 2 角 7 分的阿斯匹林 | 30 | 18 |
| 不选用者 | 22 | 8 |
| 说明需要进一步信息者 | 36 | 7 |
| 说明品质者 | 65 | 40 |

由上述可见,价格高的商品通常被认为质量好;价格低的商品则会被认为质量差。这就给商品价格的广告宣传提出了一个难题,要突出商品价格便宜,虽然迎合了消费者的功利心理,却容易使消费者对商品的质量产生怀疑;相反,如果指出产品价格比较高,消费者可能会认为质量有保障,但是占不到便宜。因此,在面对广大消费者进行有关产品价格宣传时,务必小心谨慎,注意避免带来反效果。不过,在工业品的广告方面,由于购买决策者一般不会用价格来衡量产品的质量,所以如果产品在价格方面的确有优势,那就可以大张旗鼓地宣传。

③消费者对折价和优惠价的心理反应

在当今的产品促销和广告活动中,折价或优惠出售屡见不鲜。作为打开产品销路的方法,这种手段在许多产品促销活动中已获得巨大的成功。但是,随着这一手段的普遍推广使用,消费者对折价或优惠出售的反应已不再仅仅是简单地认为买到了便宜货,其他不利的心理反应随之产生,通常包括下列四种:

● 产品是次品或过时货。忒特、坎宁安和巴贝卡斯(Tat,Cunningham & Babakus)1988 年的研究证实了这种观点。他们对 303 名消费者调查发现,有些被试将提供折扣的产品看作是次等的。[②]

①    马场房子.消费者心理学[M].工商出版社,1984

②    Tat P,Cunningham W A,Babakus E.Consumer perceptions of rebates[J].Journal of Advertising Research,1988,28(4):45-50

- 产品不受大众欢迎，不流行，是卖不出去的产品。
- 商人们采取薄利多销措施的表现。
- 降价出售是商人的推销策略或伎俩。

由于对折价、优惠价会产生不利的心理反应，所以从长远的角度来看，这种策略对品牌的培养是不利的。奇昂（Cheong）1993 年的研究说明了这一点。该研究在超市访问了 108 名购物后的顾客，问题涉及购买物品的价格、价格知觉、该品牌重复购买比率、优惠券使用频率、他们愿意支付给该品牌的最高价格，购买所花时间、购买项目的数量、优惠价值、品牌的原始售价。研究发现，优惠券增加购买项目的数量，但没有增加所花的时间，优惠券损害了品牌的价格知觉，减低对该品牌的重复购买。结论是优惠券不断失去其新异性，不适当的优惠券面值通过危害价值知觉而损害品牌形象。不适当的面值长远来看降低了品牌资产。[①]

或许是由于折价和优惠价会引起不利产品的反应，或许是由于明确降价的手段逐渐失去了吸引力，所以一些新的、变相的降价促销手段应运而生，如拼单、满减、优惠券等（见图 3-18）。

**图 3-18　促销开屏广告**

不管采用什么样的降价推销策略，有一点必须加以注意的是，降价后的价格

---

[①]　Cheong K J.Observations：Are cents-off coupons effective？［J］.Journal of Advertising Research，1993，33（2）：73-78

与原价格的差额必须大到足以使消费者感到占了便宜（根据零售商的经验，一般价格要降低15％才可望成功），否则，不仅达不到促销的效果，反而损害了品牌形象。

### 4. 品牌或产品的象征意义

每一个人都有一个自我概念，这个自我概念是多维坐标中的一点。坐标的维度可能包括男性—女性、朴素—奢侈、开明—保守、聪明—愚蠢、富裕—贫穷、高雅—庸俗、上层—下层等等。自我概念是个体对自己的认识，是内在的。但是个体会把这一自我概念投射到他们的行为表现上，或投射到外在物体上。例如认为自己很高雅的人，其行为举止、衣着打扮会显得文质彬彬、温文尔雅。

产品或品牌具有某种被个体用以表达自我概念的意义，这种意义即所谓象征意义。换一个角度来说，产品的象征意义亦即产品在消费者心目中的形象。例如钻石项链是女性装饰之物，但它具有标志佩带者的社会地位的作用。所以，佩带者可以利用它来标志自己的社会地位。许多商品都具有一定的象征意义。例如汽车可以显示富裕、摩托车可以显示潇洒；金银首饰可以显示富有、高贵；流行服装可以显示时髦、现代感。有些商品还具有多种象征意义。正如约瑟福·纽曼所指出，咖啡"拥有多种含意使之促进了人们情感的愉快，它象征着温暖、兴趣、安逸、豪华、亲切、殷勤、社交、合群、松弛、成熟以及对成家的兴趣"[①]。

产品或品牌的象征意义一般有下列几个方面：

①标志地位。人们为了表示目前所处的或想要获得的社会地位，而使用某些产品或设备。例如蓝领工人平常穿着西装革履。

②标志性别。例如在美国，万宝路是典型的男性香烟，而摩尔香烟女性吸烟者使用居多。

③标志资格。为了加入某团体或表示自己是团体的一员，人们会有意地使用团体成员经常使用的东西。青少年的吸烟行为和化妆打扮往往就是想表示自己是一个成熟的人。

④标志职业。一个正在参加军训的学生可能被误认为是士兵，因为他穿着军装。眼镜本来是为一切视力有问题的人设计制造的，用以克服视力障碍，但是带上眼镜的人容易被认为是教师或科研人员。

⑤提高形象。对于大多数人而言，提高自我形象是一种长久的持续的需要。个人的外貌是自我形象的表现，它最容易引起人们的好感和改变自己在别人心

---

① 马场房子.消费者心理学［M］.工商出版社,1984

目中的形象——或者说人们相信如此,所以一些被认为有助于改变外貌的产品如化妆品、珠宝饰物常被用于达到这一目的。

⑥自我表现。年轻人中经常可以看到一些与众不同的奇装异服。这是年轻人喜欢自我表现的一种体现。为了表示自己独特的个性,青年人常要精心挑选自己的物品。

随着产品物理属性差异的缩小,品牌的象征意义对消费者的品牌选择日益重要,成为同类竞争产品相区别的显著特征。市场学家绥夫早在1959年就指出:"虽然购买者可能客观而小心翼翼地去分析比较,以购买最佳商品,然而在做决策时,个人主观的情感因素还是有举足轻重的地位。"[①]另一位市场学家利维也说过,"人们购买东西时,不仅因为它的效用,还因为它具有某种意义"[②]。国外许多研究表明,只有少数妇女对衣服的手工评头品足,认真地考虑其实用性。通常,一位妇女之所以购买某件衣服,主要是受流行款式的影响,或者为了博得男人的欢心、女人的赞赏,至于其他因素,对她们来说倒是次要的。

为了证实象征意义对品牌选择的影响,行销学家麦金斯1965年做了一项研究,他给受试者吃同一种火鸡肉,有的标以知名品牌,有的则标以不知名品牌。虽然火鸡肉实际上是一样的,但受试者认为名牌火鸡肉好吃。[③] 其他的研究还发现,假如把消费者的眼睛蒙起来,则几乎所有的人都无法区分香烟或可乐的品牌。在将酒的商标取下来时,那些酒徒则不再偏好个人以前喜欢的品牌。此外,在对零售商店消费者的研究中也发现,消费者对不同的商店赋予不同形象,并据此到商店购买物品。

品牌的象征意义在品牌选择中的作用还表现在不同的消费者使用不同的品牌。相类似的消费者使用同一品牌的产品。格纳波和哈普1968年的调查研究发现,不同的汽车使用者,自我概念有明显的不同,而且刻板印象也不一样;而乘坐同种牌号汽车的人,自我概念相类似,但与使用竞争牌号的人有很大的差别。[④] 曼逊和斯匹威(Munson & Spivey)1981年访问64名高阶层、87名中等阶层和52名低阶层的妇女(18～65岁)关于高价值表现(汽车、杂志)、中等价值表现(洗碗机和吸尘器)和低价值表现(奶罩、除臭剂、洗衣粉)的产品。结果也发现,拥有和偏好某一品牌的人的刻板印象不同于其他社会阶层;高低阶层的人在

---

① 拉斯F,柯克帕特里克C.销售学[M].电子工业出版社,1987
② 郑伯埙.消费心理学[M].大洋出版社,1988
③ 萨尔曼.市场心理学[M].王元,译.经济管理出版社,1986
④ 安娜A、朝仓利景.消费与广告心理学[Z]."大众心理学"杂志资料组印发

品牌或产品类别的使用者形象差异最大。[①] 有人还发现,个人男性化的程度与香烟品牌选择有很大的关系,较男性化的人,抽较男性化的香烟。科波宁 1960 年的研究表明,吸用香烟是否带过滤嘴,往往与吸烟者的优越感、见异思迁、热衷于成就、进取精神、自卑感和自主性等性格有关。[②]

人的自我概念或自我形象和自己扮演的不同角色有密切的关系。产品或品牌可以起到标志我们是什么样的人,我们起什么作用。所有的人都有许多角色,一个 35 岁的男人可能是丈夫、父亲、教师、体育裁判员。正如我们买产品标志自己形象一样,我们的购买行为也倾向于与我们扮演的角色相一致。

在强调产品的象征意义对品牌选择的影响的同时,也应该注意到产品与消费者的关系。一般说来:

①不可能所有的产品都具有象征意义,而且同一产品对不同的人具有不同的象征意义。

②并非所有的购买决策都与个人的自我表现或自我肯定有关。

③并非不同品牌的竞争产品都具有不同的意义。例如,在偏僻落后的乡村,彩色电视机可能与自我表现有关,但不同品牌的彩色电视机可能在这方面的意义是一样的。

④不可能所有的消费者都以产品的象征意义为品牌选择的依据。一个想晋升高阶层的年轻人可能以高雅的物品为购买对象。相反,一个较为踏实的年轻人在购买时,则以最低价格为标准。

⑤在不同的国家或社会里,对自我表现的强调不尽相同,在有些社会里,并不鼓励个人出风头,而鼓励个人藏而不露。

**5. 产品的包装造型**

购买商品,谁都想买质量好的。但是质量究竟是好是坏,终归要在产品使用之后才能做出准确的判断。尽管如此,人们还是企图在购买时选择出高品质的产品。此时消费者用以判断品牌的品质的标准通常有这么几个,第一是根据自己的使用经验或别人的使用经验,第二根据自己对品牌各有关方面情况的了解,第三根据商品的外观,第四是前面所述的商品价格。

一般而言,包装精制考究的商品比包装粗俗简陋的商品更容易被看作是高品质的商品。正因为如此,在现代的商品生产营销中,包装造型的设计深得企业

① Munson J M,Spivey W A.Product and brand-user stereotypes among social classes [J].Journal of Advertising Research,1981,21(4):37-46
② 马场房子.消费者心理学[M].工商出版社,1984

的高度重视。有些类别的产品甚至把包装看得比产品本身更重要,包装的成本比产品的生产成本还要高。例如香水等化妆品,包装的成本往往比产品的生产成本更高。许多名酒的包装成本通常也是相当高的。

包装造型之所以会影响消费者的品牌选择,除了作为品牌质量的判断依据之外,还有下列几个原因:

第一,不同的包装造型使用的方便性不同。例如福建曾经有一种"龙谷"牌矿泉水,它在包装上比其他品牌的矿泉水增设一个水杯,让消费者在户外饮用起来更为方面,所以它在全省竞争激烈的矿泉水市场中占有一定的份额。贵州有一种白酒品牌,其中有一种造型设计是上下对称,看起来挺雅观,但由于对称的上半部分是另外扣上去的,使用时如果不小心抓住上半部分,那么下半部分就很可能会掉到地板上摔破。如此设计,消费者使用起来非常不方便。

第二,不同包装造型本身的实用价值不同。有的商品包装,可以作为摆设品或收藏品;有的包装可以用于其他方面,如作为容器;有的包装让人觉得留之无用,弃之可惜;有的包装则丢之坦然。消费者有时也会根据包装造型本身的实用价值作为品牌选择的辅助条件。

第三,人们对包装造型的颜色和形状存在着个人偏好。包装的色彩不同,其商品的心理意义也不一样。例如以金黄色为包装基调,会使商品显得贵重;以红色为基色,会让人感觉到吉利。包装色彩鲜艳明快,会让人觉得新鲜、富有现代感;色彩深暗凝重,则会使人产生古朴、悠久的感觉。

### 6. 品牌的知名度

每一个产品类别往往都有许多品牌,每个品牌的知名度往往又不一样。品牌知名度高,除了说明该品牌名称已深入广大消费者心中,或者广大消费者对产品的各个方面都有了较为深入的了解之外,还意味着产品已获得较高的信誉,值得消费者信赖。

零点调查与分析公司(2001)对辽豫鄂皖津川浙陕粤等 11 个省市 34 个地区 1 115 位 18～60 岁的农村居民进行随机入户访问发现,品牌知名度的农村居民购买日常消费品的因素之一(见图 3-19)。①

---

① 零点调查与分析公司.农村日常生活中的品牌消费[EB/OL]. http://www.3see.com/,2001

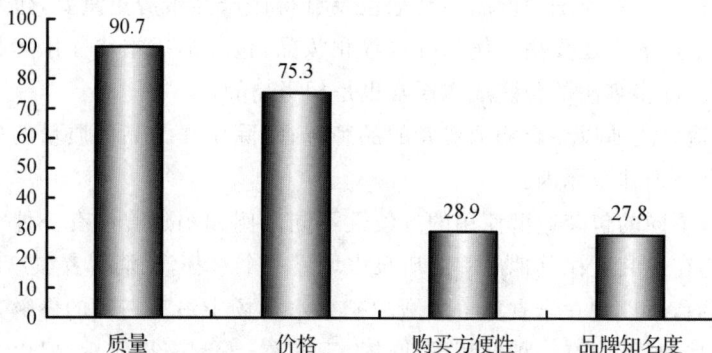

图 3-19　农村居民购买日常消费品的考虑因素(%)

从市场观察也可以发现,在现代的市场中,消费者指名购买、慕名购买的现象已经十分普遍。65%以上的消费者已形成指名购买、定牌使用的习惯。[1] 所以,在现代的广告活动中,人们非常重视提高和巩固产品的品牌知名度,有时甚至为了提高品牌知名度,不惜恼怒消费者,如 20 世纪 80 年代的"燕舞收录机"、90 年代中后期的"恒源祥"及"恒源祥"们(模仿恒源祥的品牌)、当前的"脑白金"等,其原因也就在于此。

除了上述几个因素之外,商品使用的方便性、商品使用有否副作用、商品购买使用所能带来的利益等因素也会影响消费者的品牌选择,对于这些因素,这里就不再详细讨论了。

## 三、人类的需要和消费动机

人类的行为,背后都有其推动力。认识并掌握消费行为背后的推动力,是广告制胜的前提。前面已经指出,当一个广告宣传主题或广告诉求点被提出来之后,还要看它是否符合产品购买和消费动机(即是不是消费者品牌选择时考虑的因素),是否符合人类的一般的消费动机和需要。所以,这一部分着重要讨论的就是人类的需要和消费动机。

### 1. 需要

需要是有机体内部的一种不平衡状态,它反映了某种客观要求和必然性,并成为个体活动的积极性源泉。不平衡状态包括生理的和心理的不平衡,如血糖

---

[1]　博雅美容化妆品业咨询机构.中国中小型化妆品企业现状和发展态势分析报告(1)[EB/OL].http://www.3see.com/,2001

成分下降产生饥饿求食的需要,社会治安不良产生安全的需要。某种不平衡得到消除之后,新的不平衡又产生。

美国人本主义心理学家马斯洛在 20 世纪 40 年代提出了一种需要学说,叫做"需要层次理论"(图 3-20)。该理论把人的需要看作是一个多层次的组织系统,由低级向高级逐渐形成和实现。马斯洛认为人的需要是由以下五个等级构成的:

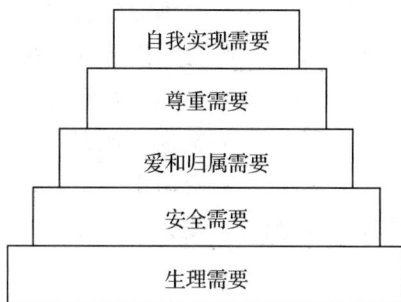

图 3-20　马斯洛的需要层次

①生理需要。人对食物、水分、空气、睡眠和性的需要都属于生理需要。生理需要是最基本的,也是最有力量的。这类需要得不到满足,就会危及人的生存。所以它们是应当最先得到满足的需要。

②安全需要。它表现为人们要求有一个安全、有秩序的环境,有稳定的职业,有生活的保障,能免除恐惧和焦虑等。

③归属和爱的需要。一个人希望与其他人建立情感联系或关系,如结交朋友、追求爱情、加入某一团体等,都是归属和爱的需要的表现。

④尊重需要。包括自尊和受到别人的尊重。自尊是相信自己的能力、才华和智慧;受到别人的尊重则表现为个人的能力和成就得到他人或社会的承认或赞许。

⑤自我实现需要。希望能充分地发挥自己的潜能,使自己越来越成为自己所期望的人物,完成与自己相称的一切事情。

马斯洛认为,这五种需要由低级到高级按层次组织起来。只有当较低层次的需要得到一定程度的满足之后,较高层次的需要才会出现并起主导作用。也就是说,人只有吃饱穿暖,才会有安全的需要;有了稳定的职业,生命财产的安全有了保证之后,才会有爱和归属的需要,以此类推。

马斯洛的"需要层次理论"从发展的角度对人类的需要进行了高度的概括。事实上人类的需要多种多样,有先天需要(生理需要),也有后天需要(社会需要)。先天需要是人与生俱来的,如果长时期没有得到满足,就会产生强大的行为驱力,驱使人们去行动以达到需要的满足。美国广告学者史特朗(Strong)根据分析研究结果,列出下列 21 个先天需要的项目:[①]

- 饮食
- 攫取
- 保有
- 逃避不喜欢的东西
- 男人常需要情绪上的刺激
- 需要若干程度的精神活动
- 社会性的需要
- 观察别人
- 表示自己的意见
- 向他人驯服或追随一位领袖
- 爱抚自己的孩子
- 猎取
- 搜集
- 逃避痛苦
- 常常显得很忙的样子
- 时刻需要去看、听、嗅、尝、触
- 克服别人的干扰
- 和他人在一起
- 被别人观察
- 管制别人
- 爱慕一位异性

后天需要是个体在后天获得的,它对于维系人类的社会生活、推动社会进步有着重要的作用。美国营销学者尼克逊(Nixon)在《销售原理》一书中指出,后天需要的重要性仅次于先天需要,后天需要因人而异,五花八门,但仍可以归纳为以下几种:[②]

- 节省的需要
- 清洁的需要
- 金钱的需要
- 功利的需要
- 健康的需要
- 效率的需要
- 美观的需要
- 利益的需要
- 风格的需要

在需要的研究方面,我国心理学家黄希庭等人(1988)曾经采用问卷法对我国 7 所高校 714 名大学生的需要结构进行了调查,[③]获得了表 3-9 的结果。该研究还进一步研究了各种需要的相对强度,得到表 3-10 的结果。

---

① 高渠.电视广告创作学[M].华视出版社,1986
② 高渠.电视广告创作学[M].华视出版社,1986
③ 黄希庭,张进辅,张蜀林.我国大学生需要结构的调查[J].心理科学通讯,1988(2):7-12

表 3-9　我国大学生基本需要和内容

| 需要种类 | 内　　容 |
|---|---|
| 维持生存的需要 | 想吃饱、穿暖 |
| 物质享受的需要 | 想吃得好、穿得好、有良好的生活环境 |
| 性的需要 | 想结婚、过性生活 |
| 秩序的需要 | 希望有条理、不混乱、和平稳定、有民主气氛 |
| 避免伤害的需要 | 希望避开痛苦、肉体上的伤害、疾病和死亡 |
| 避免羞辱的需要 | 希望避开可能贬低自己或使自己陷于羞辱或失败的困境 |
| 友情的需要 | 希望获得友情、有知心朋友,同学间团结友爱,想得到和给予某异性的爱情 |
| 求援的需要 | 渴望他人支持、帮助、培养、保护、喜爱、规劝、指引、原谅、安慰 |
| 归属的需要 | 希望得到他人的接纳,渴望参加某个团体或组织 |
| 成就的需要 | 希望胜过周围的人,获得成功,取得成绩 |
| 自尊自立的需要 | 注意言行,希望得到别人的理解和尊重,对自己的事情有发言权和决定权 |
| 权力的需要 | 想控制周围的人,使他们能接受自己的建议、说服和命令等 |
| 求知的需要 | 渴望获得知识,具有发现问题、解决问题的能力 |
| 求美的需要 | 渴望改善文化娱乐生活和品德课教学,提高自己的精神境界和品德修养 |
| 发展体力的需要 | 渴望自己体魄健全,创造优良的体育成绩 |
| 助人的需要 | 乐意帮助他人,为他人做好事 |
| 建树的需要 | 渴望自己有所创造,有所建树,向社会显示自己的存在 |
| 奉献的需要 | 渴望为祖国、为人类社会的进步贡献自己的一切 |

表 3-10　我国大学生 18 种基本需要的相对强度

| 需要种类 | | 重要性顺序(478 名) | |
|---|---|---|---|
| 生理需要 | 维持生活的需要 | 6 | 13 |
| | 物质享受的需要 | | 9 |
| | 性的需要 | | 18 |
| 安全需要 | 秩序的需要 | 5 | 8 |
| | 躲避伤害的需要 | | 15 |
| | 躲避羞辱的需要 | | 14 |
| 交往需要 | 友情的需要 | 3 | 2 |
| | 求援的需要 | | 12 |
| | 归属的需要 | | 17 |
| 尊重需要 | 成就的需要 | 2 | 5 |
| | 自尊自立的需要 | | 4 |
| | 权力的需要 | | 16 |
| 发展需要 | 求知的需要 | 1 | 1 |
| | 求美的需要 | | 6 |
| | 发展体力的需要 | | 7 |
| 贡献需要 | 助人的需要 | 1 | 10 |
| | 建树的需要 | | 3 |
| | 奉献的需要 | | 11 |

　　需要是人类行为的原动力,人一旦产生某种需要时,就会想方设法来满足。最常见的满足方式是攫取需要对象。例如人饿了,就会动手做饭或去商店买点食品来填饱肚子;为了表达自己对子女的一片爱心,父母会尽可能让孩子吃饱吃好,穿暖穿好。这种方式就是直接满足。但是在许多情况下,人的需要不一定能够得到直接的满足。例如有的人很想接受高等教育,由于自己的能力或其他条件的限制,始终未能如愿。在这种情况下,人们往往会采取间接的手段来满足自己,如把自己的这种希望寄托在下一代身上,努力把子女培养成大学生。这种间接的满足方式叫做替代满足。很多消费品都可以用来直接或替代满足人们的各种需要。例如带上珠宝首饰,让人觉得自己经济地位高;戴上眼镜可以体会一下"知识分子"的滋味;穿一身高级西装,尝试一下当有身份的人的感觉。

### 2. 动机

任何行为的发生往往都有其个人内在的原因。工人加班加点地工作,可能是为了获得更多的奖金;学生刻苦学习可能是为了不让父母失望;家长给小孩子买高级玩具可能是为了自己的面子;年轻女郎浓妆艳抹可能是为了讨得男友的欢心。这种触发行为产生的个人内在原因,心理学上称为动机。更确切地说,动机是指引起个体活动,并使活动朝向某一目标的内在心理过程或动力。

动机是以需要为基础的,当人的某种需要没有得到满足时,就会推动人们去寻找满足需要的对象,从而产生行为活动的动机。从这个意义上说,需要是行为发生更深层次的原因,需要通过转化为动机来影响人的行为。但是需要与行为不一定有直接的关系,即人们有了需要不一定产生相应的行为反应。只有需要转化为动机之后,才会导致行为反应。例如人饿了不一定马上寻找食物,但一旦食物需要转变为觅食动机时,它就会调节人的行为以达到一定的目的。动机是由需要转变而来的,但是并非所有的需要都能转变为动机。需要转变为动机的一个重要条件是是否存在着诱因。所谓诱因,是指能够激起有机体的定向行为,并能满足某种需要的外部条件或刺激物。例如食物的色泽、芬芳是饥饿觅食的诱因,商品精美的包装是顾客购买活动的诱因。

可见,需要是行为的原动力,需要在诱因存在的情况下就可能转变为行为的驱动力,即动机。动机一旦产生,就会驱使人去活动,以达到需要的满足。需要、动机、诱因和行为的关系可用图 3-21 来表示。

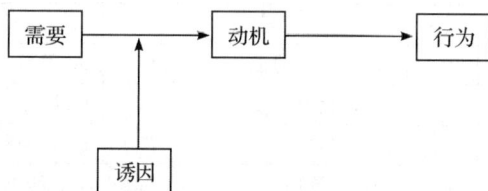

**图 3-21　需要、动机、诱因和行为的关系**

因此,从动机的范畴来考察广告活动,可以看出,广告的作用之一是激发消费者产生对某种商品和服务的需要;作用之二是展示给消费者某种诱因,让消费者知道满足他们某种需要的可能性和现实性,触发他们产生购买动机。

那么与人们的消费和购买行为有密切关系的动机有哪些呢？心理学家、广告作家玛尔汶指出,人有八大欲望,它们是:

- 吃喝　　　　　● 安逸　　　　　● 免于恐惧和危险　　　● 高人一等
- 讨好异性　　　● 社会赞同　　　● 为亲人谋福利　　　　● 长命百岁

消费行为学家伍德斯(Woods)也在研究的基础上指出,消费者具有下列 11

种常见的消费动机,前五种是与生俱来的,后六种是后天习得的。①

- 驱力:如头痛吃药。
- 性驱力:如人们选择封面带有漂亮异性的杂志。
- 厌烦:因为讨厌旧的东西而买新的。
- 疲劳:买洗衣机以减少体力消耗,买汽车以减少骑自行车的辛苦。
- 痛苦的回避:刀片刮胡刀换成电动刮胡刀,避免不小心划破脸。
- 依赖性和癖好:瘾君子买烟,酒徒饮酒。
- 威胁和障碍:怕发胖吃低热量的食物。
- 顺利的境遇:刚成功地完成一件事,干一杯。
- 目标和诱因:这衣服挺好看,买一件。
- 不确定性:这种小吃没有品尝过,试一试。这种新鲜的玩具不知如何玩,买一个看看。
- 无形中形成的条件反射:到周六得多买点东西加餐,周末出去玩;5 月 1 日或 10 月 1 日,放长假了,出去旅游。

　　每一个人都有许多动机,但各种动机的相对强度有所不同。美国著名广告研究者施塔奇(Starch)在研究人们的一般动机时,还测量了各种动机的相对强度,得出表 3-11 的研究结果(以 0～10 单位为动机强度范围)。这些资料对于审查广告诉求的合理性有重要意义。

表 3-11　人的动机及其强度②

| 动　机 | 强度 | 动　机 | 强度 | 动　机 | 强度 |
|---|---|---|---|---|---|
| 1. 食欲 | 9.2 | 2. 对子女的爱 | 9.1 | 3. 健康 | 9.0 |
| 4. 性吸引 | 8.9 | 5. 父爱或母爱 | 8.9 | 6. 野心(功名) | 8.6 |
| 7. 享乐 | 8.6 | 8. 身体舒适 | 8.4 | 9. 占有欲 | 8.4 |
| 10. 别人的赞赏 | 8.0 | 11. 合群性 | 7.9 | 12. 味觉 | 7.8 |
| 13. 仪表 | 7.8 | 14. 安全感 | 7.8 | 15. 清洁 | 7.7 |
| 16. 休息(睡眠) | 7.7 | 17. 家庭安适 | 7.5 | 18. 节约 | 7.5 |
| 19. 好奇心 | 7.5 | 20. 效率 | 7.3 | 21. 竞争 | 7.3 |
| 22. 合作 | 7.1 | 23. 对神的信奉 | 7.1 | 24. 同情心 | 7.0 |
| 25. 保护他人 | 7.0 | 26. 驯服 | 7.0 | 27. 社会地位 | 7.0 |
| 28. 对他人受信用 | 6.8 | 29. 好客 | 6.6 | 30. 温情 | 6.5 |
| 31. 模仿 | 6.5 | 32. 礼貌 | 6.5 | 33. 游戏 | 6.5 |

---

①　伍德斯 W A.消费者行为[Z].杭州商学院(内部资料)

②　高渠.电视广告创作学[M].华视出版社,1986:12-14

| 动　机 | 强度 | 动　机 | 强度 | 动　机 | 强度 |
|---|---|---|---|---|---|
| 34. 指使别人 | 6.4 | 35. 闲谈 | 6.2 | 36. 恐惧 | 6.1 |
| 37. 体力活动 | 6.0 | 38. 手的运动 | 6.0 | 39. 建造 | 6.0 |
| 40. 风格 | 5.8 | 41. 幽默 | 5.8 | 42. 娱乐 | 5.8 |
| 43. 害羞 | 4.2 | 44. 揶揄 | 2.6 | | |

## 四、广告诉求的心理策略

客观地说,消费者购买的商品多数都是用来满足自己的某种需要,或者说,大多数商品的购买都是有其内在动机的。所以广告要努力去诉诸消费者的需要,以期有效地激发消费者的购买动机。然而,一个人往往同时有多种需要等待满足,如既有金钱需要,又有名利地位需要;既有爱子女的需要,也有自己娱乐的需要。一种商品也可能同时满足消费者的多种需要,例如衣服不仅可以御寒,也可以使人显得漂亮,还可以标志人的身份地位;手表可以显示时间,还可以表达爱情。由此可见,广告诉求是一个决策性问题。它不仅要以商品的优点为基础,还必须考虑消费者的心理需要。为了使广告诉求的决策合理、正确,下面几种心理策略是值得广告者加以重视的。

### 1. 诉诸特殊的需要

当一种产品或服务具有某种特殊的功效,而这种功效又正好是唯一能满足消费者某种特殊需要的产品属性,那么广告就应该以消费者的这种特殊需要和产品的这一特性为诉求点。也就是说,在广告说什么的问题上,就要突出介绍产品所具有的这一功效——产品优点,以及产品所能满足的消费者的特殊需要——利益。这种诉求策略一般说来,人们比较容易掌握,因而在广告中也比较常见。例如"章光牌101"头发再生精等许多医疗保健药品广告。

### 2. 激发低层次的需要

按照马斯洛的需要层次理论,层次越低的需要,其行为驱力就越大。因此在一种商品能同时满足人们的多种需要时,广告诉诸消费者的低层次需要,其宣传效力可以大大提高。新加坡航空公司的一则广告就是激发消费者低层次需要成功的典型案例。该公司的系列印刷广告既不是以飞机本身的特点如豪华、舒适为诉求点,也不是以一般航空公司所突出的服务特点如准时、航班多为诉求点。他们了解在人的需要中,食物需要最为强烈。因此,他们的广告以精美的餐点为广告的宣传重点。在广告中,他们呈现给人们精美的食品服务,因而招徕了大量的旅客。威力牌电热水器曾经有一则广告也是从消费者的低层次需要出发,针对消费者对热水器可能出现漏电的担心,以安全需要为诉求点,突出强调威力热水器的安全性能。图 3-22 的士力架花生夹心巧克力在其他巧克力品牌强调口感、味道时另辟蹊径,通过"横扫饥饿"的广告口号强调其产品带来的能量和果腹感,能够满足人们最低层次的生理需求。

**图 3-22　士力架巧克力广告**

### 3. 诉诸重要的需要

每个消费者在作购买决策时,都会考虑到他们有待满足的各种需要。而在他们的各种需要中,总有他们认为首先应该满足的。广告宣传就应该尽力抓住消费者的这一需要。台湾华南别墅在 1977 年开始销售时,曾经创造了房屋销售的罕见旺销现象。其成功的原因就是他们抓住了消费者较为强烈的动机——孩子的安全(对子女的爱)。在广告中,他们分别制作了"安全地区"、"私人马路"等系列广告,集中强调了该别墅适合于有孩子的家庭居住。

美国 Delta 航空公司(Delta air lines)曾对潜在顾客做过调查。从调查中他们发现,在对"乘坐飞机旅行时什么是最重要的"的回答中,业务人员的答案集中于"上下机时间的方便性",而私人假期旅行者的答案则是"价格"。因此他们后来的广告就针对这两类顾客采用不同的诉求。

国内比较典型的广告是"海飞丝"洗发水,它是特别强调去头皮屑的电视广告。从洗发水的作用来看,主要是满足人们去除头发污垢的清洁卫生需要。该广告不是从这方面去进行诉求,而是先介绍了头皮屑给人带来的烦恼,激发了人们对去头皮屑的需要。然后着重表现了"海飞丝"洗发水能有效去除头皮屑的这一突出功效。

### 4. 强调特定需要满足的重要性

每一种产品有其长处,也有其短处。然而商品的长处不一定是消费者最迫切需要的。在这种情况下,广告就要强调这种长处的重要性。例如冰箱"省电"对消费者来说也许并不重要,但是如果你在广告宣传中着力强调"节约用电"的重要性,那么,消费者也可能对此引起重视。在欧格威最引以为自豪的得意之作"新罗伊—罗伊斯汽车"广告中,他把"噪音小"这一并非关键的产品特征的重要性着意加以渲染,使人们觉得似乎买小汽车首先要看看噪音的大小。

**5. 激发新需要**

随着社会和科学技术的不断发展,一些用于丰富人们物质生活和精神文化生活的产品或服务不断出现。对于这些新的产品或劳务来说,消费者可能因为对它们不了解,也不知道它们能满足什么需要而敬而远之。在这种情况下,广告就应该努力去激发人们的新需要。例如在肥皂开始问世时,人们并不清楚肥皂是用来干什么的。后来美国肥皂商进行了长时间的广告宣传,在全美范围内建立了"清洁的需要",随之肥皂的市场也就慢慢地打开了。现代绿色食品运动的展开,与大量旨在建立人们的"环境保护需要"的各种宣传也有着密切的关系。

20 世纪 90 年代,我国营养保健饮料市场的迅速崛起,与太阳神、中华鳖精等一系列营养保健品的大量广告宣传有关。这些产品广告,都强调身体保健的重要性,从而激发了人们保健的新需要。

不过,新旧需要是相对而言的。例如在繁华、发达的城市,一些文化娱乐需要已不是什么新鲜的事物,而在边远的偏僻农村,它们可能是有待激发的新需要。在我国,由于城乡差异比较大,所以一些产品或服务希望打入农村市场,利用广告去激发农村消费者的新需要是相当重要的。

# 第四章
# 广告说服的原理和方法 >>>

在知道了向谁说和说什么之后,接下来要解决的就是如何说的问题。"如何说"才能让广告消费者听得进去,才能让消费者改变已有的看法,形成有利于广告主或广告品牌的态度,这就是本章要讨论的主题。

## 第一节　态　度

人与人、传者与受众、广告与消费者之间的相互影响,从影响者的角度来看,这一过程就是说服,而从被影响者的角度来看,则是态度形成或改变。因此,要说服消费者,当然要了解消费者的态度形成和改变过程。

### 一、什么是态度

态度是社会心理学领域的一个重要概念。态度一词最早是指身体姿势或身体位置,意为一个人的物理准备状态。后来,态度演变为专指心理状态的术语,特指对一个特定客体反应准备。[①]

关于态度的定义,迄今社会心理学界仍然没有达成共识,但是比较流行的定义是弗里德曼的看法。她认为,对任何特定物体、观念或人的态度,是一种带有认知成分、情感成分和行为倾向的持久的系统。[②]

认知成分是由个人对于有关对象的信念构成的。例如,对某品牌产品的态度,包括对产品各种属性的评价,价格昂贵与便宜、质量高低、性能好坏等,对某

---

①　金盛华,张杰.当代社会心理学导论[M].北京:北京师范大学出版社,1995

②　弗里德曼,西尔斯,卡尔史密斯.社会心理学[M].高地,译.哈尔滨:黑龙江人民出版社,1984:321

一个方面的评价就是一种信念。

情感成分是由和这些信念有联系的情绪感受构成的。如喜欢不喜欢、愉快不愉快、讨厌不讨厌等情绪体验。

行为倾向是指行为反应的准备状态。如喜欢一种商品,就会想方设法多了解一些,为购买攒钱。

在现实中,人们通常会把它与情感联系起来。但实际上,态度不仅包含情感,还包含认知和行为成分。因此从态度测量的角度来说,要了解他们对客体的态度,既可以测量人们对客体的情感,也可以通过测量人们的认知和行为倾向,还可以同时测量态度的三种成分。

## 二、态度的特点

态度的特点包括以下几个方面:

①对象性。态度的对象性是指任何一种态度都是针对某一特定对象的,这一对象可能是个人、物体,也可能是一个事件。在广告活动中,态度的对象一般是企业、品牌、某一具体的广告、广告模特或广告的某一要素。公众对企业的态度就是所谓的企业形象,公众对品牌的态度,则是所谓的品牌形象,它与另一个重要概念"主观质量"(即消费者对品牌质量的认知),在许多情况下是一致的;广告界流行的术语"美誉度",从测量的角度来说,就是品牌态度或品牌形象。

②习得性。态度的习得性是指态度是通过学习形成的,并非先天就有的。也就是说,即使是孩子对父母的情感,也不是一生下来就有的,而是通过成长过程中亲子之间的接触逐渐建立起来的。这一特点表明,消费者对一则广告、一个品牌建立的是良好的还是不良的态度,关键在于消费者接受到的信息是什么,或者说他们学习到什么。

③方向性。态度的方向性是指态度有正面的、积极的、肯定的,也有负面的、消极的、否定的,还有中性的。例如,对一则广告或一个品牌,有的人很喜欢,有的人很讨厌,有的人则无所谓。从这个角度来说,广告界的流行术语"美誉度"是不科学的,因为"美誉度"无论高低,所指的都是正面的。

④强弱。态度的强弱是指人们对客体的态度有程度之别。例如,对脑白金"今年过年不收礼,收礼只收脑白金"的广告,有的观众深恶痛绝,有的观众只是感到厌烦,还有的观众无所谓。这里,每个人对它的态度有程度上的差别。

⑤稳定性。态度的稳定性是指态度一旦形成,不管它是肯定的还是否定的,都比较稳定,要改变它不是很容易的。一个人喜欢另一个人或一个品牌,不可能今天喜欢,明天就不喜欢了。态度的这一特点,要求在一个品牌、一种产品投入市场

之后,一定要努力培养消费者对品牌或产品的良好态度,否则,等到给消费者造成不良印象之后,再去弥补就很困难了。此外,在市场营销中,努力争取尚未建立品牌偏好的消费者比较可行,要将具有品牌偏好的消费者争取过来,则很可能是徒劳的。

⑥成群的态度之间是和谐的。态度的这一特点是指对不同客体的态度之间是相互协调的。例如喜欢广告中的人物模特,通常就会喜欢该广告,进而喜欢广告的产品或品牌。同样如果一个品牌让人讨厌,消费者一般也很难喜欢该品牌的广告,即所谓"爱屋及乌"。

# 第二节　广告的说服机制

20世纪60年代以来,随着电子技术的发展,电子媒体的普及及其在广告活动中的广泛运用,人们对广告活动的说服机制也日益重视。许多广告心理学家、广告理论家开始致力于这一方面问题的研究,并逐渐形成各种各样的理论或模式。

纵观60年代以来大约40年间关于广告说服机制的研究,大致可分为三个阶段。每一个阶段研究者所倡导的理论模式的侧重点都有所不同。在第一阶段(大约是60—70年代)关于广告说服的各种理论均强调情感迁移以及其他非认知因素的作用,而忽视了消费者的信息加工对他们接受广告说服的作用。所以这一阶段的理论模式称为低认知卷入理论模式。第二阶段,即70—80年代左右。在这期间由于认知心理学的迅速发展及其对其他领域的冲击,研究者们非常重视信息加工或认知卷入对广告说服的影响,有些研究者甚至直接将认知心理学理论引入广告说服领域。与此同时,非认知因素则被忽视。因此,这一阶段的理论模式称为高认知卷入理论模式。第三阶段,即70年代末80年代初以来,有些广告理论家、心理学家开始认识到,单纯地强调非认知因素的作用,或单纯地强调信息加工、认知卷入的影响都不能有效而全面地解释各种广告现象。因此,他们综合前人的研究,提出了较为全面的认知加工可能性模式(简称ELM)。本章将对这些理论模式加以介绍。

## 一、低认知卷入的理论模式

低认知卷入的理论模式多数是在认知心理学诞生之前提出的。因而在这些理论模式中都保留着认知心理学之前各种心理学思想或理论观点的痕迹。更确切地说,这些理论模式多数是被用于解释广告心理现象的心理学理论。

**1. 强化理论**

强化理论是一种比较早的起源于行为主义观点的态度理论。该理论把态度跟环境中存在的诱因或强化物联系起来。认为态度的改变就像新习惯的习得一样,其中必有某种诱因或强化物,这种诱因或强化物通常是某种酬赏如物质奖励、社会赞许等。

在社会心理学家霍夫兰德、贾尼斯和凯利(Hovland,Janis & Kelley,1953)看来,[①]当一个人面对的说服性传播所持的态度与自己已有的态度不同时,就会发生两件事。一是他以自己的态度作反应,二是他按这一沟通所要求的态度作反应。人们是否接受新的态度,依赖于这一传播所提供的诱因。如果传播中所提供的诱因能使人们感到满意,那么人们就倾向于改变自己已有的态度,接受新的态度;反之,人们就可能拒绝态度改变。根据这一观点,广告的说服作用主要取决于广告是否提供奖酬或许诺,以及这些奖酬许诺的大小。

在实践中,根据强化理论向受众作出某种许诺的广告并不少见。例如图 4-1 所示的士力架广告。士力架的广告语换了很多,从最初的"饿了吧,把它吃掉把它吃掉";到"横扫饥饿,补充能量,零反式脂肪";紧接着是"一饿就虚了,横扫饥饿,做回自我,士力架,真来劲";直到最新的"横扫饥饿,做回自己"。无论哪条定位语,都紧扣"饿了补充能量"这一核心主题,只是最初单纯强调饿了可以吃士力架,紧接着戴上零反式脂肪带上健康光环,再到"一饿就虚了,横扫饥饿,做回自我,士力架,真来劲"时,已经不单纯是解决饿的问题了,而是把士力架的产品定位直接表现出来,

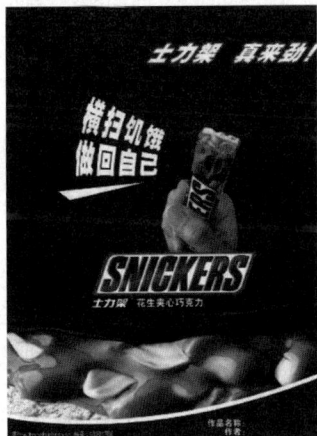

图 4-1　士力架广告

给大众承诺的是:只要一吃士力架,就能解决饥饿甚至补充能量,因此士力架,日常必备!

在理论上,里韦斯(Reeves)提出的独立销售主张说(USP说)强调广告必须给消费者一个强烈的主张或许诺,这与行为主义的强化理论似乎同出一源。可见强化理论虽然是一种较早的理论,但仍有极强的生命力。

根据强化理论,在现代的广告实践中,我们应该怎样做呢? 首先就是尽可能找出产品或劳务所能给消费者的益处,并给消费者予以相应的许诺。不过,要注意两点:第一,你的许诺应该是消费者最感兴趣的。换句话说,你不能对一个在沙漠中快要渴死的

---

① Hovland C I,Janis I.L,Kelley H H.Communication and persuasion[M].New Haven,1953

人说,"你再走一里路,我就给你十两黄金"。而应该告诉他说,"你再走一里路,那里就有水喝"。第二,你的许诺应该有足够的分量。也就是说,对于一个满身是债而走投无路的人来说,你不能说:"只要你给我好好干活,我供你吃、供你住。"而应该说,"你只要帮我好好干一年,我就能帮你还清债务"。

## 2. 纯暴露理论

著名心理学家扎乔尼克(Zajonc)在 1968 年提出一种经验性的观点。[①] 他认为只要广告暴露让消费者接触到,就足以使消费者对新异物体产生积极的态度。扎乔尼克用一系列的实验研究证实:简单地因为接触,就会导致偏好的产生,甚至在人们还没有对接触的信息进行认知加工时也是如此。在一项研究中,扎乔尼克及其合作者用一系列多边形图形让受试者看一下,然后又成对地呈现给他们,问受试者哪一个他们已看过,哪一个他们比较喜欢。结果发现,即使看过的与没看过的再认成绩没有差别,但受试者还是比较喜欢他们看过的多边形。有趣的是,受试者口头报告的关于他们选择的原因都与是否看过无关,而与诸如形状吸引人有关。[②] 1996 年吉布森(Gibson)的研究也证实了这种观点。吉布森对三对广告采用平衡设计在三大网络频道播出。次日随机访问 7 600 个家庭以测量品牌态度、突出性、意识和购买、优惠选择。结果指出,电视广告单一暴露能够改变成熟品牌的品牌态度;单一暴露的可能性效果的范围很大,从非常好到非常差。[③]

按照扎乔尼克的这一理论观点,广告宣传只要让消费者"见到或听到产品"就行了,至于广告说什么、怎么说,消费者是否记住广告、记住广告产品,都是次要的。无论如何,扎乔尼克的这一理论观点是很难让人接受的,不过它也给我们这样的启示,广告一定要做,至少要让人"见到或听到"你的产品。

## 3. 熟悉性模式

熟悉性模式的基本假设是:广告接触会产生熟悉感,熟悉则引起喜欢。人们在商标、食物以及诗歌、歌曲的研究中都发现这种现象:即较为熟悉的东西人们较为喜欢。例如心理学家奥伯米勒(Obermiller)1985 年曾随机选用一些音乐旋律作研究发现,受试者认为以前听过的旋律比起没有听过的旋律,他们更喜欢前者。[④]

① Robert B Zajonc.Attitude effect of mere exposure[J].Journal of Personality and Social Psychology Monograph Supplement,1968,9(2):1-27

② Zajonc R B.Feeling and Thing:Preferences Need No Inferences[J].American Psychologist,1980,35:151-175

③ Gibson L D.What can one TV exposure do? [J].Journal of Advertising Research,1996,36(2):9-18

④ Obermiller C.Varieties of Mere Exposure:The Effects of Processing Style on Affective Response[J].Journal of Consumer Research,1985,12:17-30

这一模式十分简单，人们相当容易理解。但它的实践意义仅仅是，要让你的产品为消费者所喜欢，你就要想方设法让你的消费者熟悉你的产品。这一模式可以有效地解释派送样品、广泛铺货的作用。中央电视台一套昂贵的 5 秒标版时段广告，其作用在于增加人们对品牌的熟悉性。图 4-2 是央视 5 秒广告——五粮液万事如意广告。这个广告没有介绍五粮液酒多么好喝，只是将产品的外观造型显示给读者，其作用只能是希望读者对它产生熟悉感。

图 4-2　五粮液万事如意广告

### 4. 低卷入学习模式

低卷入学习模式最早是由克鲁格曼（Krugman）于 1965 年提出来的（见图 4-3）。克鲁格曼在观察中发现，大多数电视广告的产品都是低卷入类型的。[①] 电视本身也是一种低卷入的媒体，与高卷入的印刷媒体广告相比较，受众对电视广告的认知反应比较少，他们较少把广告与人的生活联系起来。在极端低卷入的情况下，人的知觉防御很低，甚至不存在，观众能再认已看过的广告，但不能回忆其内容。

低卷入广告 → 知觉结构变化 → 行为变化 → 态度改变

图 4-3　低卷入学习模式

克鲁格曼认为，低卷入广告的呈现会引起观众知觉结构的改变，即商标名称的优势增加或产品特征愈加显著。这种知觉结构的微妙变化，增加了观众另眼看待广告品牌的可能性，并能触发诸如品牌购买的行为事件。然而知觉结构的变化不能直接导致态度的变化。换句话说，知觉结构的变化与态度改变没有稳定的关系，态度是否发生变化只有根据事件的发生才能确定。购买行为的发生是引起与知觉结构变化相一致的态度变化的前提。罗斯（Ross）1982 年的研究

---

① Krugman H E.The impact of television advertising：learning without involvement[J].Public Opinion Quarterly,1965,29：349-356

结果为低卷入学习模式提供了支持。该研究利用 2 241 被试完成了共 142 条广告的测验,为了比较购买水平,两周后又对他们进行电话访问。结果表明品牌偏好的改变与购买一个品牌的增加水平有关,而购买水平又是广告暴露导致的。回忆作为一种测量指标,未能显著地区别购买与否。[①]

由上述可以看出,低卷入学习模式把购买行为看作是广告影响消费者对品牌的态度的必不可少的因素。很显然,这就把经验的作用扩大化了。不过它也有一定的道理。比如说,南方人喜欢吃大米,北方人喜欢吃面食。无论你怎么说面食如何如何有利于身体健康,要改变南方人的吃大米习惯都是很困难的。但是当南方人到北方去,不得不吃面食一段时间以后,他或她对面食就会逐渐产生好感,这也就是行为对态度的影响。

这一理论说明,在广告活动中,配合一些促销活动如赠送样品、免费品尝、产品试用,让消费者先产生行为变化,会大大地促进广告的宣传效果。

### 5. 归类评价模式

归类评价模式也是一种比较简单的理论模式。其基本前提是:人们常把物体分门别类,在评价一种新的物体时,总是先把物体归入所属类别。然后从记忆提取出对该类别的态度,并把这种态度强加在类别的新成员上。人们对于某一类别事物的态度,或者由一个好的例子(真实存在的)代表,或者由一个典型的例子(虚构的)代表。例如彩电这是一个物体类别,好的例子可能是“松下”,而典型的例子则可能是要具备松下、索尼、JVC、日立等产品优点的这么一种产品。

根据这一理论,广告的效果主要要看消费者把产品进行何种归类。广告的作用则在于促使消费者把产品作合适的归类。

不言而喻,这种模式存在着较大的片面性。但是在广告实践中,却有不少广告自觉不自觉地应用这一理论模式。例如有些产品广告有意地运用欧美人当产品介绍人,试图让受众把产品归类为进口或出口产品,从而提高产品的品质形象。许多现代企业都很重视企业形象、品牌形象的塑造,并利用已经树立起来的企业形象、品牌形象来促进新产品的市场推广。例如宝洁公司的产品广告,以前只注重塑造单个品牌的形象,许多消费者不知道“飘柔”、“潘婷”、“海飞丝”、“舒肤佳”是姐妹关系,也不知它们都是宝洁公司的产品。后来在各种品牌的广告的末尾一般都加上一句“宝洁公司,优质出品”,将品牌与企业联系起来,以此来促进人们对各品牌产品的接受。

### 6. 一致性理论

一致性理论是社会心理学家中关于态度形成的一种重要理论。该理论假设

---

① Ross H L.Recall versus persuasion:An answer[J].Journal of Advertising Research,1982,22(1):13-16

人对客体有关各方面的认知一致性驱力是态度改变的根本原因。他强调某人对某一对象的评价影响到另一个人的态度方式。当甲对乙持肯定态度时,甲对乙持赞成态度的对象也会持肯定的态度,反之亦然。

根据一致性理论的观点,如果消费者对产品持肯定评价,而广告中受消费者尊敬或喜欢的产品介绍人也持肯定评价,那么消费者与产品介绍人的态度是一致的。介绍人对产品的态度具有坚定消费者对产品的态度的作用;在另一种情况下,如果消费者对产品持否定的态度,而受他喜欢的介绍人对产品的态度是肯定的。那么这种不一致会使消费者产生认知紧张。在这种情况下,消费者消除认知紧张的方法有三种。第一,降低对介绍人的积极评价;第二,假设自己已不是真正讨厌产品;第三,改变自己已有对产品的消极评价。其中后两种方法对广告宣传是有利的。

从实践的角度来看,一致性理论的核心,就是要利用信息源影响消费者。这一理论可以解释现代广告中存在大量明星代言人的现象,它同时说明,广告主在广告人物模特的使用上一定要慎重选择,尽量选用有威望、受人们尊敬、喜欢的人物。

## 二、高认知卷入的理论模式

高认知卷入的理论模式是在认知心理学鼎盛时期出现的,比较有代表性的模式有两个,即认知反应模式和认知结构模式。

### 1. 认知反应模式

认知反应模式最早是由认知心理学家格林瓦尔德(Greenwald)于 1968 年提出来。[①] 后来经过佩蒂和卡西奥波(Petty & Cacioppo)加以发展完善。[②] 该模式的提倡者认为,在与广告的接触过程中,受众积极主动地卷入信息加工过程之中,他们根据已有的知识和态度对广告信息加以分析评价。认知反应就是发生于传播活动过程之中或之后的积极思考过程或活动。一般说来,认知反应会影响最终的态度改变,甚至成为态度改变的基础。认知反应模式的基本思想概括

---

① Greenwald A G. Cognitive learning, cognitive response to persuasion, and attitude change[J].Psychological Foundations of Attitudes,1968,147-170

② Petty R E,Cacioppo J T.The effects of involvement on responses to argument quantity and quality:Central and peripheral routes to persuasion[J].Journal of Personality and Social Psychology,1984,46:69-81;Petty R E,Cacioppo J T.Involvement and persuasion:tradition versus intergration[J].Psychological Bulletin,1990,107(3):367-374

起来,即广告接触导致认知反应,认知反应影响态度改变(如图 4-4)。

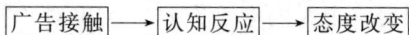

$$广告接触 \longrightarrow 认知反应 \longrightarrow 态度改变$$

**图 4-4　认知反应模式**

受众在广告接触过程中产生的认知反应可分为两大类,即反对意见(简称 CA)和支持意见(简称 SA)。它们可以用受众的口头报告来测量,实质内容包括:

①同意或不同意广告的逻辑推理或内容。例如受众可能会认为"××咖啡不可能是 100%的纯咖啡豆精制而成"。

②赞同或怀疑广告的结论。如对有些保健品广告宣称能使人更年轻,消费者可能表示赞同,也可能表示怀疑。

③相信或怀疑广告的情境。如有的受众看了三维动画广告之后可能会认为"现实生活中不可能出现这种情况"。

④相信或怀疑广告的信息来源。如对名人推荐的产品,有人会认为"一定是企业给她很多钱让她说这话的",有人则深信不疑。

认知反应模式预言,认知反应对态度改变的影响取决于认知反应的实质,支持意见的数量与态度和行为意向的改变有积极的关系,反对意见的数量与态度改变存在着消极的关系。这一预言得到了许多研究者的支持,研究者们并因此得出结论:要改变受众的态度,应该设法增加支持意见,减少反对意见。

从认知反应模式所强调的认知反应来分析,在广告实践中,如果你希望加强广告的说服力,那么有几个方面一定要注意:第一,广告信息来源一定要可靠、可信。如要择用信誉高的媒体;广告中的品牌代言人不管是名人,还是普通人物,最好是品牌产品的真正使用者。第二,广告的情境要让人有真实感。第三,广告中说明产品优点的论据一定要有力,广告中的推理论证逻辑性要强。

### 2. 认知结构模式

对一个人、一个物体、一件事情或一个观念作评价时,人们往往会将评价对象分析成几个部分、几个方面、几种要素或几个特征,并在分别对各个部分、方面、要素、特征作权衡、评价的基础上,形成对人、物、事或观念的整体印象或态度。认知结构模式就是基于这种假设建立起来的。具体而言,人们对产品形成一种态度之前,总是先通过对产品的各个方面(如性能、质量、价格等)形成一定的评价,然后再把这些评价综合起来构成对产品的总体态度。该模式可以用函数式表示,即

$$A_{jk} \propto W_{ik} \cdot B_{ijk}$$

式中 $A_{jk}$ 表示消费者 $k$ 对产品 $j$ 的态度;$W_{ik}$ 表示消费者 $k$ 赋予产品 $j$ 的 $i$ 属性的权重;$B_{ijk}$ 表示消费者 $k$ 对产品 $j$ 的 $i$ 属性的评价。

　　京东提供一种称之为"对比"评价推荐系统,消费者可以选择几种比较感兴趣或者相对满意的产品,然后通过"对比"工具,比较每个产品的各项属性,尤其是比较自己最看重的属性,最终帮助消费者选择最满意的产品。一位女性消费者家里没有电视和台式电脑,想买本笔记本电脑用于办公和娱乐,因此比较注重显示屏的质量,由于她也经常出差,所以也希望笔记本比较轻便于携带。于是她到京东商城选择了朋友们推荐的三款笔记本电脑,如图 4-5 所示。第二款苹果电脑虽然重量小,但其屏幕太小,看视频效果不好;第三款戴尔电脑虽然屏幕大,但其重量大,价格高;而第一款电脑屏幕比较大,重量中等,价格最便宜,所以最后这位消费者选择了第一款屏幕为 13.3 英寸的苹果笔记本电脑。

| 商品图片 |  苹果（Apple）MacBook Air MJVE2CH/A 13.3英寸宽屏笔记本电脑 128GB 闪存 |  Apple MacBook Air MD712CH/B 11.6英寸宽屏笔记本电脑 |  戴尔（DELL）Ins15B-1748S 灵越15英寸高端笔记本电脑（i7-5500U 8G 1TB 4G独显 背光键盘 Win8）银 |
|---|---|---|---|
| 京东价 | ￥6588.00 | ￥7188.00 | ￥7499.00 |
| 所属品牌 | Apple | 苹果 | 戴尔 |
| 产地 | 中国大陆 | 中国大陆 | 中国大陆 |
| 售后服务 | 二年质保 | 二年质保 | 全国联保二年 |
| 包装规格 | | | 台 |
| 产品毛重 | 3.0kg | 2.73kg | 3.08kg |
| 主体 | 苹果（Apple）MacBook Air MJVE2CH/A 13.3英寸宽屏笔记本电脑 128GB 闪存[纠错] | Apple MacBook Air MD712CH/B 11.6英寸宽屏笔记本电脑[纠错] | 戴尔（DELL）Ins15B-1748S 灵越15英寸高端笔记本电脑（i7-5500U 8G 1TB 4G独显 背光键盘 Win8）银[纠错] |

**图 4-5　京东"对比"推荐系统**

　　从现实经验的角度来看,的确有些消费者在做一些商品的购买决策时,比较重视对产品属性的评价。但是并不是每一个消费者的每一项购买决定都有这么复杂的思考过程。所以,在进行广告创作时,要注意分析消费者是否重视产品属性的评价,消费者比较重视产品的哪些属性。然后针对消费者重视的商品属性着力加以宣传。例如,农村消费者对彩电品牌的态度可能很大程度上决定于彩电的质量、价格和售后服务,因此在面向这些消费者做广告宣传时,就要十分重视强调这几个方面。

# 三、综合模式——精细加工可能性模式

　　20 世纪 70 年代末 80 年代初,社会心理学家佩蒂和卡西奥波在对广告说服进行广泛研究的基础上,针对上述各种理论模式所存在的问题,提出了一个新的综合性的模式。[①] 他们称之为精细加工可能性模式(简称 ELM)(如图 4-6)。

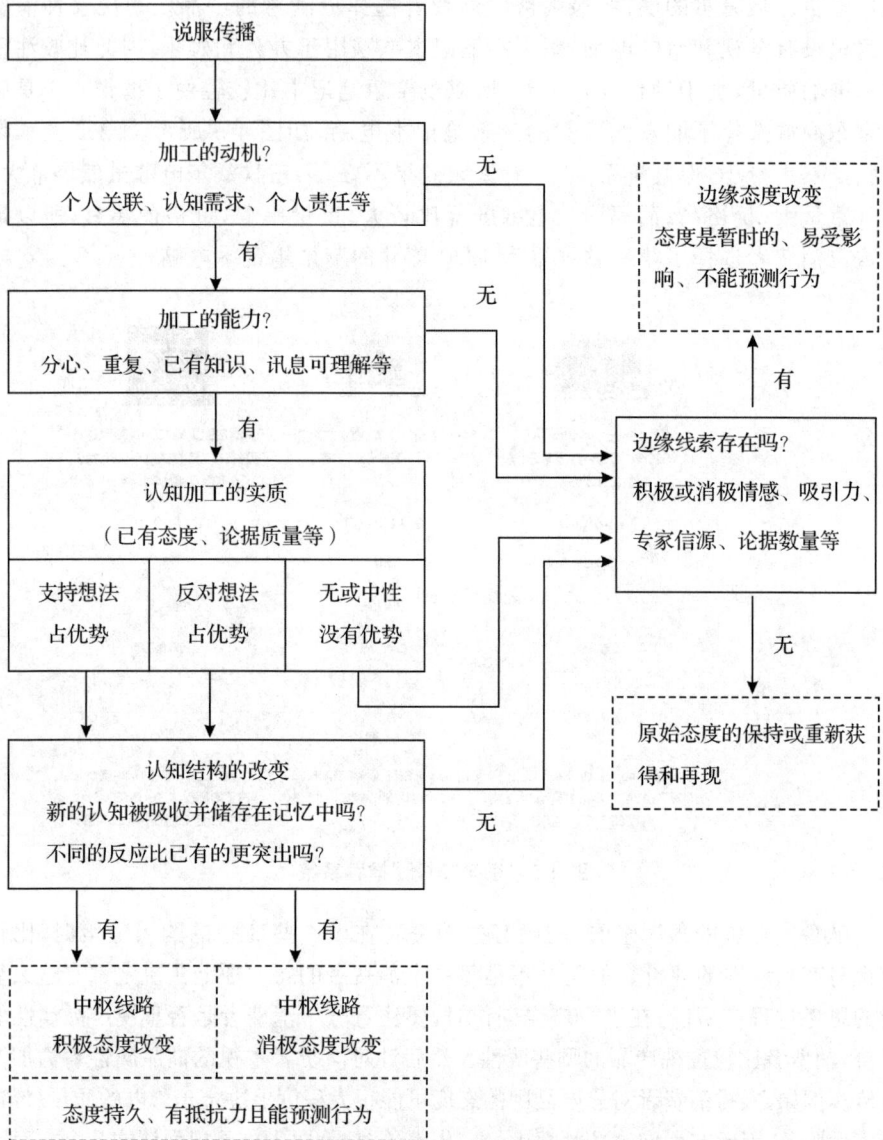

图 4-6 说服的中枢和边缘线路(ELM)

① Petty R E,Cacioppo J T.The elaboration likelihood model of persuasion[J].Advances in Experimental Social Psychology,1986,19:123-205

ELM从宏观上描述了信息加工深度或认知卷入程度对态度改变的影响。该模式包含以下几个基本观点：

第一，广告的说服存在着两条线路，即中枢线路和边缘线路。在实际传播情境中，广告的说服通过哪一条线路，依据受众的认知加工深度而定。如果受众进行认知精细加工，即深度加工，那么广告说服就遵循中枢线路。换句话说，加工程度高，中枢线路占主导。反之，当加工的程度低时，边缘线路就成为广告说服的主要途径。

第二，广告实现中枢线路说服作用必须具备两个条件。其一是受众具备加工信息的动机。消费者是否具备加工信息的动机，一方面取决于消费者本身，即消费者是不是潜在的产品用户，是否正在作购买决策，是否对产品感兴趣，是否想了解产品信息。另一方面取决于广告信息是否与消费者有关系，对他们是否重要，广告信息能否唤起消费者的认知不协调或认知需求等。如果消费者产生了加工信息的动机，那么就有进行中枢线路加工的可能。其二是信息加工的能力。消费者是否具备信息加工的能力，首先看他们是否具备有关的知识经验。很显然，一个不懂法语的人要阅读用法语写的广告是不可能的。此外受众的加工能力还与分心、重复有关。有其他刺激的干扰，会引起分心，此时加工能力会受到削弱；讯息重复出现，受众加工的机会增多，加工能力会得到提高。广告受众如果不具备信息加工的能力，精细加工就无法进行。

第三，如果消费者不具备信息加工的动机和能力，而且广告中存在着边缘线索，那么消费者就会进行边缘线路加工。所谓的边缘线路加工，是指消费者拒绝或接受广告诉求并不是基于他们对广告信息的仔细思考，而是要么把广告论点或品牌直接与积极或消极的线索联系起来（这种联系是非理性的）；要么根据说服情境的各种线索作一个简单的结论。所谓边缘线索是指广告情境以及一些次要的品牌特征。如背景音乐、景物、模特儿和产品外观等。如果边缘线索存在，消费者就会发生暂时的态度改变；如果边缘线索不存在，消费者就保持或重新获得原来的态度。汤姆和依夫（Tom & Eves）1999年的研究结果支持了这种观点。该研究发现，那些包含修饰色彩设计的广告比没有这些设计的广告，在回忆和说服测量上都比较好。①

图4-7和图4-8是DR钻戒系列广告中的两则广告，由于服务品牌比较难以采用中枢线路进行说服，所以这两则广告主要是利用边缘线索进行说服。

第四，在精细加工过程中，消费者会产生一些认知反应，包括支持意见和反

---

① Tom G，Eves A．The use of rhetorical devices in advertising[J]．Journal of Advertising Research，1999，39(4)：39-43

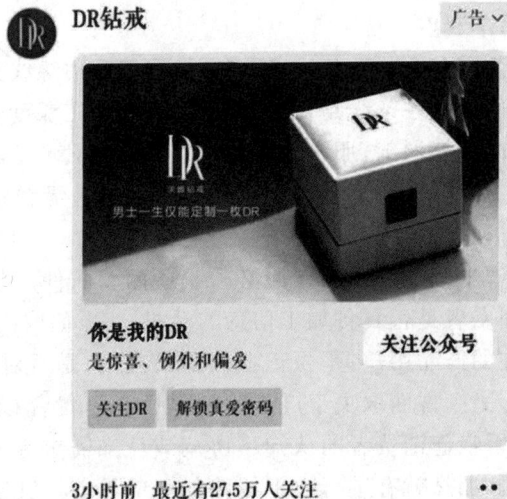

图 4-7　DR 钻戒官网系列广告之一

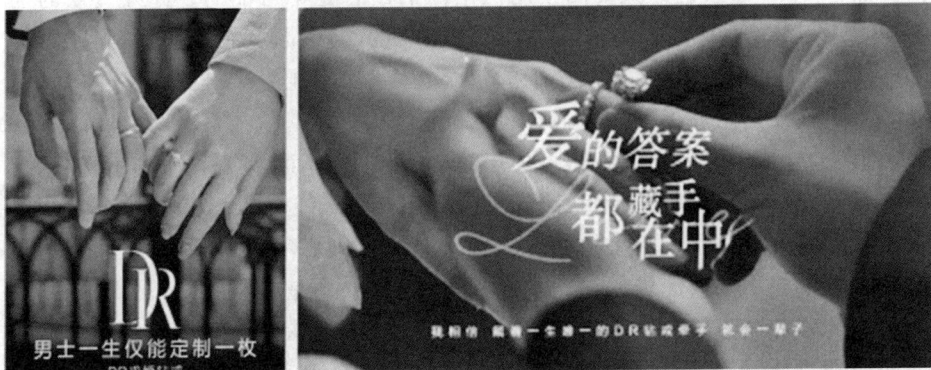

图 4-8　DR 钻戒官网系列广告之二

对意见。消费者产生何种认知反应取决于他们原来的态度以及广告论据的说服力。在所有的认知反应中，只要支持意见或反对意见有一方占优势，就会导致消费者的认知结构发生变化；如果任何一方都不占优势，那么广告说服就由中枢线路转移到边缘线路上。

　　第五，消费者经过认知加工产生了一些认知反应，即对广告的论点有了新的认识，如果这种新的认识被接受，并储存于记忆之中，换言之，如果消费者的认知结构发生了变化，那么积极的、支持性的认识会导致持久的、积极的态度改变，消极的、反对性的认识则导致持久的、消极的态度。相反，如果消费者的认知结构没有发生变化，广告说服的途径就转移到边缘线路上。

第六,两条线路的说服效果是不一样的。中枢线路的说服效果比较持久,对消费者的行为变化有着较强的预测力。边缘线路的说服效果很短暂,消费者的态度改变可能因时间的推移而逐渐恢复原来的态度。

ELM综合了社会心理学和现代认知心理学的思想观点,是当今较有影响力的广告说服理论。它对于广告实践有着重要的指导意义。从这一理论模式中,我们可以得到一个重要的启示:在广告中,我们最好提供强有力的论据,对受众进行理性的说服,促使产生持久积极的态度改变。如果做不到这一点,那么至少也必须提供一些重要的边缘线索,促使消费者发生暂时的态度改变。图4-9的金典有机奶广告,一方面用文字提供了关于产品属性和消费者利益相关的信息,包括①产品包装不同的温馨提示、②产品质量保证的各种认证、③来自优质牧场提供充足营养,另一方面还提供了边缘线索,包括产品的精美包装设计、美丽大方的代言人形象以及精美的广告画面。

图 4-9　金典有机奶广告

# 第三节　广告的说服技巧

前一节从理论上探讨了广告说服的心理机制,这一节将着重从应用的角度探讨广告说服的技巧。

## 一、广告说服的实质

广告说服究其实质,就是通过广告活动,让消费者对广告、品牌以及企业产生良好的态度,让消费者产生购买欲和购买行为。因此,在具体探讨广告的说服策略之前,有必要先了解一下消费者对品牌的态度与品牌购买欲和购买行为的关系。此外,事先了解一下品牌态度与消费者对广告的态度的关系也是很有必要的。

**1. 品牌态度与品牌购买欲和购买行为的关系**

许多社会心理学、消费心理学的研究都表明,品牌态度(简称 Ab)与品牌购买欲(简称 Ib)、购买行为有着密切的关系。消费心理学家班克斯(Banks)曾对美国芝加哥地区 465 名家庭主妇调查七种商品的商标偏爱与购买意图和实际购买的相互关系。其结果表明,在所有被调查的人中,96%左右的人在有购买意图的品牌内,都包含她们最喜爱的品牌。[①] A.A.阿恩鲍姆(Achenbaum)1966 年的研究则发现,态度与产品的使用存在着直接的关系。当个人对品牌的态度良好时,使用该品牌的可能性较大;当个人对品牌的态度不佳时,使用该品牌的可能性较小(见图 4-10)。[②]

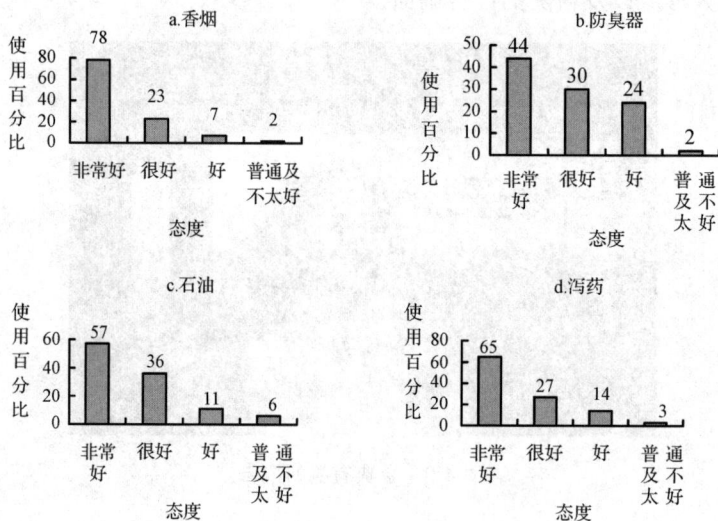

**图 4-10 态度的好坏品牌选择的关系**

佩里也曾研究过消费者的购买意图和行为能否根据对商品的态度来预测的问题。他分别与 230 名养狗者交谈,询问有关狗食的问题,并请他们发表评论。研究发现,抱有善意态度的受访者,怀有明确的购买意图,抱有恶意态度的受访

---

① Banks S.The relationships between preference and purchase of brands[J].Journal of Marketing,1950,15(2):145-157

② Achenbaum A A.Knowledge is a thing called measurement Attitude Research at Sea, Eds.L.Adler and I.Crespi.Chicago:American Marketing Association,1966,111-126

者,完全没有购买意图。漠不关心者是否购买则不清楚。[①] 斯塔佩尔(Stapel)1994 年专门对盖洛普影响力调查资料进行的分析也发现,10 个案例中有 9 个案例是,喜欢是兴趣的前提。29％喜欢广告的人有购买意图,36％对广告有兴趣的人有购买意图。[②] 鲍丁哥和鲁滨孙(Baldinger & Rubinson)1996 年从品牌忠诚的角度进行的研究还表明,强的品牌态度对品牌将低忠诚转变为高忠诚,或跨时间保持高忠诚的能力有很大的影响。[③]

品牌态度促进购买意图的产生,这种关系在下面的关于品牌态度与广告态度关系的四种假说中,也得到研究者们的充分肯定(见图 4-11)。

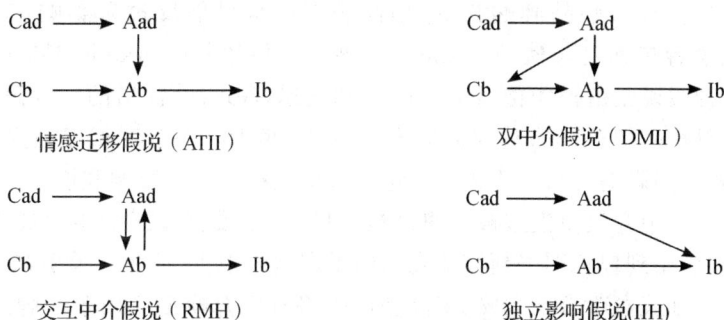

图 4-11　品牌态度的形成机制

## 2. 品牌态度与广告态度的关系

在广告理论界以及广告实践中,至今仍然存在着这样的争论,令人讨厌的广告有没有效果,是正面效果还是反面效果? 令人喜欢的广告是否就一定有效力?

广告活动开始进行之后,消费者的态度通常会先形成对个别广告的态度(简称 Aad),这种对广告本身的态度是否会影响消费者对品牌的态度呢? 对于这一问题,社会心理学家、广告心理学家仁者见仁、智者见智,并形成四种代表性的假说(见图 4-11)。[④] 在这四种假说中,都涉及这几个概念:即广告认知(简称 Cad)、广告态度(Aad)、品牌认知(简称 Cb)、品牌态度(Ab)和品牌购买欲(简称 Ib)。

第一种假说叫做情感迁移假说,该假说的提倡者米切尔和奥尔森(Mitchell

---

①　马场房子.消费者心理学[M].工商出版社,1984

②　Stapel J.A brief observation about likability and interestingness of advertising[J]. Journal of Advertising Research,1994,34(2):79-80

③　Baldinger A L,Rubinson J.Brand loyalty:The link between attitude and behavior[J]. Journal of Advertising Research,1996,36(6):22-34

④　Alwitt L F,Mitchell A A.Psychological Processes and Advertising effects:Theory [R].Research and Applications,LEA,1985

& Olson,1981)①和森普(Shimp,1981)②都主张,品牌态度的形成有两条通道,一条是在品牌认知的基础上形成的;另一条是由广告态度迁移过来的。也就是说,消费者对一则广告的态度如何,会影响到他们对品牌的态度。

第二种假说(双中介假说)认为,品牌态度一方面受品牌认知的影响,另一方面也受广告态度的影响。但广告态度的影响有两种可能的途径,一种是直接对品牌态度产生情感迁移,另一种是通过影响品牌认知间接地影响品牌态度。持这种主张的研究者有费斯宾和阿杰恩(Fishbein & Ajzen 1975)。③

第三种叫交互中介假说。该假说坚持品牌态度可能受品牌认知和广告态度的影响并直接影响品牌购买欲,但品牌态度也可能反过来影响广告态度。持这种假说者包括麦斯默(Messmer)④、波克和伊德尔(Burke & Edell)⑤等人。

第四种假说是由霍华德(Howard)⑥和戈恩(Gorn)⑦提出的。该假说强调,品牌态度只在品牌认知的基础上形成,品牌态度和广告态度相互独立,互不影响,但两者共同影响着品牌购买欲。这一假说被称为独立影响假说。

第二种双中介假说模型被证明是最优模型,该模型在三十年间被不断扩展和完善,并应用到包括网络新媒体在内的不同情境中去,证明该模型在各种情境都适用。例如我国学者黄劲松、王高和赵平将双中介模型应用于品牌延伸条件下,将模型适当调整,结果表明广告态度的双中介影响仍然存在,即广告态度通过品牌认知和品牌态度这两路径对购买意向产生影响。⑧

由这四种假说可见,多数研究者肯定了品牌态度与广告态度存在着的情感

---

① Mitchell A A & Olson J C.Are Product Attribute Beliefs the Only Mediator of Advertising Effects on Brand Attitude? [J].Journal of Marketing Research,1981,18(3):318-332

② Shimp T A.Attitude toward the Ad as a Mediator of Consumer Brand Choice[J].Journal of Advertising,1981,10(2):9-15+48

③ Fishbein M & Ajzen I.Belief,Attitude,Intention and Behavior:An Introduction to Theory and Research[M].Reading,MA:Addison-Wesley,1975

④ Messmer D J.Repetition and Attitudinal Discrepancy Effects on the Affective Response to Television Advertising[J].Journal of Business Research,1979,7(March):75-93

⑤ Burke M C & Edell J A.Changes in Attitude toward the ad over time:Evidence for ad peripheral processing[R].unpublished working paper,Durk University,1984

⑥ Howard J A.Consumer Behavior:Application of Theory[M].New York:McGraw-Hill Book Company,1977

⑦ Gorn G J.The Effects of music in advertising on choice behavior:A classical conditioning approach[J].Journal of Marketing,1982,46(Winter):94-101

⑧ 黄劲松,王高,赵平.品牌延伸条件下的广告说服——双中介影响模型的拓展[J].心理学报,2006,38(6):924-933

迁移的关系。但是他们也都认为品牌态度形成和改变的基础是品牌认知。这些观点得到了研究的一定支持,阿佩尔(Appel)1992 年旨在检验喜欢和不喜欢的电视广告及其说服力的关系的研究指出,越被喜欢的广告,越有销售力。[①] 斯通、贝索和刘易斯(Stone,Besser & Lewis)2000 年对最喜欢和最不喜欢的电视广告的电话调查中则发现,被试能够回忆和描述许多喜欢和不喜欢的广告。只有 21％不喜欢广告的被试说他们不喜欢该品牌。29％喜欢广告的被试说他们喜欢该品牌。看电视的时间与喜欢和不喜欢广告的回忆存在高的正相关。76％喜欢的广告被认为是有创造性的,只有 46％不喜欢的广告是有创造性的。结果认为,喜欢的广告比不喜欢的广告容易记忆。[②]

根据上述假说,要通过广告促使消费者对品牌产生良好的态度,一者可以通过品牌认知的途径,另者可以通过广告态度的情感迁移这一途径。不过,这两种途径所产生的态度改变效果的持久性有很大的差别。通过品牌认知获得的态度改变效果比较持久,而通过广告态度的情感迁移所获得的效果是短暂的,其作用会随广告暴露后的时间推移而逐渐消失,即所谓的"睡眠效应"。

## 二、广告说服的策略

### 1. 通过品牌认知影响品牌态度

品牌认知是指消费者对某一品牌产品的认识。消费者的品牌认知对品牌态度形成的影响,犹如一个人对另一个人的认识,影响着他对这个人的态度一样。有时你会因为这个人外貌漂亮或者帅气而喜欢她(或他),有时你会因为性格温柔或刚强而喜欢她(或他)。相反,有时你也会因为这个人的某些不吸引人的地方而讨厌她(或他)。所以在广告中,为了让消费者形成良好的品牌态度,一方面要努力促进消费者对品牌产生好的认知,另一方面要努力减少消费者对品牌的不良认知。

(1)增加消费者对品牌的好的评估

消费者对品牌的评估,是基于从各种渠道所获得的信息,其中广告是其重要信息来源之一。那么,在广告中应提供一些什么信息才有利于消费者对品牌产生好的评估呢?

---

[①]　Appel V. More on the liking of television commercials[J]. Journal of Advertising Research,1992,32(2):49-50

[②]　Stone G,Besser D,Lewis L E. Recall,liking,and creativity in TV commercials:new approach[J]. Journal of Advertising Research,2000,40(3):7-18

①介绍产品的具体功能

一般来说消费者是出于生活的某种需要才购买商品,并用商品来解决生活中的问题。而一种商品能否满足消费者的需要,主要体现在商品的功能上。所以,把商品的具体功能在广告中加以介绍是很有必要的。特别是对新产品来说,功能的介绍尤为重要。例如家用微型摄像机、超薄太空防寒服以及药品等广告,最好都要把商品的功能介绍给消费者,以便于消费者能充分地认识商品的用处,达到广告说服的目的。图 4-12 是一则欧莱雅黑精华的广告,该广告对产品的"抗初老"功能进行了介绍,由于画面留白充足,文字醒目并且利用滴管作为箭头引导读者视线等优势,该产品的功能"抗初老"很容易让受众记忆。

图 4-12 欧莱雅黑精华

图 4-13 广告中,简单的画面和简单的语言表达出飘柔洗发水的功能与特性。图 4-14 通过图解和语言,读者很容易明白"验孕宝"的功能。艾克和诺里斯(Aaker & Norris)曾经分析 524 则黄金时段的电视广告的信息性及其效果。结果发现,食品和蔬菜广告比其他广告缺乏信息性。但观众认为信息性的广告是值得记忆、值得相信的、有效的和有趣的。①

②介绍产品的抽象功能

在现代竞争激烈的市场中,某种商品的具体功能可能与其他竞争品牌没有两样,此时仅介绍商品的具体功能就缺乏说服力。而从商品的抽象功能着手,却能够达到意想不到的说服效果。例如对于化妆品,广告中可以着重介绍它能增加人的魅力或吸引力;对于服装可以宣传它能够塑造自己的个性形象;对于其他商品,可以把它们说成是表达"爱情"、"尊敬"、"友谊"、"孝心"的信物。在进口酒的广告中,只要大家认真地加以分析,不难发现,大多数都是在酒的抽象功能上

---

① Aaker D A,Norris D.Characteristics of TV commercials perceived as informative[J].
Journal of Advertising Research,1982,22(2):61-70

图 4-13　飘柔洗发水

图 4-14　验孕宝

花工夫。例如马爹利酒的广告中有一句广告口号"饮得高兴，心想事成"，就是产品抽象功能的诉求。同样，芝华士则诉诸"活出骑士风范"；广告让人讨厌的脑白金，之所以产品仍有较大销路，其原因就在于该品牌的系列广告将脑白金强调作为一种"礼品"的功能。图 4-15 是"周大福"心恋钻石广告，广告中用画面和语言突出强调"钻石"所具有的表达"爱情"的抽象特性。

**图 4-15　周大福心恋钻石广告**

相类似的广告还有图 4-16 的江小白白酒广告等。

③介绍他人由商品所得到的好处

飘柔洗发精的电视广告基本上就是采用这一策略。该产品的一则电视广告通过演示航空小姐使用飘柔后,头发变得柔顺、光滑、易梳,以此来吸引年轻的姑娘们。许多化妆品广告都是采用这种手段。工具性的商品,采用这种方法可以使广告倍增说服力。

④介绍或承诺产品能给消费者带来某种好处

霍尼克(Hornik)1980 年对印刷广告的研究发现,读者偏好在语言和插图上强调消费者利益的广告。他因此认为,将利益清楚地描绘在标题、插图和文案中

**图 4-16　江小白白酒广告**

的广告是最有效的。[①] 奥格威在谈论怎样创作高水平的广告时也曾经指出,"你最重要的工作是决定你怎么样来说明产品,你承诺些什么好处"。在他所创作的成功的广告中,有许多广告就是采用承诺这一方法的。例如在多芬(Dove)香皂广告中,他采用了这样的承诺:"使用多芬洗浴,可以滋润您的皮肤。"图 4-17 iPhone 6 plus 手机诉求屏幕非常大。

**图 4-17　iPhone 6 plus 手机广告**

⑤强调产品是给具有某种想法及价值观的人所用的

这种做法实际上就是在广告中对商品进行市场定位。它是一种借助于消费者对商品个性的认同,从而促使消费者形成良好品牌态度的手段。例如在当今环境保护呼声很大的情况下,人们的环境保护意识正在不断地加强,因此如果把你的商品与环境保护联系起来,那么很可能就会得到"环境保护主义者"的青睐。

---

① Hornik J. Quantitative analysis of visual perception of printed advertisements[J]. Journal of Advertising Research,1980,20(6):41-48

⑥强调商品具有某一特点的重要性

有些商品的属性是每一种竞争品牌都具备的,正是因为这一缘故,各种品牌商品的广告都不愿意对这一属性加以介绍。因此如果你的产品广告率先加以介绍,就会使你的产品处于先入为主的地位。例如,在别人都在介绍洗衣机的全自动功能、洗涤量大时,你的广告说明你的洗衣机节约用水往往会更有说服力。荷兰皇家航空公司曾经以其他航空公司都具备但都没有介绍的安全措施为广告诉求重点,结果取得意想不到的效果。上海通用汽车在别克品牌日上推出 7 人座豪华 SUV 新昂科雷。在该款车的广告(见图 4-18)上大力宣传其"大"的特点。不但其车轮超大,而且车身

图 4-18 别克昂科雷汽车广告

页达到 5113 × 2007 × 1842 mm 的体积。它的广告语为"心容万象,大有担当"。

⑦强调商品在某一方面性能的极端性

例如,美国国际纸业公司的一则电视广告,为了表现纸板硬度的极端性,特地在一个峡谷上用纸板架一座桥,然后将一部卡车开过去;另一则曾获得坎城影展冠军,由奥美广告公司巴黎分公司制作的"超级强力胶三号"电视广告,在强调产品的性能时,将一位播音员的鞋底涂上强力胶,然后将他粘在天花板上,并由这位播音员倒悬着念推销说服的广告词。欧格威自己最引以为自豪并成为广告界经典之作的一则汽车广告,也是在巧妙表现某一性能的极端性上取得成功。其广告标题是"在时速 60 英里时,新罗斯—罗伊斯汽车的最大噪声来自车上的电子钟"。图 4-19 和图 4-20 是南孚电池的广告,它们强调的都是南孚电池聚能环 2 代电量耐用的特点。

(2)减少消费者对品牌的坏的评估

产品推入市场之后,可能因为消费者使用不当,没有按照要求进行操作,或受到冒牌商品的不良影响,造成消费者对产品产生不良的认知和态度。对此,广告就要针对消费者的坏的认知进行反驳,以改变他们的消极态度。当然,如果产品的确存在问题,给消费者带来麻烦,那也不能回避问题。图 4-21 北京松下设备公司的一封致歉信。不管出现的错误事实上给消费者带来多大程度的伤害,

图 4-19　南孚电池

图 4-20　南孚电池

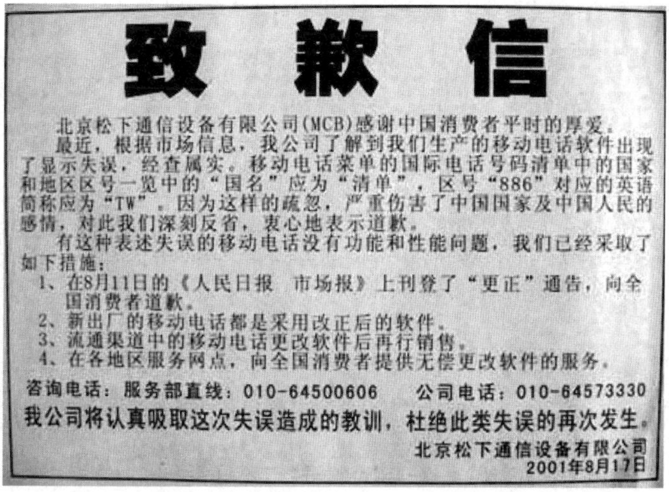

图 4-21　北京松下设备公司致歉广告

公开而诚挚的道歉,相信多少都会改变消费者对品牌的负面评价。对于任何一个品牌来说,出现错误等现象给消费者带来麻烦和伤害,都是不可避免的,国内的品牌更是如此。所以,希望有更多的国内品牌勇于面对消费者,承认自己所犯的错误或失误,不要让消费者带着愤恨的心情离品牌远去。

**2. 通过广告态度影响品牌态度**

广告态度对品牌态度具有情感迁移作用,好的广告态度有利于良好品牌态度的形成,坏的广告态度也可能导致不良的品牌态度。所以为了让消费者形成良好的品牌态度,制作令人信服、令人喜欢的广告也十分重要。根据社会心理学的原理,要使广告令人信服、令人喜欢,主要应注意以下几个方面的问题:

(1)信息本身的说服力

信息本身是否有说服力,依赖于:

①论据的特点

A. 论据的易懂度

早期的说服心理学认为,说服的关键在于论据的学习,任何材料如果能让消费者学得又快又多,自然都能增加这些材料的说服力。在广告这一说服性传播中,消费者对广告信息的学习都不是很在意的,学习的动机也不强,而且有些广告信息呈现瞬间即逝。因此,如果广告信息太复杂太困难,就可能使消费者不耐烦而放弃学习。所以,要增加广告的说服力,广告所提供的论据就要简单明了。例如蓝带啤酒,为了证明自己产品的质量,利用系列广告提供了一些消费者容易掌握判断的证据,即"好啤酒,泡沫持续三分钟"、"好啤酒,挂杯时间达五分钟"、"好啤酒,只有一种颜色",如图 4-22、图 4-23、图 4-24 所示。

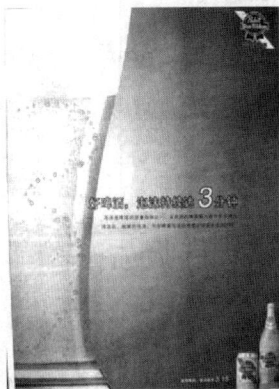

图 4-22　蓝带啤酒之一　　图 4-23　蓝带啤酒之二　　图 4-24　蓝带啤酒之三

B. 论据的多少

在刑事案件侦破和法庭辩护中,一般来说,你能提供的事实材料越多,对你的论点就越有利。换句话说,你的证据越充足,你的论点就越可能成立。纽约大学零售学校的爱德华(Edwards)博士说过,"讲的事实越多,销售得也越多。一则广告成功的机会总是随着广告中所含的中肯的商品事实数量的增加而增加的"。不过,许多社会心理学的研究发现,论据的多少固然重要,但是论据本身是否有力也相当重要,两者相辅相成。如果论据多而有力,那么广告的说服力就会增强;相反,如果广告提供了很多无力的论据,这不仅不会增加说服力,反而可能削弱广告的说服力。所以国外的许多广告都喜欢运用独立研究机构提供的证据来证明自己产品的优点。

C. 论据是否有力

强有力的论据比弱的论据更具有说服力,对此人们似乎已经毫无异议。然而弱的论据是否也具有说服力呢?这主要取决于消费者对广告的关心注意程度,即卷入程度。佩蒂(Petty)等人 1983 年关于 Edge 剃刀广告的研究表明,当广告论据有力时,不管消费者是高卷入(高度关心)、还是低卷入(不太关心),广告的说服效果都比论据无力时的说服效果好。当论据无力时,消费者的高、低卷入状态对广告的说服效果则产生很大的影响,低卷入时说服效果好,高卷入时,说服效果差(见图 4-25)。①

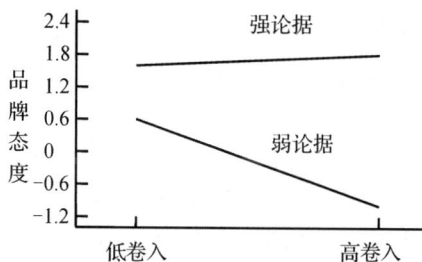

图 4-25　高、低卷入强弱论据的相互作用

②说服对象的原有态度

说服对象的原有态度一般有两种,一种是与广告所持的态度相一致,另一种是与广告所持的态度相反。当消费者所持的态度是前一种时,广告所起的就不是说服的作用,而是强化消费者原有态度的作用。此时广告只要提供更多的新的、正面的证据即可。而当消费者所持的态度是后一种时,广告的说服就变得相当困难。此时,如果你的广告只提供有利的证据,那么这些证据必须非常强有力。通常情况下,你可以采用下列两种手段,第一是双面论证的办法(参见本章第五节);第二是利用有影响力的人物来推荐、介绍产品,造成消费者的认知紧张,以迫使他们改变原有的态度。

③论点呈现方式

在一则广告中,有时要包含许多论点,这些论点有的很重要,有的不太重要;有的是正面的,有的则是反面的。那么这些论点究竟如何呈现,是明示或隐含其中,这些都是值得重视的。

A. 论点呈现的先后顺序

心理学的研究早已发现,刺激的先后呈现顺序不同,记忆效果也不同。一般来说,最先呈现的和最后呈现的刺激,记忆效果最佳。而当两个刺激先后呈现时,先呈现的刺激记忆效果比较好。关于说服的研究则表明,把最有力的论据置于最后,当时的说服效果更好。然而从消费者实际接触广告的情形来分析,一则广告如果消费者只读了一部分,那么这一部分通常是最前面的部分。

鉴于上述分析,又因为广告的说服效果通常要在比较长的时间之后才体现出来,所以让消费者记住重要的论据是达到广告说服效果的一个关键。具体而

①　Petty R E,Cacioppo J T,Schomann D W.Central and Peripheral Routes to Advertising Effectiveness:The Moderating Role of Involvement[J].Journal of Consumer Psychology,1983(10):135-146

言,如果广告中要呈现一系列论点,最好依论点重要性顺序呈现。

B. 正反论点的呈现

在广告说服中,有时要用到双面论证这一手段。关于双面论证手段的使用效果及方法,在本章第四节将作专门的介绍,这里就正反论点的呈现顺序加以探讨。

关于人际交往的研究已经发现,在交谈开始时,有意地先暴露一下自己的缺点,有利交谈的顺利进行,而且容易获得对方的好感。因为先暴露自己的缺点,会给人诚实的感觉。广告运用双面论证时,反面论点一般是次要的或不为人们所重视的,而且往往是点到为止。因此,在正反论点呈现的先后顺序上,先呈现反面论点,然后呈现正面论点,会更有说服力。

C. 结论的呈现

在传播说服中,结论呈现好,还是不呈现好?对于这个问题,社会心理学的研究结果不一致。社会心理学家霍夫兰和曼德尔 1952 年的研究发现,告知结论的受试组,改变看法的人数要比自己得出结论的受试组的人数多出一倍。[①] 然而著名的人本主义心理学家罗杰斯则认为,让受试者自己得出结论效果较佳。

呈现结论可以给消费者明确的暗示。但是一方面,当信息来源不可靠时,受众可能会拒绝接受结论。另一方面,如果问题十分简单,受众的智力水平比较高,受众就会讨厌别人向他或她解释这些简单的事情。此外,呈现结论有时也会限制产品尤其是新产品的被接纳性。如果一种产品在宣传上大力鼓吹它是为年轻人设计制造的,这种过分的强调就可能将其他年龄、喜欢该产品的人排出顾客范围。有些暧昧性的产品宣传反而有助于产品广泛的市场主义,并使新产品更自然地被运用。因为它允许许多人按自己的意思使用产品。

呈现结论一般比较适合于下列情况:第一,复杂、专业化的产品;第二,产品拥有单一而明确的用途;第三,受教育水平比较低、缺乏商品知识的消费者;第四,不会导致高卷入的广告或产品。

(2)信息来源的说服力

在大众传播过程中,信息来源对传播效果有着重要的影响。这已是众所皆知的事实。那么什么样的信息来源有助于提高广告传播的说服力呢?

---

① Hovland C I, Mandell W. An experimental comparison of conclusion-drawing by the communicator and by the Audience[J]. Journal of Abnormal and Social Psychology, 1952, 47 (3):581-588

①信息来源的可信度

一般而言,来自可靠信息来源的信息比较容易被人们所接受。相反可信性差的信息来源所传播的信息,比较容易引起人们的怀疑。举个例子来说,医生和护士分别向你推荐药品,通常你更容易接受医生的意见,这是因为医生比护士有更高的可信度。

信息来源的可信度与信息来源的经验和权威有密切的关系,信息来源的经验越丰富、威望越高,其可信度也越高,说服力越强。不过,信息传播背后可能有的目的也会影响信息来源的可信度。社会心理学家对法庭辩护的调查发现,不论是律师或罪犯,当他的辩护仅仅是为了维护个人私利时,说服力就会下降。相反,如果他的辩护可能有损于他的私利,他的信誉就会上升。

②信息来源受人喜欢的程度

社会心理学的研究发现,当一个人喜欢另一个人时会比较听信对方的话。所以利用受人喜欢的人物来介绍产品,可以增加广告的说服力。信息来源能否被受众所喜爱,与下面几个因素有关:

A. 来源外貌的吸引力

外表长得相貌堂堂的人,往往很容易引起人们的好感。许多研究者发现,一般人对长得好的人的评价要比长得不吸引人的人高。不过,长得很帅或很美的人常常被认为是臭皮囊或花瓶,人们对其人格的评价不会太高,但仍然会喜欢他或她。卡波雷罗(Caballero)等人1989年的研究也发现,身体的吸引力对于购买产品的意愿不是重要的影响因素。[①]

B. 来源与说服对象的相似程度

许多研究者证实,当两个人之间有越多的相似之处,他们之间的相互喜欢程度越高。相同的兴趣、相同的经历、相同的生活方式以及相同的年龄、地位,均可以使双方增加相互吸引力。也就是说,产品的代言人最好能够得到目标消费群体的认同,这样代言的效果会比较理想。

C. 来源与说服对象的熟悉程度

熟悉会引起喜欢,这在第二节中已作过讨论,这里不复赘述。

③信息来源的意图

当信息来源的意图是通过信息传递来达到自己的某种目的,即为自己好时,信息的说服力就会下降。反之,如果信息传递的目的是服务于受众,那么,信息

---

① Caballero M J,Lumpkin J R,Madden C S.Using physical attractiveness as an advertising tool:An empirical test of the attraction phenomenon[J].Journal of Advertising Research,1989,29(4):16-22

的说服力就会加强。[①] 广告一般被看作是为广告主服务的，消费者具有一定的心理防御，说服力下降。公关新闻报道以及一些非常规广告形式的广告（如图4-26），尽管目的仍然是为所介绍的企业或品牌服务，但具有一定的隐蔽性，因此说服效果往往比较理想。

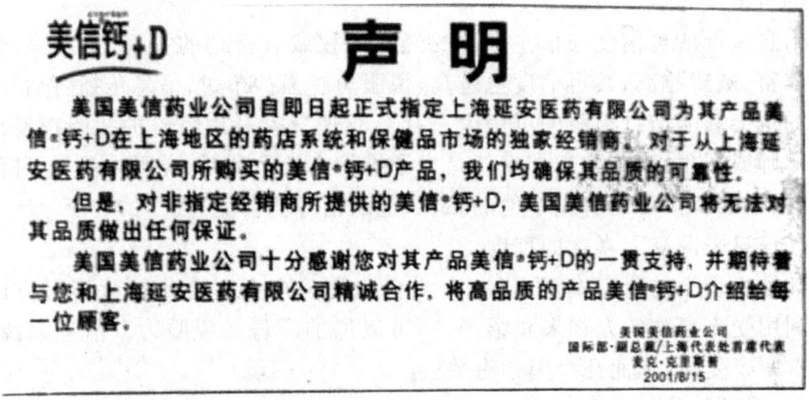
美信钙+D　声明

美国美信药业公司自即日起正式指定上海延安医药有限公司为其产品美信•钙+D在上海地区的药店系统和保健品市场的独家经销商。对于从上海延安医药有限公司所购买的美信•钙+D产品，我们均确保其品质的可靠性。

但是，对非指定经销商所提供的美信•钙+D，美国美信药业公司将无法对其品质做出任何保证。

美国美信药业公司十分感谢您对其产品美信•钙+D的一贯支持，并期待着与您和上海延安医药有限公司精诚合作，将高品质的产品美信•钙+D介绍给每一位顾客。

美国美信药业公司
国际部·副总裁/上海代表处首席代表
2001/8/15

图 4-26　美信钙＋D 的声明

(3)广告表现形式

研究发现，那些娱乐人、活泼、欢快的广告都能让人喜欢，但广告与被试的关联、对被试的意义则是影响人们是否喜欢广告的更为重要的因素。[②] 利用一定的手段（如名人）将广告与受众或受众的生活联系起来，利用幽默、诙谐的广告表现手法，展示优美的画面与音乐等，让受众喜欢广告，也是广告主说服受众的手段之一。事实上，国外的电视广告主要是通过广告表现形式，而不是信息来说服消费者的。施德曼(Stayman)等人 1989 年研究 855 则黄金时段的电视广告指出，几乎一半广告被分类温暖的或有趣的、愉悦的。[③]

**3. 直接建立消费者对品牌的好感**

这种做法来源于经典行为主义的条件反射理论。即借助于广告的重复，建立商品与某种特定情感的联系。许多啤酒、饮料广告都是采用这一手段。例如国外的“百威”啤酒曾在广告中，把一个人的工作及高品质精巧技能与百威啤酒联系起来，企图通过此一主题的大量重复，去说服消费者，只要激发了“对工作岗

① 巴克 K W.社会心理学[M].南开大学社会学系，译.南开大学出版社，1986

② Biel A L，Bridgwater C A.Attributes of likable television commercials[J].Journal of Advertising Research，1990，30(3)：38-44＋133

③ Stayman D M，Aaker D A，Bruzzone D E.The incidence of commercial types broadcast in prime time：1976—1986[J].Journal of Advertising Research，1989，29(3)：26

位的骄傲",就同时激发对百威品牌的欲望。这类广告通常称为感性广告。

**4. 通过企业形象来影响品牌态度**

在人们的思想中,"有其父必有其子,有其母必有其女"这种概念根深蒂固,并影响着人们对人、对物的看法和评价。特别是当人们对某人或某物不了解的情况下,他们更容易根据其来源作出评价或态度反应。例如,我们经常可以听到"这样糟糕的父母怎么能教育出好子女","糟糕的工厂怎么能生产出好产品"。所以说努力塑造好的企业形象,也是促使消费者形成良好的品牌态度的一种有效途径。

**5. 公关新闻报道**

通过对企业某些新闻事件的报道,在品牌形象的塑造上具有重要的作用。由于广告的目的就是说服消费者,消费者在接触广告时存在着心理防御,因此说服效果会受到影响。而公关新闻报道则不然,企业或品牌信息的传播者是报社记者,而不是企业本身,受众比较容易相信报道,说服效果较为理想。所以,尽可能地利用公关新闻报道是建立良好企业形象或品牌形象的重要途径。

2013—2015 年,厦门大学品牌与广告研究中心连续监测腾讯、网易、新浪、搜狐、人民网、凤凰网等 36 家网络媒体有关食品、家电、通讯、金融等十个行业中的四百多个品牌的新闻报道,以衡量各品牌健康状况。并且每年召开《中国品牌健康指数》发布会。2014 年的发布会上,厦门大学品牌与广告研究中心公布了 50 个价值较高的品牌在 2013 年度的健康指数,如图 4-27 所示。所有 50 品牌在 2013 年的品牌健康度指数(取值范围为 0～100 度)平均值为 71.4 度,比 2012 年的 74.9 度下降了 3.5 度。所有 50 个品牌中,健康度最高的达到 99.8 度,最低的只有 26.2 度。从该机构发布的《中国品牌健康指数》反映了各品牌在公众或媒体中的品牌形象好坏程度。

**6. 赞助**

NBC 对 1992 年奥林匹克进行一系列的研究发现,赞助者的公司形象获得可以测量出来的正面效果。[1] 康沃尔(Cornwell)等人 2001 年利用事件研究方法进行分析的结果也证明,赞助能够为赞助公司提供价值,但赞助产生的价值依赖比赛的数量和赞助活动有关变量,最重要的是赞助者与事件的匹配。[2] 类似的

---

[1]　Stipp H,Schiavone N P.Modeling the impact of Olympic sponsorship on corporate image[J].Journal of Advertising Research,1996,36(4):22-28

[2]　Cornwell T B,Pruitt S W,Van-Ness R.The value of winning in motorsports:Sponsorship-linked marketing,Journal of Advertising Research,2001,41(1):17-31

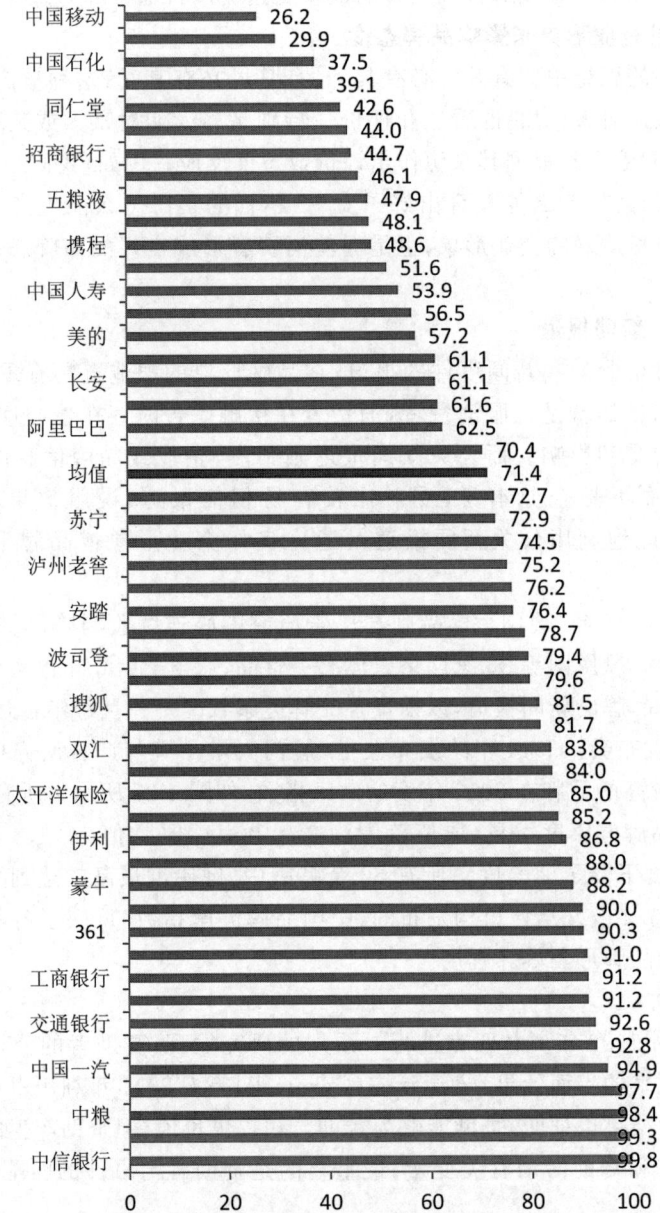

图 4-27　2013 年国内 50 个品牌的健康指数①

_____

　①　厦门大学品牌与广告研究中心内部资料。

研究还通过公司市场价值的改变来评估赞助活动的作用。研究以 27 家正式宣告赞助 1996 年夏季奥运会的公司为对象。研究资料表明,获得赞助奥林匹克被投资市场看作是一件利好的事件。无论如何,批评奥林匹克赞助是没有根据的。①

赞助不仅影响企业形象,也影响消费者对公司的态度和购买意图等。哈维(Harvey)2001 年认为对于食品广告主来说,赞助影响购买考虑的品牌(consideration set)、购买意图和品牌知觉。对于汽车制造者来说,赞助也影响购买考虑的品牌。在赞助情景中引起说服的要素与广告情景中引起说服的要素不同。②奎斯特和汤普森(Quester & Thompson)2001 年采用实验方法对赞助艺术事件所进行的研究表明,被试在出席事件赞助前后对赞助者和赞助活动的态度发生显著的变化。出席赞助活动的被试欢迎赞助,感激赞助在促进艺术发展中的作用。没有出席赞助者中有更多的人认为赞助活动是在浪费金钱,更多的人宁愿看到将钱投到体育运动上,也不愿意看到投到艺术赞助上。③

### 7. 借势

自古以来,善于借势的人借他人之力登上事业巅峰。老祖宗的智慧对于当今品牌传播具有启发意义。借势就是善于借力打力、顺势而为,通过媒体争夺消费者眼球、借助消费者自身的传播力、依靠轻松娱乐等方式扩大品牌传播,提高企业或产品的知名度、美誉度,树立良好的品牌形象,并最终促成产品或服务销售的营销策略。这正是"好风凭借力,送我上青云"。

例如,世界杯作为四年一次的体育赛事,在中国拥有数量庞大的观众群。东风风光新品上市的东风 350 与东风 330 巧妙地借助世界杯的大势进行了借势宣传。首先东风小康的官网微信举办"是男人就挺住"游戏竞技活动,参与活动的网民有机会获得 3 个 13 英寸 APPLE MacBook Air、10 个正版世界杯专用足球,以及 40 件正版球衣的奖品。此外,东风风光世界杯活动,还包括全程娱乐竞猜活动、点球大战游戏活动,关注微博、微信、官方网站,就有豪礼相送,包括购车抵用券、定制礼品、110 个巴西世界杯吉祥物马克杯、135 个正品极速 U 盘(8G)。

如今网络发达,世界上每天都有新鲜事发生,互联网的快捷加速了事件的传播速度,杜蕾斯借助各类事件,把借势营销做到极致,成为各大品牌商竞相模仿

① Miyazaki A D, Morgan A G. Assessing market value of event sponsoring：Corporate Olympic sponsorship[J].Journal of Advertising Research,2001,41(1):9-15

② Harvey B.Measuring the effects of sponsorships[J].Journal of Advertising Research,2001,41(1):59-65

③ Quester P G, Thompson B. Advertising and promotion leverage on arts sponsorship effectiveness[J].Journal of Advertising Research,2001,41(1):33-47

的对象。例如,冬至是全年白昼最短、黑夜最长的日子(见图4-28),所以杜蕾斯的文案是这样写的:今夜最"长"情。

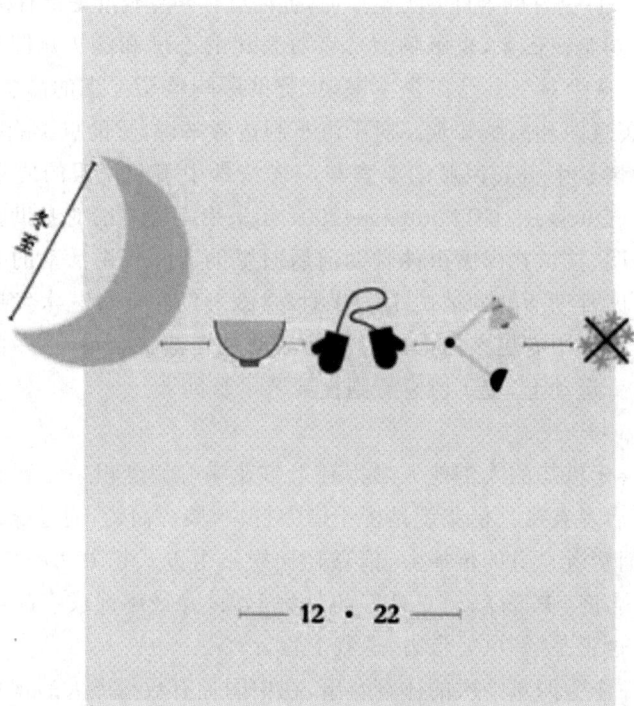

图 4-28　杜蕾斯广告

# 第四节　广告的间接说服策略

在本章第三节论述了品牌态度与广告态度的关系,介绍了四种具有代表性的假说,分别为情感迁移假说、双中介假说、交互中介假说和独立影响假说。这些假说论述广告要达到说服消费者购买产品,需要经过怎么样的心理过程。这些理论假说都表明,广告是通过改变消费者对广告态度和品牌态度从而达到促进其购买的目的,也就是说,如果消费者对广告有良好的印象,则有助于消费者产生积极的品牌态度,进而促进其购买,如果消费者讨厌某则广告,则对广告中的品牌态度也会产生消极影响,最终无法达到促进其购买的目的。这些理论假说能有效解释一般情境下的广告活动。但是,这些从西方引进的理论没有考虑中国文化背景和特殊的消费情境。中国文化价值大部分形成于人与人、人与社会关系之中,中国文化价值体系中,关系导向方面主要由尊重权威、相互依赖、群体导向和面子四个价值构成 ①。人情和面子成为人们生活和工作围绕的中心。这种文化背景下产生了富有中国特色的面子消费,这些消费包括礼品消费、攀比消费、炫耀消费和关系消费和公关及特殊消费等,面子消费过程中一大特色就是非常关注重要他人的眼光和看法。下面本书介绍一下与面子消费有关的礼品广告和奢侈品广告的说服策略。这些广告策略除了采用我们传统意义上的直接说服策略,还利用中国人的心理,有意或无意地采用间接的说服策略。

## 一、礼品广告的说服策略

一提到礼品广告,读者们第一反应常常是"今年过节不收礼,送礼只送脑白金"这句广告词。在很多人看来,脑白金广告一无是处,更有业内人士骂其毫无创意、"恶俗",并被列为冒犯性的广告,网络上骂声一片。然后,截止至 2014 年,脑白金连续 16 年荣获保健品单品销量第一。为何广告态度与购买行动出现背离呢?这在传统"广告→认知→态度→购买行为"的广告心理效果模型中是无法解释的。许多专家与学者对脑白金的产品定位和广告策略的过人之处进行分析。比方说其独特的礼品定位策略,"年青态,健康品"的高超诉求点等等。当然这些营销传播策略确实是其成功的原因。然而,这些业界和学界专家还忽略了脑白金广告的间接说服策略。

广告主在品牌传播过程中,除了针对目标消费者进行直接劝服以外,还会有意或无意地地采用间接影响策略,即广告诉求表面上是说服与目标消费者无关的某个群体——"第三者",实际上是该广告让目标消费者感知到广告对"第三者"产生巨大的说服力,从而甘心乐意地购买广告中的商品。脑白金广告中的诉求"送礼只送脑白金"是针对买礼品的目标消费者——年青的儿孙辈直接说服的,除此之外,脑白金广告中的一男一女的两个人偶在快乐地唱歌跳舞,再加上"年青态、健康品"、"加深睡眠、改善肠道"等广告诉求,是针对受礼者——父母爷

---

① Oliver,et al.Crossover Effects in the Theory of Reasoned Action:A Moderating Influence Attempt[J].Journal of Consumer Research,1988(12):324-340

爷奶奶辈进行说服（如图4-29）。这个广告策略表面上是说服父母爷爷奶奶,实际上对儿孙辈进行间接说服,让他们知道脑白金广告能够打动老人的心,购买脑白金孝敬父母及其它长辈一定觉得他们的欢心,即便购买者本人未被脑白金广告说服,甚至还讨厌脑白金。脑白金的媒体策略采取电视广告为主,其它媒体为辅,并一般在黄金时段、亚黄金时段播放,让脑白金的知名度响切全国,让购买者知道即使是在身处乡下的亲戚也知道脑白金是知名品牌,用它送礼不失面子。

图 4-29　脑白金广告

来源:昵图网

　　五粮液集团保健酒公司推出的黄金酒广告也是采用了直接说服和间接说服相结合的广告策略。在创意策略上,该广告由两位老演员表演,一开场即采用中国传统的念白方式把黄金酒的口感给说出来了,"入口柔,一线喉",随着表演者的念白,感觉中国传统的韵味十足。随后这两位表演者又将该产品的"人参、鹿茸"等具有中国传统保健功效的主要成分表述出来,点明了该产品的保健定位(如图4-30所示)。而在媒体策略上,该公司斥巨资,广告被投放在央视黄金时段,并结合其它,形成了"全天吼"的媒体轰炸模式,造成了非常高的知名度。该广告策略在表面上是在说服老年人,但如果更深层分析其策略,该策略对购买该产品的中青年人是也起到间接说服的作用,它暗示购买者:在如何频繁的广告轰炸中,我的父母或其它长辈们多数被"洗脑"了,他们应该都喜欢黄金酒,购买这个礼品送给他们是个很不错的选择[①]。

---

　　① 曾秀芹,程煜.营销传播中的第三人效果研究:理论和实践本土化[J].国际新闻界,2013(8):119-127

图 4-30　黄金酒广告

来源:昵图网。

## 二、奢侈品的品牌传播策略

奢侈品(Luxury)在国际上被定义为一种超出人们生存与发展需要范围的,具有独特、稀缺、珍奇等特点的消费品,又称为非生活必需品。奢侈品在经济学上讲,指的是价值/品质关系比值最高的产品。从另外一个角度上看,奢侈品又是指无形价值/有形价值关系比值最高的产品。奢侈品的消费是一种高档消费的行为,奢侈品这个词本身并无贬义。奢侈品品牌可参照按世界品牌实验室(World Brand Laboratory)所评出的 100 个世界奢侈品品牌和本土的一些高档的烟酒、仿古家具、高档服装、珠宝首饰、高档住宅等本土高档消费品牌。贝恩公司发布的《2022 年中国奢侈品市场:个人奢侈品迎来增长新局面》报告显示,过去 5 年,中国奢侈品市场一路高歌猛进,2019—2021 年市场规模实现翻番。然而,受新冠疫情的影响,国内经济和社会活动有所放缓,门店客流减少,消费意愿下降,增长势头在 2022 年明显减弱。2022 年个人奢侈品市场同比下滑 10%,各个奢侈品品类和大部分品牌几乎都遭遇了 5 年来首次大幅下滑。尽管暂时受挫,但中国依然是最具潜力的奢侈品市场。

同时,在全球范围内,头部 2% 的客户贡献了大约 40% 的奢侈品销售额。中国奢侈品市场的 VIC(very important customer)客户集中度较高,并在 2022 年得到了进一步提升。相比高净值人士,入门级奢侈品消费者受到经济放缓的影响更大。同时商场客流量减少,导致奢侈品门店拉新数量降低。因此在 2022年,销售额更集中于 VIC 客户。一些奢侈品牌在中国市场的 VIC 客户销售集中度甚至超过了全球平均水平。

由于中国文化的核心价值为"面子"和"关系",所以中国人的奢侈品消费动机也有别于西方的消费者,中国消费者对奢侈品的追捧更多是为了面子、身份和阶层标志。有研究表明中国人奢侈品的消费动机包括两个方面,一是包括炫耀、从众、领先、社交和身份象征等社会消费动机;另一个是包括品质精致、自我享乐和自我赠礼在内的个人性消费动机 [①]。如果说在西方消费者的购买动机是"我想要",而在中国很多情况是消费者"我不得不要"。如,一位刚成立公司的老板为了在客户面前显示自己的经济实力和个人品位,在资金很紧张的情况下还购买宝马车和爱玛士等服饰。一位白领为了在同事和朋友面前炫耀或追求潮流,省吃俭用买就为买 LV 的包包。

以上两个例子中,如果这位老板的客户不认识爱玛士的品牌,也并不知道其非常名贵,只是普通的品牌而已;那位白领的同事们和朋友们并不了解 LV 品牌,并不知道其价格和其所代表的时尚潮流,以为只是普通一个包包而已,这位老板和白领花这么多钱买这些品牌有何意义呢?

那么,如何让这个结奢侈品品牌具有额外的象征价值呢? 营销传播起来关键的作用,例如,广告为奢侈品塑造出来文化附加值,使它们贵的名正言顺,让它们的附加值高于其使用价值,这种文化的附加值不能给予产品本身超乎寻常的体验价值,但却能带给使用它的消费者被人羡慕、让人尊重的心理满足感。例如,奢侈品广告很少直接表现金钱、财富、权力。它们的共有符号常常是高级运动(如高尔夫、网球、赛车、游艇等),奇美景致,高雅艺术形式等,如图 4-31 所示。这样的广告符号常常是含蓄的、内隐的。这些符号构筑的神话世界是休闲、沉醉于艺术等个性化生活方式,这与奢侈品的昂贵所包含的金钱、权力等没有关联,而是暗含了经济资本以外以品味为主的文化资本的优势占有。品味独特、风格尊贵、地位高贵成为这些符号的逻辑关系,这增强了广告的精英

图 4-31　轩尼诗的广告图片

① 朱晓辉.中国消费者奢侈品消费动机的实证研究[J].商业经济与管理,2006(7):42-48

内涵和不容随便介入的文化区隔和身份区隔①。

广告主是如何让消费者认识到周围其他人也了解奢侈品的象征价值呢或无形价值呢？也就是说，在上文提到的那位老板和白领在决定购买这些奢侈品时如何能够断定他们身边亲友、同事、客户们能够了解到宝马、LV和爱玛士的无形价值呢？这要涉及到社会规范或社会氛围。在消费者行为研究中，理性行为理论或计划行为理论最常被用于解释消费者行为的理论框架，该理论认为消费者的行为除受到消费者个人对该消费行为的态度以外，还受到社会因素或社会规范的影响，也就是周围其他人对这个消费行为的态度和看法。

消费者是如何学习或了解到有关某消费行为的社会规范的呢？这与营销传播的间接说服策略有关。例如，引领全球时尚潮流的意大利米兰发布会或名星代言广告都是主要奢侈品的营销传播策略，受众看到时装发布会或名星代言广告（如图4-32），或者接下来一些媒体有关这些发布会或奢侈品介绍的媒体报道，受众就会在意识层面或潜意识层面推测周围人也看到这些发布会、广告和媒体报道，推测其他人也理解奢侈品广告符号所构筑品味独特、风格尊贵、地位高贵的价值意含。从而形成了话题，逐渐形成了有关某种时尚潮流消费的社会规范，这种社会规范的形成有赖于受众对其他人如何受到营销传播影响的推测。

图 4-32　奢侈品牌 Etro（格调）
于米兰时装周发布 2020 春夏
系列时装秀
来源：WOW-TREND.COM

## 三、间接广告说服策略的理论基础

### 1. 第三人效果理论

以上介绍的广告间接说服策略只是中国广告业界的实践经验，能不能用理论加以解释呢？答案是肯定的。这就是传播学领域在媒体传播效果研究中提出的第三人效果理论。该理论的主旨为人们通常认为媒介信息（尤其是负面信息）对他人的影响要远大于自身（Davison，1983）。例如，当我们看色情电影或暴力电影时，我们可能会认为这些影片对青少年儿童造成很不好的影响，但而对我们自己却影响不大。

---

①　韩素梅. 符号传播：奢侈品广告的说服机制[J]. 浙江工业大学学报（社科版），2007
（2）：116-120

为何叫第三人效果呢？这是因为第三人效果是一种预期，即某一讯息不是对"我"（语法中的第一人称）或"你"（第二人称），而是对"他们"（第三人称）产生最大的影响。个人往往高估大众媒介对他人的影响，而低估其对自己的影响，或者两种估测同时存在。"第三人"效果认知与信息性质有关，当人们接触违背社会期望的、负面的信息时，例如暴力电影和色情电影时，产生正常的第三人效果。而当人们接触符合社会期待、能够引起正面感情的媒介信息时，如爱国主义教育片，则产生反第三人效果：倾向于预期这类信息对"自己"的影响大于对"其他人"的影响，我们称之为"第一人"效果①。

传播学者是如何发现这个有趣的现象的呢。故事要从第二次世界大战及冷战时期的心理战和舆论战说起。著名的社会学家戴维森进入二战时期美军心理与宣传战术的研究中心工作，事后撰写《大众传播中的第三人效果》一文，文中列举了大量战争时期与心理战、舆论战有关的案例来说明第三人效果现象。其中一个案例如下：

太平洋硫磺岛上驻扎着一支美国军队，这支部队的士兵主要是由黑人组成，但军官司是白人。日军发现了这支部队的位置后开展一场心理战：派飞机空投传单，传单的对象是黑人，主要意思是说，"这是一场白人的战争，日军与有色人种没有瓜葛，黑人兄弟们不要白白送死，找机会投降或逃跑吧"。第二天，美军竟然全部撤军。有趣的是，后来的调查发现其实传单没有对黑人士兵产生影响，而是对白人军官产生了影响：他们由于担心黑人士兵受传单影响而逃亡，因而作出撤军的决策（禹卫华、岳媛，2009）。

第二个案例是有关记者对新闻的第三人效果知觉。冷战初期，当研究西德媒体在报道东德外交政策中所发挥的作用时，研究者询问了很多西德记者，问题是"西德报纸的社论对读者的影响有多大？"经常听到的回答是"那些社论对像你我这样的人影响很小，对那些一般的受众有可能影响比较大。"

大家仔细想想，你们是不是也如西德记者一样高估自己抵御负面影响的能力，而低估他人的能力，会认为自己比别人高人一等或是比别人更能避开各种负面事件带来的损失。例如，脑白金广告、黄金酒等商业广告也是大众传播信息的一种，具有极强的说服性，你们会认为自己比别更有主见和判断力，不会受到广告影响而去购买产品，但是其他人，尤其是比自己弱势的群体，如小孩和老人则不能幸免，他们容易被广告劝服而喜欢或购买这些产品。因而会出现不喜欢脑白金却常常购买的现象。

---

①　曾秀芹，张婷婷.广告第三人效果研究——间接广告效果模式[M]//中国媒体发展研究报告·广告卷.武汉：武汉大学出版社，2013：15-22

### 2. 间接影响模型

是不是一定要负面的媒介信息才会产生第三人效果现象呢？答案是否定的。

随着第三人效果研究的不断深入，研究发现不同类型的信息由于其社会期许性不同，其展示的第三人效果也不同：媒介暴力是负面信息，为社会所不期许，产生了经典的第三人效果；而被社会所期许的公益广告以及制作精良的品牌形象广告则出现了相反的效果——"信息对自我的影响大于对其他人的影响"。学者们用"第一人效果"（the first-person effect）称谓这种现象。自第一人效果概念提出后，有数十项研究都涉及第一人效果的检验，并在公益广告中普遍发现第一人效果[①]。至此，第三人效果的研究框架不断得到拓展和延伸，大致包括三部分："第三人"效果、"第一人"效果（"反第三人"效果）及"第二人"效果（共识效果）（Kurt & Edward，2002）。2003 年，Gunther 和 Storey 提出了更简单但更宏观的"间接影响模型"（Indirect Effect Model），它适用于任何信息类型的传播，无论是正面信息还是负面信息，也不管是产生第三人效果、第二人效果，还是第一人效果，统一称之为"假定影响"[②]。

由于假定影响模式突破只从受众本人角度来研究媒介信息传播效果的局限，开始重视受众对其他人媒介传播效果的预期，研究媒体信息的"间接"传播效果，所以得到研究者的极大关注。该学说成为新世纪最受欢迎的传播效果理论之一，已被国外学者广泛应用于广告、公关、网络营销和新媒体研究，并被证实会对消费者购买意向、口碑传播等行为产生影响。

传统的硬营销、"推式营销"追求直接影响、经济实效，在广告创意策略上重在介绍产品的优点、利益，媒体策略上则重在精准，瞄准目标对象，饱经广告轰炸的消费者们却无动于衷。而口碑营销、饥饿营销、话题营销、制造流行趋势等并未向目标受众推销，重在通过让人们感觉到身边人、其他人都在谈论它、追逐它，从而受到感染、驱动，加入流行大潮，可以说是一种拉式营销，是间接影响策略在营销传播领域的应用。

---

[①]　Henriksen L，Flora J A.Third－Person Perception and Children：Perceived Impact of Pro- and Anti-Smoking Ads[J].Communication Research，1999，26(6)：643-665

[②]　Gunther A C，Storey J D.The influence of presumed influence[J].Journal of Communication，2003，53(2)：199-215

## 小资料 4-1　"间接效果模型"的来源①

"间接影响模式"是 Gunther 和 Storey 从一个在尼泊尔开展的关注女性健康的运动中得到的。

尼泊尔的育龄妇女既面临世界上最高的孕妇生育死亡率,又面临着高山地区低水准的医务人员。多年来,由于当地医务人员的低水平与恶劣态度引发很多矛盾。为了改变这一状况,美国霍普金斯大学公共医学院传播研究中心与尼泊尔卫生部联合进行了一场信息传播运动,这场运动的核心内容就是制作一部播放时间长达两年的广播剧,名叫《服务带来回报》,从 1997 年到 1999 年连续播出。这部广播剧针对的受众是尼泊尔边远地区的医务人员,其内容主要是向医务人员介绍如何处理女性健康方面的医疗问题,并且通过生动的故事情节试图缓和医患之间的芥蒂。没想到,"墙内开花墙外香","无心插柳柳成荫"。本来针对医务人员的广播剧,却对患者产生了巨大影响。研究发现,这部广播剧除了对边远地区的医务人员有影响外,还对一般人口意义的其他人(主要是可能的患者)产生了巨大影响,这种间接受众的影响引出一个令人惊奇但又有理论意义的现象。以下的步骤还原了"间接影响模式"在这个运动中的发生过程:

第一步:广泛意义上的患者也成为这部广播剧的热心受众,尽管她们并非广播剧原先设定的主体受众群。

第二步:这些广泛意义上的患者预期广播剧将对目标受众具有比较明显的影响,这里"目标受众"指的是尼泊尔边远地区的医务人员,"影响"指的是让这些人员的医疗水平与服务态度发生变化。

第三步:这些对医务人员态度改变的预期,促使非广播剧目标受众对边远地区医务人员专业品质的改变有更高的期待。

第四步:作为期待的结果,人们从一个更加正面的角度来看待边远地区的医务人员。

最后,越来越多的正面态度就会促使患者在与医务人员的互动中保持更加正面的态度,并且,在与医务人员的接触过程中,体现出更多自信。

---

① 禹卫华,张国良."第三人效果"研究新动向——"间接影响模式"的提出及其应用[J].
新闻记者,2008(4):66-68

# 第五节　典型的广告诉求方法

从理论研究和实践的角度来看,广告的诉求方法主要有三种,即理性诉求、情感诉求和潜意识诉求。本节仅仅对它们加以介绍、分析和讨论。

## 一、理性诉求

理性诉求是指通过将有关品牌或产品的信息呈现给消费者,以期达到说服他们接受产品和品牌的目的的广告诉求方法。采用理性诉求的广告其实就是雷斯尼克和斯坦(Rensik & Stern)所谓的"信息性广告"。按照他们的看法,只要包含一条以上信息内容的广告,就是信息性广告。根据他们的研究,电视中的这类广告占 49.2%。[①]

理性诉求的关键是广告呈现什么信息内容,但是在很多情况下,如何呈现信息也是很有讲究的。本章第二节已经就论点、论据的呈现问题做了广泛的讨论,这里着重讨论"比较"和"双边论证"两种理性诉求方式。

### 1. 比较

比较是广告中经常采用的诉求手段,是借助于有关信息的对比分析来突出或陈述产品的特性或优点。一般来说,比较有三种情形,即产品使用前后比较、产品更新前后比较、竞争品牌比较。

(1)使用前后比较

宝洁公司的许多产品广告都是采用产品使用前后(或使用与没使用)的对比,来突出产品的功效。例如,舒肤佳香皂的广告比较的是,使用舒肤佳手上残留细菌少,没有使用手上残留的细菌多;海飞丝是,使用之后头屑不见了,没有使用前头屑很多;飘柔使用前头发会打结,使用后则很柔顺。由于宝洁公司大量产品的对比是通过电视画面左右两边直接比较的广告来实现的,所以其电视广告也可称为"两半"广告。图 4-33 是味事达酱油的两则很有意思的使用前后比较广告。

---

① Rensik A,Stern B L,An analysis of information content in television advertising[J]. Journal of Marketing,1977,41(1):50-53

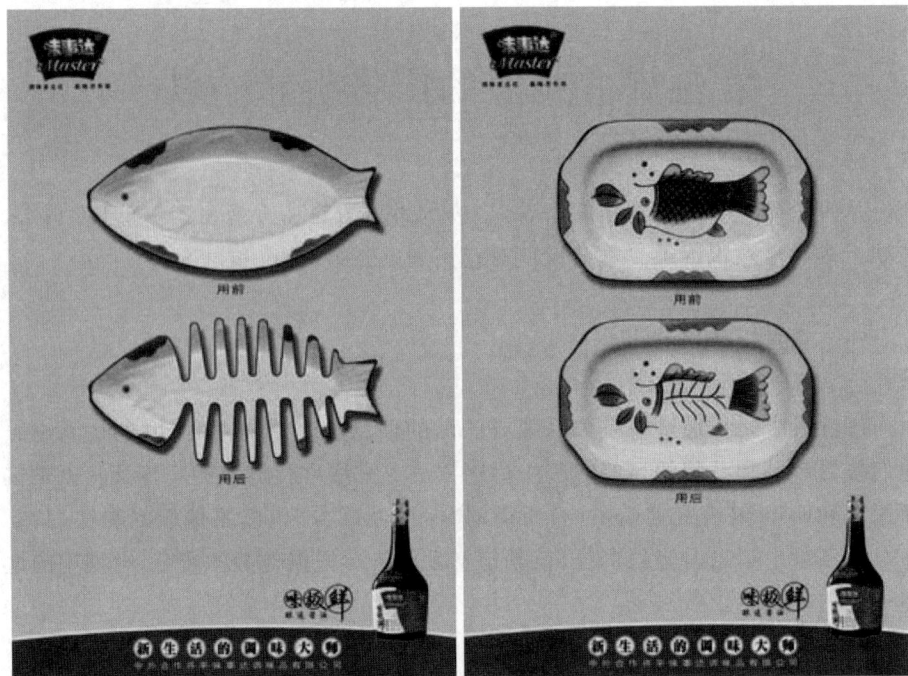

图 4-33    味事达酱油

（2）更新前后比较

更新前后比较是把同一品牌产品的过去情况与现在情况进行比较，来突出产品性能、质量等方面的发展变化，这种比较与产品的技术革新相联系。例如英国有家公司，在宣传该公司生产丽明顿刮胡刀越来越快、越来越耐用时，采用了革新的比较手法。该产品广告一共有三张照片，第一张照片站着 10 个人，表示从前每一刀片可刮 10 个人；第二张照片站着 13 个人，表示后来可刮 13 个人；第三张照片上有 200 多人，表示现在可刮 200 多人。再比如，飘柔二合一有一则电视广告，也是采用这种自我比较的手段，在电视画面上先并列展示两种包装颜色不同的洗发精和护发素，然后把另一瓶颜色不同的飘柔洗发护发二合一的洗发精从画面的上部慢慢向下移动，覆盖原来的洗发精和护发素，并把洗发精和护发素渐隐至消失，在画面表现的同时，还配上相应的解说词，以突出说明新飘柔的新功能。图 4-34 的苹果手机 6plus 广告就是一则更新前后比较广告。其意是指，以前的苹果 6 手机屏幕只有 4.7 英寸，而现在的苹果 6plus 已经更大到 5.5 英寸，并且像素也从 1334×750 提升到 1920×1080。所以其广告语为"比大更大"。

图 4-34 iPhone 6 plus 广告

更新前后比较利用了品牌已有的知名度和品牌在消费者心目中的已有形象,同时又展示了产品的更新、变化和发展,突出产品的某一特点,因而容易给人留下深刻的印象,容易进一步提高品牌知名度。所以,更新前后比较,只要不是无中生有或没有本质差异的对比,都是值得提倡的。

(3)竞争品牌比较

在一则广告中,将一种品牌与另一种或一种以上的品牌加以比较,即所谓竞争品牌比较。这种广告也称为比较广告。换言之,比较广告是指用语言和视觉与能够清楚识别的竞争者进行对比的广告。[①]

比较广告作为一种广告形式,早就存在于广告活动中,特别是在美国,大约每 10 则广告中就有一则比较广告。但是,有些国家则明确禁止或限制比较广告。例如统一前的联邦德国曾禁止"比较广告的制作和宣传,哪怕是作为比较商品的商标,也不被允许"。日本的广告管理条例中有一条"不作中伤和排挤他人的广告(哪怕这些广告是建立在事实的基础上)"。我国的《广告法》第 12 条也明确规定"广告不得贬低其他生产经营者的商品或者服务"。但是由于执法力度不够,而且法律规定不够具体,因此,比较广告处处可见。如:水星家纺"中国名牌产品、中国十大品牌",老板牌油烟机"十大主导品牌",苏泊尔压力锅"全国销量第一",森达皮鞋"2000 年全国市场同类产品销量第一名",维维豆奶连续 15 年

① Gnepa T J.Observations:Comparative advertising in magazines:Nature,frequency, and a test of the 'underdog' hypothesis[J].Journal of Advertising Research,1993,33(5):70- 75

荣列全国市场同类产品销量第一。

一般来说,在被允许的比较广告中,任何不利于竞争者的陈述都必须有事实依据,或者说在法庭上站得住脚。

比较广告在内容上包括价格、性能、品质、构成成分、包装、销售情况等方面的对比;在比较对象上,有的跟一种品牌比较,有的同时跟几种品牌比较(如图4-35,其广告语是:"不要用这种眼光看我!我只不过是比别人身子更长一些");在比较方式上,有的指名比较,有的不指名比较,但后者所指的品牌消费者常常可以猜测到。下面是两则比较广告的典型例子,一则是"博士伦"眼镜;另一则是"海昌"眼镜。

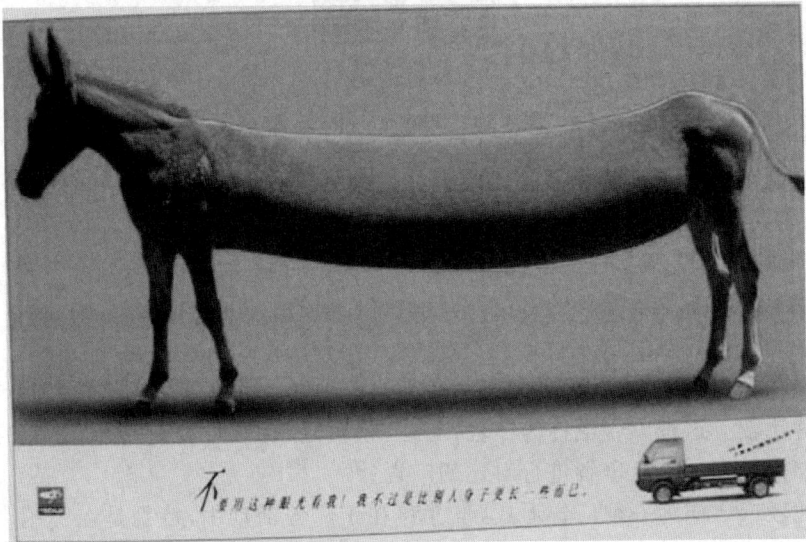

**图 4-35　玉柴农用车广告**

"博士伦"眼镜广告的主要比较内容有:

①美国的"博士伦"是最早将离心浇铸法应用于隐形眼镜生产并销售的公司。

②1971年首家获美国食品和药物管理局(FDA)核准销售软性隐形眼镜。直到1984年美国其他公司才获FDA核准销售离心浇铸法隐形眼镜。

③"博士伦"的离心浇铸长戴型镜片(含水38%)是全世界最薄的,中心仅0.035毫米。

④全世界眼科医生公认是最舒服、安全的。

⑤"博士伦"是全世界最多人佩戴的长戴型隐形眼镜(据美国阿瑟·利特尔Arthur D·Little 报告)。

⑥根据美国权威顾问公司罗斯赛尔德(Rothschild Inc.)1989 年 8 月 15 日发表的 500 家隐形眼镜公司的市场调查报告,隐形眼镜的世界销量:第一,博士伦;第二,平克顿;第三,巴恩斯·哈因特;第四,施尔宁·普利姆;第五,海昌。

"海昌"隐形眼镜广告的主要比较内容有:

①经美国(FDA)核准销售的长戴型隐形眼镜含水量可达 55%,最长可戴 7天,是真正的长戴型隐形眼镜,国内外唯有海昌公司独家生产、销售。

②含水量,美国海昌为 38%、55%,同类进口产品为 38.6%。

③抗拉力,美国海昌为 6.4 kg/cm²(38%),同类进口产品为 4.4 kg/cm²。

在学术界,关于比较广告的研究有很多。尼帕(Gnepa)1993 年的研究分析了直接比较广告使用的频率和实质。分析发现,在商业周刊、金钱、时代和新闻周刊的 6 018 则广告中,只有 212 则是比较广告。其中,比较发起者的平均市场占有率低于广告中的竞争品牌。[①]

穆凌(Muehling)等人 1989 年调查 55 家广告主、43 家广告公司、22 家媒体和管理团体的高层管理者,了解他们对四种形式的比较广告(明确的、含蓄的、指名的、普通的)的态度。广告公司以及较多的广告主和媒体都倾向于支持比较广告,特别是支持那些明确提及竞争品牌的比较广告。当然也有许多被调查者相信,比较广告是有限的,比较广告与误导、混淆消费者、增加法律问题有关。[②] 罗杰斯和威廉斯(Rogers & Williams)1989 年调查 56 家大广告公司总监对比较广告效果的态度,大多数被访者不认为比较广告必定比非比较广告有效。但是,在某些情况下,比较广告被认为比非比较广告有效。[③]

佩奇曼和斯图尔特(Pechmann & Stewart)1991 年对 1 016 则由电视广告测量服务机构提供的资料进行的分析表明,直接比较广告的效果视品牌的相对市场位置而定。对于低占有率的已建立品牌来说,在说服被试选择广告品牌时,直接比较广告比间接比较和非比较广告有效。直接比较广告对于高占有率品牌的推广也是更有效的。所有三种形式的广告对于中等占有率的品牌效果一

① Gnepa T J.Observations:Comparative advertising in magazines:Nature,frequency,and a test of the 'underdog' hypothesis[J].Journal of Advertising Research,1993,33(5):70-75

② Muehling D D.Stem D E,Raven P.Comparative advertising:Views from advertisers,agencies,media,and policy makers[J].Journal of Advertising Research,1989,29(5):38-48

③ Rogers J C,Williams T G.Comparative advertising effectiveness:Practitioners' perceptions versus academic research findings[J].Journal of Advertising Research,1989,29(5):22-37

样。① 另一项以大学生为被试的研究则发现,比较广告与非比较广告一样,是有效,还是无效,取决于比较的强度。②

巴里(Barry)1993 年对已有研究的回顾认为,从文献来看,利用比较广告的压倒性原因是提供更多关于品牌的信息;比较广告被描述为有利于不知名的挑战者;在对来自广告公司的 35 名创意总监调查中,52%反对比较广告,28%支持;比较广告可能导致反效果;比较广告也可能降低发起者品牌可信性;比较广告一方面提高品牌意识,另一方面产生错误识别。③

从已有的研究成果和逻辑分析可以得出,比较广告有以下好处:第一,比较广告通常是在调查研究的基础上制作出来的,比较的内容是消费者较为兴趣和关心的,因此广告容易引起消费者的重视;第二,那些知名度低、宣传费用不甚充裕或者从未为人所知的新品牌,通过直接与知名度高、财力雄厚的老品牌作比较,如果它的确有过人之处,那么就可以达到迅速打开市场销路的目的;第三,比较广告提供的信息一般比较充分,它有利于导致消费者直接做出品牌选择,而不必再去寻找其他信息。

比较广告的不足之处是:第一,比较广告提到其他品牌的产品名称,这就相当于给别人做免费宣传,帮助它们提高品牌知名度。在某些情况下,该广告还会被认为是竞争对手的广告。第二,一般人都有同情弱者的心理,当两种品牌处于明显相对优劣的地位时,出于同情心,消费者可能选择处于劣势的品牌。尤其是在产品品质差异不大的情况下,劣势品牌更可能得到人们的同情。第三,比较广告往往是以己之优点,较之他人之弱点,而不是对产品的各个方面进行全面的比较,因而会给消费者以偏盖全、不客观、不全面的印象。这样反而有利于竞争品牌。例如奥美(O&M)广告公司 1975 年以六种品牌调查比较广告与不比较广告的结果显示,比较广告未必能提高信赖性的印象,相反,会造成消费者对广告中所列举的竞争品牌产生好印象的反效果。

可见,比较广告有利也有弊,在运用时必须小心谨慎。美国 BBDO 广告公司在 1975 年提出使用比较广告应注意以下四个前提:

①本公司制品必须具有固定的优点;

---

① Pechmann C,Stewart D W.How direct comparative ads and market share affect brand choice[J].Journal of Advertising Research,1991,31(6):47-55

② Donthu N.Comparative advertising intensity[J]. Journal of Advertising Research, 1992,32(6):53-58

③ Barry T E.Comparative advertising:What have we learned in two decades? [J].Journal of Advertising Research,1993,33(2):19-29

②竞争品牌比本身品牌在市场上占优势；

③品牌忠诚程度低的消费者居多数；

④不直接批评家庭主妇的判断力。

## 2. 双面论证

在广告中，常常仅提供正面、有利的资料或论据来说明产品或劳务的优点，这种手段即所谓的单面论证，大多数广告都是采用这种手段。然而在广告中，偶尔也有这样的做法，即在充分肯定产品重要属性的优点的同时，也适当地暴露（非反驳双面论证）或否认（反驳性双面论证）产品次要属性上的不足之处，这种手段称为双面论证。例如，英国某家刀片公司在一则广告说："我公司的刀片十分锋利，经久耐用……缺点是易生锈，用后需要擦干保存才能久放。"

单面论证的说服手法是以消费者对广告信息作认知评价为基础的，要求广告提供足够有说服力的论据来突出产品的某一优点。与此不同，双面论证一般是诉诸消费者的同情心理或逆反心理，虽然广告暴露了产品的某些缺点，却给人诚实可信的感觉。不过双面论证要注意产品的缺点不能是产品的重要属性，而应该是消费者可以接受的属性。

大多数广告主都相信，即使是谎言，说的次数多了，听众也会相信。因此大多数广告都尽量介绍产品的优点，甚至不惜采用夸张的手段。极少广告主愿意向消费者暴露产品的不足或缺点，哪怕这种缺点对消费者来说是微不足道的。

每一个消费者都希望自己所要购买的产品品质优良、价格低廉、包装精美。所以充分地展示产品的优点无疑是非常重要和必要的。但是正如世界上没有十全十美的人一样，世界上也没有十全十美的商品。一种商品有突出的优点，一般也有其不足之处，这是人所共知的。所以在广告中适当地采用双面论证手法，容易得到消费者的信任。研究表明，双边非反驳性两面诉求，比单面传播更能提高文案的可信度[1]；双边诉求比单边诉求受众产生较少的反对意见和信源贬损，产生较多的支持意见（见表4-1）；[2]在名人广告中，与传统的单面诉求相比，双面诉求广告的可信度和效果评价都更高，对赞助商服务质量的评价也更好，利用广告

① Etgar M，Goodwin S A.One-Sided Versus Two-Sided Comparative Message Appeals for New Brand Introductions[J].Journal of Consumer Research，1982，8(4)：460-465

② Kamins M A，Assael H.Two-Sided versus One-Sided Appeals：A Cognitive Perspective on Argumentation，Source Derogation，and the Effect of Disconfirming Trial on Belief Change[J].Journal of Marketing Research，1987，24(1)：29-39

服务的意愿也更强(见表 4-2)。[①]

表 4-1　利用名人代言的单边广告和双边广告 t 检验结果

| 类别 | 单边诉求（OS） | | 双边非反驳诉求（TSNR） | | 双边反驳诉求 | | F 值 | 对比 |
|---|---|---|---|---|---|---|---|---|
| | 均值 | 标准差 | 均值 | 标准差 | 均值 | 标准差 | | |
| 反对意见 | 1.815 | 1.075 | 1.222 | .892 | .852 | .770 | 7.511[b] | OS＞TSNR；OS＞TSR |
| 支持意见 | .111 | .424 | .556 | .801 | .667 | 1.109 | 3.411[c] | OS＜TSR |
| 信源贬损 | 1.259 | 1.095 | .630 | .742 | .741 | .712 | 4.055[c] | OS＞TSNR；OS＞TSR |

b 表示 α≤.01；c 表示 α≤.05。

表 4-2　利用名人代言的单边广告和双边广告 t 检验结果

| 广告评价 | 单边广告(n＝26) | | 双边广告(n＝26) | | T 检验结果 | p |
|---|---|---|---|---|---|---|
| | 均值 | 标准差 | 均值 | 标准差 | | |
| 可信度 | 4.31 | .63 | 4.85 | .56 | 3.27 | .005 |
| 效果 | 4.38 | .65 | 4.85 | .56 | 2.79 | .005 |
| 赞助商评价 | | | | | | |
| 服务质量 | 4.61 | .51 | 5.00 | .71 | 2.28 | .010 |
| 购买意图 | 3.69 | 1.11 | 4.31 | 1.11 | 2.01 | .025 |

　　单面论证成功的案例自然无须多言。但广告主一般不能接受的双面论证广告,成功的也不乏其例。前面提到的英国某刀片公司的广告就是一个成功的典型例子。日本美浓津运动器具公司出售的运动衫都附有一张说明书,上面印有:"这种运动衫使用的是本国最好的染料,染色技术更是本国最优秀的。不过遗憾的是,酱紫色之类的颜色至今仍然没法做到永不褪色……"这一广告使顾客赞不绝口,对其产品推崇备至,致使产品畅销不衰,独步日本市场。另一则双面论证的成功经典之作是联邦德国的金龟车(Volks Wagen)广告,它一方面把车子的长处表达出来,同时也把车形外表"丑陋"的缺点表现在广告中,因此博得人们的

　　① Kamins M A,Brand M J,Hoeke S A,Moe J C.Two-sided versus one-sided celebrity endorsements:the impact on advertising effectiveness and credibility[J].Journal of Advertising,1989,18(2):4-10

好评和赞赏。

双面论证能够得到正确的使用，可以获得意想不到的效果。但是，如果使用不当，就像广告主所担心的一样，也容易招徕反效果。因此在使用时要考虑到各种条件，特别是下列几个方面的条件：

①接受者的已有态度

一般人都有这种心理，愿意接受与自己的态度相一致的事物或观念，拒绝和抵触与自己态度不相吻合的观念。所以当消费者对产品有良好的态度时，采用双面论证就没有必要；而当消费者对品牌印象不佳时，适当地暴露品牌的缺点能够消除他们的抵触心理，让他们接受有利品牌的看法。

对于比较成熟的品牌来说，它的市场份额主要依赖于已经建立起来的忠诚顾客。这些顾客对产品已经有了好的印象，因此没有必要采用双面论证。

②受教育水平

受教育水平越高的人，思维能力、判断能力也越强，他们能采用比较客观、辩证的观点来看待事物和观念。对他们来说，一分为二看待事物的方式方法他们比较能够接受，一面之词容易遭到他们的批评。相反，对于受教育水平比较低的消费者来说，他们比较容易不加批判地直接接受传媒的影响，所以一般不宜采用双面论证。

③品牌的知识经验

一个人的知识经验越多，想要用一面之词来说服他就越困难。当消费者对品牌已经了如指掌时，广告仅仅提供他们已知的品牌知识并不能改变他们对品牌的评价。此时运用诉诸同情心理、逆反心理的双面论证方法，反而可能取得好效果。反之，当消费者对品牌不了解或了解不多时，提供单方面的有利信息，能促使他们做出较好的认知评价。

④信源的可靠性

当一个人被认为非常诚实可靠时，即使他说的是谎言，人们也可能信以为真。反之，如果一个人不为人们所信任，即使他说的是客观事实，人们仍会带有几分怀疑。因此对于可靠的信息来源（如大媒体、令人可信的名人）宜用单面论证，而对于不太可靠的信息来源（如广告传单），采用双面论证的手法会更有说服力。

## 二、情感诉求

与理性诉求相对应的诉求方法即情感诉求。所谓情感诉求，是指通过激发消费者的情感，进而达到广告说服的目的的广告诉求方法。情感诉求的关键是想方设法利用广告要素激发受众的情绪、情感。在广告实践中，比较典型的情感诉求方式有幽默诉求、恐惧诉求和性诉求。

## 1. 幽默诉求

幽默是广告中常见的一种诉求手法。据有关统计,在美国,每年超过 1 500 亿美元的媒介广告花费中,幽默广告的花费就占到 10%~30%。[①]

广告中的幽默可以用画面来表现,也可以用语言来表达。例如在百度更懂中文的"唐伯虎和旺旺牛奶中'三年六班的李子明同学'"通过演员夸张的表演和幽默的配乐给观众留下深印象,甚至成为许多人童年的回忆。其幽默就是用人物模特的滑稽动作和表情来表现的。而在下面这一则狮牌保险柜的广播广告中,幽默则是靠语言来表达的。

例:狮牌保险柜广播广告

(男播音员以浑厚的中音诙谐地播出)世界上没有十全十美的商品,吉林省图们市金属制品厂生产的狮牌保险柜也不例外。(音乐扬起三秒,压混)单价 420 元的狮牌保险柜,不用去人去函,拨叫图们市 2589 号电话,即刻送到用户手中。狮牌保险柜,最大的缺点是用密码上锁,必须用密码开锁,不然非用焊枪切开不可。记忆有困难的人,请不要使用狮牌保险柜,免得麻烦(乐止)。

关于幽默在广告中的运用,温伯格(Weinberger)等人(1995)进行过研究。[②]他们将各种各样的产品分为四个类别(见第二章第四节),即高风险的功能性工具、低风险的功能性工具、高风险的炫耀性玩具和低风险的炫耀性玩具。然后,对各类产品中的电视广告、杂志广告和广播广告分别进行分析。分析结果显示,在四个产品类别中,低风险炫耀性玩具产品使用幽默最多,使用最少的是高风险的炫耀性玩具产品。在媒体类别中,幽默杂志广告明显少于幽默广播广告和幽默电视广告。后二者之间因产品类别不同略有差异(见表 4-3)。

表 4-3　幽默在广告中的使用情形

单位:%

| 产品类别 | 电视广告 | 杂志广告 | 广播广告 |
|---|---|---|---|
| 高风险功能性工具 | 23.9(67) * | 7.9(176) | 14.3(32) |
| 低风险功能性工具 | 22.2(248) | 11.9(125) | 10.0(199) |
| 高风险炫耀性玩具 | 0(32) | 5.5(89) | 35.2(23) |
| 低风险炫耀性玩具 | 37.9(103) | 18.1(61) | 40.6(254) |

* 括号里的数据为样本量。

---

① Weinberger M G,Spotts H E,Campbell L,Parsons A L.The use and effect of humor in different advertising media[J].Journal of Advertising Research,1995,35(3):44-56

② Weinberger M G,H Spotts,L Campbell,Parsons A L.The use and effect of humor in different advertising media[J].Journal of Advertising Research,1995,May/June:44-56

幽默表现手法用得好,可以充分发挥广告的效力。例如法国的克隆堡啤酒在美国做的一则幽默广告就很成功。其广告用语是:"法国的阿尔萨斯(克隆堡啤酒的产地)人十分惋惜地宣告,珍贵的克隆堡啤酒正在源源不断地流向美国,阿尔萨斯人真舍不得让克隆堡啤酒离开。"画面表现为:当法国人在看到克隆堡啤酒装上卡车向美国驰去时,男女老少悲伤落泪。

幽默广告中使用的手法很多,其中十分常见的一个是夸张手法。在许多平面广告中,常常使用夸张的滑稽动作和表情来表现幽默诉求。而在下面的这一则天猫双十一的网络视频广告中,夸张化的行为则为创意加分,如图 4-36 所示。

图 4-36　天猫双十一网络视频广告

(乐起,悠扬的钢琴旋律)身着礼服的新人正在草地上拍摄婚纱照。此时远处整点报时的钟声响起,摄影师和助理立刻停止拍摄工作。(音乐转为欢快的喜庆乐曲)在新人的错愕中,摄影师拿出帽子,助理拿出倒打的雨伞狂接漫天落下的红包雨。"整点狂抢红包雨,城里的人真会玩!"画面呈现手机 APP 中狂接红包雨的场景。"天猫双十一,ready,go(购)!"新郎也不甘示弱地倒抱新娘,利用婚纱的蓬蓬裙开始迎接纷纷的整点红包(乐止)。

关于幽默诉求手法的效果,大多数广告商凭直觉相信,幽默的使用会带来良好的广告效果。[①] 正如传统的看法所认为的,幽默能降低受众的认知防御,从而可对其产品引发出愉悦的、易于记忆的联想。然而,早在 1960 年代,奥格威

---

① Spotts H E,Weinberger M G,Parsons A L。Assessing the Use and Impact of Humor on Advertising Effectiveness:A contingency approach[J].Journal of Advertising,1997,26 (3):17-32

(Ogilvy)瑞夫斯(Reeves)等人就已经指出,在广告中使用幽默要小心谨慎。[1] 奥格威则坚持认为广告不宜太引人发笑,而应该多一些情报,并指出"人们可被小丑所逗笑——他们却不取其行径"。美国伯恩巴克公司的一位撰稿人罗伯特·怀恩从广告与受众互惠的角度强调幽默的作用时指出:"我们知道广告等于一种侵扰,读者并不一定喜欢广告,并且可能尽量避开广告,因此做好广告便是广告人的责任……为了赔偿你在他买的杂志上耗去他的时间去阅读,因此广告人必须带给消费者乐趣,才是对他们的一种报酬。"[2]

在幽默效果的研究领域,自斯滕萨尔和克雷格(Sternthal & Craig)1973 年的研究之后,市场学家、心理学家做了不少的研究,但研究结果不一而终。邓肯(Duncan)等人 1984 年的研究发现,幽默广告因分心而影响对情报性信息的理解。[3] 在 1985 年的研究中,他们认为幽默增加受众对广告的注意,积极影响人们对广告、产品和品牌的态度。[4] 佩蒂、威尔斯和布鲁克(Petty,Wells & Brock, 1976)[5]的研究都表明,幽默分散受众的注意力,因而减少产生反对意见。马登和温伯格(Madden & Weinberger)1984 年对负责创意和研究活动的高级广告人员进行的调查显示,大多数被试认为幽默有助于吸引注意、理解广告产品,对说服消费者不确定,但不是促进购买产品的最佳方法。[6] 格尔勃和吉可汉(Gelb & Zinkhan,1986)采用路径分析方法分析了幽默与几个心理效果指标之间的关系(结果见图 4-37)指出,"尽管资料混杂,但这些文献表明,期望把较幽默于较低记忆但较高说服联系起来是合理的"[7]。

总之,在实验研究领域里,对幽默效应认识的倾向:幽默引起受众对广告的

---

① Madden T J,Weinberger M G.The effects of humor on attention in magazine advertising[J].Journal of Advertising,1982,11(3):8-14

② 海金司.与五位广告名家谈广告写作艺术[M].新生报出版部,1983

③ Ducan C P,Nelson,Frontczak. The effect of humor on advertising comprehension [M]//Thomas C. Kinnear(ed.). Advances in Consumer Research. Chicago:Association for Consumer Research,1984,11:432-437

④ Duncan C P,Nelson J E.Effects of Humor in a Radio Advertising Experiment[J].Journal of Advertising,1985,14(2):33-40+64

⑤ Petty R E,Wells G L,Brock T C.Distraction can enhance or reduce yielding to propaganda:Thought disruption versus effort justification[J].Journal of Personality and Social Psychology,1976,34(5):874-884

⑥ Madden T J,Weinberger M G.Humor in advertising:A practitioner view[J].Journal of Advertising Research,1984,24(4):23-29

⑦ Gelb B D,Zinkhan G M.Humor and Advertising Effectiveness After Repeated Exposures to a Radio Commercial[J].Journal of Advertising,1986,15(2):15-20+34

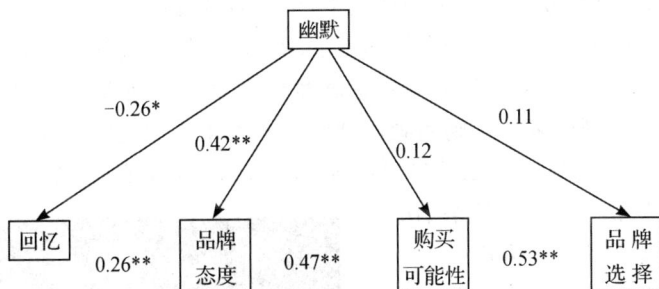

*表示相关显著　**表示相关非常显著
图 4-37　幽默的作用

注意,提高受众的广告接触率,促进受众对广告、品牌形成良好的态度,减少受众对情报信息的理解和记忆效果。

在实验研究中,记忆测验大多在接触广告后的短时间(几分钟、几十分钟或几天)内进行,所以效果较差。在测验时间延迟至更长时间之后,情形就有所不同。幽默的语言、表演容易给人留下难忘的记忆,这些信息的记忆对情报性信息的回忆具有提示的作用。有一项关于 500 则电视广告的调查发现,在一系列广告的效果测验中,幽默广告更便于记忆,也更有说服力。该项调查还表明,金钱、财产、生命和死亡都不是取笑的对象,应避免当儿戏。温伯格(Weinberger)等人1995 年对幽默在各种产品、各种媒体中运用的效果的研究得出的结论是,尽管幽默使得广告更有趣、更逗笑,但是,幽默绝对不能保证广告更加有效。①

幽默表现手法有利于达到较好的宣传效果,但要注意使用的场合。著名广告人丹尼尔为幽默广告创作提出下列四条原则,值得读者参考。

①在大多数情况下,幽默性广告只适用于推销低档商品,不适用于推销高档商品;

②幽默写法应能使老生常谈的话题获得新生,以加强读者的记忆力;

③利用幽默的笔法应能有效地把一个简单的内容讲得生动,便于记忆;

④幽默创作应能突出强调一个过时做法的愚昧可笑,从而使新产品或新方法扫清思想障碍。

**2. 恐惧诉求**

恐惧诉求是在广告中展示一个可怕的情景,来唤起受众的焦虑和不安,进而指出恐惧情景可以通过使用产品或劳务来解除。恐惧的情景如把侵袭人体的病

① Weinberger M G,Spotts H,Campbell L,A Parsons L.The use and effect of humor in different advertising media[J].Journal of Advertising Research,1995:44-56

害描述得非常可怕,或指出在某种情况下,消费者蒙受的巨大损失等。例如美国哈利威尔保险公司的一则广告在插图上展示一间被搜查过的卧室,广告标题说:"30 分钟前,这个家庭的主人还认为盗窃案只会发生在别人家里。"国内杭州肤美灵化妆品有一则电视广告则用画面展示了令人恶心的皮肤上的螨虫的蠕动情况。图 4-38 是吉隆坡的一则反吸烟广告,以上两种画面都令人恐怖。

恐惧诉求常用于保险服务、医药用品广告以及公益广告方面。

关于恐惧诉求的效果问题,最早的观点认为,信息的有效性与它制造的恐惧成正比。恐惧制造得越大,紧张度越强,驱使人们采取购买行动以消除紧张的力量就越大。然而詹尼斯和费思巴奇(Janis & Feshbach,1953)的研究却发现情况并非如此。[①]在研究中,他们给中学生讲解牙齿保健的知识,并分别用三种能引起强烈、中等和低等恐惧的图解来唤起受试者的恐惧感。然后考察感受恐惧程度与受试者改变牙齿卫生行为的关系。研究结果发现,感受恐惧的受试者比控制组(没有接受讲解的受试者)行为变化大,但低等恐惧的效果最大,其次是中等恐惧(见表 4-4)。

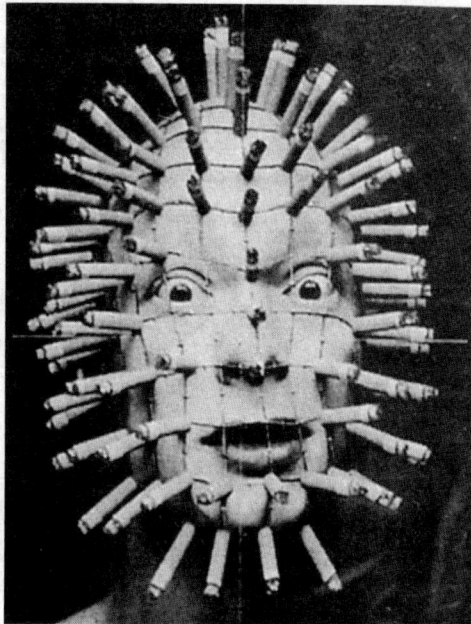

图 4-38　吉隆坡反吸烟广告

表 4-4　牙齿卫生讲解效果与不同恐惧程度的关系

| | | 强烈恐惧组 | 中等恐惧组 | 低等恐惧组 | 控制组 |
|---|---|---|---|---|---|
| 听讲一周后的改变 | 朝讲解方向改变① | 22 | 44 | 50 | 22 |
| | 朝讲解相反方向改变② | 20 | 22 | 14 | 22 |
| | 无改变 | 52 | 34 | 36 | 56 |
| | 改变净值①－② | +2 | +22 | +36 | 0 |

①　Janis I L,Feshbach S.Effects of fear-arousing communications[J].Journal of Abnormal and Social Psychology,1953,48(1):78-92

续表

|  |  | 强烈恐惧组 | 中等恐惧组 | 低等恐惧组 | 控制组 |
|---|---|---|---|---|---|
| 一周后调查前所施反宣传的效果 | 朝相反方向改变① | 30 | 28 | 14 | 44 |
|  | 朝反宣传相反方向改变② | 38 | 42 | 54 | 24 |
|  | 无改变 | 32 | 30 | 32 | 32 |
|  | 改变净值①－② | －8 | －14 | －40 | ＋20 |

雷和威克(1970)的研究支持太强或太弱的恐惧感反而不如适当恐惧感有效。他们还对恐惧感增加后的后果作如下解释:"……假如恐惧感能够增加驱使力,就有可能把更多的注意力和兴趣放在产品和信息上……但是,恐惧感也会导致一种重要的特征出现,就是抑制……如果恐惧程度过高,就可能产生对广告的防御性回避,对威胁的否认,对广告意义作选择性接受或曲解,或者认为如此重大的恐惧实在无法处理。"麦奎尔(McGuire,1969)针对恐惧宣传及其效果的关系指出,二者之间是非单调性的倒 U 形关系。① 他认为,受众的焦虑唤起水平与观点的改变之间存在着交互作用,即过高或过低的焦虑水平都不容易引起观点的改变。只有适当的焦虑水平才能引起消费者的态度改变。

纳特威尔(LaTour)等人 1996 年比较温和的恐惧诉求与强烈恐惧诉求的效果,其研究结果与早期的研究不甚一致。该研究发现,较强的恐惧诉求明显产生较高的紧张,对广告态度和购买意图有积极的影响,只是较强的恐惧诉求比温和的恐惧被认为较不符合伦理罢了。②

不过,其他的研究也发现,恐惧诉求有一定作用,或至少对一部分人有作用。例如伯纳特和威尔克斯(Burnett & Wilkes 1980)的研究结果指出,恐惧诉求对一定的消费者群体比总体更有效。研究结论认为,恐惧诉求对于特定的产品及其顾客来说,是一种可行的广告策略。③ 范威尔和纳鲍特(Van Wel & Knobbout)1998 年研究恐惧诉求对青少年吸烟的影响则发现,几乎一半吸烟者(16 岁)对恐惧诉求的反吸烟广告产生防御性反应,只有一小部分人说要停止吸烟。④

---

① McGuire W J.The Nature of Attitudes and Attitude Change[M].The Handbook of Social Psychology,1969,Addison-Wesley Pub.Co.

② La Tour M S,Snipes R L,Bliss S J,Don't be afraid to use fear appeals:An experimental study[J].Journal of Advertising Research,1996,36(2):59-67

③ Burnett J J,Wilkes R E.Fear appeals to segments only[J].Journal of Advertising Research,1980,20(5):21-24

④ Van Wel F,Knobbout J.Adolescents and fear appeals[J].International Journal of Adolescence and Youth,1998,7(2):121-135

### 3. 性诉求

广告中的性诉求是指在广告中运用与性相关的,以说服为目的的诉求信息,通常表现为性感的人物形象、具有性暗示的字词及双关语,或者以上两者的结合。[①] 各种性诉求要素的使用范围和使用程度并没有严格的限制。在欧美等国的广告中,性诉求现象很普遍,怀斯等人(Wise)早在 1974 年的调查就发现,多数被试都认为"广告主在广告中使用太多的性诉求"。[②] 1988 年,一项分析美国六大主流杂志广告中的模特儿穿戴的研究发现,女性穿戴性感的 1964 年为 31%,1984 年略微增加到 35%。[③] 2004 年的另一项研究发现,在杂志广告中,采用女模特进行性诉求(暗示性、部分遮住、裸体)的广告从 1983 年的 28%增加到 1993 年的 41%,到 2003 年则达到 49%(见表 4-5)。[④] 我国性诉求广告起步较晚,性诉求广告表达形式通常较为晦涩,绝大多数是以男性视角为主体的性感女郎性诉求广告。但是随着社会的发展以及欧美国家性诉求广告对我国的影响日益深入,结合女性性诉求的产品也发展起来了。

表 4-5　性诉求广告的变化情况

| | | 1983 年 | 1993 年 | 2003 年 | 总体 |
|---|---|---|---|---|---|
| 女性衣着 | 端庄的 | 72% | 60% | 51% | 62% |
| | 暗示性的 | 12% | 18% | 30% | 19% |
| | 部分遮住 | 14% | 16% | 13% | 14% |
| | 裸体 | 2% | 7% | 6% | 5% |
| | | n=522 | n=440 | n=401 | n=1 363 |
| 男性衣着 | 端庄的 | 89% | 82% | 79% | 85% |
| | 暗示性的 | 8% | 3% | 6% | 3% |
| | 部分遮住 | 9% | 12% | 12% | 11% |
| | 裸体 | 0% | 2% | 3% | 2% |
| | | n=468 | n=258 | n=237 | n=963 |

① Reichert T, Heckler S E, Jackson S. The Effects of Sexual Social Marketing Appeals on Cognitive Processing and Persuasion[J]. Journal of Advertising, 2001, 30(1):13-27

② Wise G L, King A L, Merenski J P. Reactions to sexy ads vary with age[J]. Journal of Advertising Research, 1974, 14(4):11-16

③ Soley L C, Reid L N. Taking It Off: Are Models in Magazine Ads Wearing Less? [J]. Journalism Quarterly, 1988, 65(4):960-966

④ Reichert T, Carpenter C. An update on sex in magazine advertising: 1983 to 2003[J]. Journalism & Mass Communication Quarterly, 2004, 81(4):823-837

续表

| | | 1983 年 | 1993 年 | 2003 年 | 总体 |
|---|---|---|---|---|---|
| 身体接触 | 不接触 | 59% | 30% | 28% | 43% |
| | 简单接触 | 21% | 17% | 26% | 21% |
| | 亲密接触 | 20% | 36% | 41% | 30% |
| | 非常亲密接触 | 0% | 17% | 6% | 6% |
| | | n＝223 | n＝127 | n＝121 | n＝223 |

　　在平面广告中,性诉求也屡见不鲜。具体表现为人体的性感部位和性有关动作的画面表现、性有关的言语描述,以及与某种象征性的符号,例如身穿泳衣、袒胸露背、谈情说爱、拥抱接吻的表现等都与性诉求有关(图略)。

　　在影视广告中,性诉求广告也不难看见。例如,飘柔洗发露的一则 30 秒影视广告(恋人篇),画面中有一男一女,伴随着英文经典歌曲,电影《人鬼情未了》中的配乐"Oh My Love",男主人公深情地把双手搭在女主人公头上,顺着女主人公的一头秀发缓缓向下。突然,男主人公的双手一滑,停在了不该停的部位——女主人公的胸部上(图略),音乐戛然而止。两人同时都很惊讶,女主人公赏了男人一巴掌,此时女声旁白:"他真的不是有心的,他怎么知道你的头发那么顺滑呢?"(粤语翻译)最后,出现产品及口号。

　　性诉求的形式各式各样。里奇蒙和哈特曼(Richmond & Hartman,1982)从广告内容的性质分析认为广告中的性诉求有五个取向。[1]

　　①功能性(Functional),即广告中产品的功能性与性有直接相关,如保险套、内衣等广告中的性诉求。

　　②幻想性(Fantasy),即性诉求内容能引起受众的性联想,通常诉诸浪漫。

　　③象征性(Symbolism),即在文化上具有性象征,如将人体性器官或相关部位符号化。

　　④不适合性(Inappropriate),即广告产品本身与性无关联,但利用性来吸引注意力。

　　⑤男性或女性导向(Male or Female Orientations),指目标受众是男性或女性。

　　瑞澈特(Reichert,2003)则根据性诉求的表现形式将性诉求分为五类:[2]

---

　　[1]　Richmond D,Hartman T P.Sex appeal in advertising[J].Journal of Advertising Research,1982,22(5):53-61

　　[2]　Reichert T.What Is Sex in Advertising? Perspectives from Consumer Behavior and Social Science Research[M]//T.Reichert,J.Lambiase(Eds.).Sex in Advertising:Perspectives on the Erotic Appeal.Mahwah,NJ:Erlbaum,2003:11-38

①裸露(Nudity),即广告模特身体的裸露程度,比如穿紧身装、只穿内衣或全裸。

②性动作(Sexual Behavior),即一个或多个广告模特展示的与性相关的动作,如用肢体动作或语言进行性暗示,包括拥抱、接吻等一些亲密的性动作。

③身体部位(Physical Attractiveness),即展示广告模特具有吸引力的身体部位,如漂亮的面容、肤色、发型或优美的体型等。

④性暗示(Sexual Referents),即广告中包含了对受众具有性暗示的一些元素,比如使用具有性暗示倾向的双关语,或者展示具有性暗示的场景、灯光、音乐、设计元素等。

⑤潜意识性嵌入(Sexual Embeds),即在受众潜意识的水平下迅速呈现与性相关的信息,使得受众几乎意识不到性诉求的存在,但其潜意识却可能受到影响,如对性器官或性动作的迅速暴露。

性诉求在广告中的运用,是以富有魅力的姿色、激发美感的情景来吸引男人或女人。研究表明,色情广告具有高度吸引男人或女人注意的价值。当同一页杂志上有好几则广告时,大多数人都是先看含有色情暗示的广告。有的研究还发现,性诉求广告比非性诉求广告被认为是较讨人喜欢、有趣的和原创性的,促使被试产生的购买意图更高。[①] 然而,性诉求广告也有不足之处,它不利于受众对广告信息的记忆。国外有项实用研究发现,同样一种香水、用同一个模特来介绍的广告,有一则广告模特穿着时髦的三点式泳衣,另一则广告模特穿着正常的服装。结果前一则广告,由于观众的注意力都集中到模特身上,因而对广告的记忆率相当低,仅为 2%;而后一则广告,观众的注意力都由模特身上转移到她手上的香水瓶,因而记忆率相对较高,为 13%。在学术研究中,斯特德曼(Stedman,1969)给 60 名男子看 12 张照片。其中 6 张是中性的(如房子),另 6 张是女人的各种裸体照。在每一张照片底下,印有一种产品品牌。整套广告让参加者保留 24 小时。当实验快结束之前,实验者取走照片下的品牌名称,要求参加者回忆它们。即时测试结果是,裸体照片的品牌回忆成绩高于中性照片的回忆成绩,不过差异不太显著。一周后再进行记忆测试时,中性照片的品牌回忆成绩为 60%,而裸体照片的品牌回忆成绩为 49%,两者之差相当显著。[②] 另一项研

① Severn J,Belch G E,Belch M A.The Effects of Sexual and Non-Sexual Advertising Appeals and Information Level on Cognitive Processing and Communication Effectiveness[J]. Journal of Advertising,1990,19(1):14-22

② Steadman M.How sexy illustrations affect brand recall[J].Journal of Advertising Research,1969,9(1):15-19

究(见表 4-6)发现,在品牌名字回忆上,性诉求广告与非性诉求广告没有显著差别,但在文案信息点回忆上,性诉求广告显著不如非性诉求广告。[①] 较早的研究(见表 4-7)还发现,相对于只有产品、端庄模特或魅力模特的广告来说,受众对裸体模特广告,及其产品质量和公司声誉的评价均较差。[②]

表 4-6 性诉求与非性诉求的比较

| | 性诉求 | | 非性诉求 | |
|---|---|---|---|---|
| | 高信息 | 低信息 | 高信息 | 低信息 |
| 品牌名字回忆[a] | 82% | 64% | 73% | 69% |
| 文案信息点回忆[b] | .97 | .84 | 1.86 | 1.06 |
| 广告态度[c] | | | | |
| 讨人喜欢的 | 3.91 | 3.98 | 3.38 | 3.51 |
| 有趣的 | 5.56 | 5.44 | 3.36 | 3.64 |
| 原创的 | 5.29 | 5.42 | 4.09 | 4.02 |
| 令人讨厌的 | 3.66 | 3.13 | 2.40 | 3.27 |
| 品牌态度[c] | 3.24 | 3.54 | 3.16 | 3.25 |
| 品牌购买意图[c] | 2.86 | 3.18 | 2.29 | 2.54 |

a. 被试正确列出产品品牌名字所占的比例。

b. 文案信息点的平均回忆率。

c. 7 点量表得分,7 表示最好态度、最可能购买,1 表示最差态度、最不可能购买。

表 4-7 对各类广告及其产品质量、公司声誉的评价[*]

| | 润肤露 | | | 棘轮设备 | | |
|---|---|---|---|---|---|---|
| | 广告吸引力 | 产品质量 | 公司声誉 | 广告吸引力 | 产品质量 | 公司声誉 |
| 只有产品 | 4.25 | 3.82 | 3.59 | 4.48 | 3.71 | 3.54 |
| 端庄模特 | 5.08 | 3.46 | 3.51 | 4.14 | 3.75 | 3.93 |
| 魅力模特 | 3.68 | 4.42 | 3.15 | 4.92 | 2.36 | 4.82 |
| 裸体模特 | 5.33 | 2.07 | 5.41 | 4.88 | 2.65 | 5.07 |

* 均值越小,广告越有魅力,产品质量越低,公司声誉越好。

---

① Severn J,Belch G E,Belch M A.The Effects of Sexual and Non-Sexual Advertising Appeals and Information Level on Cognitive Processing and Communication Effectiveness[J]. Journal of Advertising,1990,19(1):14-22

② Peterson R A,Kerin R A.The Female Role in Advertisements:Some Experimental Evidence[J].Journal of Marketing,1977,41(4):59-63

调查研究表明,富有刺激性的各种美女画面被设计出来登在吸引男人的广告上,实际上,大多数女人比男人更认真地阅读广告信息。同样,女人也看登有英俊男人画面的广告,但是阅读广告信息的男人要比女人多得多。里德(Reid)1983年对126则杂志广告的阅读分数的检验也指出,装饰性的女性模特会增加男性受众注意广告的倾向,但不可能增加他们阅读广告文案。男性对特殊产品类别的天然兴趣比女性模特对信息加工的影响更大。①

总之,从广告效果的角度来看,带有色情色彩的广告是有利有弊,受到各种因素的影响,如产品是否与性有关等。但从教育功能上说,色情广告不利于青少年的身心健康发展。所以在广告中,特别是电视广告中运用带有色情味道的画面或语言要小心谨慎,以免引起受众的反弹。

## 三、潜意识诉求

潜意识诉求是指快速地呈现广告讯息,以至于受众意识不到讯息的存在。这种广告也称阈下广告。

潜意识诉求起源于美国,1957年开始受到人们的关注。当时有个名叫维克利(Vicary)的人开始推销一种特别的投影机。据说该机器能在一个活动的屏幕上每5秒钟闪现一次讯息,而与此同时屏幕上正在播放常规的电影,讯息闪现时间是1/3000秒。维克利在美国新泽西州的Fort Lee电影院里做过试验,在电影播放中每隔5秒钟以3/1000秒的速度呈现讯息:"请吃爆米花"和"请喝可口可乐",结果电影院周围的爆米花和可口可乐的销量分别增加了57.5%和18.1%。遗憾的是,后来没有人能够重复得到他的结果,他的研究可能是一个恶作剧。②

不过,自从那时起,人们宣称阈下刺激可以用来帮助人们减肥、增强记忆、降低血压、增进性功能等。1978年,有人在美国东部的一家商店中做试验,方法是在背景音乐中加上两条阈下讯息:"我是诚实的(I am honest)"和"我不会偷(I will not steal)",这两条阈下讯息播了6个月,结果被偷东西的价值从160万美元下降到90万美元。

由于担心阈下刺激被不正当地使用,如用于迫使人们酗酒,所以在澳大利亚和英国都禁止使用阈下广告,美国的广播协会也限制使用阈下广告。

---

① Reid L N,Soley L C,Decorative models and the readership of magazine ads[J].Journal of Advertising Research,1983,23(2):27-32

② Karremans J C,Stroebe W<sup>b</sup>,Claus J.Beyond Vicary's fantasies:The impact of subliminal priming and brand choice[J].Journal of Experimental Social Psychology,2006,42(6):792-798

出于担心阈下广告会给广告业造成不好的名声,许多人对阈下刺激进行了研究。大量的研究证明,人们的确会对阈下刺激作反应。例如拉扎勒斯和迈克里利(Lazarus & McCleary,1951)的研究发现,受惊的人,当呈现给他们一些无意义的词时,他们会出现表示害怕的皮电反应,尽管这些词呈现得非常快,以至于他们无法辨别,但是没有任何研究发现阈下知觉会导致说服。① 贝恩(Byrne,1959)的研究发现,阈下刺激能激发人的基本动机,但不能影响选择行为。他给两组饥饿的大学生看电影,一组电影中带有阈下刺激"牛肉"一词,另一组没有。在随后对三种三明治的选择中,有"牛肉"阈下刺激的被试并没有更多地选择牛肉三明治,但是他们在饥饿程度上的打分较高。② 霍金斯(Hawkins,1970)采用实验法也发现,不管阈下刺激是"coke"还是"drink coke",只要它们与动机高度相关时,它们就能加强人的基本需求,如渴和饿,但对最终产品的选择行为不产生影响。③ 休斯(Theus,1994)对 128 篇文献的分析认为,阈下刺激对消费行为的影响是极其微弱甚至不存在的,但可能对消费者的品牌态度、品牌偏好等产生影响。④ 另一项对 23 篇论文的元分析也支持阈下刺激对行为影响微弱的结论。⑤ 更近的研究表明:饮料品牌名字的阈下启动,对被试的品牌选择、品牌购买意图以及引用饮料有影响,但仅仅对口渴的被试有影响。

总之,迄今为止,研究者所发现的阈下广告刺激的作用,是很微弱的。但是,据有关调查,在电话访问过 400 名(18 岁以上)被调查者中,74.3%的人报告听说过潜意识广告概念,61.5%的人相信这种技术被广告主所运用,45%的人报告使用潜意识广告将会影响他们是否购买广告产品,教育程度越高的人越相信潜意识广告的作用。⑥ 所以对潜意识广告还是需要持续加以关注、加以研究的,这里还有一个特别原因是:在当今的电影、电视、网络媒体中,置入(植入)式、镶嵌

① Lazarus R S,McCleary R A.Autonomic discrimination without awareness:a study of subception[J].Psychological Review,1951,58(2):113-122

② Byrne.The effect of a subliminal food stimulus on verbal response[J].Journal of Applied Psychology,1959,43(4):249

③ Hawkins D.The effects on subliminal stimulation on drive level and brand preference[J].Journal of Marketing Research,1970,7(3):322-326

④ Theus K T.Subliminal advertising and psychology of processing unconscious stimuli:a review of research[J].Psychology and Marketing,1994,11(3):271-290

⑤ Trappey C.A meta-analysis of consumer choice and Subliminal Advertising[J].Psychology and Marketing,1996,13(5):517-530

⑥ Rogers M,Smith K H.Public perceptions of subliminal advertising:Why practitioners shouldn't ignore this issue[J].Journal of Advertising Research,1993,33(2):10-18

式的广告越来越多。或许由于置入品牌或 Logo 时间短促,或许是因为受众接触时间短暂,置入广告在许多情况下已经成为阈下广告,所以需要进一步的研究。从实践的角度看,如果置入广告是阈下广告且阈下广告的确效果有限的话,那么想办法使之成为阈上广告也是媒体和广告主要共同加以努力的。

# 第五章
# 广告表现的心理规律 >>>

广告表现是将广告策划过程中形成的关于广告主题、广告诉求重点,通过创意过程,用某种形式(符号)表达出来。实际上,它包括广告的创意、设计和制作过程。所以,本章首先从谈谈广告创意的构思方法,接着根据消费者对广告的认知过程,阐述广告设计制作的基本原则,而后就一系列如何影响人们广告认知以及有关的心理学理论和方法问题展开讨论。

## 第一节　广告创意的构思方法

广告创意不管是在国外还是在国内都深受人们的重视。亨克(Henke)1995年在探讨代理公司与其客户的关系的影响变量时指出,对创意技能是否满意是代理公司改变与否的重要预测变量。他们研究认为,广告代理公司与顾客关系的发展存在两个不同的阶段:第一阶段是强调创意潜力,第二阶段强调绩效和服务技能。[①] 黄合水等人(2003)的研究也发现,20多年来中国广告界探讨的热门话题之一就是"创意",而且从20世纪90年代末以后,逐渐成为最为重要的研讨话题。[②]

广告创作可以由个别创作人员独自进行,也可以由多个创作人员组成的创作小组集体进行。在我国的广告实践中,多数创意是个人独自努力的结果,集体创作的现象相对比较少见。然而,由于集体创作集中了多人的思想,比较容易获得成功,是值得推荐的方法,因此,本节先介绍一种集体创作的方法,然后再一一

---

① Henke L L.A longitudinal analysis of the ad agency-client relationship:Predictors of an agency switch[J].Journal of Advertising Research,1995,35(2):24-30

② 黄合水,王保红,汪澜,袁冰.20年来中国广告界探讨的热门话题[J].现代广告(学术特辑):98-103

介绍各种个人创意的构思方法。①

## 一、脑力激荡法

自古以来,人类就十分重视充分利用集体的智慧。我国的一些成语和俗语如"集思广益"、"三个臭皮匠,赛过一个诸葛亮"等都说明了充分利用集体智慧的价值和作用。然而一种有效利用集体智慧进行广告创意的方法,则是50年代美国著名的亚历山大·奥斯本提出的,即所谓"脑力激荡法"。这种方法不仅是广告界寻求广告创意的重要方法,同时也早为企业经营管理所重视。

奥斯本是美国研究创造性思维的权威人士,又是美国 BBDO 广告公司创办人之一。他所谓的"脑力激荡法",意指每一个创作人员充分地运用各自的脑力,进行创造性的思考,使其产生大量的观念,以求解决某一问题。

以集体的方式之所以能产生大量的观念,其原因是:每一个人的联想能力犹如导线的电流传导,当小组中的某一成员忽然想出某一观念时,必然会激发其他人的想象力,转而产生另一新观念。这一新观念又会进一步激发小组内其他成员的想象力,从而产生"连锁反应"。有人把这一现象加以形象地描述:当你真正沉溺于创造性思维小组会议中时,在某人脑中所触发的思想火花,能燃起其他人思想中的许多观念,犹如点燃爆竹一样。

用脑力激荡法来获取广告创意是通过脑力激荡会议进行的。为了使脑力激荡会议获得最佳效果,奥斯本根据经验和创造性思维的原理定下四大原则:

①摒弃批评。即不允许直接批评别人提出的观点。

②鼓励自由畅谈、异想天开。即必须无拘无束地广泛联想,观念愈新奇愈好。

③鼓励多出点子。观念愈多,愈有筛选的余地,成功的可能性也就愈大。

④善于把自己的观点与他人的观点加以综合并有所创新。即参加会议的人员除了提出本人的观念外,还应该注意建议如何将他人的观念转变为更好的观念,或如何将两个或两个以上的观念组合成为一个更好的观念。

脑力激荡会议在实践运用中,有各种不同的变化运用。例如美国企业管理研究会的史密特豪萨曾把它演变成一种"停停又想想"的方法。台湾国华广告公司在用此法时也略作改变。

脑力激荡法能够集多人的智慧,值得在我国广告界加以倡导和推广。

---

① 黄合水.电视广告创意的构思方法[J].广播电视研究,1993(3)

## 二、启发构思法

谈到启发构思法，人们很容易想起古典小说中的苏小妹三难新郎这一故事。正当秦少游面对"闭门推出窗前月"苦思不得下联而徘徊于花园水池旁时，苏轼的"一石落水"之举启发了他的思维，使他忽然得到了灵感，由此产生了"投石冲破水底天"的不朽佳对。现在人们用来锯木头的锯子，传说最早是由我国古代著名木匠鲁班发明的。鲁班有一次在野地行走时，不小心腿被荆棘划破一道口子，受这次偶然的经历的启发，后来他发明了锯子。

启发构思是由周围环境中的事物、现象引发产生的灵感、创意的过程，许多杰出的科学发明创造都与此法有密切的关系。在这一方法中，个人的经历、所见所闻对于产生新的主意、点子十分重要。所以许多科学家、发明家在进行科学研究和技术发明之余，常常要外出领略一下自然景观，以便从中获得灵感。

在广告实践中，启发构思法的运用并不难看到。最典型的一个例子就是大卫·欧格威的 Hathaway 衬衫广告创作。在构思 Hathaway 衬衫广告时，欧格威曾想出十几个创意，但是没有一个让自己感到满意。后来有一次在摄影棚里他看到一个黑色的眼罩，因而产生了闻名广告界的"黑眼罩男人"的广告创意。

在现代电视广告中，许多用象征性、借喻式或暗示性表现手法创作的广告作品都是启发构思的产物，这类例子不胜枚举。

## 三、顿悟构思法

顿悟构思法源于心理学关于思维的研究。第二次世界大战期间，德国心理学家苛勒研究黑猩猩的思维活动时，在一间房间中央的天花板上吊一串香蕉，黑猩猩站在地面上拿不着。房间的四周放着一些箱子。面对这样的情境，黑猩猩开始企图采用跳跃的方式获取香蕉，但是没有达到目的。于是它不再跳，而是在房间内走来走去。突然它站在箱子前面不动，过一会儿，它很快把箱子挪到香蕉下面，爬到箱子上取到了香蕉。有时一个箱子不够高，还能把两个或几个箱子叠起来，这就是所谓的"顿悟"。后来许多心理学家也发现，尽管人类比黑猩猩进化到更高的层次，但在人类的思维活动中，顿悟现象仍然存在。

在电影电视中，我们常常可以看到，剧中主人公在面临一个问题而不得其解时，有时显得很焦虑，有时则很平静地在室内或户外来回走动，忽然似乎领悟到什么而豁然开朗。

顿悟构思法的特点是创作者对问题情境有了足够的认识,具体而言就是创作者对产品特点、产品定位以及广告活动所欲达到的目的等条件都有了清楚的认识,但一时难以形成或产生一个主意或点子。在一段时间里,创作者似乎无所作为,过后创作者忽然感到什么都已清楚明晰,因而一个创意就产生了。

### 四、辐射构思法

一场广告运动通常包括一系列的广告,而一系列的广告又围绕着同一主题。辐射构思法往往就是以广告运动的主题为基点,任凭创作者的思维、想象驰骋。在产生若干有关创意之后,创作者再从中选择出一个适合广告主题、有创造性、有诉求力的创意。例如,为了突出医用胶的黏合功能,创作者可以尽自己所能,想出若干表现黏合功能的创意,如用现实的表现手法表现医用胶在医学临床上的运用,或用瓷器破碎重新黏合的借喻方法来表现其功效,还可以用权威医生的证言来传递医用胶的功能信息等等。有了这些点子后,创作者再根据本产品的特点、消费者的心理以及目前广告制作的条件要求等,确定一个合适的创意。不过,有时所确定的广告创意不一定很完善,必须加以适当的修改、发展,或综合其他创意的优点。

辐射构思法的优点是对思考过程的限制较少,有利于产生一些新奇、独特的创意。使用该方法进行广告创意时,要特别注意,不要轻易地否定自己所想到的点子,不管这点子是荒唐离奇,还是俗气可笑。而且当点子一旦在头脑闪现时,就要立即把它记录下来,以免发生遗忘。

### 五、二旧化一新

二旧化一新,其意是一个新的构想常出自两个不同甚至相抵触的想法的再组合。这种创意构思概念是亚瑟·凯斯特勒(Arther Keostler)创立的。他认为两个普通的概念,或两个想法、两种情况,甚至两个事件放在一起,经由"二旧化一新",就能产生一个意想不到的构想。[①] 凯斯特勒将新构想描述为"解放的行动",是以创造力击败习惯。

二旧化一新的创意方法要求创作者进行积极思考,为两个想法创造出一个

---

① 高渠.电视广告创作学[M].华视出版社,1986

关系,使它们联结起来。二旧化一新的创意方法在实际广告创作中被广泛使用。例如图 5-1 中,世界野生生物基金会(WWF)的公益广告,就是两种旧的事物——手和斑马,创造出用人的手来创造出动物的艺术品,深深地吸引了受众的注意力。该广告图片与广告诉求主题一致,其"为野生运物伸出援助之手"的广告诉求也容易被受众记住。

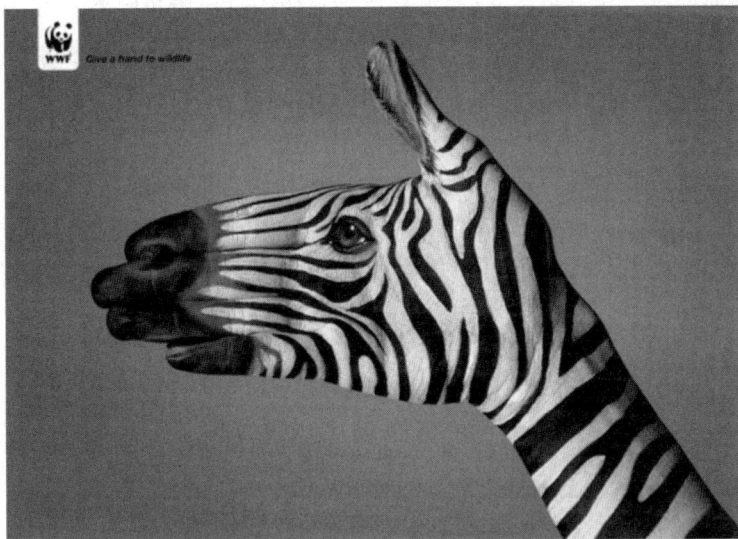

图 5-1　世界野生生物基金会公益广告

## 六、J.W.杨创意产生法

J.W.杨是美国著名的广告人,曾任智威汤逊广告公司的创意总监。杨氏认为新构想是不折不扣的老要素的新组合。在阐述老要素是如何进行新组合以形成一个新构想时,他认为这个过程可分为下列五个步骤:

①收集原始资料。原始资料分一般资料和特定资料。一般资料是指人们日常生活中所见所闻的令人感兴趣的事实,特定资料是与产品或服务有关的各种资料。老要素即从这些资料中获得。因此要获得有效的、理想的创意,原始资料必须丰富。

②思考和检查原始资料。这一步骤就像食用实物一样,对所收集的资料进行理解消化。

③酝酿阶段。在这一阶段,创作者不要作任何努力,尽量不要去思考有关问题,一切顺乎自然。简言之,就是将问题置于潜意识之中。

④创意产生。经过第三阶段,你可能没有期望会出现什么奇迹,但奇迹就莫名其妙地出现了,即一个新的构想诞生了。

⑤形成和发展构想。一个新的构想不一定很成熟、很完善,它通常需要经过加工或改造才能适合现实的情况。

J.W.杨的创意产生法跟英国心理学家瓦拉斯(Wallas)对创造性思维过程的描述相类似。该方法自提出之后,得到广告界的广泛运用和讨论。

图 5-2 是麦当劳快餐店的广告。由于麦当劳的主要目标消费群体是年轻人,故广告由画面简单醒目的一个书包和几本书构成,黄色书包背带用"UM"造型,非同一般地将麦当劳的标志醒目地显示出来。这种创意来源于创作者平时注意收集生活中的点点滴滴资料,并在其脑海中不断酝酿消化后的成果。

图 5-2　麦当劳广告

## 七、水平思考法

水平思考法是一种促使创意产生的新思维方法,由英国心理学家艾德华·戴波诺博士(Edward deBono)所倡导。他的这一思考方法在欧美等国颇受重视。

戴波诺认为,过去大多数创意是根据经验,对一种事物朝着一定的线路作直线前进推理。这种方法可以对事物做更深入的研究和表达,但不易产生新的创意。他认为水平思考法是完全脱离既有的观念,对事物作新的思考的方法。它比较容易产生新的创意。

戴波诺博士还以巧妙的比喻说明这两种方法的不同。他说:古时候有一位商人,向高利贷者借了很多钱,贪婪的高利贷者看中了商人年轻漂亮的女儿,逼着商人立即还债,并提出以女儿代替债务的要求,他还故意表示大方地提出一个方法:把黑、白各一粒石子放在袋里,由女孩子任取一粒,如果取出黑石子,则由女孩子代替债务。如果取出白石子,不但给女孩子自由,还自动取消债务。正当高利贷者从地上拾取小石子放入袋里时,女孩子看到所拾的两粒石子都是黑色的。这时候,如果按照垂直思考法,女孩子只有三种办法:第一,拒绝取石子;第二,立即打开口袋,揭露高利贷者的阴谋;第三,自我牺牲,取出黑石子。但是上述三种办法中的任何一种,对于商人和女孩都没有什么益处。面临这一难题,女孩子出乎意料地从口袋中取出一粒石子,并故意掉到很多石子的地上,然后说:"啊,怎么办……真对不起,不过看一看袋里剩下的石子,就可以知道我掉的是黑石子还是白石子。"由于女孩子的机智,解救了她父亲的困境。由这个形象的比喻可以看出,垂直思考法只是对事物做详细检讨后,以既存的观念从"女孩子取石子是黑是白"这一方面去思考,而水平思考法却产生出一种创意,就是把既成的事实完全以另一个角度去思考,因而顺利、完满地解决了问题。

水平思考法的基本原理归纳起来就是:

①承认主要的构想或两极化的构想;

②搜寻对事物的不同看法;

③放松对垂直思考的严格控制;

④使用机会法与激发法以导入不连续思考。

戴波诺还认为,运用水平思考法,应多利用偶然产生的构想,从多方面观察,把握思考的结果。因为偶然产生的构思有相互辅助印证的作用,可帮助人们产生意想不到的创意。

其实所谓"水平思考法",并不是20世纪才有的方法,在我国古代思想家的奇思异想里,在我国精彩绝伦的寓言小说里,在我国神奇无比的诉讼奇案里,都充满着惊心动魄和富有智慧的水平思考法。例如晏婴使楚的典故,诸葛亮舌战群儒,都是水平思考法的案例精华。

1976年,台湾知名广告策划者高渠先生曾用水平思考法为国艺传播公司挣得数百万元的广告费。当时国艺传播公司正在参加星辰电子表公司的代理权竞争。在最后的关头,国艺传播公司的创意与其他竞争对手的创意一样,都在强调电子表的"准"字上做文章,广告主感到非常失望。于是国艺传播公司经理找到了高渠先生,要他即时想出一个创意。高渠先生看到诸多创意类同,认为广告上强调电子表的"准"字是一句废话,于是产生出以"一句废话"作为该广告系列的重点标题的创意。他的这一创意立即得到了广告主的赞赏,当场击败了所有参加竞争的对手。

水平思考法比较容易产生一些新的、奇特的创意。但在我国是值得广告创作者重视和借鉴的。

# 第二节　广告表现的心理原则

广告是传播的一种特殊形式,其终极目标是对受众(消费者)的购买行为和消费行为产生影响。但是广告对受众购买和消费行为的影响不是一蹴而就的,必须通过受众心理上或情感上的一系列过程。这就要求广告在表现上必须遵循一定的心理规律和心理原则。

## 一、广告必须能引人注意

广告界有一句行话:能引起人们注意你的广告,你推销商品就已成功了一半。著名的广告人威廉·伯恩巴克也曾说过:"你没有吸引力使人来看你的这页广告,因此不管你在广告中说了些什么,你都是在浪费金钱。"[①]这些话道出了吸引人们注意在广告中的重要意义。

那么为什么吸引人们对广告的注意意义如此重大呢?这与注意的下列几方面作用有关。

### 1. 注意是信息获得加工的前提

在信息爆炸的现代社会,人们每天都面临着大量的信息,有些信息是重要的、有益的,有些信息则是次要的、无关的。在人们所接触的信息中,只有少数为人们所注意的信息,才得到进一步的加工。当今社会,各种各样的广告信息铺天盖地,让人目不暇接。早在 20 世纪 70 年代,美国有两项旨在估计一个工作日中平均有多少广告暴露给个人的调查,[②]一份调查的结果是 560 余则,另一份调查结果是 300 则左右。在人们接触过的这么多的广告中,究竟真正看见或听进的广告有多少呢? 对此,雷蒙德等人(1968)曾做过研究。他们让被试手握计数器,在每看到或听到一则广告时按压一下。计数的结果显示:一个工作日中,成人被试视听广告的平均数只有 76 则。大多数的广告都因为没有得到注意而没被"看见或听进"。[③] 由此可见,一则广告必须引人注意才能让人"看见或听进"。

---

① 海金司.与五位广告名家谈广告写作艺术[M].新生报出版部,1983
② Britt S H,Adams S C,Miller A S.How Many Advertising Exposures per Day? [J].Journal of Advertising Research,1972,12(1):3-9
③ 马谋超.广告心理学基础[M].北京:北京师范大学出版社,1992

注意作为信息加工的前提,另一个含义是,只有注意才能维持信息加工的顺利进行。注意是人脑的一种紧张状态,信息加工正是在这种紧张状态中进行的。因此,不论是感知广告、理解广告,还是对广告进行精细加工,都需要受众集中注意力,保持头脑的紧张状态。如果注意力不集中,那么结果只能是听而不闻,视而不见。

**2. 注意促进广告信息的记忆**

在认知心理学中,许多研究都证实,深度的注意比浅度的注意有利于信息的记忆。博布罗(Bobrow)和鲍尔(Bower)1969 年让被试记忆一些简单的主语—动词—宾语的句子。被试分为两组,一组学习由主试编好的现成句子,另一组是提供给主语名词和宾语名词,要求他们用一个动词把二者连接成一个句子。前一组代表低度的注意水平,后一组代表高度的注意水平。然后主试提出作为主语的第一个名词,要求被试提出作为宾语的第二个名词。研究结果发现,第二组被试的回忆率明显地比第一组被试高,分别为 58％和 29％。[①]

一些直接以广告为材料的研究也得出相似的结果。不过在广告记忆研究中,注意水平的高低分别被称为高卷入和低卷入(尽管在某些情况下,卷入和注意的意义不尽相同)。卷入的水平是通过广告及有关广告内容对受试者的重要性来控制的,如果广告或广告内容对受试者重要,则认为受试者产生高卷入;反之,如果广告或广告内容是次要的,则认为受试者产生低卷入。1978 年,韦恩亚德和柯尼分别呈现给受试者关于参议员和县财政局长候选人的广告,前者易于引起高卷入,后者则只产生低卷入。[②] 结果发现,高、低卷入对广告的回忆有着强烈的影响,参议员广告的记忆效果明显较佳。

**3. 注意影响广告说服效果**

关于广告说服的大多数研究都表明,认知反应是影响消费者品牌态度的重要因素,而消费者的卷入程度(注意水平)与受众对广告的认知反应有着密切的关系。高卷入不管是广告卷入、产品卷入,还是购买决策卷入,都能使受众的认知反应增多,低卷入则产生较少的认知反应。这里广告卷入是指消费者的注意指向广告信息,积极地对整则广告做评价;产品卷入是指消费者的注意指向广告的产品,利用广告提供的产品信息,结合已有的知识经验对产品做评价;购买决策卷入则指消费者在购买决策之前的一种心理状态。在购买决策卷入中,消费

---

①　Bobrow S A,Bower G H.Comprehension and recall of sentences[J].Journal of Experimental Psychology,1969,80(3,pt1):455-461

②　Alwitt L F,Mitchell A A.Psychological Processes and Advertising effects:Theory[M].Research and Applications,LEA,1985

者积极搜寻有关信息,包括产品的性能、各商店产品的价格以及其他信息,认真地作比较、分析。

在接触广告的过程中,消费者产生的认知反应可能是有利的(如认为广告中所说的均符合事实),也可能是不利的(如认为广告中的明星是广告主花大价钱请来的,她所说的话不可靠)。所以,注意对广告说服效果的影响也可能是利弊并存。既可能是积极的,也可能是消极的,这跟受众已有的态度、广告中信息论据是否有力、广告的诉求形式等因素有关。

## 二、广告文案内容必须容易识别

每个人在日常的学习和工作中经常都会出现或看到这种现象,与一个口音较重的人交谈时,不是努力去听清楚对方讲的话,而是设法避开与他交谈,或者是听而不闻;看到难懂的文章,不是努力去理解,而是先把它搁置一旁;在听人说话时,如果对方的声音太小听起来费劲,则干脆不听;在看书学习时,阅读材料字体太小、字迹模糊不清不易看懂则干脆不看。总之,当需要投入较多精力去倾听、去阅读时,人们常常设法回避。造成这种现象的根本原因是因为人们在阅读或倾听时,都遵循"认知最省力原则"——这一概念是从阅读心理学中的"阅读最省力原则"引申出来的,意指信息接受者在各种认知活动中,努力减少或避免大量能量或精力的投入。例如图 5-3 是刊登在某报纸上的广告。其中,每则广告的文字都是密密麻麻的,让人一看就想回避。

认知最省力原则在人们的各种认知活动中——从最初的言语感知到后来的言语理解、记忆——都起着重要的调节作用。

图 5-3　文字密密麻麻的报纸广告

在日常学习和工作中,人们的认知活动虽然也常常受这一原则的支配,但是这种认知活动通常是有意识、有目的、在主观意志参与下的活动,因而人们能够主动地投入时间和精力去克服这种认知惰性。例如古籍研究者面临一篇文字模糊不清的文献资料时,他会努力去克服文字识别上的困难,将内容搞清楚;学生面对难懂而重要的教学内容时,会坚持不懈地阅读它、理解它;英语口语水平不是很高的学者,会集中精力,努力掌握听得不甚明白的外国专家的学术报告。

与上述情况有所不同,在人们对广告的认知活动中,人们接触广告往往是被动的,他们一般不期望从广告宣传中达到什么明确的目的,只是因为广告本身的吸引力或别的原因(如等待观看广告后面的节目),他们才倾听、阅读和观看广告。一般来说,受众不会费力去进行有关广告的认知活动。因此,在广告的设计创作时,要遵循"认知最省力"这一原则,使你所创作出来、发布出去的广告让受众容易看得见、看得懂、听得清楚、听得明白。关于如何使广告让受众容易识别、感知这一问题,本章后面将展开叙述。

## 三、广告内容必须容易理解

美国著名的电视与儿童研究专家安德森和勒温(Anderson & Levin)在研究儿童对电视节目的理解和注意时发现,儿童对电视节目的注意受儿童对节目的理解的影响,当儿童对节目内容无法理解时,他们就会把注意力从电视节目上转移开。[①] 实际上,即使是成年人,当他们看到、听到或读到一些不好理解的节目或栏目内容时,他们也常常会转移注意力,拒绝继续接受这些信息。对于一些文案内容较长的广告(特别是印刷广告)来说,如果广告内容不易理解或难以理解,那么,受众就不会保持注意直到整则广告看完或听完,因而也就不会接受广告的充分影响。这就是广告内容必须容易理解的原因之一。

广告内容必须容易理解的原因之二是:不容易理解的广告,容易造成受众的误解或歧解。例如图5-4,如果读者不知道Wonderbra是一个胸罩品牌,那么就很难理解广告的意思。即使知道了,也可能对图片产生两种解释,一种是惊讶,一种是魅力。又比如,图5-5是一则除臭剂广告。然而,一般人都会将它看作是一则彪马广告。

关于误解或歧解,杰可比(Jacoby)等人做过一系列的研究。在1982年的研究中,他们调查了2 700名看过60秒电视节目的观众,结果发现,96.5%的人至

---

① Anderson D R,Levin S R. Young Children's Attention to"Sesame Street"[J]. Child Development,1976,47(3):806-811

图 5-4　Wonderbra 胸罩

图 5-5　除臭剂

少存在某种程度的误解,平均误解率是 29.61%。其中节目节选的误解率为 32.2%,商业广告为 28.3%,非商业广告为 27.6%;一定程度误解节目节选的观众占 84.5％,误解商业广告的占 81.3％,误解非商业广告的占 82.7％。[①] 在 1986 年的研究报告中,他们发现,1980 年总统选举时里根和卡特的电视辩论的误解率将近 1/4。[②] 后来,他们又对杂志广告和评论的误解情况进行研究,结果(见表 5-1)表明,总体的误解率(即不正确比例)为 21.4％,广告的误解率略低于评论,但也有 19.3％。[③] 如果将不理解(不知道比例)也当作误解处理,那么广告的误解率就可会高达 34.6％。消费者对广告信息发生了误解,这说明广告所传递的某种意图、观念并没有被他们正确地把握,因此广告主所期望的广告效果也就很难实现。

表 5-1　杂志传播的理解和误解

单位:％

| 类别 | 正确比例 | 不正确比例 | 不知道比例 |
|---|---|---|---|
| 总体 | 63.1 | 21.4 | 15.5 |
| 事实 | 63.6 | 20.3 | 16.0 |
| 推论 | 62.3 | 22.4 | 15.2 |
| 广告 | | | |
| 总体 | 65.4 | 19.3 | 15.3 |
| 事实 | 66.1 | 17.3 | 16.6 |
| 推论 | 64.3 | 21.5 | 14.2 |
| 评论 | | | |
| 总体 | 60.8 | 23.4 | 15.8 |
| 事实 | 61.6 | 23.1 | 15.3 |
| 推论 | 60.3 | 23.5 | 16.2 |

## 四、广告信息必须容易记忆

众所周知,广告一般不可能直接导致消费者产生购买行为。从消费者接触

① Jacoby J,Hoyer W D.Viewer Miscomprehension of Televised Communication:Selected Findings[J].Journal of Marketing,1982,46(4):12-26

② Jacoby J,Troutman T R,Whittler T E.Viewer Miscomprehension of the 1980 Presidential Debate:A Research Note[J].Political Psychology,1986,7(2):297-308

③ Jacoby J,Hoyer W D.The Comprehension/Miscomprehension of Print Communication:Selected Findings[J].Journal of Consumer Research,1989,15(4):434-443

广告到购买广告产品往往需要一段时间历程。在消费者产生购买行为之前,广告的效应主要表现为对广告信息的记忆。而消费者对广告信息的记忆,对于后来的商品购买则可能起到直接或间接的促进作用。

### 1. 广告信息记忆是广告活动影响消费者购买决策的前提

消费者在进行购买活动之前,往往要了解产品的特点(如性能、功效、构成等),比较各种产品的优劣,衡量产品购买给自己带来的得失。在这一过程中,消费者需要大量的有关信息。消费者对以往接触过的广告信息的记忆,就可以在一定程度上满足这一需要。DR 钻戒通过在百度、头条、抖音、小红书、微信等多个第三方流量平台投入广告,并且与各平台各行业的 KOL/KOC 合作,大大增加了曝光率。现在,其品牌标语"男士一生"被深深印在网友心里。

在人们的日常生活中,类似的现象经常发生。例如准备结婚的青年男女,决定到商店购买某种品牌的电视机,这种决定很可能是由于看到某某明星代言的广告之后做出的。受到媒体传播教育的影响,年轻的父母觉得应该重视儿童智力的开发,因而设法购买某种广告中介绍过的有利于儿童智力发展的玩具。这些例子都说明了广告信息记忆对消费者购买决策的重要作用。

### 2. 广告信息记忆会诱发消费者产生熟悉性购买

一些普通日常用品(如牙膏、香皂、卫生巾等)的购买,消费者一般不需要经过深思熟虑、精打细算而后作决定。其购买决策过程简单短暂,往往在购买现场完成。例如工人下班时经过百货商店,想起家里的洗发精已经用完,应该顺便买一瓶回家。但一进商店,柜台里各种各样的洗发精琳琅满目。此时,如果事先没有想好买什么品牌,而经常使用的品牌又没有,那么她可能根据对各种洗发精的熟悉程度为选择标准。有时一些小商品并非消费者急切需要的,但由于在广告上获得了解或印象,因而当她偶然在商店里发现时,可能当即决定购买。

### 3. 广告信息记忆是广告实现"二级传播"的前提

从传播的心理机制来说,广告要实现"二级传播",其前提是人们对广告信息的记忆。因为接受广告信息的人只有先将广告信息记住,他或她才能进一步向其他人传递。也就是说,小孩子必须记住了"娃哈哈"的广告内容,他们才能在父母面前说出"甜甜的,酸酸的"等;成人消费者必须先记住广告中关于产品特点的介绍,他才能在向他人推荐产品时说出理由。这犹如教师讲课一样,他们在讲课之前,头脑里必须有相关的知识。

## 五、广告最好能够唤起情绪、情感

情绪、情感是影响广告效果的一个中介因素。一般来说,与中性的、信息性的广告相比,那些能够激发欢乐温馨,甚至厌恶等情感反应的广告,更能引起人们的注意,也能够更好地被记忆。[①] 一项测量受众对广告情绪反应的研究(表5-2)发现,有情绪反应和没有情绪反应的被试,在对广告态度、品牌态度、购买意图以及品牌回忆的测量上,均没有显著的差异,但是在广告内容的回忆上有显著差异,有情绪反应的被试记忆较好。[②] 另一项测量被试对艾滋病公益广告回忆的研究的确发现,强热情感诉求的广告,比理性诉求的广告,记得更牢。[③] 然而,有的研究却发现,有情绪反应的人,对品牌、广告有较为积极的态度,有较高的购买意图,但品牌回忆率较低。[④]

**表 5-2　广告引发的情绪反应对广告效果的影响**

| 变量 | 有情绪反应(736 人) | 无情绪反应(762) | t | p |
| --- | --- | --- | --- | --- |
| 广告态度 | 3.9 | 3.9 | −1.31 | .19 |
| 品牌态度 | 4.5 | 4.5 | −.10 | .92 |
| 购买意图 | 4.5 | 4.5 | .76 | .45 |
| 品牌回忆 | .99 | .94 | −.90 | .37 |
| 广告内容回忆 | 31.2 | 29.3 | −2.42 | .02 |

广告激发的情感有积极的(如高兴、愉快、兴奋),也有消极的(如恐惧、悲哀、愤怒等)。积极的情感可能通过情感迁移作用,进而促进受众产生较好的广告态度、品牌态度甚至购买意图。相反,消极的情感,对广告态度、品牌态度可能没有促进作用,但这类广告却容易让受众印象深刻。所以广告不仅要考虑激发消费者的情绪、情感,还要激发什么样的情感。

---

① 德尔·I. 霍金斯,等.消费者行为学(原书第 8 版)[M].符国群,等译.北京:机械工业出版社,2003

② Stout P A,Leckenby J D.Measuring Emotional Response to Advertising[J].Journal of Advertising,1986,15(4):35-42

③ Lee J,Davie W R.Audience recall of AIDS PSAs among U.S.and international college students[J].Journalism and Communication Quarterly,1997,74(1):7-22

④ Aaker D A,Stayman D M,Hagerty M R.Warmth in Advertising:Measurement,Impact,and Sequence Effects[J].Journal of Consumer Research,1986,12(4):365-381

## 六、广告不能冒犯消费者

不同国家、不同地区的消费者,文化风俗习惯、宗教信仰各不相同。在广告表现时,要时刻加以注意,否则一不小心,就会冒犯消费者。这种广告不仅没有正面效果,甚至会产生负面作用,使得消费者对广告、对品牌产生反感。图5-6的立邦漆广告,创作者的意图很清楚,但却伤害了中国消费者的感情。

图 5-6　立邦漆广告

## 小资料 5-1　争议性广告[①]

随着广告行业的迅速发展,国内外都时常发生广告冒犯消费者的现象,例如恒源祥十二生肖广告、脑白金广告被指责通过恶俗广告来提高品牌知名度,扩大销量。意大利服装品牌贝纳通自成立以来,大量采用争议性广告策略,其广告出常常出现教士亲吻修女、临死的艾滋病人等争议性内容,常引发媒体报道和社会热议。上文提到立邦漆广告就是国际广告公司对中国本土文化不了解,闭门造车出来的广告受到中国消费者的严厉谴责。争议性广告会引起受众反感、恶心或愤怒的反应,给广告主带来销售下降、产品抵制、损害品牌和企业形象等负面

---

① 曾秀芹,程煜.争议性广告研究进展[J].现代广告(学术季刊),2012,17:32-38

影响。与此同时,还可能对社会风气造成不良影响,使得损害整个广告行业的声誉。那么什么是争议,造成争议性广告的原因或因素有哪些,我国争议性广告的情况如何。下文将为大家一一介绍。

争议性广告也叫冒犯性广告,是指由于广告的产品类型、执行方式或媒体策略,展现时会引发部分人群尴尬、讨厌、恶心、反感或受侮辱等反应的广告。争议性广告不同于欺骗或虚假等违法、违规广告,它在一定程度上是合法和真实的广告,它只是在"软件"上出了问题,如其产品、内容或诉求形式引发人们讨厌、恶心或愤怒的反应。

对于西方对争议性广告的研究由来已久,以往研究表现引发广告争议的原因有三个方面,即广告的产品或服务类别、广告的执行方式和广告的媒介策略。

(1)产品(或服务)类别

研究表明以下四类产品的广告倍受争议:(1)性/性别相关产品(如避孕套、女性避孕药、男/女内衣、女性卫生用品);(2)社会/政治团体(如政治党派、宗教教派、殡仪服务、种族极端团体以及枪与军备);(3)令人上瘾的产品(如酒精、香烟、赌博);(4)健康与保健产品(如慈善机构、性病预防和减肥计划)[①]。

(2)广告的执行方式

以往不少学者对具有争议性的广告执行方式进归纳,发现有 8 种具有潜在争议性的广告执行技巧,包括反社会行为、粗俗语言、裸体、种族主义、宗教主义、性别歧视、过于私人的话题、以及西方/美国形象诉求形式[②③]。性别歧视和种族歧视是西方文化背景下最受关注的两种反感诉求方式,而在亚洲,性别歧视、恐惧、裸体和文化不敏感是最常被提及的反感因素[④]。例如立邦漆广告、耐克广告"恐惧斗室"等都是对中国文化不敏感导致这些广告冒犯了消费者。

争议性执行方式比争议性产品更可能产生广告冒犯。因为,消费者认为敏感产品也想跟其它产品一样在媒体上投放广告,以提升品牌形象和促进销售,这种行为是可以谅解的。但是广告执行方式是可以人为控制的,所以出现冒犯性执行方式会让消费者觉得无法原谅。

---

①　Waller D S,Fam K S,Erdogan B Z.Advertising of Controversial Products:A Cross-Cultural Study[J].Journal of Consumer Marketing,2005,22(1):6-13

②　Waller D S,Fam K S,Erdogan B Z.Advertising of Controversial Products:A Cross-Cultural Study[J].Journal of Consumer Marketing,2005,22(1):6-13

③　Boddewyn J J.Controlling sex and decency in advertising around the world[J].Journal of Advertising,1991,20(4):25-36

④　Waller D S,Fam K S,Erdogan B Z.Advertising of Controversial Products:A Cross-Cultural Study[J].Journal of Consumer Marketing,2005,22(1):6-13

（3）广告传播的媒介

争议性广告必须通过媒介才能到达受众,媒介因素也可产生广告争议性。据澳大利亚广告监管机构 ASB 投诉显示,电视是被投诉最多的媒体,其次是户外广告、直邮广告等,究其原因这些种媒体的受众包括非常广泛,容易冒犯包括儿童、青少年和老年人在内的群体。电视广告重复次数太多会让人觉得很烦。例如,恒源祥前几年曾经推出 12 生肖的广告,广告中反复出现"恒源祥,鼠鼠鼠;恒源祥,牛牛牛……"等台词,被民众批评是"折磨人的广告",广告被大家骂得体无完肤。也有研究发现,有些广告出现在某个媒体上被消费者认为是争议性广告,但在另一个媒体上则可以被接受[①]。例如,与性有关的争议性广告如果出现在网络上消费者不能容忍,但出现在男性或女性杂志则更可能接受。可能杂志的目标受众非常明确,只针对某些人群,而网络是面向包括各类人群的大众媒体。

以上研究多数来源于西方的研究成果,那么在中国,有哪些产品类型、广告执行方式和媒体因素会造成消费者反感广告呢?曾秀芹和程煜(2015)针对中国经济文化背景,用定性和定量研究相结合的方式,归纳出争议广告的原因,并且调查了受众对这些类型广告的反感程度,具体如表 5-3 所示。这个研究成果将可成为广告公司和广告主提供参考,以避免踏入争议性广告的"雷区"。

表 5-3　受众对各种争议性广告形式的反感程度(n＝1053)[②]

| 产品类型 | 均值<br>（标准差） | 执行方式 | 均值<br>（标准差） | 媒介因素 | 均值<br>（标准差） |
|---|---|---|---|---|---|
| 与性/隐私有关的产品 | 3.24(1.00) | 拙劣/低俗 | 4.80(0.82) | 新媒体 | 4.38(1.05) |
| 避孕套/药 | 3.61(1.48) | 画面恶心 | 5.21(1.03) | 视频插播 | 4.60(1.28) |
| 特殊药品 | 3.42(1.40) | 太夸张/夸大功效 | 5.07(1.08) | QQ弹窗 | 4.59(1.28) |
| 女性卫生保健用品 | 3.28(1.33) | 低级趣味/低俗 | 4.98(1.16) | 手机短信 | 4.56(1.42) |
| 祛痘祛螨化妆品 | 3.25(1.36) | 广告声音过大/语速太快/吵闹/烦人 | 4.84(1.08) | 网页弹窗 | 4.55(1.29) |

①　Prendergast, Gerard, Huang C H. International Journal of Advertising. 2003, 22 (3): 393-411

②　曾秀芹,程煜.中国争议性广告研究[J].现代广告(学术季刊),2015,21:7-12

续表

| 产品类型 | 均值（标准差） | 执行方式 | 均值（标准差） | 媒介因素 | 均值（标准差） |
|---|---|---|---|---|---|
| 男/女内衣 | 2.97(1.29) | 俗气 | 4.64(1.16) | 电子邮件 | 4.29(1.39) |
| 卫生巾 | 2.95(1.32) | 广告表演矫揉造作 | 4.63(1.12) | 手机 APP | 4.20(1.42) |
|  |  | 广告词单一/千篇一律 | 4.63(1.16) | 社交媒体 | 3.85(1.42) |
| 灰色地带产品 | 3.86(1.05) | 拍得简陋/制作粗劣 | 4.39(1.20) | 电视媒体 | 3.77(1.05) |
| 私人医院 | 4.13(1.49) | 不当表现形式 | 3.78(0.90) | 电视插播 | 4.07(1.33) |
| 山寨手机 | 4.12(1.49) | 代言人特征与产品不匹配 | 4.39(1.22) | 电视购物 | 3.87(1.35) |
| 丰胸产品 | 4.07(1.47) | 广告人物现身说法 | 4.12(1.36) | 电视节目赞助 | 3.37(1.26) |
| 网络游戏 | 3.75(1.56) | 商业目的太明显 | 4.09(1.29) | 其它传统媒体 | 3.02(1.08) |
| 保健品 | 3.21(1.39) | 广告代言人不好看 | 3.51(1.30) | 公交媒体 | 3.29(1.46) |
|  |  | 广告内容与你不相关 | 3.39(1.34) | 户外广告 | 2.99(1.37) |
| 易令人上瘾的产品 | 3.20(1.30) | 西方形象 | 3.15(1.44) | 报纸 | 2.89(1.18) |
| 香烟 | 3.55(1.57) | 歧视 | 5.06(0.87) | 杂志 | 2.87(1.18) |

续表

| 产品类型 | 均值<br>（标准差） | 执行方式 | 均值<br>（标准差） | 媒介因素 | 均值<br>（标准差） |
|---|---|---|---|---|---|
| 酒精 | 2.86(1.32) | 贬损/轻视消费者 | 5.20(1.03) | | |
| | | 歧视弱势群体 | 5.07(1.09) | 不当媒介策略 | 4.92(0.85) |
| | | 不尊重女性/性别歧视 | 5.06(1.12) | 强制/关不掉 | 5.46(0.90) |
| | | 不尊重中国传统文化/伦理道德 | 4.90(1.14) | 不分时段/不合时宜 | 4.94(1.02) |
| | | 性/隐私 | 4.46(1.07) | 广告时间过长 | 4.80(1.08) |
| | | 性暗示 | 4.57(1.27) | 重复次数太多 | 4.52(1.21) |
| | | 裸露 | 4.48(1.32) | | |
| | | 隐私/太私人话题 | 4.30(1.22) | | |
| 合计 | 3.47(0.88) | | 4.52(0.71) | | 4.10(0.77) |

注：均值代表受众对这些类型广告的反感程度，量表得分为 1～5 分，得分越高代表反感程度越高，反之亦然。

# 第三节　广告引人注意的原理和方法

前一节讨论了广告表现的心理原则，其中首要的原则是广告必须能够引人注意。那么如何才能使广告引人注意？

## 一、注意的原理

人每时每刻都在大量外界刺激的包围之中，只有少量的刺激能够得到人的注意,其他的刺激对人来说,犹如不存在似的存在着。这些得到人们注意或容易引起人们注意的刺激物,心理学的研究表明,[①]它们一般都具有下列的某些特点:

### 1. 新异性

新异性是刺激物唤起人们注意的最重要的特性。所谓新异性是指刺激物异乎寻常的特性。它又分为绝对新异性和相对新异性。绝对新异性是指人们从未体验过的事物及其特征。例如没有见过长颈鹿的人,当他第一次进入动物园时,长颈鹿就很容易引起他的注意。在一个人们经常路过的交通路口,突然竖立一块大广告牌,那么该广告牌也容易引起人们的注意。相对新异性是指刺激物特性的异常变化或各种特性的异常组合。例如出租车车顶上新装上广告灯箱;高耸于高楼大厦之上的霓虹灯突然出问题,有些灯管一闪一烁;这类异常的变化,都会吸引人们的注意。在图 5-7 中,左下角的金日牌西洋参广告,就是一则新异性的广告。该广告的新异之处在于,它将正常的广告设计顺时针旋转 90°后印刷,显得与周边的广告和其他内容不一样。图 5-8 为日本最大广告公司博报堂广告公司推出的一则"Speak Like a Native"的新奇广告,旨在帮助贝利兹语言学校作宣传。该设计把一个人的脑袋嵌入另一个的口中,以传达"每个人的内里都住着一个本土人",创作之胆大,结合之惊奇,令人惊叹。

图 5-7　金日牌西洋参广告　　　图 5-8　贝利兹语言学校广告

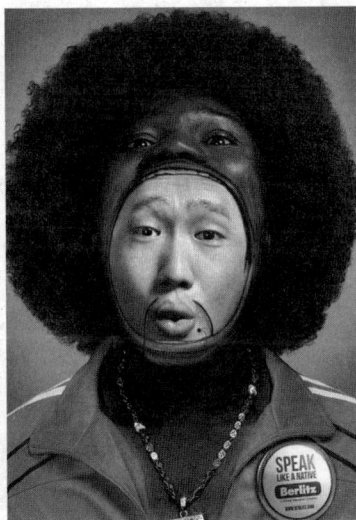

---

① 彭聃龄.普通心理学[M].北京:北京师范大学出版社,1988

## 2. 强度

心理物理学的研究发现,刺激要引起人们的反应必须达到一定的强度,而且在一定的范围内,随着刺激强度的增加,反应也加强。环境中出现的各种强烈刺激如一声巨响、一道闪光、一股浓烈的气味、一下猛烈的撞击,都会不由自主地引起人们的注意。刺激物的强度在广告上主要体现在媒体和版面的大小、色彩的明暗程度以及广告的音响方面。

## 3. 运动

在静止的背景上,各种运动着的物体容易引起人们的注意,例如,微风吹动的树叶,夜空中飘逝的流星都容易吸引人们的注意。许多小孩子喜欢看电视节目,特别是喜欢看电视广告节目,这跟电视画面的不断运动变化有着密切的关系。

运动,不仅指连续的运动,而且指断续的运动。例如长时间固定地呈现在电视屏幕角落的商标,可能不会被观众所发现,而把它变成忽隐忽现的方式呈现,观众反而容易注意到它。即使是静止的媒体,有了动感,也会引人注意,如图5-9所示。

图 5-9　零世纪牛仔裤(户外)

## 4. 对比

当刺激物与周围环境的景物存在着明显的反差时,也就是说对比非常强烈时,那么,它就具有很强的吸引力。如成语"鹤立鸡群"、"万绿丛中一点红"都是用来形容刺激物与背景有着强烈的反差,因而显得特别突出,特别引人注目。图5-10中左下角的都乐(Dole)就是一则"万绿丛中一点红"的广告,它以橙色为主色彩,不仅与产品橙汁相协调,而且与周边的广告形成鲜明的对比,特别引人注目。

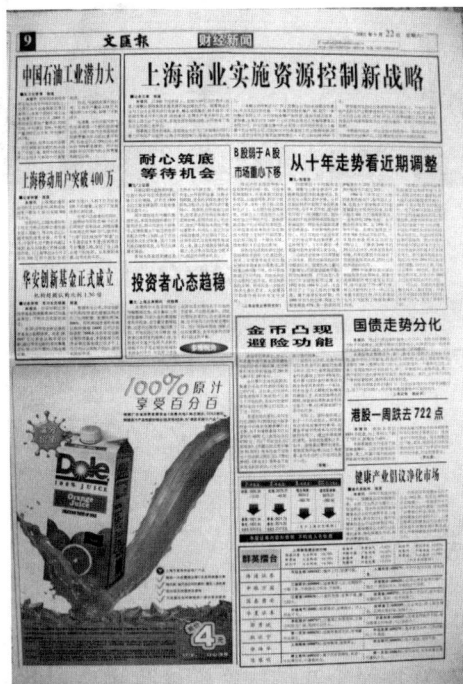

图 5-10　都乐广告

### 5. 重要性

重要性是指刺激物对个体来说是否有意义、是否重要。当刺激物与人有关,或对人来说很重要时,它就容易引起人们的关注。例如在声音嘈杂的公共场合,当有人议论到你时,哪怕声音很小,你也可能会注意到;如果不涉及你,你很难知道别人在谈论什么。对于一般电视广告,你可能觉得不屑一顾,但当电视广告突然出现你所熟悉或敬重的名人时,你也会不自觉地对它产生兴趣。图 5-11 中的俄罗斯套娃对你来说也可能是有意思的,因而你也可能给该广告多一点关注,尽管你不一定理解其中套娃的用意。

以上是仅就刺激物本身的特性而言,对于广告这种特殊的刺激物来说,除了上述特性会影响到人们对广告的注意之外,广告在媒体中的位置、广告前后的节目等媒体因素以及广告中的视觉导向等也会影响人们对广告或广告中某一要素的注意。关于这些问题,下面将展开叙述。

图 5-11　大众汽车

## 二、广告如何引人注意

根据上述原理,在各种媒体广告上,可以采用一些相应的手段来提高广告的注意效果。下面就各种媒体略举几例供读者参考,在实践中,读者可以充分利用自己的想象力和创造力去设计、创作吸引人注意的广告。

### 1. 印刷广告

早在 1973 年,瓦利安特(Valiente)对贸易杂志和普通杂志中广告的注目和阅读份数与机械变量(如大小、色彩、插图大小)和内容变量进行的因素分析业已指出,机械变量而非内容方面是广告注目和阅读的主要预测因素。[①] 换言之,广告的注目率取决于广告表现特征,而非广告内容。因此,在印刷广告的设计上,可以采用以下方法来提高广告的注意率:

(1)在报纸广告版面形状的设计上,可以突破四方形这种固定的模式,使读者感觉到耳目一新。例如图 5-12 的版面结构就很有新意,它是贝克啤酒登在《厦门日报》上的系列广告之一。图 5-13 模式是日本丰田汽车登在日本《经济新

---

① Valiente R. Mechanical correlates of ad recognition[J]. Journal of Advertising Research,1973,13(3):13-18

闻报》上别开生面的广告。该广告分裂为上下两部分,上部分是鹿头,下部分是鹿的躯体和丰田汽车,中央部分不是丰田汽车广告,而是空出来刊登一般性的分类广告。事实上其他几何形状的版面也可以采用,尽管它可能在某种程度上损害报纸版面的美感和严肃性,但可以大大地提高广告的注意效果。

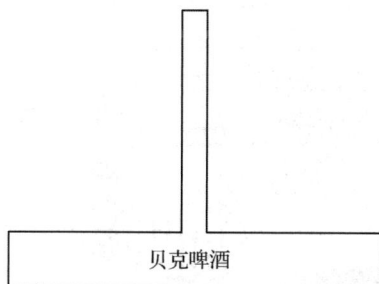

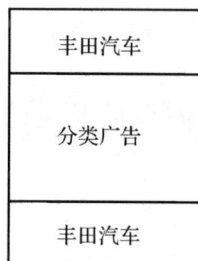

**图 5-12　贝克啤酒广告结构图**　　**图 5-13　丰田汽车广告结构图**

(2)在广告版面的大小问题上,可以尽可能地采用大版面的广告。因为版面越大,刺激强度越强,广告的注意效果越佳;广告版面越小,则广告刺激强度越弱,广告的注意效果也越差(参见第七章第五节)。也许正是为了吸引读者的目光,时代和新闻周刊两杂志运用大版面和彩色的广告,战后(1945—1949)明显多于战前(1936—1945)。[①] 不过对于全页广告来说,页面大小就不重要了,它不会影响品牌名字的记忆。[②]

(3)在报纸广告版面位置的安排上,可按图 5-14 的版面位置顺序来确定;在杂志上则依表 5-4 的版面顺序来确定。关于不同版面位置的注意效果差异,请参见第六章第四节。

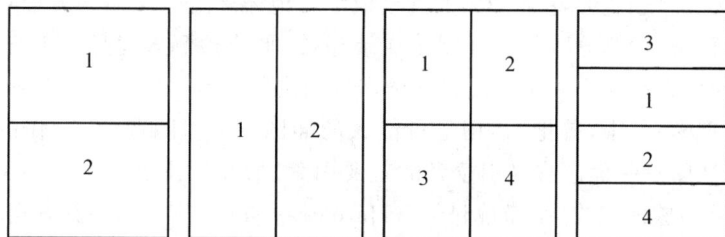

**图 5-14　版面注意效果顺序**

①　Trenchard K I,Crissy W J E.Trends in the use of certain attention-getting devices in newsweekly advertising[J].Journal of Applied Psychology,1951,35:287-288

②　Newhall S M,Heim M H.Memory value of absolute size in magazine advertising[J]. Journal of Applied Psychology,1929,13:62-75

表 5-4　杂志广告各版面位置的注意值

| 版面位置 | 封面或封底 | 封二 | 封三或扉页 | 底扉或正中内页 | 内页 |
|---|---|---|---|---|---|
| 选择顺序 | 1 | 2 | 3 | 4 | 5 |

　　(4)适当地利用箭头之类的东西来引导读者的视线。在图 5-15 中,由于箭头强有力的指向作用,4888M 虽然小,仍然容易被注意到。

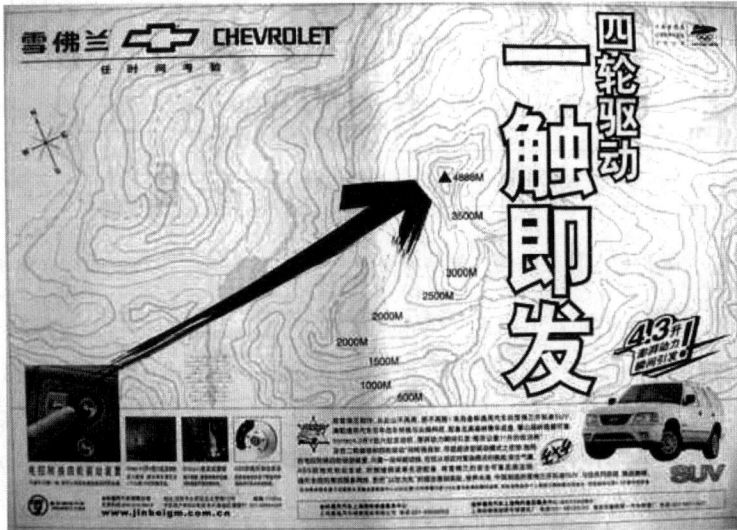

图 5-15　雪佛兰汽车广告

　　(5)广告的插图要尽可能大。早在 1952 年,特沃特(Twedt)的多因素分析研究业已发现,两个因子对阅读成绩有重要贡献,它们是图画的色彩因子和大小因子,这两个因子能够解释 53% 的阅读成绩。他还建立一个回归方程对其他出版物进行预测,预测分数与实际阅读成绩相关,平均预测效度是 .71。[①] 也就是说,图画的色彩和大小是影响读者阅读广告的主要因素。罗斯特和佩斯在《广告和经营管理》一书中,曾把"运用尽可能大的插图"作为印刷广告创作的一个原则。广告插图是平面广告吸引读者的首要因素,所以插图越大越有利于吸引读者。[②] 在欧格威的名作"哈撒威衬衫"(Hathaway shirt)广告和多芬香皂广告中,

---

　　① 　Twedt D W. A multiple factor analysis of advertising readership[J]. Journal of Applied Psychology,1952,36:207-215

　　② 　Rossiter J R,Percy L. Advertising and Promotion Management[M]. McGrow-Hill,1987

插图占整则广告的 2/3 版面略多。在日本的许多来华广告中,插图均占相当大的版面。在户外招贴广告上,插图的大小更为重要。插图大,看的人就多;插图小,吸引力也小。

(6)插图中最好要有人物模特。有人物可以增加广告给受众的亲近感和重要性。特别是名人,更容易引起观众的注意,如图 5-16,如果没有黄奕,相信在这则广告上注目的人会减少。广告中有人物除了比较能吸引读者的注意力之外,还有其他作用(参看第七章第四节)。

图 5-16　英纳格钟表广告

(7)广告中留出较大的空白。空白较大的广告,一者容易与其他版面造成明显的对比,从而在版面中突出出来,如图 5-17;二者读者读起来比较轻松,因而愿意阅读。德国的金龟车的一则著名的广告"想想还是小的好"就留有大量的空白。一般来说,半版广告或整版广告容易留出较大的空白(如图 5-18)。但不仅这些大版面的广告才可以留出空白,小版面的广告也可以做到。

图 5-17　儿童香皂广告 　　　　　图 5-18　IBM 公司的广告

　　(8)插图内容要有特色。香港《大公报》1985 年 3 月 4 日刊登过一则交易广场商业大厦征集入伙的广告,该广告是整版广告,其中占有 2/3 的版面是一个套红的大"?"号。许多读者都被好奇心所吸引去阅读下面的广告文案。图 5-19 是中国移动通信 IP 电话卡,其中的迷宫虽然在别的场合可以见到,但在广告还是比较有特色的,容易引起读者的注意。图 5-20 是瞬吸蓝卫生巾广告,其所夸张展示吸水量,的确会令人注目。图 5-21 是一汽大众汽车公司成立 10 周年的广告,它用树木的年轮来表达公司的岁数,图案简单,有吸引力。

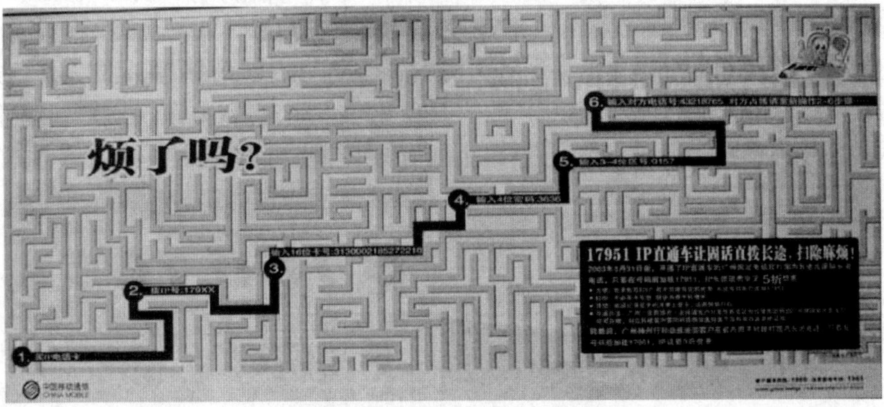

图 5-19　中国移动通信 IP 卡电话

图 5-20　瞬吸蓝卫生巾

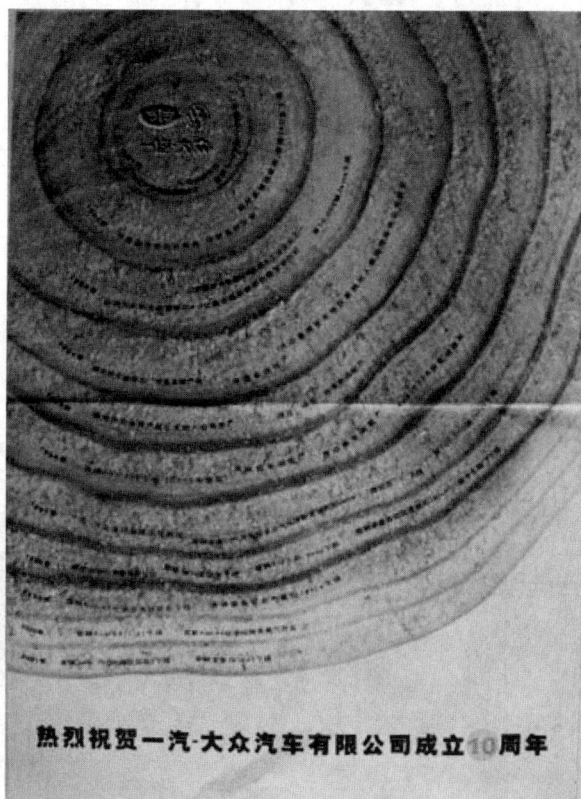

图 5-21　一汽大众

　　(9)标题要大且有吸引力。例如图 5-22,该广告以一个巨大的"胖"字为标题,有诱惑力,容易吸引那些对身体肥胖关心的读者。图 5-23,标题用的是漫画人物,也很有特色。

**图 5-22　芦荟排毒胶囊广告**

**图 5-23　中国移动通信神州行广告**

(10)尽量增加广告的色彩。为什么要增加广告的色彩,请参考第七章第三节。

(11)设计出与众不同的广告边框。例如图 5-24"中国花粉"广告。

(12)整则广告的色调要与周围广告的色调有明显的区别。例如大多数广告都是普通的黑白广告时,你的广告可以用彩色广告或反白广告。前面图 5-10 的都乐广告就是一个典型的案例。

(13)注意避开视觉竞争对象。国外的研究发现,当没有卡通在附近时,看杂志广告的时间比竞争卡通在其附近时增加 50% 以上。[①] 因此,在安排广告版面位置时,要避免其他内容或广告将读者的目光吸引过去。

除了整则广告要引起读者的注意之外,重要信息也要让读者容易注意到。图 5-25 的银谷苑房地产广告,广告文案中的重要内容都用红色线条圈起来,读者一目了然。

图 5-24 中国花粉

图 5-25 银谷苑房地产广告

## 2. 广播和影视广告

(1)采用新颖的广告形式。例如"恒源祥绒线羊毛衫"广告率先将三段相同的内容组合为一则广告的形式;"反斗星"广告率先采用"听不清、看不明"的形式,即画面快速切换以至观众看不清楚画面内容是什么,解说词快速播音以至观众听不清楚解说词说的是什么;"中华多宝"采用一个镜头紧接一个镜头作横向移动的画面,有别于普通广告的画面编辑手法。这几条广告都是形式新颖的广

---

① Goodman C H A.comparison of the interests and personality traits of engineers and liberal arts students[J].Journal of Applied Psychology,1942,26:721-737

告,比较受到观众的关注。

(2)利用名人当模特。如三九胃泰(李默然)、容声冰箱(汪明荃)、创维电视(刘威)、格力空调(游本昌)、健力宝(李宁、李小双)、TCL 彩电(刘晓庆)、太太口服液(毛阿敏)、美的空调(巩俐)等等。

(3)让儿童或婴儿来表演。儿童对妈妈们有较大的吸引力,同时还不大会引起人们的反感。例如,柯达的系列广告,都是以孩子的表演为主,不仅具有吸引力,还深得观众的喜爱。

(4)适当利用动物表演。

(5)以名胜景物为背景。

(6)采用流行乐曲的主旋律为背景音乐。如娃哈哈矿泉水的"我的眼里只有你……"。

(7)使用特殊的音响效果,如雄狮的怒吼声、马嘶声、炒菜的哧哧声。

(8)采用独特的主题色彩。例如,万宝路广告均以红色为基调,而万事发广告则以蓝色为基本色。

(9)强化人物的动作,而不是静态镜头或镜头的快速切换。拉斯特和沃特金斯(Rust & Watkins)研究 80 名 6~9 岁儿童对电视广告的反应发现,被试的注意在物理运动时达到顶峰,而在静态镜头或独白时懈怠下来,被试厌烦抽象的材料。运动的性质和故事比人物外表的细节对于影响被试的反应远为重要。[1]

(10)注意语音、语调或节奏的变化。

(11)增强广告导语的吸引力。

(12)让听众比较熟悉的或声音有特色的播音员来播音。

(13)适当地运用"沉默"(没有音乐、音响效果,甚至没有画面内容)。奥尔森(Olsen)1994 年研究广告创意总监对电视广告中利用沉默(没有音乐、音响效果)的看法。53 位加拿大和美国的创意总监接受调查。调查结果认为,沉默是唤起人们注意广告以及广告中的某些信息的有效手段。总监们指出紧随信息之后的沉默是鼓励沉思和复述信息的好方法,沉默可以有效地用于唤起情绪,包括诡秘和平静。[2]

### 3. 户外广告

(1)将户外广告设置在人流量比较大的地方,如交通要道、机场、火车站。

---

[1] Rust L,Watkins T A.Children's commercials:Creative development[J].Journal of Advertising Research,1975,15(5):21-69

[2] Olsen G D.Observations:The sounds of silence:Functions and use of silence in television advertising[J].Journal of Advertising Research,1994,34(5):89-95

（2）将广告设在高处。广告位置高,辐射范围大,注意到的人也多。

（3）让广告画面动起来。例如霓虹灯广告不断闪烁变化就比静止不动要引人注意。

除此之外,在户外广告创作设计上,还可以参考上述印刷广告和影视广告的创作设计方法。

# 第四节　广告的视知觉原理及运用

画面(插图或图像)是广告的重要组成成分。在广告宣传中,有些商品或服务的信息要借助于广告画面来传递。广告能否有效地发挥画面的信息传递功能,依赖于广告创作设计者是否掌握人的视知觉规律,并依据视知觉原理进行广告画面的设计制作。

## 一、主观轮廓

人在识别物体的形状时,通常是借助于轮廓。所谓轮廓,就是知觉背景和对象的分界面,它是在视野中的邻近成分出现明度或颜色的突然变化时出现的。例如图 5-26 是麦当劳广告。这则广告,即使没有文字说明,人们也能看出它是一个大"M",因为它跟周围存在着明显的颜色变化。

图 5-26　麦当劳广告

轮廓一般都存在着明度或颜色的突然变化。但是有时客观上不存在刺激的突然变化时,人们在一片同质的视野中也能看到轮廓,这种轮廓就叫做主观轮廓或错觉轮廓。例如在图 5-27 中,人们能看到 a 图是一个美女头像,尽管画中并没有完整地画出美女脸部的整个轮廓;b 图是一个 DS 或 SD 标志,其中 S 就是主观轮廓构成的;c 是由四根直线构成的图案,只要读者稍微注视几秒钟,就可以看出四根线中间有一个圆圈,它也是由主观轮廓构成。在商标和广告设计中,可以利用主观轮廓的知觉规律,使广告画面在不增加画面复杂性的情况下,增加画面的信息传递量和趣味性。例如图 5-27d 是柯达商标,图中没有"K"字,但我们主观上能看得出来。图 5-28 是绝对伏特加品牌的广告,该广告利用丝带组成了酒瓶的形状。

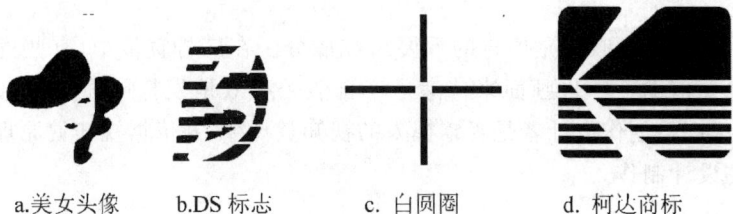

a.美女头像　　b.DS 标志　　c. 白圆圈　　d. 柯达商标

**图 5-27　主观轮廓**

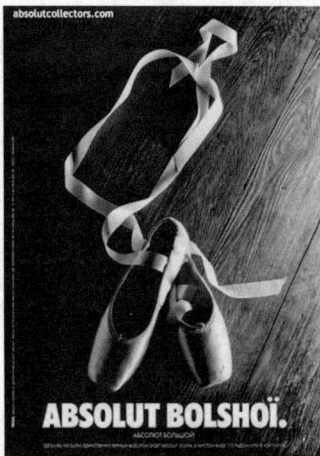

**图 5-28　绝对伏特加广告**

## 二、大小知觉

在现实世界中,物体的大小知觉是根据物体在视网膜上投影的大小及知觉距离来判断的。如图 5-29,在距离相等时,网像越大,说明物体越大;网像越小,物体也越小。在网像恒定时,距离越大,说明物体越大;距离越小,说明物体越小。人们在知觉物体的大小时,会自动地解决大小与距离的关系。[①] 例如同样一个人站在远处和近处,网膜投影的大小是不一样的,近的大,远的小,但是人们会把他们看成一样大。

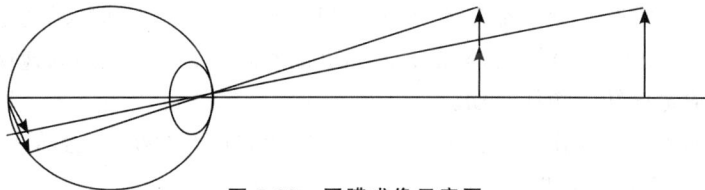

图 5-29　网膜成像示意图

然而,广告画面中物体大小的知觉与现实中物体大小的知觉过程却有所不同。广告画面中的物体经艺术加工或被放大,或被缩小,其大小与现实中物体的大小是什么关系,人们不得而知。因此人们不能仅以网像大小和物体——眼睛距离来判断,还必须借助于作为背景熟悉物体来衡量。例如国内的"声乐"鞋有一则电视广告,画面呈现几个小伙子在一只鞋的鞋面上载歌载舞的情景,观众看了广告后一般都能知道它是一只大约有 4 米左右高的巨鞋。观众之所以能够做出比较切合实际的判断,其原因是他们会自觉地以画面中活动的人物作为参照物,从人物的高度以及人物与巨鞋的高度比例关系来做出推断。如果画面中没有任何参照物,只呈现一只鞋,观众就无法判断那只鞋究竟有多高。因此,要让受众能正确地判断广告画面中物体的大小,首先必须在画面中加入受众熟悉的物体作为参照系;其次,画面中物体之间的大小比例应与现实中物体的大小比例相一致。

由于对广告画面中物体大小的知觉依赖于它与作为背景物体的大小比例,所以,广告设计时为了使产品显得大或小,可以有意地改变产品与参照物之间的真实大小比例关系。例如在一幅饮料广告中,设计者把饮料罐头架在两座山之间,给人予巨大的感觉。在另一则关于回力轮胎的广告照片中,画面是一个轮胎上停放着一辆小轿车,车身还没有轮胎宽,使人觉得轮胎巨大无比。

## 三、运动知觉

在电视、电影广告片中,商品、人物和景物的运动常被用来捕捉观众的注意力,表现商品的形态和特性。那么观众是如何感知物体的运动呢？一般来说,观众是根据以下线索来做运动判断的。

① R. L. 格列高里.视觉心理学[M].彭聃龄,杨旻,译.北京:北京师范大学出版社,1989

①物体的方向和位置的变化。例如,物体由朝上变为朝下,由左上角移至中间。方向和位置的变化是物体运动知觉的重要属性,大多数物体的运动都是依靠这种线索来判断的。

②运动的速度。有时仅依据方向或位置的变化还不足以产生运动知觉。例如钟表上的时针时时刻刻都在运动,人们却不能觉察到。快速转动的电风扇,人们也不能清楚地知觉其运动,只能看到弥散性的闪烁。只有在运动速度适当时,人们才能清楚地知觉物体运动。

③物体的大小变化。广告画面上的物体,当它逐渐缩小时,会给人向后运动的感觉;当它逐渐变大时,则给人向前运动的感觉。

在印刷媒体广告中,画面呈现的产品、人物和景物都是静止不动的。但是在某些条件下,人们却能感知到物体处于运动状态以及朝某一方向运动的倾向。例如在图 5-30a 中,圆球将延斜面向下滚动,图 5-30b 中,球正在向左运动。

图 5-30 静态物体的运动知觉

静态画面上物体的运动知觉也依赖于一些线索:

①运动的轨迹。例如图 5-31,虽然是一则静态的广告,但是读者很容易感觉到广告中的汽车正处于高速行驶之中。造成这种感觉的原因之一就是公路的延伸。

图 5-31 索纳塔汽车广告

②暗示方向的线索。图5-32是奥迪A6汽车广告,广告中的汽车的周围存在着大量的运动线索,所以给人的感觉是汽车疾速向前奔驰。图5-31索纳塔汽车旁边模糊不清的画面也是暗示汽车运动方向的线索。

图 5-32　奥迪 A6 汽车广告

③物体的不稳定状态。许多珍贵的体育运动照片,都有很强的动感,原因就是照片中的人物处于一种不稳定的状态。广告也可以利用人物或物体的不稳定状态,来增加广告的动感,如图5-33。

图 5-33　耐克广告

## 四、知觉的主动性

在知觉过程中,人们不只是对外界刺激作出简单直接的反映,而且还调动了自己已有的知识经验,对刺激进行重新组织,对不足信息加以补充,对模糊刺激作出合理的解释。此外,人们还能综合整个视觉情境,以便对某一视觉对象作出正确的识别。这些现象都是知觉主动性的表现。

### 1. 把部分组合为整体

正如一个完整的人体是由头、躯干和四肢组成的一样,一个物体往往也是由许多部分组成的。视知觉在识别物体的各个组成部分的同时,能主动地把这些部分综合为一个整体。

```
SSS      SSS
SSS      SSS
SSSSSSSSS        (    )[    ]{        }
SSS      SSS
SSS      SSS
   (a)                    (b)
```

**图 5-34　将部分组合为整体**

例如图 5-34,其中 a 图人们看到的不仅是一堆小"S"字母,而且一眼就看出它也是一个大写的"H"字母。对于 b 图来说,人们不是将它看成是四个部分(相近物体看成为一个整体),而是将它看作三个部分(一个小括号,一个中括号和一个大括号)。

美国基诺格(Kellogg)食品公司曾利用视知觉的这一特点在招贴广告上把 Kellog 一词显示在广告的右上角,而截取最后一个字母"g"显示在广告的右端边线,使读者在仅仅认识最后一个"g"便能产生全体(Kellogg)的观念,达到增加读者对广告注意的目的。

我国早期有一幅"十字街头"的电影广告,也曾利用了视知觉的这一特点。该广告以一幅十字街的照片为背景,然后在十字交叉的右边写上"字街头",但读者却能把它读成"十字街头"。

### 2. 由整体来识别部分

在知觉时,人会将部分组合成为整体,同时也会依据整体合理化和意义来识别部分,判断某一部分的含义。

在广告设计中,利用视知觉的这一特点,不仅可以使画面简洁,还可以使画面显得活泼新颖。图 5-35 的三洋洗衣机广告,画面中用"洗衣机的门"代替"同"字中的口,不但不损害"非同凡响"这一广告标题的识别,还使得广告给人一点新鲜感。图 5-36 是格力空调广告,为了突出品牌的特点——"专心"以及给消费者带来的利益——"放心"和"省心",广告将这六个字印得特别大,并将空调机的图形镶嵌在文字之中。

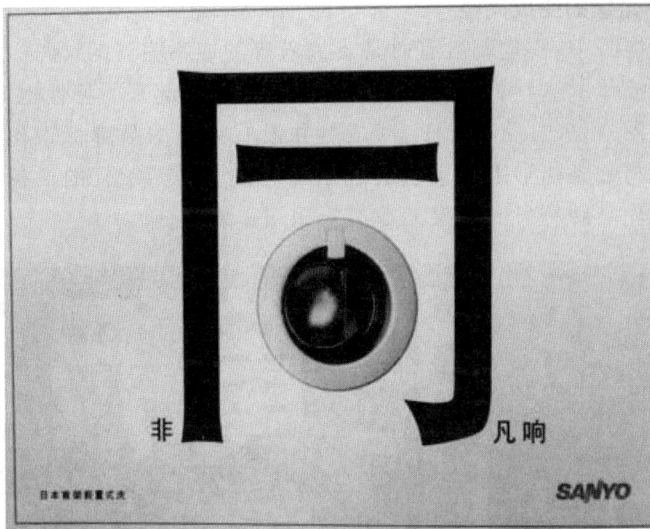

图 5-35　三洋洗衣机

图 5-36　格力空调广告

### 3. 把不完整的变成完整

在人的视野中,视觉刺激有时是支离破碎的或不完整的,但人能够把它补充为完整的整体。这种将视觉刺激缺乏的部分补充起来的特性也叫做知觉的补充性。如图 5-37 的麦当劳广告,虽然并没有完整的品牌标识出现,但经典的红黄配色与线条能够引导消费者在脑海中把麦当劳"M"的商标补充完整,从而起到强化品牌符号的效果。类似的如图 5-38 所示。

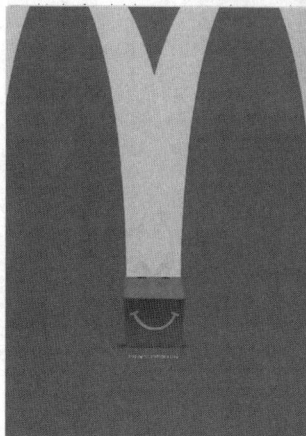

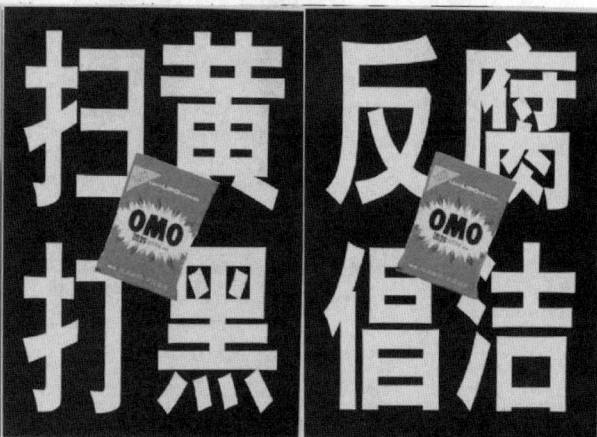

图 5-37　麦当劳广告　　　　　　图 5-38　奥妙洗衣粉之二、三

根据知觉的补充性特点,以色列航空公司曾在一则以强调航空旅游可以节省大量时间为主题的喷气式飞机航班广告中,采用一张一边撕下 20% 的大西洋照片作为插图,并配上"……从 12 月 23 日起,大西洋将缩短 20%"的广告标题,使读者不仅觉得广告很特殊,而且对广告所表达的意思一目了然。

### 4. 对知觉对象做出某种解释

人在接触视知觉对象的过程中,总是试图对视知觉对象做出某种解释,使其具有某种意义,这是视知觉主动性的另一个方面。有人曾用人对图片的感知来说明这一特性。实验者先给受试者呈现一张图片,上面画着一个身穿运动服、正在奔跑的男子。受试者一看就断定他是球场上正在锻炼的一位足球运动员。接着给受试者呈现第二张图片,内容是在那个足球运动员的前方增加一位惊慌奔跑的姑娘。这时受试者断定他们看到了一幅坏人追逐姑娘的画面。最后实验者拿出第三张图片,在奔跑的行人后面又增加一头刚从动物园里逃跑出来的狮子。这时,受试者才明白了图画的真正意思:即运动员和姑娘为躲避狮子而拼命奔跑。

图 5-39 是一则 FedEx 联邦快递的广告,看到广告中的世界地图,亚洲到澳洲之间的快递运输就像从楼上到楼下递东西一样,再看到右下角的联邦快递 logo,不难领会到联邦快递想传达的其快递服务之便捷与快速。

**图 5-39　FedEx 联邦快递广告**

视知觉的主动性是视知觉活动的重要特点,了解和掌握了人的视知觉活动的这一特性,可以帮助广告创作者设计出精妙的广告画面。曾经有一幅节油广告,由两张图片构成,前一张画面上是一个三点水少了两点的油字,后一张画面上是没有三点水的油字即"由"字,由于两张图片并排,人们看完广告之后,不仅会明白广告的意图是因为"缺油要节省用油",而且会不由自主地赞叹广告设计之巧妙。图 5-40 是班博休闲服的广告,画面左边是头上戴着铁笼、神情严肃的电影明星陈小春,右边是有点嬉皮笑脸的陈小春。即使没有广告语"不要束缚",人们凭借广告中的插图也能理解大概。

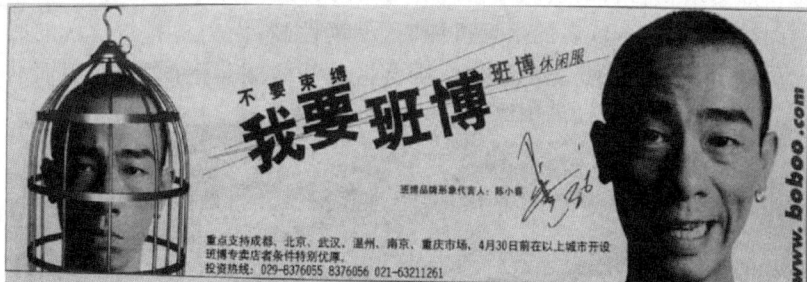

**图 5-40　班博休闲服广告**

# 第五节　影响广告语言感知的因素

广告语言的感知是指人们通过视觉和听觉器官接受文字或语音符号,对字词做出正确的识别和辨认。对广告语言的感知是理解广告语言的基础,受众只有在对文字或语音符号做出正确的识别的情况下,才能把握广告所表达的意思。一般情况下,受众接触广告的时间很短,所以,广告语言能够被受众快速而准确地感知是广告成功的一个基本前提。

人们对广告语言感知的准确和速度的快慢,一方面跟语言接受者的身心状况有关,如读者的知识经验、阅读习惯、视听觉的健康状态和接触广告时的注意状态等;另一方面则取决于广告语言本身的特点和表现形式,如发音的速度、音高、音量,语句的长短,文字的编排结构,字体的大小等。

广告语言有视觉语言和听觉语言,印刷广告和各种户外广告的语言一般是视觉语言,而广播广告和电视广告的语言则主要是听觉语言。对视觉语言材料和听觉语言材料容易被感知的程度,实验心理学家分别用"易读性"和"可懂度"这两个概念为指标来衡量。

## 一、影响视觉语言感知的因素

所谓易读性,是指由印刷字体的大小、空间排列、空间距离等因素引起的阅读材料的难易变化。[1] 例如给你 100 个印刷文字符号,如果你能正确辨认出 50个,那么其易读性为 50％。材料的易读性越高,读者读起来就越快、越准确、越省力;反之,易读性越低,读者准确感知语言材料所花费的时间、精力就越多,付出的认知努力就越大。

易读性与语言材料的组织结构有着密切的关系。当材料的特点和结构遵循读者的阅读习惯,符合读者的生理机能时,易读性高;而当材料与读者的阅读习惯相矛盾,或超出读者的生理局限时,则会造成读者阅读上的困难,因而易读性低。影响广告语言易读性的因素,从语言材料本身来说,主要有以下几个方面:

### 1. 文字的编排形式

印刷文字的编排形式一般有横排、竖排和斜排。目前世界上大多数国家和

---

[1] 朱智贤.心理学大词典[M].北京:北京师范大学出版社,1989

地区的印刷出版物的文字都是横排的,但也有一些国家和地区的印刷出版物是竖排的,如荷兰、香港。斜排的现象一般只出现在广告之中。

　　人们的阅读习惯是在后天的阅读活动中逐渐培养起来的。以阅读竖排材料为主的读者,他们的眼睛扫描习惯是纵向的,由上而下,由右至左;相反,经常阅读横排材料的读者,其眼睛的扫描习惯则是横向的,即由左至右,由上而下。

　　大量的日常经验表明,当人们习惯于某一特定的行为方式时,突然要求他们采用另一种相反或相异的方式行事,这会使他们的行为变得困难或不可能。例如要求习惯于从左边上自行车的人突然改从右边上自行车,这种难度是可想而知的。同样,在读者普遍适应于横向文字阅读时,让他们去阅读竖向排列的文字,这虽然不会导致他们丧失阅读的能力,但却会减慢他们的阅读速度,或导致他们生理上的不适。根据认知最省力原则——人们在各种认知活动中总是尽量避免大量精力或能量的投入,这种与读者阅读习惯相悖或相异的阅读材料,还可能使读者丧失阅读兴趣。

　　广告的文字排列具有较大的随意性,创作者或设计者可以根据自己的意愿采用横排、竖排、斜排或混合排列。从我国目前的印刷广告来看,各种排列形式都有,而且横排以外的排列形式占有相当分量,这与英文广告主要都是横排的特点相当不同。的确汉语言文字的方快特点为汉字的文字排版提供了较大的灵活性,横排之外的排列形式也能使广告变得生动多样。然而从广告的传播效果来说,非横排的广告——特别是斜排和混合排列的广告,由于与读者的阅读习惯不相适合,常常会使得读者不知从何读起,因而会失去相当多的读者。例如,图5-41就是一则排列有点杂乱的广告,读者在看到该广告时,往往不知从哪里阅读起,不知该如何阅读它,要知道广告品牌是什么还需要费点工夫。又如图5-42,虽然构图新颖,但要完整地读完所有广告文案颇为麻烦,要么不断转动脑袋,要么不断转动报纸。可见,排列规范对印刷广告提高易读性是很有必要的。

图 5-41　东宝百货广告

## 2. 字行长度

　　视觉心理学的研究证实,外界刺激物必须投射在人眼的中央窝内,人才能清楚而准确地识别。中央窝的视野是有限的,大约为18°视角。当刺激物落在中

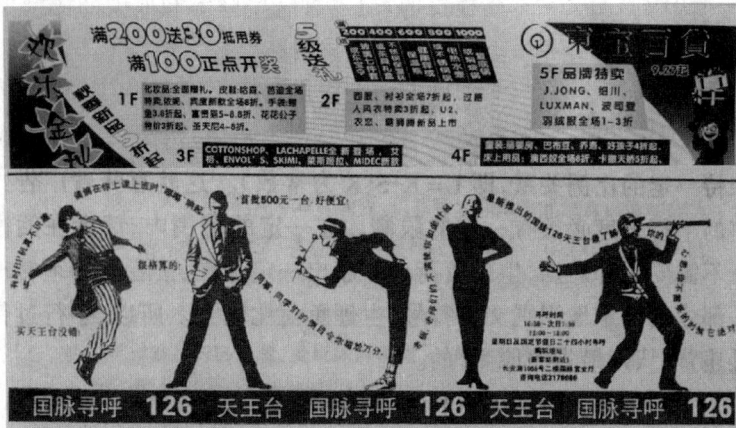

图 5-42　寻呼天王台广告

央窝以外的区域时,刺激物就会变得模糊。此时,需要通过眼球的转动来调节,使刺激物落在中央窝内才能看清楚。而眼球的转动也是有限的,在头部固定时,借助于眼球转动而能感知物体的横向视野范围大约为 140°视角(能清楚感知文字符号的范围就要窄得多)。物体落在这个视野之外区域时,要看清楚则需要头部转动。此时,读者的生理负荷就大大增大,容易感到费力或疲劳。

　　视觉心理学的研究还表明,人对视觉刺激物的感知,与刺激物的大小以及物体与眼睛的距离(物—目距)有关。在人能清楚识别物体的情况下,物体大,物—目距可以适当拉长;物体小,物—目距则要缩短。由此可见,要使刺激物被清楚地感知,又要使读者的生理负担减轻,刺激物的横向长度(L)就必须与刺激物的大小(S)保持一定的比例关系,即 $L = K \cdot S$(K 为常数)。这就意味着广告文字的字行长度必须有一定的限制。在一定的范围内,读者在阅读时不需要头部转动,生理负荷小。超出一定范围,读者就必须转动头部才能清楚地识别文字符号,生理负荷比较大。所以,字行过长是违背"认知最省力原则"的。

　　字行过长的另一个不利之处是容易造成阅读窜行,即读者在读完一行转入下一行时,容易要么重读原来的这一行,要么跳读隔一行。这种现象在长行文字的阅读中经常出现。

　　字行过长的问题一般存在于长文案的广告之中。所以在文案较长的广告文字编排时,如果碰到版面结构为长条形,可以采用分块切割,把长行改为短行。

### 3. 文字的字号

　　印刷出版物的字号有大有小,如何使用可根据需要而定。对于一般的书报杂志来说,由于读者在阅读时物—目距一般保持稳定,因此字体大易于辨别,字体小则难于识别。例如,图 5-43 和图 5-44 是两段文字,内容相同,图 5-43 文字采用五号字体排版,阅读起来就比较轻松。图 5-44 文字用小六号排版,读起来就略感费劲。广告语的文字字号如果这么小,阅读它的读者一定不会太多。

娱乐节目不仅是电视媒体的支柱,而且是电视媒体区别于其他传统媒体的重要特征,还是与其他媒体竞争受众的法宝。虽然电影、广播也有同样的娱乐功能,但是电影不如电视方便。电影要求受众必须到电影院去,而电视不需要观众离开家就可以得到娱乐。广播则由于是纯声音媒体,无法与音像结合的电视相抗衡。总之在传统大众媒体中,电视媒体的娱乐功能占有绝对的优势。但是应该看到,在我国电视媒体的娱乐性节目中,电影和电视剧始终占有主导的地位,成为娱乐节目的最重要组成部分。近几年来,我国有线电视频道数量猛增,实际上是依赖于长时间地播放电影、电视剧得以生存和发展。正是由于电视媒体的娱乐功能过分地依赖于电影、电视剧这种非电视媒体原创性节目,使得它必然要面临互联网的巨大冲击。现在在互联网发达国家和地区,人们欣赏电影、电视剧将不再仅仅依赖于电视媒体,互联网为观众提供了另一种选择。不仅如此,随着互联网的进一步发展,互联网中信息资料库的逐渐完善,人们观看电影、电视剧的自主性更强,自由度更大。人们可以根据自己的意愿来选择自己想看的电影、电视剧,根据自己的时间安排选择合适的收看时间,而无需被动地等待。这将为观众抛弃电视媒体、选择互联网提供了必要的理由。

**图 5-43　5 号字**

娱乐节目不仅是电视媒体的支柱,而且是电视媒体区别于其他传统媒体的重要特征,还是与其他媒体竞争受众的法宝。虽然电影、广播也有同样的娱乐功能,但是电影不如电视方便。电影要求受众必须到电影院去,而电视不需要观众离开家就可以得到娱乐。广播则由于是纯声音媒体,无法与音像结合的电视相抗衡。总之在传统大众媒体中,电视媒体的娱乐功能占有绝对的优势。但是应该看到,在我国电视媒体的娱乐性节目中,电影和电视剧始终占有主导的地位,成为娱乐节目的最重要组成部分。近几年来,我国有线电视频道数量猛增,实际上是依赖于长时间地播放电影、电视剧得以生存和发展。正是由于电视媒体的娱乐功能过分地依赖于电影、电视剧这种非电视媒体原创性节目,使得它必然要面临互联网的巨大冲击。现在在互联网发达国家和地区,人们欣赏电影、电视剧将不再仅仅依赖于电视媒体,互联网为观众提供了另一种选择。不仅如此,随着互联网的进一步发展,互联网中信息资料库的逐渐完善,人们观看电影、电视剧的自主性更强,自由度更大。人们可以根据自己的意愿来选择自己想看的电影、电视剧,根据自己的时间安排选择合适的收看时间,而无需被动地等待。这将为观众抛弃电视媒体、选择互联网提供了必要的理由。

**图 5-44　小 6 号字**

在正常的阅读条件下,五号字是比较合适的字形,小于五号的字体都会增加阅读的难度,降低易读性。

对于户外的各种广告(包括招贴、路牌、霓虹等、横幅和招牌等)来说,由于广告的辐射距离不固定,因此为了使广告达到最大的宣传效果,字号的大小十分重要。然而这一问题在国内的广告活动中都没有得到充分的重视,许多城市的户外广告存在着在其辐射范围内看不清广告文字的问题。

按五号字(字宽 3.69 毫米)的正常视觉距离 0.33 米为标准进行推算,能被看得舒适的文字的字体大小与视觉距离的关系为:

$$S=1.12 \cdot L$$

式中 S 表示字宽,单位为毫米;L 表示视觉距离,单位为米。在广告实践中,为了不使广告的字体大小造成阅读上的障碍,可以根据上述公式来确定户外广告的最小字号。

### 4. 字体

广告中所能采用的字体有很多,有简繁体之分;又有楷体、宋体、仿宋体、黑体、魏碑、隶书等字体之分;此外各种字体还可以进行各种形式的美术变形,因而演化出来的字体就更多。正常的印刷出版物基本上都是采用宋体,读者较为习惯。所以,一般来说,字体变形越厉害,越不容易识别,易读性越低。在国内设计制作的广告中,采用各种变形字体或美术字体的广告屡见不鲜,或许这种广告可以增加一点美感,使广告显得活泼、富有变化,但是它从根本上损害了读者的阅读,并使得广告内容为读者所抛弃。读者可以通过阅读图 5-45 中以不同字体排版的同一段文字内容来体会。

互联网上的娱乐功能比电视媒体更强,娱乐形式更多。例如以个体直接参与的传统娱乐方式如聊天、打牌、打麻将、下象棋、下围棋等,曾一度因为电视媒体的出现而被大大削弱,或变成一种观赏性的娱乐活动。但在互联网时代,这些主动参与的娱乐方式将在很大程度上得到恢复。目前有许多受众上网就是为了聊天交友、打麻将、打牌、下棋等。由此可见,电视的娱乐功能将在很大程度上受到互联网的冲击。

互联网上的娱乐功能比电视媒体更强,娱乐形式更多。例如以个体直接参与的传统娱乐方式如聊天、打牌、打麻将、下象棋、下围棋等,曾一度因为电视媒体的出现而被大大削弱,或变成一种观赏性的娱乐活动。但在互联网时代,这些主动参与的娱乐方式将在很大程度上得到恢复。目前有许多受众上网就是为了聊天交友、打麻将、打牌、下棋等。由此可见,电视的娱乐功能将在很大程度上受到互联网的冲击。

互联网上的娱乐功能比电视媒体更强,娱乐形式更多。例如以个体直接参与的传统娱乐方式如聊天、打牌、打麻将、下象棋、下围棋等,曾一度因为电视媒体的出现而被大大削弱,或变成一种观赏性的娱乐活动。但在互联网时代,这些主动参与的娱乐方式将在很大程度上得到恢复。目前有许多受众上网就是为了聊天交友、打麻将、打牌、下棋等。由此可见,电视的娱乐功能将在很大程度上受到互联网的冲击。

互联网上的娱乐功能比电视媒体更强,娱乐形式更多。例如以个体直接参与的传统娱乐方式如聊天、打牌、打麻将、下象棋、下围棋等,曾一度因为电视媒体的出现而被大大削弱,或变成一种观赏性的娱乐活动。但在互联网时代,这些主动参与的娱乐方式将在很大程度上得到恢复。目前有许多受众上网就是为了聊天交友、打麻将、打牌、下棋等。由此可见,电视的娱乐功能将在很大程度上受到互联网的冲击。

图 5-45　各种字体比较

### 5. 底、面的颜色对比

广告文字符号辨识的难易程度在很大程度上依赖于文字与背景的差异或对比。面色与底色愈接近,辨识起来愈困难。反之,二者差异愈大,对比愈明显,愈便于辨识。不过,人的阅读经验和色彩的明度等因素也影响色彩匹配的易读性。例如同样是黑白两种颜色,白底黑字的匹配就比黑底白字易于识别。

随着现代印刷技术的发展,广告文字和底面的色彩匹配多种多样。美国广告学家卢基经过实验研究,列出了 13 种颜色匹配的易读性等级,其中黄底黑面的匹配易读性最高(交通广告均采用这种匹配),绿底赤面的匹配易读性最差(见表 5-5)。对于颜色匹配的问题,广告者在广告设计时应加以注意。

表 5-5 各种颜色匹配的易读性等级①

| 底色 | 黄 | 白 | 白 | 白 | 青 | 白 | 黑 | 赤 | 绿 | 黑 | 黄 | 赤 | 绿 |
|---|---|---|---|---|---|---|---|---|---|---|---|---|---|
| 面色 | 黑 | 绿 | 赤 | 青 | 白 | 黑 | 黄 | 白 | 白 | 白 | 赤 | 绿 | 赤 |
| 等级 | 1 | 2 | 3 | 4 | 5 | 6 | 7 | 8 | 9 | 10 | 11 | 12 | 13 |

## 二、影响听觉语言感知的因素

可懂度指听者听对语音的百分率。例如给听者念一段 100 个字的文章,如果听者听对 80 个字,可懂度即为 80％。在广告中影响可懂度的主要因素有:

### 1. 噪音掩蔽

噪音对语音的掩蔽依赖于信号和噪音的强度比。当语音比掩蔽噪音的强度大 100 倍时,噪音对语音的可懂度没有影响;当语音与噪音强度相等时,可懂度为 50％。在前后文的影响下,当语音低于噪音强度时,人仍可听懂语音。

广播电视广告中的音乐、效果声对于解说词来说是一种噪音,会影响听众、观众对解说词的感知,因此在广告的音响合成时,应该注意解说词与音响的关系。一般来说,在解说词出现时,音响应该压低或停止。

### 2. 语流速度

语流速度是指说话者在单位时间内发出语音的数量,单位是字/分。在日常生活中,人们的语音速度一般在每分钟 150 字左右。在中央电视台的新闻联播节目中,播音员的平均语流速度大约为每分钟 210 个字。正常的语流速度听起来不会感到困难,但当语流速度过快时,语音的可懂度就会受到影响,听者来不

---

① 唐忠朴,贾宜宾.实用广告学[M].工商出版社,1981:153

及对每一个字词加以识别。例如广东今日集团曾有一则"反斗星"广告,其中有几则的语流速度相当快,即使你很认真地听了好几遍,仍听不清楚解说词说的是什么。因此,如果想使受众听清楚广告的解说词,那么解说词的语流速度不宜太快。

# 第六节 影响广告语言理解的因素

广告语言的理解是指受众通过一系列的心理活动构造广告语言所表达的意义,即语义。语义指语言所传递的信息——传者试图表达、说明的东西。例如有一则洗发精广告的标题是"现在可以从头发上洗刷掉岁月的痕迹了",看了这一标题,读者知道"岁月痕迹"意指"头发斑白",因而明白整个句子的意旨是要说明洗发精具有"护发功效"。

语言的理解一般包括三个层次,第一是理解词和句子所表达的意思。第二是理解词句的引申含义,即理解语言的弦外之音、言外之意。如"和尚打伞",其引申含义则是"无法无天"。第三是理解语言使用者(传者)的动机和意图,包括他们用语言表达的情感、态度。譬如"记忆有困难的人,请不要使用狮牌保险柜,免得麻烦"。对于这样一句话,如果仅从表面意思来理解,还会以为是警告记忆力差的人不要使用狮牌保险柜。其实,广告文案创作者的意图是告诉消费者狮牌保险柜的"保险功能可靠"。

语言的理解是一个复杂的过程,受众首先要对语言材料进行感知和储存;然后从长时记忆中提取有关的信息,把语言材料中的单词转化为它们所代表的意义;最后根据已有的句法结构知识,把句子的各个成分加以整合,建立整个句子所表达的意义。

由此可见,受众对广告的理解主要受两个方面因素的影响:其一是广告受众主观方面,包括知识、经验和信念、态度等;其二是广告作品本身的特点,如句子形式、句子长度、词汇难度、画面和语言的配合等客观因素。

## 一、受众方面

### 1. 知识和经验

心理学家普遍认为,人们在获得一个观念、理解一个事件时,已有的知识经验越多,所需要的外来信息就越少;反之,已有的知识经验越缺乏,所需的外来信息就越多。具体而言,受众的知识经验的多寡与他们对广告的理解水平有着密切的关系。在受众知识经验较为丰富的条件下,简洁的语言信息就能够被完整、准确地理解。相反,在受众缺乏有关知识经验的条件下,过于简洁的信息理解起来就比较困难。例如"实行三包"这样一个常用的广告术语,一般广告主、广告文案撰稿者以及行销人员都能完整地掌握其含义。而对于普通消费者来说,准确知道"三包"意思是"包修、包退、包换"的人为数并不多。有的消费者还把"三包"理解成别的意思,如包寄、包送等,多数消费者不知道完整的意思。由此可见,作为文案创作者,应该充分考虑到目标受众的产品或劳务知识水平,在文案中运用他们能够理解的语言,或向他们提供足够的信息。

在揭露语言的弦外之音以及领会简单语句中所隐含的丰富信息时,受众的知识经验也是一个相当重要的条件。例如同样的一句话"××获得国际博览会金奖",对于具有现代生产经营管理经验的人来说,他们从这一句话中不仅能知道该产品的各种技术指标达到国际的先进水平,而且还能从中得出许多推断,如企业管理者有能力,质量管理严格,企业生产工艺先进,企业员工素质比较高,是合资企业或国家重点企业,产品将有良好的市场前景等等。而对于一般的消费者来说,从中获得的推论就会相对减少,如他们可能会由此认为该产品质量高、值得信赖等,而不能获得如上述关于企业形象方面的许多推断。再比如广告法颁布以前,有许多药品广告常用这样的广告语:"××药品临床治愈率达94%。"对于这样一句话,没有医学知识的人只能理解为"使用这种药品的患者有94%的希望被治好",而医生除了能理解出这个意思之外,还能判断出该药品是很有效的、很差的、还是一般的。

广告文案写作的一个基本原则是越简练越好。的确,拖泥带水的话会像小孩子给成人讲故事一样,听之乏味。但是如果语言过于简单,缺乏必备知识的消费者就无法理解。特别是一些专业术语,在内行人看来似乎是再清楚简单不过了,殊不知门外汉却一无所知。所以如果我们希望受众理解我们所表达的意思,有时多费点笔墨口舌也是必要的。

**2. 信念和态度**

在广告活动中,尽管广告创作者可以用语言准确地表达某种意思,但是受众的理解结果可能大不相同。造成这种现象的原因除了上述所说的知识经验之外,受众对广告产品和广告主所持的信念和态度也是一个重要的原因。例如认为某品牌质量很高的消费者,当他或她听到该品牌产品的广告说该品牌市场占有率排名第一时,他或她就很可能会相信这是事实。反之,如果由于该品牌在使用过程中出了毛病,或者因其他原因而给消费者造成不良印象时,即使该品牌的确是市场占有率第一,消费者也会产生怀疑,甚至认为是广告主在撒谎或吹牛。

一般广告都是以通俗的语言来介绍产品的优点,消费者准确理解广告语言的含义并不困难,但对广告所介绍的优点则不一定会相信。在这种情况下,消费者已有的信念和态度起着决定性的作用。当广告所持的观点与消费者已有的态度接近或相一致时,消费者会正确地理解之。相反,当广告所持的观点与消费者已有的态度不一致时,消费者不仅会拒绝接受广告的观点,甚至会从反面来理解广告语言的含义。

## 二、广告作品

### 1. 句子的形式

表达一个意思,既可以用肯定句表达,也可以用否定句、被动句表达,还可以用疑问句表达。从修辞、审美的角度来考虑,适当地运用否定句、被动句和疑问句能够使语言变得生动、优美、活泼。但是从语言理解的角度来考虑,肯定句则比较容易理解。斯洛屏(1966)比较了肯定句和否定句的理解速度。他给被试看一张一只狗追逐一只猫的图,要求被试对下列句子很快地回答"真"或"假":

①狗追猫(真肯定句)(1.55秒)

②猫追狗(假肯定句)(1.68秒)

③狗没追猫(假否定句)(1.91秒)

④猫没追狗(真否定句)(2.14秒)

研究结果发现,肯定句不仅比否定句反应快,而且错误反应的概率也比较小。[①] 其他的心理学研究也证实,对肯定句的理解不仅比否定句快,而且也比被动句、疑问句快。

上海大众汽车的系列广告中有许多广告标题采用否定句式,如"并非所有新车在它刚面世时就能赢得如此的万众瞩目"、"并非所有的人都能赢得这样的热烈欢呼"、"并非所有的新事物在它诞生过程中就能成为万众瞩目的焦点"、"并非所有的人都能真正懂得它所代表的含义"、"并非所有的人都能亲自体验成功的荣耀"、"不是每一部豪华车都能让你觉得它物超所值"、"不是所有豪华新车都能真正恰如其分地称得上豪华"等,从文学的角度来说,这些广告语的确写得相当不错,遗憾的是读者不容易理解。

可见,根据"认知最省力原则"和上述研究结果,在广告文案创作时,应尽量避免使用肯定句以外的其他句子形式,以便读者能够快速而准确地掌握广告文案的意义。

---

① 彭聃龄.普通心理学[M].北京:北京师范大学出版社,2001:309

### 2. 句子的长度

句子的理解是在对整个句子的文字符号或声音信号进行短时记忆储存的基础上进行的。人脑通过将外界信号保留在短时记忆中,然后从长时记忆系统中提取有关的信息,赋予它们某种意义。

心理学的研究表明,短时记忆的容量是相当有限的,大约 5～9 个单元。[①]当外界输入信息超过短时记忆容量时,有的信息就会被遗忘。句子的长短就是因为短时记忆容量的局限性影响到句子的理解。长的句子容易造成记住了后半句而忘了前半句,因而要完整准确地理解整个句子的含义,往往必须重复阅读或倾听。对于印刷广告来说,读者虽然可以重复阅读,但这不符合"认知最省力原则"。对于广播、电视广告来说,受众就不可能重复倾听一遍。因此避免长句子或把长句子改变为短句子应该看作广告文案写作的一个基本的原则。

长句子造成理解困难的另一个原因是不容易理顺句子的结构,在简单的句子中,主、谓、宾、定、状、补各种句子成分很清楚,读者一目了然。而在复杂的句子中,读者要在短时间之内弄清楚句子的结构则相对困难。下面是两则广告的文案,第一则广告文案由于句子太长,理解起来很费劲。在原有文案的基础上,加上两个逗号和三个字之后,意思不变,但理解起来容易多了。同样,第二则广告文案只要在原句中中间加上两个逗号,意义便变得一清二楚。

原句:"陕西省武功良种奶牛乳品厂生产的'后稷'牌即溶全脂牛奶粉选用西北农业大学及宝鸡市农牧良种场的上等鲜牛奶用科学方法精制而成……"

修改后:"陕西省武功良种奶牛乳品厂生产的'后稷'牌即溶全脂牛奶粉,选用西北农业大学及宝鸡市农牧良种场的上等鲜牛奶为原料,用科学方法精制而成……"

原句:"各地彩扩行业的专家和用户对公元彩色相纸的质量及使用效果均表满意并给予高度评价。"

修改后:"各地彩扩行业的专家和用户,对公元彩色相纸的质量及使用效果均表满意,并给予高度评价。"

### 3. 词汇的难度

广告宣传是艺术手段和科学方法的综合使用,广告语言一方面要注意艺术性,另一方面也要重视科学性。追求语言美,使受众从倾听或阅读中得到美的享受,这是广告给予受众阅读或倾听广告语言的一种报偿,这是很有必要的。但是片面追求艺术美,不管华丽而生涩的词汇能否为受众所接受或理解,这就失之科

---

① 　Miller G A.The magical numer seven,plus or minus two:Some limits on our capacity for processing information[J].Psychological Review,1956,63:81-97

学了。无论如何,广告的目的是向受众传递信息或进行说服,如果受众不能理解广告语言的真实含义,那么广告的目的就无法达到。

一般而言,在书刊杂志、广播电视以及人们的日常用语中较少出现的词汇,人们接触的机会少。当它们出现在句子中时,句子的理解就比较困难。此外,有些专业性术语,看起来简单,但外行人却难以准确把握其含义。广告中出现这种专业术语或少见的词语,都会影响人们对广告语言的理解。美国大陆石油公司曾用过一则"失败"的广告。他们以"突破性能界限"为题掀起一场广告宣传运动。这一主题在五个地区作了广告试验,结果发现销售量增长并不大,而且这一主题并不太吸引人。经进一步的研究发现,原来人们都不懂什么是"性能界限",而且也不愿意追究它的实际意义。

少见、陌生的词汇导致理解上困难,这容易理解。然而,一些在广告中经常出现的词汇,虽然不难理解,但受众却不会按其原意去理解。盖洛普·罗宾逊研究组织的调查表明,如果文章里使用的广告术语太多,反而影响它的宣传效力。像"最佳"、"经过试验证明最好"、"奇妙"、"功效神速"等等一类的词,都属于广告性词汇,人们一听这种语言就会打折扣,认为这不过是买卖人言不由衷的吹牛而已。

美国广告学者怀特把语言的"广告性"(如一些生造的字眼和夸张的形容词之类)和广告的感染力之间的关系进行研究发现,如果按对读者的感染力来衡量,广告作家使用陈腐的广告惯用语(如经久耐用等)越多,则整则广告的效力越小。[①]

### 4. 文案的修辞

撰写广告文案跟写文学作品不同,文学作品的读者是带着欣赏的目的进行阅读的,所以文学作品比较强调辞藻华丽,允许语言朦朦胧胧、模棱两可。广告的读者通常不是为了读广告而读广告的,所以广告文案要求语言简练、表达准确,能够在读者阅读的瞬间迅速地把广告信息传递给他们。如果文案辞藻华丽,让人读了不知其意,那么这一则广告就是失败的。例如"万福来"玉枕的一则平面广告,插图是漫画式的已经不太好理解了,文案内容又写得像朦胧诗,文案内容是这样的:"这,并非梦想;也许不再打针吃药,免去无休止的时间、经历与金钱的消耗;在轻松舒适的睡眠里,头痛、晕眩、失眠、高血压、颈椎病、脱发将悄悄地离去。这,多亏有了'万福来'玉枕。只要长期枕用,健康美梦成真。"让读者看了半天不知广告所云,从易读性角度来评价,这是一则不理想的广告。

---

① 杨忠芳.广告的心理学原理[M].台湾:远流出版事业股份有限公司,1994

## 5. 图画的配合

图画对于人们理解语言有着重要的作用。对此,心理学家布朗斯福德和约翰逊(Bransford & Johnson 1972)用一个有趣的实验作了生动的证明。[①] 在实验中,他们让两组被试阅读同一篇课文,其中一组事先看了图画(见图 5-46),另一组没看。课文的内容是:"如果气球炸裂了,那么声音便不能带去。因为一切距离那层楼太远了。关闭的门窗也能阻止声音传进,因为多数建筑物都有很好的隔音。由于整个操作都依赖于稳定的电流,因此,电线中断也会引起问题。当然,小伙子可以喊叫,但人声的强度不足以传那么远。另外一个问题是乐器上的弦可能会断。如果断了,就不能伴奏了。显然,最好的情形是距离短。这样,潜在的问题就少一些。如果能面对面接触,则问题最少。"实验发现,没有见过图画的小组,很难理解这段课文;而见过的小组,则很容易理解。

图 5-46　画面对语言理解的影响

图 5-47 是一则房地产广告,品牌叫做月明轩。看到该广告中月明星稀,小孩子安然入睡的插图之后,读者不难理解广告所要传达的概念是"宁静"。再比如舒丝仕女士除毛刀户外广告(图略,图片上一位身穿比基尼的女孩不经意举起手露出腋下),面上有一句广告语:"夏天到了,别做惊人之举!",理解起来容易多了。

在广告特别是电视广告中,图画是重要组成成分,没有图画的配合,受众就很难准确、快速地理解广告语言的含义。关于图画配合对语言理解的促进作用,第七章第二节还会进一步加以讨论。

---

① Bransford J D,Johnson M K.Contextual prerequisite for understanding:Some investigations of comprehension and recall[J].Journal of Verbal Learning and Verbal Behavior,1972,11:717-726

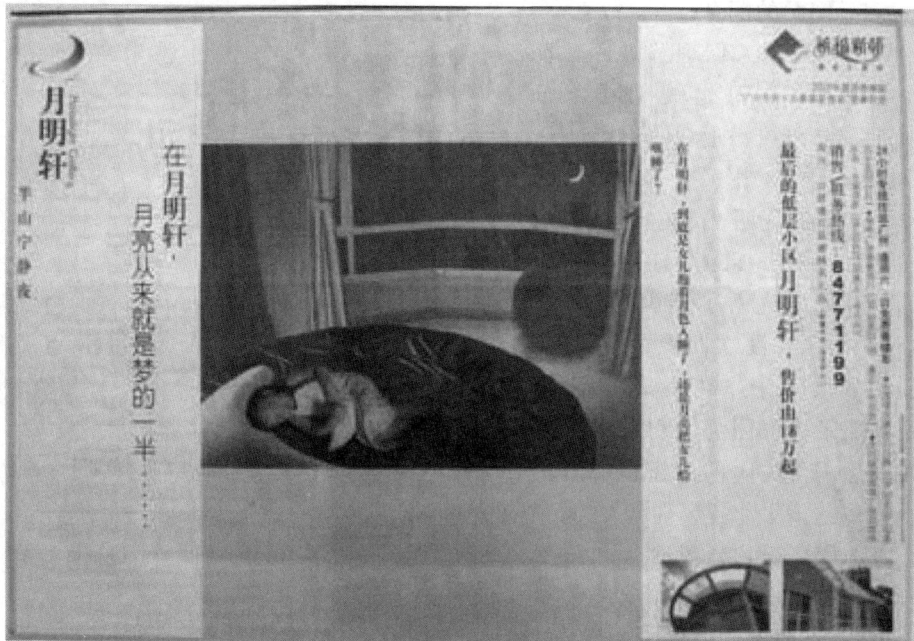

图 5-47　月明轩房地产广告

# 第七节　提高广告信息记忆效果的基本方法

　　在探讨如何提高广告信息记忆效果之前,首先要明确广告信息究竟是指什么,或者说什么是广告信息。就单一的广告作品而言,广告的信息内容主要包括三个方面:即品牌的信息,商品、服务或企业的信息,背景的信息。

　　品牌信息包括商品和企业的名称、标志图案。从广告的宣传效果来看,受众对品牌信息的记忆是至关重要的。商标是商品或企业的代号、标志,消费者只有先认准了商标,才可能进一步对商品和企业加以了解。广告主只有让消费者记住了企业和产品的名称,对他们的说服也才能奏效,否则可能出现张冠李戴。当今,商品的市场竞争越来越剧烈,同一个产品类别,可能有几种、几十种、几百种品牌;同一类型的生产企业,也可能有几家、几十家、几百家。在众多竞争品牌并存的情况下,消费者通常只能在头脑中先对品牌进行选择。

　　商品、服务或企业信息包括商品的信息如功能、用途、质量、价格、包装、使用方法等特性,服务的信息如内容、质量,以及企业的信息如历史、规模、经营范围等。一般来说,这些信息通常是广告信息的主体,它们对于消费者的购买决策和品牌形象、企业形象的建立有着重要的作用。

背景信息包括广告中的人物、景物、音乐等。它们是品牌信息和商品、服务或企业信息的陪衬。作为广告的辅助成分,它们常常是不可缺少的。背景信息可以为广告创造出一种特殊的气氛,赋予商品、服务或企业一种情感色彩。背景信息犹如一种黏合剂,由于它的作用,使得整个广告成为一件完整的艺术品。此外背景信息由于容易记住、容易回忆且容易在非广告场合接触到,所以它能够强化受众对广告所要传递的情报性信息的记忆。

这一节着重探讨一些提高商品、服务或企业信息记忆效果的方法,而将品牌信息记忆的问题,留到下一节讨论。

## 一、将广告信息不断地加以重复

现代认知心理学关于记忆系统(见图 5-48)的研究表明,外界信息要进入人的长时记忆系统之中,其最重要的条件就是复述。[①] 例如,要记住这样一个电话号码 5080697,只读一遍很难记住,但是多读它几遍,就自然而然地记住了。斯蒂芬和沃伦(Stephens & Warrens)1983—1984 年考察重复对老年人和年轻人影响的差异,以决定针对老年人的媒体排期表是否应该比年轻人频繁一些,研究发现,回忆和再认不受年龄影响,但受广告频率的影响。[②] 所以,要提高人们对广告的记忆效果,更确切地说,要提高人们对广告信息的记忆效果,最重要的手段就是将广告信息不断地加以重复。

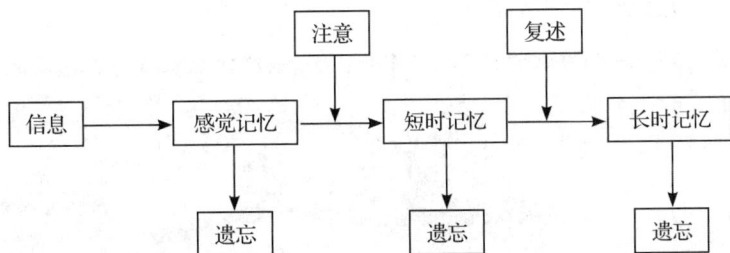

**图 5-48　记忆系统图示**

广告信息重复的方法可以在多个层次上进行。

---

① 　J. R. 安德森.认知心理学[M].杨清,张述祖,等译.长春:吉林教育出版社,1988

② 　Stephens N,Warrens R A,Advertising frequency requirements for older adults[J].Journal of Advertising Research,1983—1984,23(6):23-32

首先,将有关信息在多种媒体上呈现,使受众分别在不同的时间、不同的地点、不同的活动中,用不同的感官接受到同一品牌的广告信息。伊利尔特(Elliott)早在 1937 年在印第安纳州水果展览会进行一项现场调查就证实了多种媒体传播对信息记忆的促进作用。他以三种方式努力吸引 25 433 名参观者的注意,第一种是谈话要点的海报呈现,第二种是喇叭呈现,第三种是前两种方法综合呈现。结果是综合方法最有效,喇叭呈现次之,海报最后[①]。当今,广告媒体有许许多多、各种各样,除了报纸、杂志、广播、电视、网络等大众媒体之外,还有手机短信、路牌、霓虹灯、灯箱、印刷招贴、商店橱窗、汽车车身、氢气气球、彩旗、打火机、烟灰缸、灯柱、停车亭、文化衫、火柴盒、遮阳伞、台历、挂历、液晶电子屏幕、时钟等等,可以将多种媒体综合使用,让受众从多个侧面接触广告信息。全国知名度比较高的品牌,其广告活动基本上都是采取这种全方位的媒体策略。

其次,在同一媒体上进行系列广告宣传。例如风行全国的"太阳神",曾经推出一系列的电视广告片。在国内外的报纸广告中,常常采用连续性的系列广告。系列广告有三种不同的做法:第一种是每一则广告分别从不同的角度来介绍产品或服务。这样,既可以加深消费者对品牌的印象,又可以让消费者对产品有一个全面的认识。如图 5-49、图 5-50 和图 5-51 的加德士系列广告。第二种做法是系列广告中的每一则广告主题一致,但文案和画面表现略有不同,这种做法可以达到加深人们对广告主题的理解和记忆。例如图 5-52 和图 5-53。再比如柯达胶卷在中央电视台播出的广告,画面有所不同,但广告主题以及广告歌曲均相同。第三种做法通常是用前面的广告来制造悬疑,唤起消费者的好奇心和对后续广告的关注,然后再用一则广告来揭示谜底。经过一段时间的期待,消费者对广告谜底的印象必然会十分深刻。

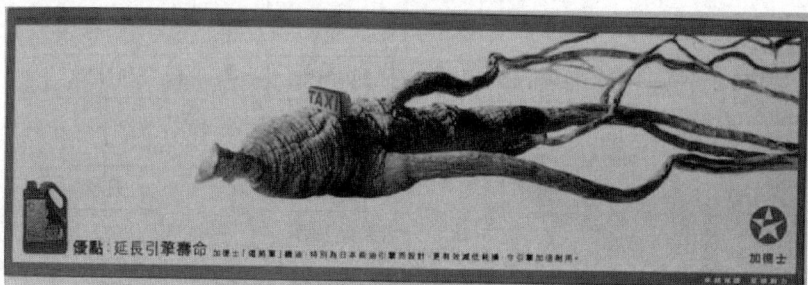

图 5-49　加德士之一

① Elliott F R.Attention effects from poster,radio and poster-radio advertising of an exhibit[J].Journal of Applied Psychology,1937,21:365-371

图 5-50　加德士之二

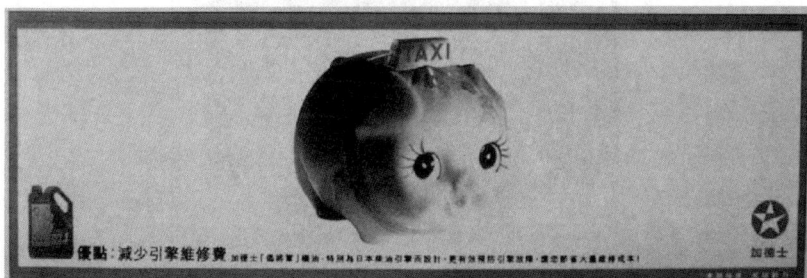

图 5-51　加德士之三

图 5-52　欧米茄之一、二

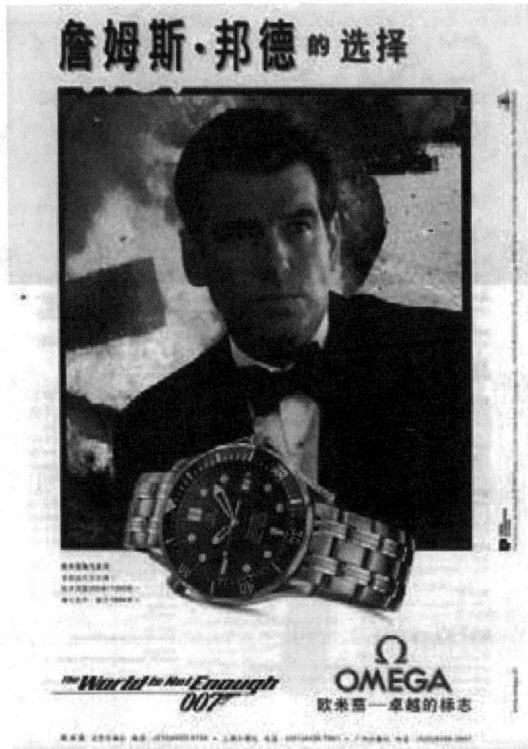

**图 5-53  欧米茄之三**

再次,将同一广告不断重复刊播。这是商品广告最常见的做法。只要你连续一段时间收看中央电视台或其他电视台的节目,那么同一则广告看过多次是司空见惯的事,有些广告甚至一个晚上就可以多次看到。

不过,不管广告主的资金多么雄厚,广告的重复总是有限度的。而对于那些资金有限的企业来说,重复到什么程度就更值得考虑了。根据学习记忆的规律,当学习者重复学习到所有学习材料都记住时,再增加适当的学习次数,可以明显地提高记忆的效果;如果学习者尚未能记住所有材料时就放弃学习,那么已记住的东西就会很快地遗忘。所以在广告重复时,要注意重复的适当次数。此外重复的方式、方法也值得考虑。关于这些问题,第六章第五节还会加以讨论。

最后,将一则广告分成相同的几个部分。例如"恒源祥"绒线羊毛衫,在正常一则广告的时间里,将同样的画面、同样的语言连续重复了三次。单纯从记忆效果的角度来说,它等于一则广告播出了三次。由于这是一种在不追加广告投资的条件下促进广告信息的有效方法,所以,在"恒源祥"绒线羊毛衫广告播出之后,出现几十则类似的广告,如"华瑞制药"、"熊猫大哥大"、"正清风痛宁"、"青岛红星电视"、"抵羊毛线"、"小天鹅洗衣机"等等。不过如果从其他方面考虑,这种简单的方式不宜过分地使用。

## 二、利用联想记忆的规律

人对外界输入人脑的信息(包括语词、概念等)的记忆存储常常是以某种关系联系在一起的。当人们见到、听到或想起某一语词、概念或情景时,与之相联结的信息也随之回忆起来。常见的联想关系有以下几种:

①接近联想。即指时间或空间上接近的事物容易在记忆中联系在一起。例如想起天安门,也容易想起人民英雄纪念碑;看到影屏上的葛优,就会想起双汇火腿肠;这些是空间接近联想。时间接近联想如看完天气预报,我们就知道下面将要出现"飞亚达"手表广告(曾经有一段很长的时间,中央电视台一套节目天气预报结束之后的第一个广告就是飞亚达手表)。

②相似联想。指在某些方面相似的事物或语词易于形成关系。例如由"虹美"容易联想到"红梅",因为读音相似;由"北京"容易联想到"东京",因为它们都是首都,且有一个字一样;由"诺基亚"容易想到"摩托罗拉"、"爱立信",因为它们都是手机的重要品牌等。

③对比联想。与相似联想相反,是指人们对某一事物的感知,常常会引起与它具有相反特点的事物的联想。例如由"市场经济"想到"计划经济",由"黑暗"想到"光明"。例如图 5-54,看了"黑暗"两个字之后,不看也会想到箭头所指之处的字是"光明"。

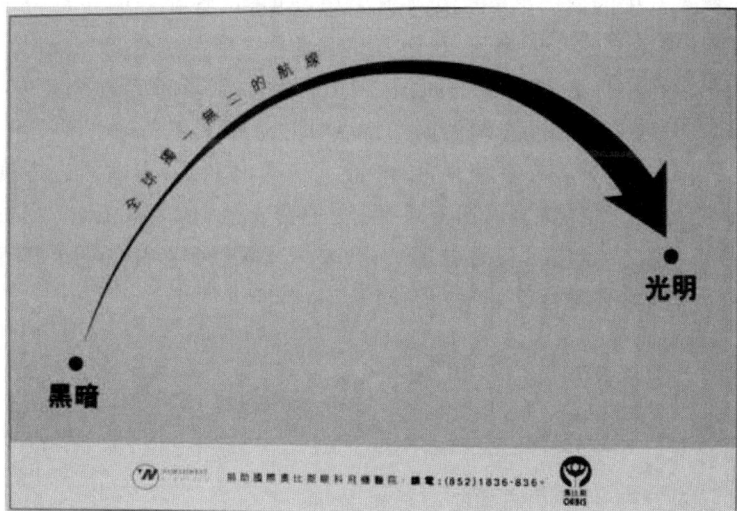

图 5-54  奥比斯眼科飞机医院

④关系联想。指人们依赖于各种各样的关系把事物联系在一起。例如"风吹"与"草动"、"冰"与"冷";"周杰伦"与"动感地带";"姚明"与"联通";"M"与"麦当劳";"甜甜的、酸酸的"与"娃哈哈果奶"等等。

根据联想记忆的原理,为了帮助受众牢记广告或广告信息,并使他们容易回想起来,很重要的一点就是将广告或广告信息与某种特定的,容易见到、听到或想到的人、物或情景联系起来。据此,以下做法可供读者参考:

①将广告刊播在特定的节目、栏目之前或之后。在报纸上,可以以赞助栏目的形式把广告信息刊登在栏目登载的版面,使读者产生空间上的接近联想。在广播、电视上,可以把广告信息安排在相对固定的节目之前、之后或之中播出,使受众建立时间上的接近联想关系。如"声乐鞋"和"三国演义";"敖东制药"和"东方时空"。特别是在电视上,还可以把广告信息与特定的节目画面联系起来。如"孔府宴酒"与"城市天气预报的画面","雅雀表"与"新闻联播前的报时画面"。

②运用人们熟悉或易记的人物或景物,使广告信息与之联系起来,造成人们一想起冯巩、葛优就会想起"你在想什么?我想葛玲。……双汇火腿肠,省优、部优、葛优"。一看到电视画面——广阔原野上万马奔腾的景象,就不自觉地想起"这里是万宝路的世界"。例如图 5-55 是索尼耳机广告,虽然人们不喜欢老鼠,但是老鼠戴耳机倒还比较新鲜易记。

③运用人们熟悉或易学易唱的音乐旋律。当特定的音乐旋律与广告信息在受众的记忆中建立起联想关系时,音乐旋律在其他场合飘扬时,会引发人们联想起广告信息,起到强化广告信息记忆的作用。这也是有些产品的系列广告为什么不改变背景音乐的原因之一。在平常看电视中,尽管我们的注意力不在画面上,但只要某种特定的音乐响起,我们就知道是什么产品广告正在播出。

④运用特殊的标志符号。例如图 5-56 的上菱空调的广告文案中,采用了"＋、－、×、÷"来表示上菱空调的四个特点,即"全新三菱先进空调技术,制冷制暖力'＋'强;五安培火表亦可使用,用电量'－'少很多;采用国际先进旋转式压缩机,使用寿命'×'倍数;售后服务迅捷,全免费安装,让人放心,'÷'去您后顾之忧"。读者看完广告之后容易由"＋、－、×、÷"联想起产品的四个特点。即使想不起四个特点具体是什么,也能记住该产品有四个特点。

图 5-55　索尼耳机

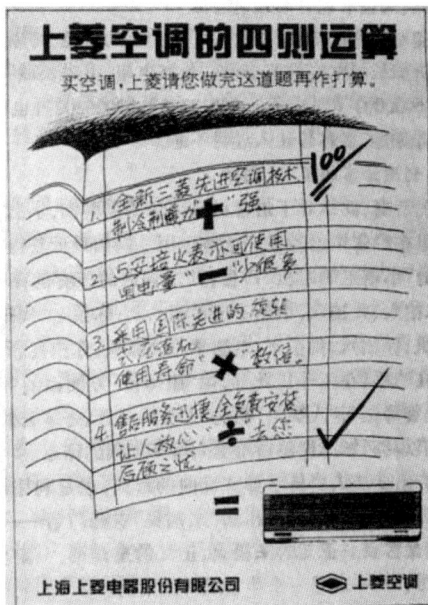

图 5-56　上菱空调

## 三、运用以语言的特点为中介进行编码的记忆原理

在长期的生活实践中,人们在长时记忆中储存了语言的某些特点如语音、字形、结构等,并利用这些语言的特点对当前接受的信息进行编码,使它们更容易储存。以作者的姓名来说,"黄合水"这三个字本身看不出什么含义,也不好记。但是只要把"合"字与谐音字"河"字联系起来,其意义就变得丰富,更重要的是很容易就能记住。又比如有一家公司,起名为"磊鑫",由于这两个字字形的相似性和独特性,因而记起来就很容易。中国的许多古典诗词,至今源远流长、长盛不衰,其主要原因之一就是这些诗词利用了语言的节奏和韵律。语言节奏强、顺口押韵不仅便于诵读吟唱,而且便于记忆。因此,在广告创作中,为了使广告信息更容易为受众所记住,可以考虑采用下列手段:

### 1. 利用谐音规律

在当今的广告中,许多广告创作者已自觉不自觉地运用了这一规律。常见的做法之一是有意篡改成语。例如台湾有一则酱油广告的广告语是:"酱(将)出名门,传统好滋味";黄河冰箱广告则用"黄河冰箱,领鲜(先)一步";金鹿电蚊香的广告语是:"默默无蚊(闻)的奉献";英特尔的一则广告用"得芯(心)应手";图

5-57 的保济口服液则"色香'胃'(味)好"。不过这种歪曲、篡改成语的做法，从社会效果方面来考虑是不好的。

对于一些难记的记忆材料，特别是电话号码，把它们编成谐音的语言材料，也会使它们变得易记。例如电话号码"653037"和"2092924"，分别编成"老虎上东山去"和"儿领舅爷救娘子"，记忆起来就容易多了。

### 2. 利用语言材料的结构特点

一些编写得好的语言材料，由于结构上的特色，可以加强人们的记忆。例如长城电扇的广告语："长城电扇，电扇长城"；富康汽车广告语："走富康路，坐富康车"；白丽美容香皂的广告语："今

图 5-57　保济口服液

年 20，明年 18"。有些电话号码如"6000000"（六个零）、"2012288"、"2020202"、"2222222"、"5111111"，也由于数字结构有其特殊性，很容易让人过目不忘。

### 3. 利用语言的节奏、韵律

语言的节奏、韵律对于语言材料记忆的重要性，早已为人们所认识。所以在广告中已经被广泛地运用。例如获得电视广告"金塔奖"的"小霸王学习机"广告，其广告语的节奏韵律感就相当强——"你拍六、我拍六，小霸王出了四八六；你拍七、我拍七，新一代的学习机；你拍八、我拍八，电脑学习顶呱呱；你拍九、我拍九，二十一世纪在招手，在招手！"此外，像"康师傅"方便面的"康师傅方便面，好吃看得见"，"人头马"酒的"人头马一开，好事自然来"，风帆蓄电池的"好马配好鞍，好车配风帆"等广告语，也均以其巧妙的押韵而给受众留下深刻的印象。

将广告语变成人们易学易唱歌曲的形式，也是利用语言节奏感的一种方法。很久以前播出的"来福灵"农药广告——"我们是害虫，我们是害虫。正义的来福灵，正义的来福灵，一定要把害虫杀尽！杀尽！"——就是一个非常成功的案例。

## 四、广告信息的数量要适当

心理学的研究表明,学习材料越多,遗忘的速度越快。[①] 心理学的研究还表明,人们短时记忆的容量只有 5～9 个单位,[②]但这种记忆的局限性会因组块而得到改善。例如在很短的时间之内,给被试呈现下列 12 个字:"丹、净、德、卡、基、克、加、尔、美、耐、肯、皮",被试一般只能记住 7 个字左右,但是如果将它们组块为下列四个词组:"肯德基、皮尔卡丹、耐克、美加净",被试就很容易把它们全部记住。不过即使是这样的组块,一般人也只能记住 5～9 个。所以在广告创作中要注意下列问题:

①广告标题或广告口号字数不宜太多。早在 20 世纪 30 年代,美国一项关于《星期六晚邮报》广告标题的研究表明,广告标题的单词数量与读者的记忆率成负相关,相关系数为 .80。[③]

②广告文案内容不宜过多。以广告的信息点多少而论,数量不能超出 7 个;以广告文案的语句或段落而言,其数量最好也不要超过 5 个。

③广告文案内容尽量简洁,删除无关的信息。在许多印刷广告中,或许是广告主出于珍惜广告版面的缘故,常以尽可能多的文字来充塞版面,似乎多留一点空白都是在浪费钱财,这种做法是错误的。

④广告画面内容单一。这一点主要是针对电视广告而言。电视广告在电视屏幕上瞬间即逝,繁复杂乱的画面使观众难以形成鲜明的视觉形象,因而不容易记清楚。广告画面单一,则容易在短短的时间之内,将某一人物、情景突出地加以表现,因而记忆较为深刻。

广告画面单一表现为画面情景要么突出人物,要么突出景物。突出人物时,个别人物通常采用近景或特写镜头,众多人物则采用协调统一化的动作;突出景物时,景物内容要素少,每一镜头的时间相对要长一些,即镜头切换要少一些。例如"贵州神奇"的广告画面仅仅是李国胜的几个动作;"春都火腿肠"的画面仅仅是一片红红的、跳跃着的火腿肠;"燕舞收录机"的画面主要是小伙子的手舞足蹈;"三九胃泰"则只有李默然的特写;即使是场面大、时间较长看起来比较复杂的"万宝路"贺岁广告,其画面的主题也相当简单突出。

①　彭聃龄.普通心理学[M].北京:北京师范大学出版社,2001:232

②　Miller G A.The magic number seven plus or minus two:Some limits on our capacity for processing information[J].Psychologocal Review,1956,63:81-97

③　Lucas D B.The optimum length of advertising headline[J].Journal of Applied Psychology,1934,18(5):665-674

当广告信息不得已需要比较多文字才能表达清楚的情况下,要注意广告信息的组织,例如将所有文案内容分成几个部分,而不是写成一大段。

## 五、广告形式新颖独特

一般来说,人们要长久地记住某些信息,就必须多次重复地学习。但是,每个人可能都会有这样的经历,有些事物只接触过一次,便终生难忘。这种让人终生不忘的事物,通常都是人们第一次见到的,而且是比较新鲜独特的。

新颖独特的信息在记忆中不容易受其他信息的干扰,记忆比较牢固,提取也比较方便,因而容易回想起来。例如,"恒源祥绒线羊毛衫",该广告从视觉效果来说很单调,但它是首次将一则广告分为完全相同的三部分,与其他一体化的广告形式截然不同,所以许多观众都记得很清楚。之后有很多广告模仿这一广告形式,但已失去了新颖性,也就不容易记住。"三九胃泰"之所以能在观众心目中留下不灭的痕迹,其主要原因就是该广告中第一次出现观众熟悉的面孔——老艺术家李默然,即该广告为我国第一则"名人广告"。

## 六、巧用人物模特

人物在广告中是将广告产品与消费者的实际生活联系起来的黏合剂,其重要性在许多研究中得到充分的肯定。许多给人深刻印象的广告案例,如"双汇火腿肠"、"贵州神奇"、"健力宝"、"江中草珊瑚含片"等,都是利用人物来介绍产品,这些广告之所以给人印象深刻,与下列几个特点有密切的关系。

### 1. 人物形象有特征

如果让大家回想一下自己印象最深刻的知名人物有哪些。不难发现,像"秃顶的"电视剧演员葛优、"睿智沉稳的"影星陈道明、"身材高大的"篮球运动明星姚明、"充满激情的"钢琴演奏家朗朗等都是比较容易想起来的。这些名人之所以成其为名人,他们独特的外观形象就是一个重要的原因。因此当广告由这些有特征的人物来表演时,即使你无意去记住它,它也会在你的头脑中留下深深的痕迹。在欧格威创作的经典广告作品"哈撒威衬衫"中,"独眼龙"也是非常独特的。除了真实的人物之外,有特色的动画人物如"江中草珊瑚"广告中的"阿凡提"同样可以达到很好的记忆效果。

### 2. 人物善于表演

"燕舞"广告中小伙子的手舞足蹈,"格力空调"广告中"济公"和游本昌的对白,"双汇火腿肠"广告中葛优和冯巩的密切配合,"健力宝"广告中李宁的一系列体操动作等,"万宝路"中西部牛仔的骑士英姿,"动感地带"中周杰伦的潇洒动作等,无不给人很深的印象。国外的研究也发现,广告模特善于表演,是广告成功的一个重要因素。

### 3. 人物富有表情

人对人物的表情有相当强的辨别力和记忆力。幼小的婴儿当他或她对外界的各种刺激都还很少能加以辨别时,他或她就已经能够记住并识别妈妈的面孔。所以广告中人物的表情对于观众的广告记忆很有帮助。冯巩的幽默一问,葛优傻傻一笑,对于"双汇火腿"广告的成功无疑是很重要的。李国胜的愁眉苦脸和怡然自得则使"贵州神奇"广告给观众留下深深的印象。

## 七、促使受众卷入或注意

影响受众卷入或注意的因素或手段有很多,如产品、广告色彩、讯息呈现时间等。这些因素或手段的运用在提高受众卷入的同时,也促进了受众对广告信息的记忆。许多研究对此提供了可靠的证据。

布加南早在 1964 年的研究发现,对产品的兴趣明显影响杂志广告的回忆。[①] 原因就是对产品的兴趣引起读者认真阅读广告,认知卷入程度大,进而导致大脑中记忆痕迹的加深。1991 年,格郎浩哥(Gronhaug)等人测量 1 000 名被试对 333 则杂志广告的效果也发现,广告再认与广告大小和色彩的运用成正相关。[②] 即广告越大、色彩越多,再认成绩越好。出现这种结果的关键原因就是,广告大小和色彩是引起读者注意的关键要素。材料呈现时间比较长,比较容易引起注意,因而产生较好的记忆成绩。汤姆(Tom)1999 年的研究指出,那些包含修饰色彩设计的广告比没有这些设计的广告,在回忆和说服测量上都比较好,修饰色彩设计就是一些容易引人注意的刺激。[③] 罗斯特(Rossiter)等人 2001 年的研究证实,视觉场面保持在屏幕上 1~5 秒或更长时间可得到较好的再认。[④]

---

① Buchanan D I. How interest in the product affects recall: Print ads vs. commercials[J]. Journal of Advertising Research,1964,4(1):9-14

② Gronhaug K,Kvitastein O,Gronmo S. Factors moderating advertising effectiveness as reflected in 333 tested advertisements[J]. Journal of Advertising Research,1991,31(5):42-50

③ Tom G,Eves A,The use of rhetorical devices in advertising[J]. Journal of Advertising Research,1999,39(4):39-43

④ Rossiter J R,Silberstein R B,Harris P G,Nield G. Brain-imaging detection of visual scene encoding in long-term memory for TV commercials[J]. Journal of Advertising Research,2001,41(2):13-21

# 第八节　提高和巩固品牌知名度的策略

　　知名度是消费者认识商品或劳务标志的程度。其意义可以从几个测量层次上加以理解。

　　首先,知名度是指能够识别或回忆出商品或劳务的商标图案、商标名称的消费者占所有消费者的比例。许多品牌知名度的测量通常都是在这一水平上进行的。例如在市场调查中,常常会问消费者诸如"你看见过或听说过哪些饮料品牌?"的问题。然后根据消费者作答的结果来计算品牌知名度。对这类问题,消费者的回答一般是品牌名称。

　　其次,消费者认识特定的视听符号的程度。特定的视听符号包括广告标准色如富士胶卷的"绿底红字"、品牌代号如麦当劳的"M"、品牌象征形象如大大泡泡糖的"唐老鸭"和麦当劳的"麦当劳大叔"、品牌专用广告语如娃哈哈的"甜甜的、酸酸的"以及品牌专用的广告"音乐旋律"等。从广告效果测定的角度来说,有些特定视听符号的认识程度可以测量,有些则难以测量。但是,不管是易测的,还是难测的,消费者对它们的认识都是知名度的体现。

　　再次,消费者对品牌以及相关情况的了解程度。包括对产品特点、售后服务、广告宣传、促销公关活动以及产品生产企业的生产规模、生产技术、企业理念、员工素质等各方面情况的了解。很显然,消费者对这些情况了解越多,说明品牌的知名度也越高。只不过前面两个方面是知名度的量的方面的体现,而后一方面是质的方面的体现。

　　在现代广告活动中,提高品牌知名度常常被定为商品广告宣传的近期战略目标,而巩固品牌知名度则被定为广告活动的长远战略目标。那么,如何才能有效地提高和巩固品牌的知名度呢? 这是摆在广告主和广告人面前的一个重要的现实问题。

　　在琳琅满目的商品海洋中,成为知名品牌者寥寥可数。这说明要成为一种知名品牌并不是一件容易的事。从现已成名的知名品牌来看,除了产品或劳务要有过硬而稳定的质量以及良好的信誉外,品牌的命名和标志设计、商品的广告宣传以及产品促销活动等也都值得充分重视。

## 一、注意品牌的标志设计

品牌标志,也称商标,是一种图案或文字图形,作为产品或企业的标志,它可以采用任何一种图形或图案。但是,要使所设计的品牌标志有利于提高品牌知名度,容易传播,让消费者容易记住,这就要求标志设计者在品牌标志设计时必须遵循记忆的规律。

### 1. 图案与名称相结合

品牌标志与品牌名字相一致,可以达到由此及彼的联想记忆作用。一方面,看到标志可以联想到名称;另一方面,由名称也会联想到标志。二者之间相互促进,使记忆更为牢固。

品牌标志与品牌名字的一致存在着几种不同程度的差别。第一种情况是品牌标志与品牌名字完全一致,即用品牌名字的某种字体作为品牌标志,例如图 5-58 所示的中国的海尔集团、清华紫光、红旗轿车,美国的可口可乐和 7 喜饮料、英特尔芯片制造商、福特汽车,法国的香奈尔时装、香水,芬兰的诺基亚手机,日本的索尼电器,英国的 555 香烟以及 G2000 服装等品牌图案都属于这种情况。

**图 5-58　品牌标志与品牌名字完全一致的商标**

第二种情况是品牌标志所表达的意思与品牌名称的意思相同,即图案是名称概念的具体形象。图 5-59 所示的中国熊猫电子集团、金杯汽车、五菱汽车,日本三菱电机、麒麟啤酒,瑞典雀巢公司,法国鳄鱼,美国的苹果电脑的品牌标志均属于这一情形。

| | | | |
|---|---|---|---|
| 鳄鱼 | 苹果 | 五菱 | 麒麟 |

图 5-59　品牌标志与品牌名字意思相同的商标

　　第三种情况是由品牌名字的个别字母或字来构图。如图 5-60 所示中国的科隆电器,韩国的 LG 集团,法国的圣罗兰时装,美国的摩托罗拉手机、电话电报公司、通用汽车、通用电气、麦当劳快餐等标志。

| 摩托罗拉 | LG | 科隆 |
|---|---|---|
| 圣罗兰 | 中国工行 | 美国电话电报公司 | 通用电气 |
| 麦当劳 | 通用汽车 | | |

图 5-60　拼音字母的图形商标

　　第四种情况是品牌标志是品牌名称的象形物,但与商标名称概念的具体形象有所不同。如图 5-61 所示的新飞冰箱、福日彩电、日立电器、中国联通、奔驰汽车、方正电脑等品牌标志。

| 新飞 | 福日 | 日立 | 联通 | 奔驰 | 方正 |
|---|---|---|---|---|---|

图 5-61　图案是名称象形物的商标

　　在上述四种情况中,前两种品牌标志与品牌名字彼此之间容易建立联想回忆关系。后两种情形从标志容易猜出名称,但由名称不容易联想出标志,需要一定的学习才能达到联想回忆。从品牌标志对品牌知名度提高的贡献角度来看,贡献由大到小按四种情况的自然顺序排列。在实际运用中,有些品牌标志与品牌名字看不出有任何联系。这类标志难于记忆,不利于品牌知名度的提高。例如,夏利轿车是中国市场上常见的轿车,许多城市早期的出租车都是这个品牌。按理说,该品牌标志(见图5-62)应该是妇孺皆知的,但是目前单独呈现这个标志时,仍有许多人不知它是什么品牌,说明这个标志设计不如其他一些汽车标志好。

在实际运用中,由于单独的图案(特别是抽象图案)很难跟品牌名字联系起来,因此多数著名品牌标志除了采用没有图案的文字标志外,还采用品牌名字与图形相结合的标志。如阿迪达斯体育

图 5-62 夏利汽车标志

用品、锐步鞋、马爹利酒、宏碁电脑、长虹电器、哥伦比亚广播公司、爱立信手机、德尔塔航空、福克斯电影公司等(见图5-63)。

图 5-63 阿迪达斯等品牌标志

可见,在品牌标志设计时,要尽可能采用上述四种方法进行设计,使品牌标志与品牌名字有机地结合起来。

### 2. 可以命名

认知心理学家鲍尔、卡尔林和杜克(Bower,Karlin & Dueck)1975年进行过一项有趣的实验,让被试学习一些他们称作"droodles"的图片(见图5-64)。其中有的附以关于图片意义的说明,有的不附以说明。在被试已经学习了这些图片之后,对他们进行记忆测试,要求被试重画这些图画。结果显示,凡是得到用以学习这些图片的简短说明的被试,都比未曾得到这种说明的被试表现出对这些图片的较好记忆。前者正确重画出70%,后者仅为51%。[①]

由此可见,具有某种意义或可以命名的图片比起无意义或不可命名的图片

---

① Bower G H,Karlin M B,Dueck A.Comprehension and memory for pictures[J].Memory & Cognition,1975,3(2):216-220

更有利于记忆。在现代品牌标志设计中,人们很喜欢采用一些简单的抽象图形。不管是设计者,还是使用者,在决定使用某一抽象图形作为品牌标志时,首先就要考虑标志图案是否有意义,是否可以命名。当然,每一个设计好的品牌标志在设计者的心目中都是有意义的,甚至可能是含义深刻的。但是不能因此认为设计者能够理解,广大消费者也能理解。一个易记的品牌标志,应该容易让消费者理解其含

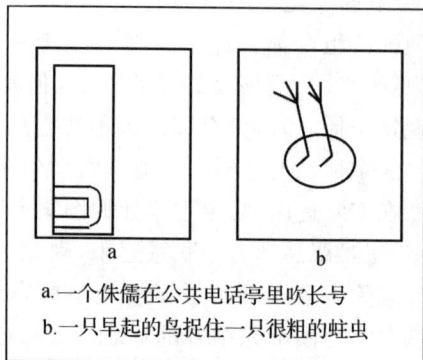

a.一个侏儒在公共电话亭里吹长号
b.一只早起的鸟捉住一只很粗的蛀虫

图 5-64　droodles 图片

义,能用一句话或一个词来概括。例如图 5-65 分别是金山软件、奥迪汽车、花花公子、标致汽车、别克汽车、中国国航和古井贡的标志。这些标志图案尽管不同的人可能存在不同的描述,但它们均可用一个词或一句话来表达。金山软件的标志像一顶"帽子",奥迪汽车的标志是"四个圆圈",花花公子是"一只带着领带的兔子",标致汽车的标志是"一只站立起来的狼",别克汽车的标志是"三颗子弹",中国国航是"一只凤凰",古井贡的标志像一个"古"字。

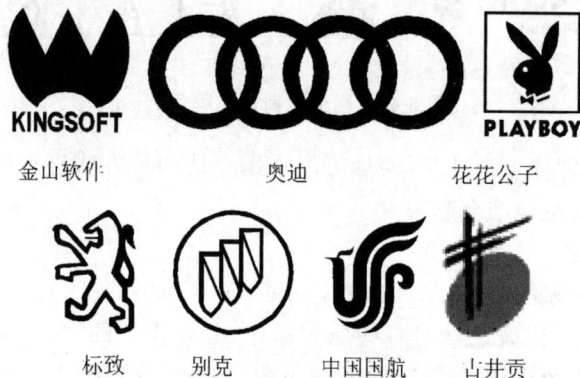

金山软件　　　　　奥迪　　　　　花花公子

标致　　别克　　中国国航　　古井贡

图 5-65　金山软件等品牌标志

### 3. 简单明了

大多数读者都会有这样的经验,在初学汉字时,笔画少的字练习一两遍就能记住,而笔画多的字则需要练习多次才能记住。字越简单越容易学习,越复杂学习起来越困难。品牌标志也是如此。简单的图案让人一目了然,学习起来毫不费劲;而复杂的图案要记住它则需要花较多的时间。举一个例子来说,同样是两条直线,画成两条平行线显得简单,而画成两条交叉线则显得复杂(如图 5-66)。

因为平行线只包含倾斜的角度和两线的距离这两个要素,而交叉线要包含两条线的倾斜角度、两线的夹角和交叉线段的比例三个要素。因此,如果让你看完两个图形之后重新把它画出来,那么,a图的正确率肯定大于b图。

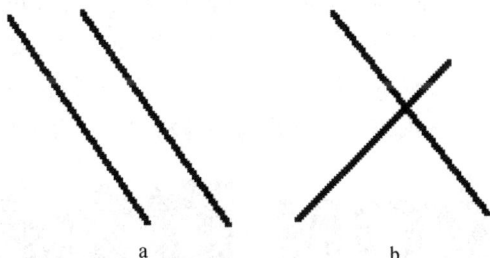

图 5-66　两条线的构图

　　衡量图案的简单性有两个标准:其一是点、线的数量,其二是点、线之间的组合形式。点线越少,图案越趋简单。同样,点线之间的关系或联系越符合几何构图原则,则图案也越简单。图 5-67 中的柯达胶卷、联想电脑、绿丹兰化妆品、统一企业、欧米茄手表、李宁体育用品的品牌标志都是一些构图简单的标志。

柯达胶卷　联想　绿丹兰　统一企业　欧米茄　李宁体育用品

图 5-67　柯达等品牌标志

### 4. 运用熟悉的景、物

　　品牌标志设计可以采用抽象图形,也可以采用一些具象性的、大家熟悉的景、物,以便加深消费者印象,传达某些特定的含义。在图 5-68 中,第一个标志是中国唱片公司,该标志中有中国人十分熟悉的具有国家、民族象征意义的天安

中国唱片　梦特娇　花王

图 5-68　中国唱片等品牌标志

门城楼和华表,容易让人认为该公司是全国性的公司,民族特色十分浓厚。第二个标志是法国时装、化妆品品牌梦特娇的标志,该标志虽然是一朵常见的花,但

花能够让人想起美丽、漂亮。第三个是花王化妆品标志,该标志的"月亮"是世人都熟悉的。

### 5. 具有独特之处

品牌标志的独特之处是指不同于其他品牌标志的设计风格、特点等,让消费者一看到该标志时,就觉得与众不同。例如,在图 5-69 中,埃克森石油公司标志的特点在于两个字母 X,戴尔电脑标志的特点在于倾斜的字母"E"、IBM 电脑的独特之处是"虚线",一汽汽车的特点是巧妙地将"1 汽"构成对称图形。

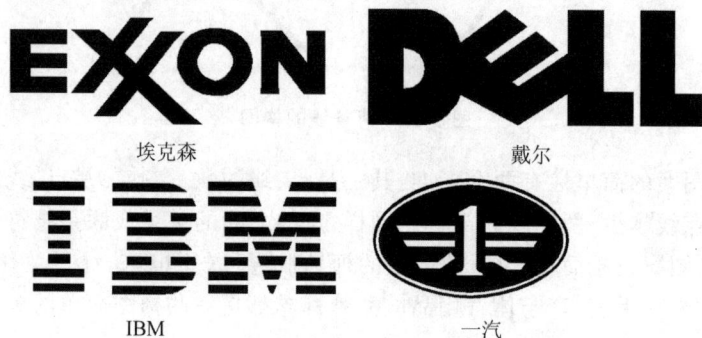

埃克森    戴尔

IBM    一汽

图 5-69    埃克森等品牌标志

前面我们介绍了品牌标志设计时应该遵循的一些原则。这些原则可以帮助设计者设计出比较符合要求的标志。但是值得声明的是,即使遵循这些原则设计出来的标志,也不一定是好的标志,真正好的标志还必须经过市场研究的评判。

## 二、重视品牌命名

扩大品牌知名度的最有效办法是加强广告宣传。然而,品牌命名对于扩大品牌知名度也十分重要。在成千上万的品牌名称中,有的名称让人过目不忘;有的名称则不管看过多少遍,听过多少次却总是记不住。这里的关键就在于品牌命名是否符合记忆规律。一般来说,要使一个品牌名称容易传播,容易让人记住,品牌名称是否具有下列特性至关重要:

### 1. 简单

简单的名字可以减少消费者理解和加工品牌名字的认知努力,比较容易编码和储存,能够起到促进记忆的功效。著名营销学者里斯和里斯(Ries & Ries,

1998)曾明确指出:"一般来说,品牌名称越短、越好记,当然越好。"[1]Aim 牙膏、雷达(Raid)杀虫喷雾剂、Bold 洗衣粉、Suave 香波、Bic 钢笔等都是一些简短的名字。在消费实践中,有些长的品牌名字被消费者缩短以便记忆,如 Chevrolet(雪佛莱)轿车变成"Chevy"、Budweiser(百威)变成"Bud"、Coca-Cola(可口可乐)变成"Coke"。有些企业的全称很长,读起来很麻烦,因而以缩写字母组合代之,如BBC(英国广播公司)、NBC(美国国家广播公司)、CBS(哥伦比亚广播公司)、RCA(美国无线电公司)与 AT&T(美国电报电话公司)。日本 SONY 创业之初有一个不太吸引人的名称"东京通信工业",企业创办人盛田昭夫与井深大有感于诸如 RCA 与 AT&T 这样的名字简短又有力,因而决定将公司名字改成四五个英文字母拼成的名字,即 SONY。劳力士手表的创始人汉斯·威尔斯多夫(Hans Wilsdorf)给自己设计的手表起名时,就已经考虑到要使各种语言都能发音,而且要简短以便刻在手表的表盘上,"Rolex"一词满足了这两个条件。

我国的汉语言文字与西方语言不一样。在西方语言中,同样是一个单词,有的由很多字母组成如 communication、diacetylmorphine,有的只由很少几个字母构成如 cat、tea。因此,品牌名字的长短对于消费者的品牌名字记忆有着重要的影响。研究表明,在汉语言文字中,90.5%的中国品牌是双字词,3 字词为6.45%,单字词为 2.10%,4 字词为 2.10%。[2] 可见在我国绝大多数品牌名字由2 个汉字组成,因此长短差别不大。但是我国的品牌名字中,不同的字笔画数差别很大。简单的字只有几笔如"开"、"尔"、"长",复杂的字可能有十几笔、二十几笔,如翼、懿、黛、癀等。不言而喻,品牌名字如果笔画简单,消费者容易记忆,这样就可以快速提高品牌知名度,节省宣传。反之,笔画复杂,记忆起来十分可能会影响品牌知名度的提高。所以我国许多知名品牌如海尔、长虹、TCL、格力、美的、小鸭、新飞、金正、方正、开开、乐凯、大宝等都是笔画比较少的名字,这应该说不完全是偶然的。

### 2. 容易发音

容易发音是品牌名字被口头传播的关键。陈(1996)对国外品牌的中国译名进行的研究表明,不管是在 1987—1988,还是在 1994—1995 年,90%译名的长度相似于原名,90%以上的译名发音容易。译名发音与原名读音的相似性由

---

①　Ries A,Ries L.品牌 22 戒:如何建立世界级的品牌[M].脸谱文化事业股份有限公司,1998

②　Huang Y Y,Chan A K K.Chinese brand naming:From general principles to specific rules[J].International Journal of Advertising,1997,16:320-335

67.3％上升到 77.5％。[①] 事实上,在我国市场上,多数知名品牌的名字是比较容易发音的,外国品牌如柯达、高露洁、松下、索尼、万宝路、人头马等,国内的品牌如格力、健力宝、大宝、青岛、春兰、步步高等。

容易发音的品牌名字,便于消费者指名购买,便于消费者向他人推荐。相反,一个难以发音的品牌名字常常会让消费者因为不知如何发音或读音不准而感到尴尬。企业的许多营销努力可能仅仅起到教育消费者如何正确发音的作用。例如,Hyundai 汽车、Fruzen Gladje 冰淇淋、Faconnable 服装等英文品牌名字,就很难发音。

中国汉字读音受地方方言的影响很大,有些字词对普通话标准的人来说,可能没有任何问题,而对那些习惯于本地方言或普通话不太标准的人来说,要流利、准确地发音则有一定的困难。例如"日"、"荣"、"柔"、"事"、"福"、"如"这样的字,很多南方人就读不准。两个或两个以上的字组成的词也是如此,如"福湖"、"石狮"。我国市场上的一些名牌,如"日立"、"容升"、"荣仕达"、"央视"等。这些品牌由于名字相对不易发音,因此品牌知名度等方面在一定程度上会受到负面的影响。

在英文品牌名字中,为了容易发音和记忆,许多营销管理者寻找理想的韵律和愉快的发音。有利用辅音字母押韵的,如 Coca-Cola、Coleco;有利用元音押韵的,如 Ramada Inn、Yamaha、Kal Kan;有利用音节相同或相似的,如 Better Business Bureau、Weight Watchers、Max Pax、American Airlines、Black & Decker;有利用拟音词的,如 Wisk;还有注重以爆破音开头的,如 Bic、Kodak 等。研究发现,以爆破音开头的品牌占 1979 年美国前 200 个品牌的 46.5％。[②] 以爆破音开头的词比不是爆破音开头的词容易被回忆出来,更可能被再认。[③]

在重视品牌名字是否容易发音的同时,也要注意谐音带来的品牌名字意思的变化。阿尔索普(Alsop,1987)研究发现,对 Honda Precis 的理解因消费者认为如何发音而变化。尽管该名字旨在暗示该汽车产品是精确和准确的,但是如果消费者的发音是 PREE-sus,他们更可能认为它是经济车(有意定位)。如果消费者认为它的发音是 PLAY-see,他们可能认为它是豪华车或赛车。如果其

① Chan A K K.Localization in International Branding:A Longitudinal Comparison of the Chinese Names of Foreign Brands in Hong Kong between 1987—88 and 1994—95[R]. BRC Working Paper Series,1996

② Vanden Bergh B G.More chickens and pickles[J].Journal of Advertising Research, 1983,22:44

③ Vanden Bergh B G,Collins J,Schultz M,Adher K.Sound advice on brand names[J]. Journalism Quarterly,1984,61(4):835-840

发音为 PLAY-sus,他们则会认为它是家庭用车。[①] 另一项研究表明,一种假设的产品,其品牌名字(如 Vaner、Randal、Massin)在英语和法语中都是可接受的,但当用法语发音时,比英语发音更具有享乐主义的意思(即提供更多快乐)。[②] 有时,一个名字看起来意思是好的,但是由于谐音的缘故,读起来意思就不好了。如"四通"就容易读成"私通"。

### 3. 高熟悉性

熟悉性是指个体对语词的熟悉的程度,可以用词频来衡量。所谓词频是指某一单词在语言中(通常指在报刊、杂志、书籍等上面)的使用次数。要了解一个单词的词频,可以在词频字典上查找。

关于词频对记忆的影响,研究业已表明,人们对高频词的再认,不论在速度还是在精确性方面都优于低频词的再认。例如,哈沃斯和索勒蒙(Howes & Solomon,1951)的研究发现,快速呈现条件下的单词再认阈是词频的对数的线性正函数,阈限与频度的相关为 0.40~0.60。[③] 换句话说,词频越高再认的速度较快。后来更深入地研究发现,高频词比低频词容易回忆率高,但再认率低,[④] 这也就是所谓词频效应。

一般来说,熟悉性高的词,即高词频词,已稳固地保持在人脑的长时记忆之中,平常常被提取出来使用。这样的词与产品的关系容易建立。而不熟悉的词,由于本身尚需学习才能记住。所以要把它与产品建立联想关系需要较多的时间。因而在同样的学习条件下(如播放同样次数),不熟悉的词,记忆的牢固性比较差。在实践中,多数知名品牌所采用的字都是大家熟悉的。如可口、百事、富士、松下、长虹、五粮液、剑南春、小天鹅等。品牌起名还常常采用人名、地方、动物、鸟等物体,原因是这些是人们熟悉的东西,已经储存在人的记忆中,学习起来比较容易,只要将它与产品或公司联系起来即可。[⑤] 但也有一些品牌名称采用较为罕见的词如"沱牌"、"澳柯玛"。根据一般记忆规律,这类比较"生僻"的低频

---

① Alsop R.Firms create unique names,but are they pronounceable[J].The Wall Street Journal,1987,April 2 B1

② Leclerc F,Schmitt B H,Dube L,Foreign branding and its effects on product perceptions and attitudes[J].Journal of Marketing Research,1994,31(2):263-270

③ Howes D H,Solomon R L,Visual duration threshold as a function of word probability[J].Journal of Experimental Psychology,1951,41:401-410

④ Balota D A,Neely J H,Test-expectancy and word-frequency effects in recall and recognition[J].Journal of Experimental Psychology,1980,6(5):576-587

⑤ Kanungo R N.Brand awareness:Effects of fittingness,meaningfulness and product utility[J].Journal of Applied Psychology,1968,52:290-295

词,一旦出现过比较容易再认,但不容易回忆出来。虽然它们在市场上也有很高的知名度,但在知名度提高的过程中,一定要比那些熟悉字词的品牌付出较大的努力或代价。

### 4. 高意义性

意义性是指在单位时间内由一个词联想到其他词的数量。一个容易联想到许多词的词,说明该词的意义性高。反之,一个词,如果很难由它联想起别的词,那么该词的意义性就低。例如,"街道"这一词,很容易联想出很多词如"道路"、"马路"、"树"、"商店"、"广告"、"天桥"等等,是一个高意义性的词。而"麒麟"这一词,则难以进行联想,是一个低意义性的词。

词的意义性对词的记忆有一定的影响。著名认知心理学家沛维奥(Paivio)等人在1969年的一项研究中发现,高意义性的词记忆效果比低意义性的词好(见图5-70)。[1]

据此,在品牌命名时,一定要注意词的意义性,最好是选择高意义性的词。但对于什么是高意义性的词,不能凭空想象,不能凭空猜测。可先拟定几个名称,然后采用一定的测试手段进行筛选,从中选择出一个意义性高的词。

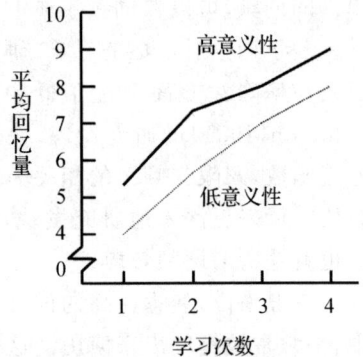

图 5-70  意义性对词记忆的影响

为了强化品牌与类别的联系,提高品牌意识,品牌名字也可以采用具有暗示产品或服务类别的词汇,如 JuicyJuice 纯果汁,Newsweek(新闻周刊)杂志、高露洁、洁诺等。

### 5. 高意象

意象性是指语词容易、快速唤起心理图画的程度。容易、快速唤起心理图画的语词为高意象词,如大象、长城、天坛、彩虹、玫瑰等。不容易唤起心理图画的语词为低意象词,如暂时、背景、宏达、胜利等。沛维奥(Paivio)及其同事1968年比较了语词的意象值的大小对语词记忆的影响。研究结果(见图5-71)表明,高意象值的语词,其平均记忆

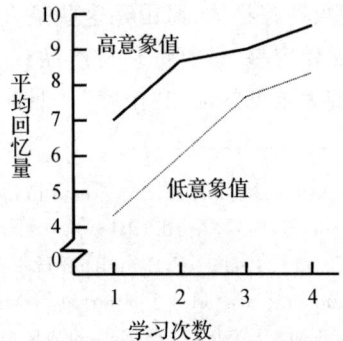

图 5-71  意象性对语词记忆的影响

① Paivio A,Csapo K.Concrete image and verbal memory codes[J].Journal of Experimental psychology,1969,80(2,Pt.1):279-285

率远远高于低意象值的语词。①

根据沛维奥的观点,意象性高的语词,由于容易使人唤起该词所指的事物的表象,能够进行双重编码,因而信息在人脑的保持比较牢固,提取时也比较方便、容易。而意象性低的词,只能进行言语编码,不能进行表象编码,因而信息的保持和提取都相对比较困难。所以高意象性的词比低意象性的词容易记忆。一项关于假设性的品牌名字的研究证实了沛维奥的观点,在一系列的回忆和再认测量中,高意象的品牌名字(如海洋、青蛙、植物、报纸)比低意象品牌名字(如历史、真理、瞬间、记忆)明显易于记忆。②

由于高意象性的词一般是一些具体词,而低意象性的词一般是抽象词。因此,为了使品牌名称容易被记住,要尽量采用具体词。在国内外的知名品牌中,有许多品牌名称都是具体名词,例如"鳄鱼"T恤衫、"三角"电饭煲、"半球"电器、"鸭鸭"羽绒服、"牡丹"电视、"凤凰"自行车、"五星"啤酒、"蓝天"牙膏、"雕牌"洗衣粉、"小护士"护肤霜等等。

### 6. 与众不同、有特色

与众不同的名字容易再认。有特色的名字是指在产品类别中,很少被用到或不太典型的单词(如 Apple 计算机)、真词的异常组合(如 Toys-R-Us)、完全虚构的单词(如 Xerox、Exxon)或异乎寻常的名字(如 Poison 香水)。当然即使是虚构的单词也必须遵循语言规则和语言习惯(如没有元音的字母组合作品牌名字就不合适)。

## 三、强化广告宣传

在现代市场竞争激烈的形势下,品牌知名度的提高和巩固,无论如何是离不开广告的。那么如何有效地利用广告来提高和巩固品牌知名度呢? 这要从以下两个角度进行分析。

### 1. 宏观广告战略

首先,要加强广告投入。俗话说"偷鸡还要一把米",如果这把米舍不得抛出

---

① Paivio A,Rogers T B,Smythe P C.Why are pictures easier to recall than words? [J].Psychonomic Science,1968,11(4):137-138

② Robertson K R.Recall and recognition effects of brand name imagery[J].Psychology and Marketing,1989,4:3-15;Robertson K R.Strategically desirable brand name characteristics [J].Journal of Consumer Marketing,1989,6:61-71

去,那么鸡也就难以偷到手。广告宣传也是这个道理,你想提高品牌知名度,就要舍得花本钱。虽然品牌知名度的提高与广告投入量是否存在着线性关系,人们对此的认识还不是很清楚,但是一些成功的、知名度高的品牌的广告实践却告诉我们:在现代市场中,没有大量的广告投入,也就没有高的品牌知名度。就国内外的一些知名品牌来说,如"海尔"、"TCL"、"联想"、"夏新"、"舒肤佳"、"高露洁"、"七匹狼"、"诺基亚"、"英特尔"等等,这些知名品牌每年的广告投入量都在几千万元以上。

其次,开展全方位的广告宣传,即采用各种各样的媒体,打立体的广告战。不同的媒体各有其不同的特点和受众。只有使用不同的媒体,才能使品牌广告宣传尽可能地覆盖所有消费者,同时使有些消费者通过不同的渠道获知品牌信息,加深他们的品牌印象。正如佩里和佩里(Perry & Perry)1974年的研究所指出的,报纸与广播综合比单一媒体产生较高的品牌回忆。[1]

再次,着重加强在大众传播媒体上的广告宣传,特别是要加强广播、电视广告的力度和强度。因为大众传播媒体的覆盖面大,受众的接触率也比较高。采用这些媒体还可以加速品牌知名度的提高。

最后,采用 CI 战略,特别是要贯彻 VI 战略。众所周知,CI 战略强调企业要有一个统一而明确的经营理念,品牌要有统一的标准图案、标准字体、标准颜色和广告口号,各种宣传品上,无论是产品的外包装、媒体广告,还是名片、信封信纸、招牌、交通工具、建筑物等,都要采用这些统一的标准图案、字体和颜色。这样,不管人们在什么地方,在什么物品上,看到的都是同样的符号,印象也就容易深刻。

### 2. 微观广告战术

首先,在媒体广告中,将品牌名称突出地显示出来。在现行的广告中,我们经常都会注意到,有些广告看了若干遍之后,仍然不知广告所介绍的是什么品牌。无疑这类广告对于品牌知名度的提高是不利的。要利用广告来提高品牌知名度,在每一则广告中都必须尽可能把品牌名称突出出来。事实上,许多广告学家强调品牌名称要在广告的开头或广告的末了呈现出来,其原意就在于此。

其次,在广告中,将品牌名称尽可能多地重复。根据记忆的规律,要让外界信息进入人的长时记忆之中,其中最重要的条件就是重复。所以,在广告创作设计时,不管是采用视觉形式(字幕呈现)重复,还是采用听觉形式(解说词)重复,总之要尽量将品牌名称加以多次重复呈现。或许这种广告会让人讨厌,但讨厌

---

① Perry M,Perry A,Brand recall in two Israeli media[J].Journal of Advertising Research,1974,14(3):33-39

者对你的品牌的记忆却会特别深刻。例如人们熟知的燕舞收录机在早期的一则电视广告中,单独"燕舞"两个字在解说词中就念了六遍,此外还打上了字幕。

再次,选择适当的广告方式,着重宣传品牌名称。广告的刊播费用是相当昂贵的,所以任何广告的重复刊播都是有限度的。那么为了使一定的广告费用有效地达到提高或巩固知名度的目的,可以采用简单化的广告方式,如中央电视台新闻联播之后天气预报之前的 5 秒(后来 7.5 秒)广告那样,直接告知品牌名称即可。

复次,创作出一句包含有品牌名称的响亮的广告口号。通常,一则广告人们记忆最深刻的是一句响亮的广告口号,如"车到山前必有路,有路必有丰田车"、"人头马一开,好事自然来"、"雀巢咖啡,味道好极了"等等。所以如能将品牌名称融入广告口号中,对于扩大品牌知名度大有好处。

最后,在广告中把品牌与一个容易提取的线索联系起来。容易提取的线索如"名人"、"乐曲"、"特殊的景物"等。最典型、最成功的案例就是,耐克与乔丹,它们几乎是两个可以相互替换的名词。还有巩俐与美的,也是一对佳侣。

# 第九节　影响受众情绪情感的因素

受众接触广告时以及接触广告过程中产生的情绪情感,会影响到受到对广告信息的记忆以及对广告、品牌的态度,影响到品牌的购买意图,这已经为许多研究所证实(详见第四章第四节),那么,哪些因素影响受众的情绪情感呢?

从广告的实际情况来看,制约受众情绪情感的发生有三个方面因素:一是受众自身的因素,二是广告环境因素,三是广告因素。

## 一、受众因素

受众因素是广告主或广告制作者、广告媒体代理商无法控制的。受众因素包括受众接触媒体时的心境以及受众的气质类型。当受众心境好时,他们会受到积极情绪刺激的影响,但不容易受到媒体和广告中的消极情绪刺激的影响;当心境不好时,媒体和广告中的刺激不管是积极的还是消极的,都容易引发受众的消极情绪。

对情绪影响较大的受众因素主要是受众的气质类型。根据心理学的研究,人的气质一般分为四类,即多血质、胆汁质、黏液质和抑郁质。一般来说,多血质的受众,情绪情感容易因刺激而产生和消失,而且容易外露,体验较高,自制力较强。例如看到悲伤的电视情节时,马上泪流满脸,情节过去之后,很快又笑逐颜开。胆汁质的受众,情绪情感也很容易因刺激而产生,但是一旦产生之后,情绪的兴奋性很高,自制力弱。这类人脾气暴躁,容易冲动,但也很有激情和热情。黏液质的受众,情感上不易激动,不易发脾气,也不易流露情感。不管电视中内容多么让人激动,他们也可能无动于衷。抑郁质的受众,容易动感情,但情绪体验方式比较少,体验之久有力,比较容易产生消极情绪如悲伤和恐惧。

## 二、广告环境因素

广告环境因素是指广告发布所在的前后时空因素,包括广播电视的前后节目和广告、印刷媒体同一版面的栏目和广告、网络中同一网页、网站的内容和广告、户外广告中周边环境和广告以及其他。

在各种媒体中,电影、广播电视对受众情绪情感的影响是最显著的,受众接触这些媒体的主要目的之一就是获得娱乐、获得情绪体验。西方的电视、电影发展历史经验表明,色情和暴力是吸引受众的两大法宝,正是这两种内容,使得受众的情绪起起伏伏,让受众平淡的生活增添了情绪色彩。当今网络的流行和迅速发展,色情和暴力仍然是吸引受众的重要工具之一。

广告插播在这样的情景之中,受众的情绪其实已经被其他节目内容调动起来。所以如果希望受众带有某种情感来接触广告,那么对广告之前的节目内容加以考虑是很重要的。

环境影响受众观看广告的情绪还有一种情况是,当一个节目进行到关键时刻时,突然插入广告,此时,受众会产生很强的挫折感,甚至对广告感到愤怒。不过这种广告的注目率会比较高。

## 三、广告因素

广告中,影响受众情绪情感的因素首先是画面刺激,其次是故事情节,最后是音乐渲染,语言虽然也很重要,但在广告中往往要与画面相配合。

### 1. 画面刺激

人接受外界的信息,主要是通过视觉渠道。所以广告利用画面来激发受众的情绪情感是最有效的。利用画面刺激激发情绪情感的手段之一是色彩的使用。如要使人兴奋,则采用红色为主色调,或大面积地使用红色;要使人平静,采用蓝色为基调;而要使人压抑,则采用深灰色和黑色为基调。手段之二是利用适当的人物、物体或情境。如骷髅、尸体等都会使人恐惧;利用一个三点式的漂亮女模特,会使人产生美感。图 5-72 中无助、衣衫褴褛而瘦弱的小男孩,就很容易唤起受众的同情心。图 5-73 将人体裸尸当作香烟灰展示出来,让人对香烟产生恐惧感。大量的性诉求、恐惧诉求都是以画面刺激为主的。

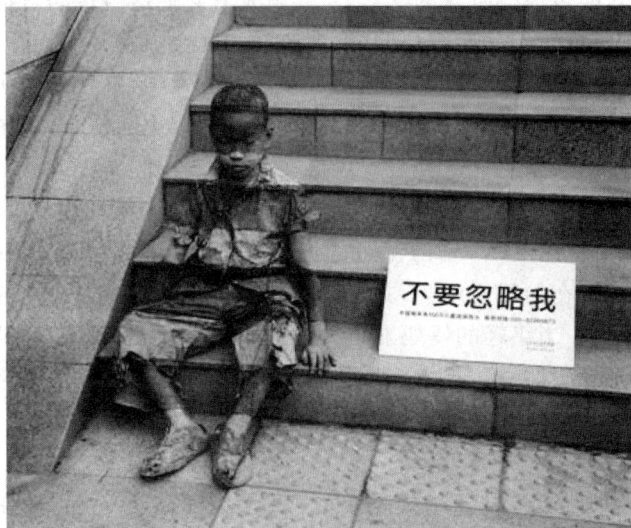

图 5-72　公益广告

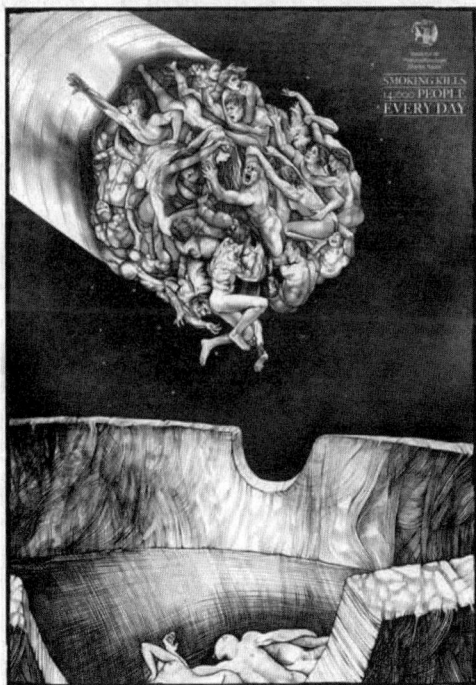

图 5-73　反吸烟广告

## 2. 故事情节

一定的故事情节,当它能够使人们感同身受时,就会激发出人们相关的情感。不管是用语言叙述的,还是用音像描绘的。相声、评书这两种语言艺术,其作品能否成功,能否博得听众的喜欢,主要就是看它们能否用语言描绘的故事情节把听众的情感情绪调动起来。同样,春节联欢晚会上经常受人喜欢的小品,则是通过绘声绘色表演出来的情节,赢得观众的开怀大笑,置观众与快乐之中。有一类电视广告片叫做"生活片段",其实就是展示一个生活情节,试图通过获得观众的认同,从而调动情感。这类表现风格在商业广告和公益广告中都广泛存在。有一则"帮妈妈洗脚"的公益广告就相当感人,其情节是年轻的妈妈帮自己的小男孩洗完脚让他上床之后,到已年迈的母亲房间给她洗脚,调皮小男孩出房门时,刚好看到妈妈在给奶奶洗脚,并听到妈妈说:"妈,烫烫脚,对你的腿有好处",于是他去打水了。当年轻的妈妈准备回房时,看到小男孩不在房间正感到惊讶时,小男孩端着满满的一盆水摇摇晃晃地走过来,说"妈妈,洗脚",年轻的妈妈舒心释然地笑了。

## 3. 音乐

音乐本身就是人类用来抒发情感的一种重要手段。一首流行的乐曲,往往都能够激发人们的某种情感。例如"义勇军进行曲"激发多少仁人志士对侵略者的仇恨;"我的中国心"激发了多少华夏儿女对祖国的爱和思念;"摇篮曲"很容易让焦躁不安的婴幼儿平静下来;"哀乐"则容易使倾听者陷入悲伤和肃穆的气氛之中。所以广告也要善于利用音乐来影响受众的情绪。关于如何使用音乐,可参见第七章第一节。

# 第六章
# 媒体策划心理 >>>

　　广告活动的大部分经费都花在媒体上,广告信息能否送达消费者关键也在于媒体。可见,媒体策划至关重要。为了使媒体策划行之有效,了解媒体的心理特性、受众的媒体偏好、媒体的位置效应、广告的重复效果等问题,对于策划者来说是十分必要的。

## 第一节　广告媒体的比较

　　广告媒体是广告主用以向消费者传播商品或服务信息的工具。在现代广告活动中,各种各样的广告媒体五花八门。大致可以分为三大类:第一类是大众传播媒体,包括报纸、杂志、广播、电视、网络、电影、大屏幕彩色液晶显示屏、车载电视以及新兴的手机短信等。这类媒体不仅包含广告内容,还包含新闻、娱乐、艺术、科学文化知识等方面的内容。第二类是专用或工具媒体,包括路牌、霓虹灯、灯箱、招贴、橱窗、信函、挂晃、气球、车身、灯柱、直邮(DM)等。这类媒体一般不传播其他信息,只传播广告信息。第三类是馈赠媒体,包括打火机、挂历、汗衫、钟表、烟灰缸、旅行包、台历、遮阳伞、钥匙扣等。这类媒体除了能负载广告信息之外,还能被人们用于满足人们某些日常生活需要。近年来,网络媒体广告发展迅猛。其中,网站的广告营业额在 2007 年为 25.19 亿元,2013 年就已达到 215.34 亿元,已经超越了期刊杂志与广播电台(见图 6-1)。

　　前瞻产业研究院发布的《中国广告行业市场前瞻与投资战略规划分析报告》显示,从行业的营收占比来看,2021 年新媒体广告营收占比再次创新高,达到 64.99%,传统广播电视行业营收占比下降到 25.54%。从 2021 年广告行业细分市场营业额来看,受在线视频、短视频及在线音乐等互联网媒体的冲击,以电视媒体、广播电台为代表的传统广告市场份额继续压缩,互联网广告快速崛起。2021 年互联网广告份额占比达到 56%,并且份额占比有进一步提升的趋势。

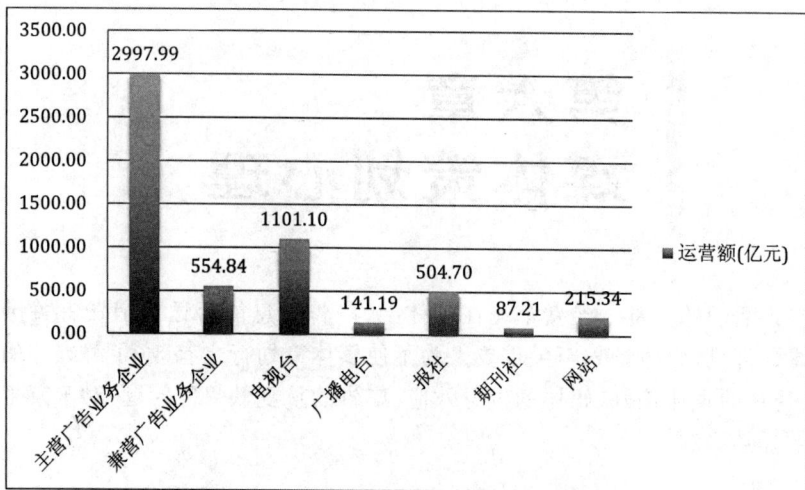

图 6-1　2013 年中国广告经营单位运营额①

## 一、媒体的运用情形

各种媒体的运用情形可以用媒体的广告费投入来衡量。市场监管总局广告监管司和中国经济信息社联合发布的"中国广告业发展指数（2021年度）"显示，2021年广告业实力指数为 115.91 点，同比增长 8.68%，显示我国广告业实力不断提升，产业结构日趋优化。得益于互联网广告的迅猛发展，2021 年全国广告业事业单位和规模以上企业的广告业务收入首次突破 1 万亿元，达到 11799.26亿元，同比增长 20.38%。其中，互联网广告业务收入共 5774.13 亿元，同比增加 1855.59 亿元，占全部广告业务收入增量的 92.91%。

图 6-2 显示了 2016—2020 年中国网络广告市场规模及在五大媒体广告中的占比。

## 二、媒体的影响力

从媒体的发展历史来看，报纸和电视是最为突出的两大媒体，在广告主和广告代理者的心目中有重要地位。但近年来，网络媒体迅速发展，这些精彩纷呈的广告媒体越来越吸引广告主和广告代理者的注意。各种媒体作为商品的信息来

① 中国广告年鉴[M].北京:新华出版社,2013

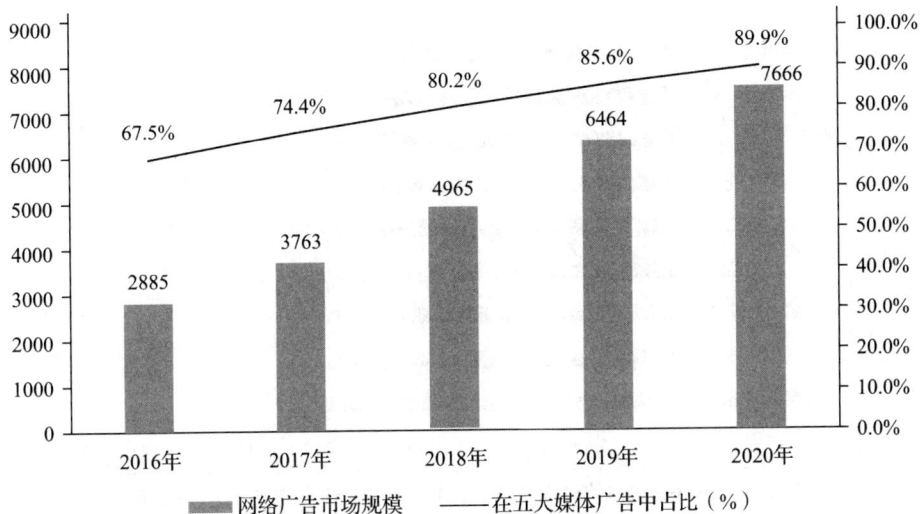

图 6-2　2016—2020 年中国网络广告市场规模及在五大媒体广告中占比(亿元,%)

源,其影响力和地位格局发生巨大的变化。

　　艾瑞咨询对中国网民电视机购买行为的研究中,2013—2014 年间,无论是线上购买还是线下购买,互联网/网络广告对消费者整个购前环节均能够产生持续且相对较高的影响力 [①] 。基于中国网民的庞大基础,网络媒体的影响力可见一斑。

　　购买电视机时消费者受到各种媒体影响如图 6-3 所示。在线上购买电视机的消费行为中,网络广告的影响力达 4.33 分(满分 5 分),电视和广播广告紧随其后,影响力为 4.14 分。而在线下电视机购买中,亲友推荐和商场内商品的陈列则影响最大,为 4.07 分,网络广告次之为 3.98,展销活动又次之,为 3.95 分。电视和广播广告的影响力为 3.90 分。综合来看,各渠道的影响力排序为网络广告、亲友推荐、陈列广告、电视广播、展销活动。此外,线上购买电视机时受到广告的影响要略大于线下购买。

　　购买不同商品时各渠道的影响力不同,尽管新媒体呈现越来越大的影响力,但电视作为传统媒体中最为重要的媒体,其广告对消费者依旧保持巨大的影响力。

　　2003 年,尼尔森公司对 502 位年龄在 20～49 岁消费者的调查结果(图 6-4)也显示,电视对于量贩店和超市消费者的影响力最大。[②]

---

①　艾瑞咨询.2014 年中国网民电视机购买行为研究

②　动脑,2004,4,39

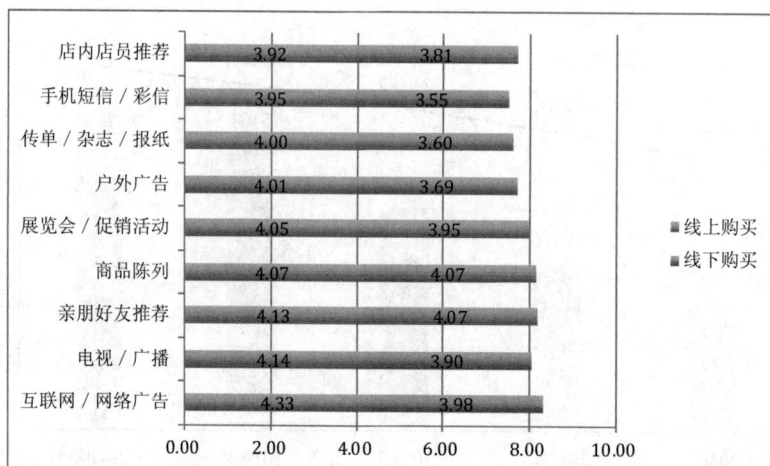

**图 6-3　2013—2014 年中国电视机消费者受各信息渠道的影响程度**

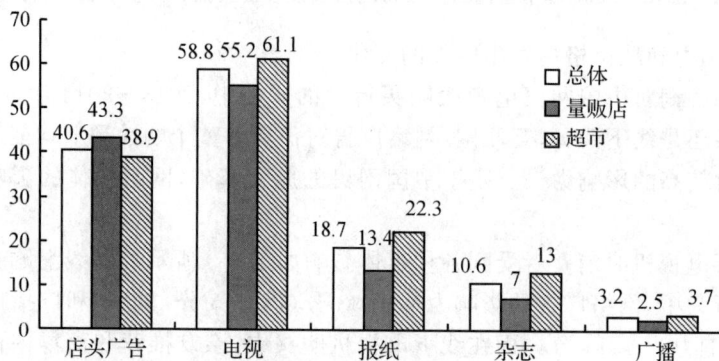

**图 6-4　不同媒体对购买的影响力**

　　北方经济咨询有限公司(1999)进行的一项更为全面的调查发现,在广泛的产品类别中,电视广告对消费者商品购买的影响都远大于报刊广告、广播广告、户外广告,同时也显著地大于亲朋介绍(见表 6-1)。①

　　①　北方经济咨询有限公司.1999 年广告受众调查研究报告[EB/OL].http://www.3see. com/,1999

表 6-1　消费者购买商品影响因素比较

单位：%

| 商品种类 | 电视广告 | 广播广告 | 报刊广告 | 户外广告 | 亲朋介绍 | 展销会 | 上门送宣传单 | 上门赠送样品 | 只是因为需要 |
|---|---|---|---|---|---|---|---|---|---|
| 汽车、摩托车 | 60.3 | 9.8 | 10.4 | 2.9 | 42.2 | 11.0 | 2.1 | 0.0 | 27.6 |
| 家用电器 | 70.3 | 11.3 | 10.4 | 2.3 | 34.6 | 9.0 | 1.9 | 0.0 | 25.8 |
| 护肤、化妆品 | 49.9 | 6.0 | 7.2 | 3.4 | 32.2 | 5.3 | 3.5 | 10.1 | 34.4 |
| 洗涤用品 | 58.5 | 6.7 | 6.2 | 3.8 | 21.9 | 6.1 | 3.7 | 9.5 | 32.7 |
| 食品饮料 | 57.6 | 8.0 | 6.6 | 3.5 | 20.6 | 7.0 | 1.3 | 3.8 | 39.2 |
| 酒类 | 51.4 | 6.1 | 5.7 | 2.5 | 26.1 | 6.6 | 1.3 | 2.0 | 41.2 |
| 药品 | 51.5 | 8.9 | 8.0 | 2.1 | 29.2 | 2.9 | 2.5 | 0.0 | 45.3 |
| 保健品 | 49.2 | 9.2 | 8.4 | 1.2 | 30.4 | 0 | 4.1 | 1.9 | 37.5 |
| 服装鞋帽 | 35.2 | 3.4 | 4.7 | 3.4 | 22.6 | 15.8 | 0.8 | 0.0 | 52.0 |
| 各类首饰 | 43.4 | 4.4 | 5.0 | 2.6 | 23.2 | 9.6 | 0.6 | 0.0 | 46.2 |
| 电脑学习机 | 52.9 | 6.2 | 7.5 | 1.8 | 23.2 | 8.3 | 1.9 | 0.0 | 38.6 |
| 手机 | 46.0 | 5.6 | 5.8 | 2.0 | 21.6 | 4.5 | 1.1 | 0.0 | 42.5 |
| 电话 | 38.8 | 6.1 | 4.9 | 2.7 | 16.8 | 4.1 | 1.9 | 0.0 | 50.8 |
| 住房 | 23.9 | 4.9 | 11.0 | 4.2 | 20.1 | 2.2 | 1.4 | 0.0 | 56.3 |
| 生产资料 | 31.7 | 6.8 | 8.4 | 2.7 | 18.5 | 4.8 | 2.4 | 0.0 | 58.5 |

　　从上述多项研究结果可以看出，消费者感受到的电视广告的影响力，远远大于其他媒体广告包括报纸广告。这与格拉斯和华莱士（Grass & Wallace）1974年的研究结果相一致。该研究在正常条件下，让 84 名被试看 6 条电视广告，另84 人看 6 则印刷广告。结果发现电视传递 81% 的信息，而印刷只传递 56% 的信息；不管购买和运用的可能性如何，电视在传递"信息"上更有效。[①]

　　尽管电视在传递"信息"上十分有效，但随着网络广告的不断发展，消费者对于信息渠道的信任度有了日新月异的变化。根据尼尔森的调研，比起电视广告、杂志广告、编辑内容等，越来越多的消费者倾向于相信网站和其他消费者的评论。这意味着消费者在决策者中更加信赖口碑，而不是传统的广告形式。具体如图 6-5 所示，认识人的推荐传播信任度最高，达 90%。网络广告次之，其中尤以用户评论和品牌网站信任度最高，为 70%。传统广告媒体中，电视广告和报刊广告的信任度仍然占据优势（61%），杂志广告为 59%，广播广告为 55%，四大传统媒体的信任度

---

　　①　Grass R C，Wallace W H. Advertising communications：Print vs TV[J]. Journal of Advertising Research，1974，14(5)：19-23

总体差距不大。数据证明,网络媒体在产品推广上已然有了明显优势。

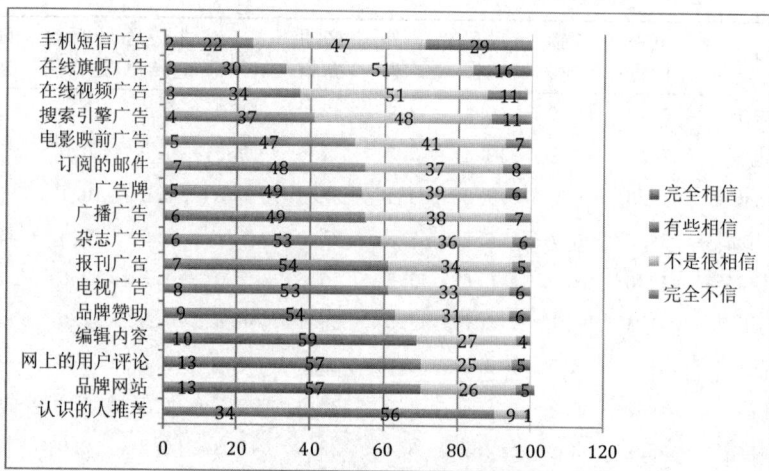

**图 6-5　广告渠道信息信任度(单位:%)①**

注:个别项目相加超过100%是由四舍五入所致。

## 三、消费者对媒体广告的态度

　　广播、电视、报纸和杂志特点不同,消费者对各媒体广告的态度也不一样。据有关调查(见表 6-2),②仅就传统四大媒体广告以及路牌广告的比较而言,我国上海、广州和北京的消费者对电视广告好感度最高,报纸广告其次。对广播和杂志广告抱有好感的只占少数。

**表 6-2　三城市电视观众的广告好感度**

单位:%

| | 报纸广告 | 杂志广告 | 广播广告 | 电视广告 | 路牌广告 |
|---|---|---|---|---|---|
| 北京 | 14.3 | — | 6.2 | 69.0 | 3.3 |
| 上海 | 13.8 | 3.7 | 3.7 | 68.2 | 6.8 |
| 广州 | 14.8 | 1.5 | 1.5 | 78.3 | 4.3 |

　　后来对各种媒体广告的具体特点进行评价的调查结果表明,除了"阐述全

　　① Nielsen.全球在线消费者调研 · 2012〔EB/OL〕.http://www.199it.com/archives/39850.html
　　② 黄升民.中国广告活动实证分析〔M〕.北京:北京广播学院出版社,1992

面"属性,报纸广告与电视广告不相伯仲之外,电视在"生动"、"真实可靠"、"直观"等 8 个属性的评价上均优于其他各种广告(见表 6-3)。①

表 6-3　受众对不同传媒广告特点认识

| 问题选项 | 电视广告 | 广播广告 | 报纸广告 | 杂志广告 | 路牌广告 | 店内广告 |
|---|---|---|---|---|---|---|
| 生动 | 87.3 | 12.5 | 10.4 | 7.6 | 8.4 | 7.8 |
| 真实可信 | 50.2 | 18.4 | 22.2 | 8.1 | 6.4 | 15.5 |
| 直观 | 66.7 | 7.0 | 14.1 | 6.7 | 20.9 | 22.5 |
| 色彩艳丽 | 77.3 | 2.9 | 6.6 | 13.0 | 21.0 | 13.5 |
| 现场感强 | 63.7 | 5.7 | 5.1 | 3.3 | 13.5 | 27.6 |
| 感染力强 | 72.7 | 10.4 | 8.9 | 5.8 | 7.9 | 10.9 |
| 有说服力 | 58.5 | 17.3 | 23.9 | 8.7 | 4.3 | 10.7 |
| 阐述全面 | 40.0 | 18.6 | 40.5 | 16.6 | 2.9 | 5.5 |
| 交代清楚 | 44.5 | 16.2 | 37.7 | 16.2 | 3.8 | 7.4 |

然而,在广告业较为发达的美国,情况有所不同。如表 6-4 所示,②美国消费者认为,电视广告提供的信息跟广播广告差不多,比报纸和杂志广告少;电视广告略比广播广告有趣,但不如报纸和杂志广告;电视广告的欺骗性比其他三种媒体广告都强;电视广告比其他三种媒体都更让人不快和讨厌。

表 6-4　电视广告与广播、报纸和杂志的认知评价比较

单位:%

| 认识 | 与电视广告相比 | | | | | | | | |
|---|---|---|---|---|---|---|---|---|---|
| | 广播广告 | | | 报纸广告 | | | 杂志广告 | | |
| | 较少 | 同样 | 较多 | 较少 | 同样 | 较多 | 较少 | 同样 | 较多 |
| 提供的信息 | 18 | 65 | 17 | 7 | 42 | 51 | 11 | 53 | 36 |
| 欺骗 | 14 | 78 | 8 | 25 | 70 | 5 | 20 | 73 | 7 |
| 有趣 | 20 | 70 | 10 | 21 | 48 | 31 | 15 | 56 | 29 |
| 令人不快 | 27 | 58 | 15 | 59 | 38 | 3 | 52 | 43 | 5 |
| 令人讨厌 | 23 | 62 | 15 | 61 | 37 | 2 | 49 | 46 | 5 |

在网络广告方面,有项对 402 名互联网用户的调查发现,对互联网广告(Internet advertising)持喜欢、中立和不喜欢态度者,分别占 38%、28%、35%,而对

---

①　北方经济咨询有限公司.1999 年广告受众调查研究报告[EB/OL].http://www.3see.com/,1999

②　Mittal B.Public Assessment of TV Advertising:Faint Praise and Harsh Criticism[J]. Journal of Advertising Research,1994,34(1):35-53

人口结构相同的 1 004 名普通消费者的调查发现,对一般广告持上述三种态度者,分别为 46％、29％和 25％。可见,互联网广告更不为人们所喜欢。不过,该研究还发现,互联网广告比一般广告更具信息性,更值得信任。[①]

### 四、受众的媒体接触情况

要了解媒体接触情况,就必须对媒体进行调查研究。媒体调查是检查媒体发展情况的重要手段,它可以为媒体的运用和开发提供重要的信息和指导原则。在欧、美、日本等广告业发达国家,各种各样的调查公司有很多,如尼尔逊公司、电通公司等,都是世界著名的调研公司。它们为媒体机构以及媒体用户提供大量的媒体信息。

#### 1. 受众的媒体接触程度

根据艾瑞调研 2016 年对于网络新媒体用户的研究,用户的媒体选择(包括传统媒体和新媒体)五年来变化良多。2011 年,传统媒体接触度是最高的:电视64.7％、报纸 56.0％、杂志 51.0％、广播 43.4％。至 2014 年,网络媒体中的门户网站、视频类网站/APP 的使用率都已超越电视,使用率分别为 51.2％、49.6％,电视则下降为 41.3％。及至 2016 年,网络新媒体,尤其是手机新媒体的使用率快速增长,已然逐步取代了传统媒体成为使用率最高的媒体形式。视频类网站/APP 使用率为 64.9％、新闻客户端 58.6％。紧随其后的是门户网站(53.6％)、音频类网站/APP(51.5％)、互联网电视(49.9％)。传统媒体中使用率最高的电视媒体仅为 26.7％。详见图 6-6 所示。

四大传统媒体中,广播电台虽然使用率在下降,但下降程度较低。此外,互联网电视是电视媒体在网络的不断发展下发展出的,整个使用率呈快速增长趋势。

由北方经济咨询有限公司(1999)对全国 1 000 名 10～65 岁的人的调查表明,就受众接触程度而言,电视在传统的四大传媒中占有绝对的优势。该调查显示,受众日常对传媒接触时间最长的为电视,其他依次为报纸、广播和杂志。有近 60％的受访者每天接触电视的时间在 1～3 小时,而人们对报纸、广播、杂志三种传媒的接触时间则在 1 小时以下,甚至有相当一部分人从来不接触这三种传媒,其中有 28.7％的受众从来不接触报纸,36.1％的受众从来不接触广播,49.1％的受众从来不接触杂志。[③]更近一项对北京、沈阳、上海、武汉、成都和广

---

① Schlosser A E,Shavitt S,Kanfer A,Survey of Internet users' attitudes toward Internet advertising[J].Journal of Interactive Marketing,1999,13(3):34-54

② 艾瑞调研.2016 年中国网络新媒体用户调研报告[Z].2016-06-17

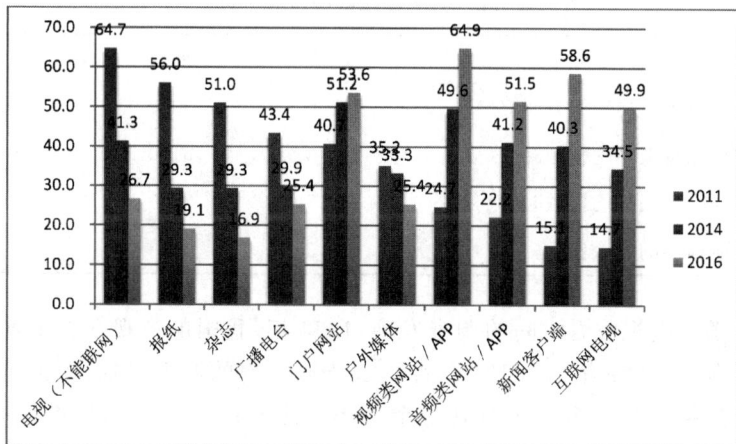

图 6-6　中国新媒体用户 2011 年、2014 年和 2016 年媒体选择对比图（单位：%）①

州等六个城市年龄在 10～69 岁的人的调查也发现类似的结果（见表 6-5）。② 不过，随着互联网的普及，接触互联网的受众会迅速增加，在不久的将来一定会成为可以与电视和报纸相竞争的高接触媒体。

表 6-5　六城市受众媒体接触情况

|  | 电视 | 报纸 | 广播 | 杂志 | 互联网 | 其他 |
|---|---|---|---|---|---|---|
| 接触率（%） | 97.3 | 70.0 | 56.9 | 24.2 | 16.3 | 1.5 |

### 2. 受众的媒体接触时间

在媒体接触的时间消耗上，江苏省、福建省和新疆的乌鲁木齐地区先后都采用问卷调查法调查过，上海地区则采用较为精确的"一周日记法"进行调查。这些调查的结果汇总起来，得表 6-6。③

上述调查由于调查地区、调查方法和统计方法不同，所得的结果差异甚大。但是，这些资料共同反映出一个倾向，即看电视所花的时间明显多于读报和听广播的时间。后二者因地区不同而有所差别。

---

① 北方经济咨询有限公司，1999 年广告受众调查研究报告［EB/OL］. http://www.3see.com/，1999

② 赛立信媒介研究有限公司. 媒体接触情况及广播听众规模［EB/OL］. http://www.3see.com/，2004

③ 陈崇山，弭秀玲. 中国传播效果透视［M］. 沈阳：沈阳人民出版社，1989

表 6-6　三大媒体接触时间比较

|  | 电视 | 报纸 | 广播 |
|---|---|---|---|
| 江苏省受众每天平均接触时间(分) | 107.0 | 50.9 | 79.0 |
| 乌鲁木齐受众每天平均接触时间(分) | 109.2 | 51.0 | 67.8 |
| 上海市区受众每天平均接触时间(分) | 40.7 | 32.0 | 30.5 |
| 福建省花时最多的受众比重(%) | 80.2 | 17.9 | 1.7 |

　　后来关于电视收看时间的调查发现,1992 年,我国电视观众的平均收视时间为 118 分钟,1997 年则为 131 分钟;[①]关于收听率的调查发现,中国听众人均每天收听广播的时间为 1 小时到 1 个半小时之间;[②]关于互联网的调查发现,2003 年网民上网的时间是 9.8 小时/每周,平均一天是 84 分钟,[③]2008 年 12 月增加到 16.4 小时/每周,2009 年 6 月则进一步增加到 18 小时/每周。[④] 由于花在电视上的时间略有增加,以及花在互联网的时间的迅速增加,受众花在报纸、杂志上的时间可能会有所下降。总体上说,受众花在电视上的时间仍然最多。

　　电视媒体的优势可能与从该媒体中获得较多的满足有关。台湾传播学家徐佳士等人 1976 年对各种媒体最能满足需要的程度进行的调查发现,电视比其他媒体更能满足人们的众多需要(见表 6-7)。[⑤]

表 6-7　最能满足需要的媒体分布情形

|  | 电视 | 广播 | 电影 | 报纸 | 杂志 |
|---|---|---|---|---|---|
| (1)增加新知见闻 | 60.63 | 4.69 | 0.65 | 28.79 | 5.23 |
| (2)满足个人的好奇心 | 66.89 | 4.89 | 7.89 | 13.67 | 6.67 |
| (3)寻求解决困难的办法 | 52.38 | 7.03 | 0.57 | 27.78 | 12.24 |
| (4)寻找快乐 | 71.29 | 9.31 | 11.97 | 4.55 | 2.88 |

---

　　①　罗明,胡运芳,刘建鸣.中国电视观众现状报告[M].北京:社会科学文献出版社,1998:24

　　②　央视市场研究股份有限公司.2002 年收听率调查结果分析[EB/OL].http://www.3see.com/,2002

　　③　中国互联网络信息中心(CNNIC).中国互联网络发展状况分析报告[EB/OL].http://www.cnnic.net.cn/index.htm,2003

　　④　中国互联网络信息中心(CNNIC),中国互联网络发展状况分析报告[EB/OL].http://www.cnnic.net.cn/index.htm,2009

　　⑤　蓝三印,罗文坤.广告心理学[M].香港:天马出版社,1979:343

续表

| | 电视 | 广播 | 电影 | 报纸 | 杂志 |
|---|---|---|---|---|---|
| (5)打发时间 | 66.34 | 12.47 | 6.40 | 9.82 | 4.97 |
| (6)寻求购买的参考资料 | 54.37 | 6.17 | 0 | 29.15 | 10.31 |
| (7)和家人朋友共享阅读或欣赏 | 89.07 | 4.75 | 2.10 | 3.20 | 0.88 |
| (8)增加与人谈话的资料 | 62.28 | 6.19 | — | 21.79 | 7.74 |
| (9)了解别人对各种事物的看法 | 61.03 | 5.49 | 0.22 | 28.44 | 4.82 |
| (10)间接与社会接触 | 59.09 | 4.91 | 0.11 | 34.78 | 1.11 |
| (11)了解地方事情 | 48.56 | 4.66 | 0.11 | 45.90 | 0.78 |
| (12)知道国家和世界大事 | 54.18 | 4.35 | 0.00 | 41.03 | 0.45 |

### 3. 受众对媒体内容的趣向

每一种大众媒体都以其特色来吸引受众。例如,报纸具有新闻报道详细全面的特点,广播有及时快速播送新消息的优势,电视的新闻报道则以生动的图像区别于广播和报纸。在一种媒体中,其内容大致包括四个方面,即新闻、知识、服务和娱乐。由于媒体特色不同,受众对各种媒体内容的兴趣倾向也不同。表6-8呈现了江苏省居民对广播、电视和报纸三种媒体各方面内容的兴趣比较情况。[①] 由表6-8可见,人们读报兴趣主要在于获得新闻,听广播则是获取新闻和娱乐并重,看电视虽然也以获得新闻为重要目的,但观众更大的兴趣在于获得娱乐。因此,在进行广告创作或制订广告发布计划时,都应该注意到受众的媒体内容趣向,使广告为更多的受众所喜爱和接受。

表6-8 读者、听众、观众的兴趣比较(兴趣指数)

| | 新闻性 | 知识性 | 服务性 | 娱乐性 |
|---|---|---|---|---|
| 广播 | 6.43 | 2.01 | 3.19 | 6.87 |
| 电视 | 5.90 | 1.62 | 1.39 | 12.93 |
| 报纸 | 13.37 | 0.76 | 1.54 | 2.45 |

随着互联网技术不断发展,新媒体的内容更加丰富,各种类型的互联网应用层出不穷。从网民对网络各项功能的使用情况可以看出,他们的兴趣主要在娱乐、信息、沟通和交易上,对短视频等娱乐内容和在线交易的兴趣增长速度较快,

---

① 陈崇山,弭秀玲.中国传播效果透视[M].沈阳:沈阳人民出版社,1989:242

见表 6-9。[①]

表 6-9  2020.3—2020.12 各类互联网应用的使用情况

| 应用 | 使用率（%） | 排名 | 半年增长率（%） | 排名 | 类别 |
|---|---|---|---|---|---|
| 即时通信 | 99.2 | 1 | 9.5 | 4 | 交流沟通 |
| 搜索引擎 | 83.0 | 5 | 2.6 | 9 | 信息获得 |
| 网络新闻 | 80.9 | 6 | 1.6 | 10 | 信息获得 |
| 网络购物 | 78.6 | 7 | 10.2 | 3 | 商务交易 |
| 网上外卖 | 44.0 | 13 | 5.3 | 6 | 商务交易 |
| 网络支付 | 85.0 | 4 | 11.2 | 2 | 商务交易 |
| 互联网理财 | 18.1 | 15 | 3.9 | 7 | 商务交易 |
| 网络游戏 | 58.9 | 10 | −2.6 | 13 | 网络娱乐 |
| 网络视频（含短视频） | 94.1 | 2 | 9.0 | 5 | 网络娱乐 |
| 短视频 | 85.6 | 3 | 12.9 | 1 | 网络娱乐 |
| 网络音乐 | 70.3 | 8 | 3.6 | 8 | 网络娱乐 |
| 网络文学 | 50.4 | 11 | 1.0 | 11 | 网络娱乐 |
| 网络直播 | 62.0 | 9 | 10.2 | 3 | 网络娱乐 |
| 网约车 | 40.1 | 14 | 0.8 | 12 | 商务交易 |
| 在线教育 | 46.8 | 12 | −19.2 | 14 | 信息获得 |

## 五、媒体广告效应

现实生活中，人们深刻地体会到：同一则广告（如药品），在不同的电视台（如中央电视台和铁岭电视台）播出，看到广告的观众所受的影响是很不一样的。著名传播学者霍夫兰和韦斯（Hovland & Weiss）很早就关注到这类传播现象。[②] 黄合水等人（2007a）在央视广告媒体传播优势的研究中也发现，不同电视媒体，

① 中国互联网络信息中心（CNNIC）.第 47 次中国互联网络发展状况统计报告［EB/OL］.http://www.cnnic.cn/index.htm,2012

② Hovland C I,Weiss W.The Influence of Source Credibility on Communication Effectiveness［J］.Public Opinion Quarterly,1951,15:635-650

除了影响面不同之外,它们对受众的深层影响也是不一样的。不管是采用被试内设计还是采用被试间设计,被试对在央视做广告的企业的各个方面评价都高于在其他电视媒体做广告的企业(见图 6-7、图 6-8)。[①] 以这一研究结果为基础,黄合水等人(2007b)继续对造成不同电视媒体的差异的原因进行研究发现,不同电视台之间的差异,由以下四个因子造成:广告印象、公信力、冲击力和吸引力。其中广告印象是造成媒体广告效果差异的最重要媒体因素,其次是公信力,

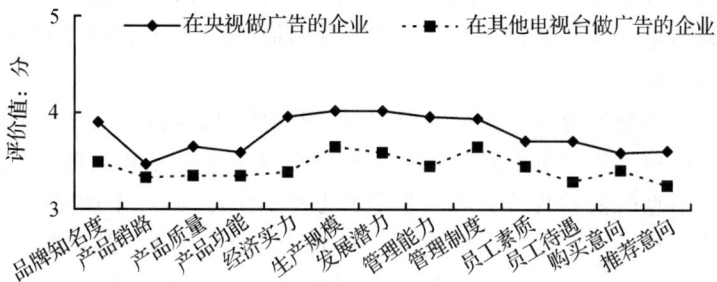

图 6-7 同一消费者对在不同媒体做广告的企业及产品的看法

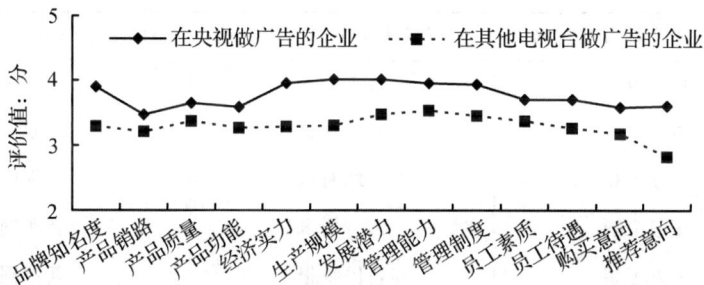

图 6-8 不同消费者对在不同媒体做广告的企业及产品的看法

另外两个因子影响较弱。他们还将这四个因子通过统计方法整合成为一个指标叫做媒体广告效应系数(CMEA),以此来统一衡量不同电视媒体施加在其广告上的作用。[②] 在他们看来,媒体广告效应系数越大,同样一则广告,在该媒体上播出,效果越好。2008 年,黄合水等人又在大规模取样的基础上,测出全国 88个中央、省、市级电视台和卫视频道的媒体广告效应系数(见表 6-10)。[③] 从表中

① 黄合水,等.央视广告传播优势研究[J].广告学报,2007,2(1):7-12
② 黄合水,等.2007 电视媒体效应系数研究报告[J].现代广告,2007(学刊):126-129
③ 黄合水,等.2008 电视媒体效应系数研究报告[J].广告研究,2008(4),4-8

可见,各家电视媒体的 CMEA 差异比较大,这值得媒体投放者加以重视。

不同电视媒体之间存在着广告效应的差异,这一事实意味着不同类型的媒体(如报纸、电视、广播、网络等)之间,也可能存在着媒体广告效应差异。因为至少它们的公信力是不一样的。

《小康》杂志社联合国家信息中心,并会同有关专家及机构,对"2021 中国现代信用发展指数"进行了调查。结果显示,公众心中公信力最强的媒体类型中,作为传统媒体的报纸、广播、杂志、电视牢牢占据前四的位置,与 2020 年、2019 年的调查结果基本一致;新媒体中,微博排名最高,但也只能处于传统媒体之后,仅排在第五位。

对于媒体公信力和品牌价值而言,传统媒体的权威性在公众心中依然根深蒂固。即使信息的发布方式和公众的阅读方式发生改变和创新,但是人们对于传统媒体信息的依赖程度并没有降低(见表 6-10)。而对于微信、微博等平台,公众对其信息的认可度并不乐观。从 2018 年到 2021 年,受访者对自媒体信息可信度的态度并未有太大改变,认为其"可信度低"的数据分别为 60.9%、57.4%、62.9%、61.1%。[①]

**表 6-10　2018 媒体公信力调查[②]**

| 省级卫视公信力排行榜 | 发行量大报公信力排行榜 | 公信力最强的五大网络媒体 |
| --- | --- | --- |
| 北京卫视 | 参考消息 | 人民网 |
| 湖南卫视 | 人民日报 | 凤凰网 |
| 浙江卫视 | 环球时报 | 央视网 |
| 江苏卫视 | 南方周末 | 新华网 |
| 东方卫视 | 新民晚报 | 新浪网 |

# 第二节　主要广告媒体的接触心态

各种媒体由于特性不同,受众的接触心态也很不相同。

---

① 《小康》杂志中国全面小康研究中心.2021 媒体公信力调查[J].小康,2021(8):60.

② 尤蕾.媒体公信力调查:传统媒体突围信用榜单[J].小康,2018(22):72-74.

## 一、报纸

我国的报纸一般有两种订阅对象，一种是机关、企事业单位，另一种是个人或家庭。前一种对象订阅的报纸通常是以新闻为主体的全国性日报或地方性日报和专业性刊物，如《人民日报》、《光明日报》、《文汇报》、《经济日报》和《健康报》等。个人或家庭订户所订阅的报纸通常是以社会新闻、文化娱乐、体育为主体的地方性晚报、都市报等。

从报纸的阅读动机来看，报纸的读者也可以大致分为两类，一类是主动阅读的读者，另一类是被动阅读的读者。主动阅读的读者，其阅读活动往往是有目的、有计划的，或者说他们的阅读活动是由他们的兴趣爱好所致。他们试图从报纸中获得信息，寻求帮助，得到娱乐。在他们的心目中，他们已为自己的阅读活动订立一定的标准，使他们感兴趣的，对他们来说是重要的内容，他们会认真地阅读。那些他们认为没有意义的或不感兴趣的内容，则置之不理。他们的阅读过程首先是进行标题浏览或搜索，直至找到他们感兴趣的栏目之后，才开始详细阅读。在搜索过程中，广告往往只处于他们的边缘视觉之中，他们似乎看见但又看不清楚。只有当广告有独特之处或广告产品是他们即将准备购买的产品类型，他们才会认真阅读广告内容。否则，广告想给他们留下深刻的印象一般来说是不可能的。这一类读者所阅读的报纸通常是家庭订阅或临时购买的，他们的阅读活动一般是在家中进行的。

值得注意的是，随着报纸分类广告的增多，广告内容的逐渐丰富，广告信息（如房屋招租、二手房屋转让、招聘信息等）也成为许多读者主动阅读的内容。

被动阅读的读者，一般是由于暂时性的悠闲而产生阅读欲望的。例如在办公间隙、茶余饭后、车站候车或长途旅行之中。被动阅读的读者，其阅读活动的产生最初并非出于了解信息的需要，而是想借助报纸阅读来打发时间。他们常常有充裕的阅读时间，因而包括广告在内的各种栏目内容都可能成为他们阅读的目标。但是，广告的阅读一般要在其他内容引不起他们的兴趣或阅读之后才发生。读者的这一行为特点在《人民日报》的读者调查中从侧面得到了证实。该调查表明，喜欢广告的读者比率仅占 7％，是所有 24 类报纸内容中最低的。而最受喜欢的栏目是国内政治新闻，读者比率高达 75.8％。[①]

由上述分析可见，不管是主动阅读的读者，还是被动阅读的读者，他们对报

---

① 　陈崇山,弭秀玲.中国传播效果透视[M].沈阳:沈阳人民出版社,1989:318

纸广告的兴趣都不高,报纸广告一般是他们拒绝阅读的内容。不过他们有时也阅读报纸广告,但阅读情形是:①产品是他们拟将购买的,②他们希望从广告中获得信息(如招聘信息),③广告很有特色或他们利用阅读广告来打发时间。

## 二、杂志

一般来说,有广告发布权的杂志的订户主要是个人或家庭。由于内容的多样化,各种杂志的订阅对象也有明显的区别。换个角度来说,不同的读者各取所需,分别订阅不同的杂志。这就决定了杂志的阅读具有更加明显的目的性。有的读者想从杂志中获得有关的科学文化知识,有的则想从杂志阅读中得到娱乐和消遣。正是这两方面的动机驱使读者把许多闲暇的时间花在杂志上。

杂志广告与报纸广告在各自媒体中所处的地位不同。在报纸上,广告常被安排在次要的版面位置,与其他栏目内容混为一体,在印刷质量上与同一版面的其他内容一般没有明显区别。杂志广告则不然,它以精美的彩色印刷区别于其他黑白印刷的栏目内容,同时被安排在显著的位置如封面、封底或中间插页。因此,较之报纸广告,杂志广告一方面能满足人们一定的视觉享受需要,另一方面便于读者阅读。

在杂志阅读中,读者虽然不以广告为目标,但是杂志广告的位置和印刷优势会使他们自觉或不自觉地观看、欣赏或阅读。这与广播和电视广告强迫观众接受有很大的区别。

## 三、广播

众所周知,广播广告一般是插播在两个节目之间或下一个节目之前的一小段时间内。广播广告具有声情并茂增强感染力的特点,但广告信息是在短暂的时间之内一次性呈现的,当消费者需要了解较为详细的产品或劳务情况时,广播广告难以满足这一要求。因为在一次性的收听中,要记住许多信息是相当困难的;而当消费者想了解产品的外观或使用方法时,语言的描述则不如视觉表现。更重要的一点是,听众把握不住广播电台在特定的广告时间内是否会播送他们所需要的产品或服务信息。因此,听众一般不会有意地去收听广播广告。如果说广播广告能引起人们的注意,那也是因为听众对其他节目的期待或收听习惯造成的。例如想收听新闻提前打开收音机,因而听到了广告。在大多数情况下,广播广告仅作为一种背景刺激,接受听众潜意识的监控。只有当广告本身很有趣或所介绍的产品和服务信息刚好是听众需要的,听众才可能集中精力,努力去掌握这些信息。否则,广告可能仅仅是过眼云烟,最佳的效果是给听众留下两句押韵的顺口溜或有趣的品牌名称。

## 四、电视

电视观众的观看动机主要是娱乐和求知。具体地说,从娱乐动机来看,观众主要是为了电视剧、综合文艺等节目而观看电视的。根据中传睿智 2014 年调研,电视剧节目的收视率是最高的,如图 6-9 所示。而综艺节目的话题度是最高的,其播出比重虽只有 15%,但收视占比达 20%,提及占比更超五成,如图 6-10 所示。如此抢眼的收视和话题效果有理由让此类节目被分配到更高的播放比重①。

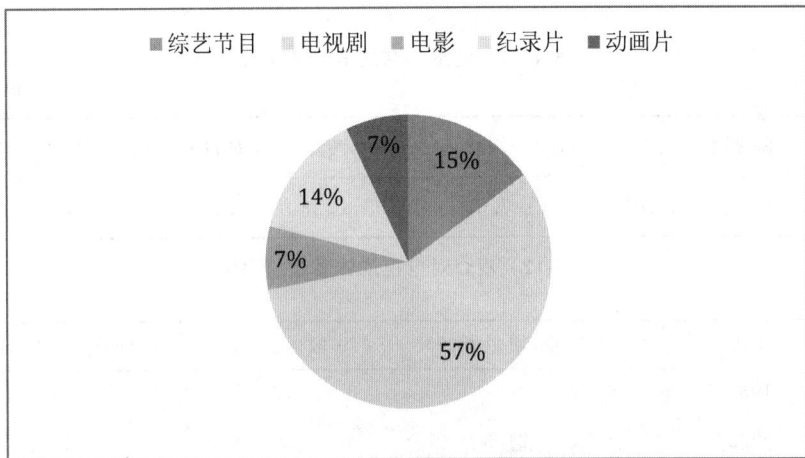

图 6-9　电视各类节目播出比重(单位:%)

电视广告是不为观众重视的传播内容,在它为人们所认识时,其明显的商业目的——推销产品或服务——也同时为人们所知晓。在观众的心目中,电视广告节目不是服务性的,而是赢利性的。因此,观众自然而然地对广告产生防御心理和抵触心理。从表 6-11 中可以看出,没有人最喜欢广告节目。② 观众对电视广告的抵触心理还与广告本身的创作水平、广告量大以及大量的重复有关(见表

---

① 中传睿智.2014 年中国电视节目市场研究报告[EB/OL].http://news.cnad.com/html/Article/2015/0702/20150702141603371.shtml

② 陈崇山,弭秀玲.中国传播效果透视[M].沈阳:沈阳人民出版社,1989:382

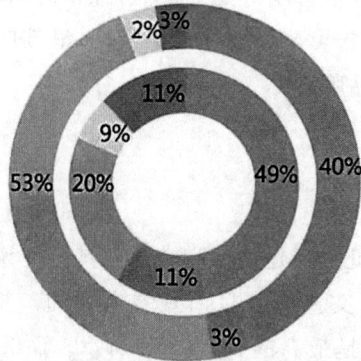

**图 6-10　电视各类节目收视比重与微博提及量对比图(单位:%)**

内环:收视比重;外环:微博话题

6-12)①。

**表 6-11　您最喜欢的节目是什么**

单位:%

| 新闻 | 影视剧 | 戏曲 | 体育 | 科技 | 文艺 | 专题 | 动物世界 | 广告 | 电大 | 其他 |
|------|--------|------|------|------|------|------|----------|------|------|------|
| 46.46 | 23.98 | 4.10 | 13.04 | 7.58 | 1.12 | 0.25 | 2.36 | 0.0 | 0.5 | 0.12 |

**表 6-12　观众对电视广告质量的评价**

单位:%

| 年份 | 不好看(质量不好) | 一般(说不好) | 好看(质量不错) |
|------|------------------|--------------|----------------|
| 1987 | 36 | 42 | 22 |
| 1992 | 21.3 | 59.5 | 19.2 |
| 1997 | 21.8 | 28.2 | 50 |

　　尽管电视广告不是很受观众的欢迎,但是由于电视广告总是与其他节目穿插播放或在电视节目播放过程中突然插播。这为电视广告被观看提供了很多机会。首先,观众为了不错过某一节目,一般都会提前打开电视机,而在一个节目结束之时,也不一定马上改换频道或关掉电视。在短短的时间之内,他们常常被迫地看广告。其次,观众看电视节目有时并没有明确的目标,他们往往是为了猎取有趣的节目而看电视的。这样,有些有趣的广告他们也不会拒绝。再次,有相

────────

　　①　罗明,胡运芳,刘建鸣.中国电视观众现状报告[M].北京:社会科学文献出版社,1998:55

当一部分观众是在期待有好的节目中看电视的,尽管他们并不知道以后的节目能否让他们感兴趣。这些盲目的观众虽然不一定对广告感兴趣,但有些广告依然会进入他们的眼帘。最后,对于节目中插播的广告,观众一般是无可奈何、无法回避的,除非放弃节目收看。

不管出于何种原因,总有一些观众会观看电视广告。那么他们观看电视广告的动机是什么呢?由于电视与其他媒体的主要差别在于动态的画面,因而容易导致人们产生一种错误的看法,认为观众看广告仅仅是为了欣赏画面的运动变化。而事实上,观众更加关心的是广告中对产品性能和特点的介绍、商品知识和用途(见表 6-13)。[①] 当然变化而富有刺激性的画面,可能是电视广告吸引儿童观众的重要原因。

表 6-13　在看电视时,您更看重哪一方面的内容

单位:%

| 内容 | 上海 | 广州 | 北京 |
| --- | --- | --- | --- |
| ①对商品性能和特点的介绍 | 31.7 | 35.8 | 56.1 |
| ②对生产厂家的介绍 | 3.8 | 2.3 | 8.3 |
| ③商品知识及用途 | 22.5 | 24.8 | 49.2 |
| ④厂家或商店地址 | 3.5 | 2.5 | 11.0 |
| ⑤商品的外观 | 3.2 | 4.8 | 8.7 |
| ⑥演员的表演 | 11.2 | 7.0 | 14.2 |
| ⑦漂亮的画面 | 17.0 | 17.8 | 17.4 |
| ⑧广告中的故事情节 | 7.2 | 5.3 | 12.0 |

## 五、互联网

互联网是 20 世纪 90 年代兴起的新生媒体。截至 2020 年底,中国网民规模为 9.89 亿人,互联网普及率达到 70.4%,特别是移动互联网用户总数超过 16亿;5G 网络用户数超过 1.6 亿,约占全球 5G 总用户数的 89%。[②] 互联网已经成为许多人生活中不可或缺的一部分,并在相当大的程度影响或改变着人们的生活方式(参见小资料 6-1),互联网广告也已经开始被广告主整合进他们的营销

---

①　黄升民.中国广告活动实证分析[M].北京:北京广播学院出版社,1992:210
②　中国互联网协会.http://www.isc.org/article/40203.html

传播计划之中。① 有人对 77 种食品和饮料的网络行销调查发现,约有 85% 发布电视广告的食品商同时发布网络广告。网络食品广告吸引儿童的主要方式是游戏和竞赛。在调查的网络食品广告中,广告游戏(Advergaming)出现 73%,病毒性营销(Viral marketing)出现 64%,电视短片广告为 53%。②

## 小资料 6-1  青少年与互联网③

截至 2015 年底,中国青少年网民规模达到 2.87 亿,占中国青少年人口总体 85.3%,远高于 2015 年全国整体网民互联网普及率(50.3%)。男女比例为 50.1∶49.9,女性青少年网民占比较去年提升 4.4 个百分点。青少年互联网普及率增长迅速,网民属性结构基本保持稳定。

在青少年上网设备的选择中,移动上网设备快速普及,推动青少年上网行为改变。手机作为第一选择所占比例仍在持续上升中,2015 年底达到 90% 的使用率,笔记本则持续下降,占比为 39.5%。此外,如表 6-14 所示,青少年网民平均每周上网时长相比 2014 年下降了 0.7 小时,通过在学状态对青少年网民进行细分之后可以发现,中学生群体的周上网时长下降最为明显。

**表 6-14  不同在学状态青少年网民每周上网时长**

单位:小时

| 上网时常 | 小学生 | 中学生 | 大学生 | 非学生 | 青少年总体 |
|---|---|---|---|---|---|
| 2014 | 14.4 | 23.7 | 29.3 | 31.0 | 26.7 |
| 2015 | 14.9 | 22.0 | 31.7 | 32.6 | 26.0 |

青少年的网络应用偏好中,对网络娱乐类应用存在明显偏好,促使青少年群体各类网络娱乐类应用使用率均高于网民总体水平。其中,中学生的网络游戏使用率最高,占比达到 70%,较网民总体水平 56.9% 高出 13.1 个百分点,大学生网络游戏使用率低于中小学生,仅为 66.1%。而对于新闻类信息的获取,青少年的使用率 74.5%,低于整体网民水平 84.0%。此外,即时通信、微博、论坛等交流沟通类应用在青少年群体中的使用率均高于网民总体水平。

在对青少年家长的调查表明,对于青少年在网络娱乐类的偏好,42.5% 的家长表示不支持青少年的态度,36.1% 表示支持青少年将业余时间投入到网络娱

---

① Bush A J,Bush V D,Harris S.Advertiser perceptions of the Internet as a marketing communications tool[J].Journal of Advertising Research,1998,38(2):17-27

② Cowdrey L.Online food advertising to kids another venue to market junk food[J].The Nation's Health,2006,36(7):19

③ 中国互联网络信息中心(CNNIC).2015 年中国青少年上网行为研究报告[EB/OL]. http://www.cnnic.cn/index.htm,2015

乐活动中,21.4％则表示无所谓。而对于青少年所面临的网络娱乐信息,73.6％的家长希望可以更为严格地监管,14.3％希望内容可以更为开放,12.1％则表示顺其自然即可。

在提升青少年网民上网质量中,有以下几点需要注意:

——通过引导贫困地区青少年互联网使用,促进互联网农业和电子商务的发展。

——应加强互联网＋教育平台建设,促进知识的分享与传播。

——加强对网络文化内容的筛选,培养青少年网民正确价值观。

传统大众媒体广告形式相对比较简单,而互联网上的广告(简称网络广告)形式则多种多样,有网幅广告、文本链接广告、电子邮件广告、企业网站、插播式广告等。这些广告有的是静止固定在一定位置上的,有的是跟着画面一起移动的;有的是在阅读某些内容之前出现的,有的是过程中突然出现的;有的是网民可以关闭的,有的是网民无法关闭的;有的是在下载缓冲时出现的,有的是在相关搜索时出现的。其中一部分网络广告(如旗帜广告)跟印刷媒体广告相类似,它们不强迫网民观看,只是呈现在网民的视野中,网民可以看,也可以视而不见。另一部分(如网站首页弹出广告、网络电视缓冲广告等)跟电视广告有点类似,强迫网页浏览者观看。这类广告容易引起网民的反感和防御心理。

随着网民规模的增长进入平台期,互联网对个人生活方式的影响进一步深化,从基于信息获取和沟通娱乐需求的个性化应用,发展到与购物、旅行、交通等服务深度融合的民生服务(见图 6-11)。[1]

尽管互联网上的广告也是信息的一种类型,但是除非特殊的原因,广告不会成为网民想要获取的信息,网民所感兴趣的可能是政治、经济、体育、娱乐等方面的新闻信息。尽管如此,网络广告由于出现在消费者的视野之中,受到网民潜意识的监控。因此,在某些情况下,如网络广告(特别是插页广告)的动画做得比较精彩好看,或者网络广告的品牌和产品是网民感兴趣的,网络广告仍然会引起网民的无意注意。国外研究发现,待在包含旗帜广告网页的时间越长,越有可能回忆出网页上的广告。[2] 此外,对广告品牌感兴趣的网民还可以通过点击该广告,链接到相关的企业网站。

---

① 中国互联网络信息中心(CNNIC).第 36 次中国互联网络发展状况统计报告[EB/OL].http://www.cnnic.cn/index.htm,2015

② Danaher P J,Mullarkey G W.Factors affecting online advertising recall:A study of students[J].Journal of Advertising Research,2003,43:252-267

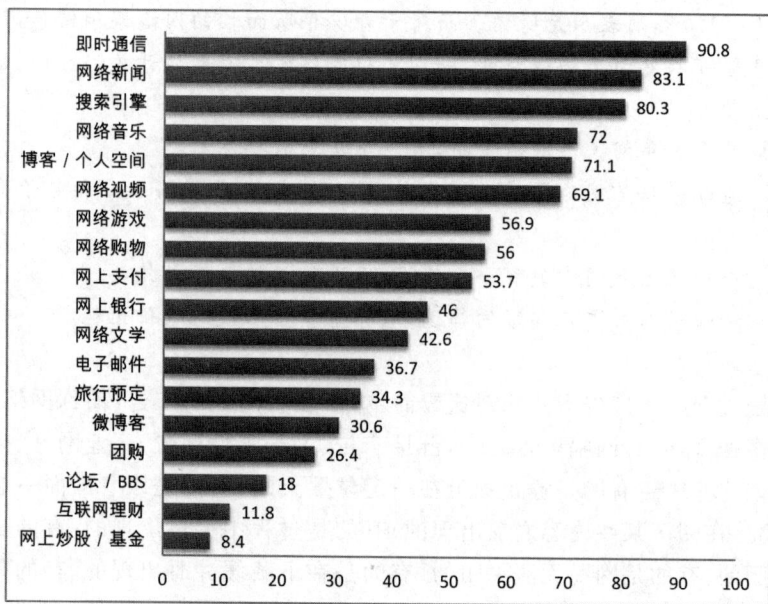

即时通信   90.8
网络新闻   83.1
搜索引擎   80.3
网络音乐   72
博客 / 个人空间   71.1
网络视频   69.1
网络游戏   56.9
网络购物   56
网上支付   53.7
网上银行   46
网络文学   42.6
电子邮件   36.7
旅行预定   34.3
微博客   30.6
团购   26.4
论坛 / BBS   18
互联网理财   11.8
网上炒股 / 基金   8.4

图 6-11   网民上网的目的(单位:%)

# 第三节 广告媒体的心理特性

　　广告媒体包括报纸、杂志、广播、电视、互联网等大众媒体以及其他各种广告专用的媒体。大众媒体的传播面广,信息传播能力强,是广告信息的主要传播媒体。不过,其他广告媒体如路牌、霓虹灯、邮件、包装等在广告活动中也占有重要的地位。本节将对这些主要的广告媒体的心理特性作介绍、分析。

## 一、报纸

　　报纸在我国有着悠久的历史,它不仅是新闻宣传工作的重要工具,也是广告宣传中举足轻重的媒体。有关资料表明,至 2001 年和 2007 年,我国已有报纸广告经营单位分别为 2 182 家和 1 799 家,从业人员分别为 22 301 人和 29 652 人,广告经营额为 1 576 992 万元和 3 221 927 万元。[①]

---

　　① 中国广告统计年鉴[M].新华出版社,2002:18;2007:17

报纸是一种静态媒体,报纸广告的主要心理特性有:

①阅读主动性

报纸把许多信息同时呈现在读者眼前,增加了读者的认知主动性。读者可以自由地选择阅读或放弃哪些部分;哪些地方先读,哪些地方后读;阅读一遍,还是阅读多遍;采用浏览、快速阅读或详细阅读;读者也可以决定自己的认知程度,如仅有一点印象即可,还是将信息记住、记牢;记住某些内容,还是记住全部内容。此外,读者还可以在必要时将所需要的内容记录下来。

②保存性

报纸本身是一种读者的脑外记忆存储器。读者不一定要把所需要的信息牢记在头脑中或摘录下来,而只要把有关信息部分剪下保存起来以备以后查阅即可。

③可信性

消息准确可靠,是报纸获得信誉的重要条件。反过来,报纸的信誉也是人们评价消息准确可靠程度的重要因素。读者在长期对报纸的阅读过程中,都已有了对各种报纸的评价,这种评价往往会直接影响到读者对报纸上所登载的广告的可信性评价。例如,在一些发行量较大的报纸(如《人民日报》、《光明日报》等)上刊登的广告,就比较容易为读者所信任。而在一些地方小报上刊登的广告,其可信性就相对较低。

④高认知卷入

报纸广告多数以文字符号为主,要了解广告内容,要求读者在阅读时集中精力,排除其他干扰。一般而言,除非广告信息与读者有密切的关系,否则读者在主观上是不会为阅读广告花费很多精力的。读者的这种惰性心理往往会减少他们详细阅读广告文案内容的可能性。换句话说,报纸读者的广告阅读程度一般是比较低的。不过当读者愿意阅读时,他们对广告内容的了解就会比较全面、彻底。

⑤单调呆板

由于印刷上的原因,报纸广告通常缺乏动态感、立体感和色泽感。因而对读者的吸引力不大,同时也难以使读者产生情感联想。不过随着印刷技术的发展,报纸广告的这一弱点会在一定程度上得到克服。

## 二、杂志

根据哈(Ha)1996年的调查,读者平均花 30 分钟的时间阅读杂志,平均阅读其中的 2 篇文章。① 而根据另一项研究,读者平均每人读一则广告的 5％～10％的文本,花 10 秒钟看广告;年轻人比成年人读得少;词越多读得越少,左页的文本比右页读得多。②

　　杂志与报纸一样,同属印刷媒体。这就决定了它们之间存在着一些共同的心理特性,包括阅读主动性、高卷入、保存性和可信性。但是杂志与报纸也存在着很大的差别。在内容上,杂志不像报纸以新闻报道为主,而是以各种专业和科普性文化知识来满足各种类型读者的需要。在印刷质量上,杂志一般也优于报纸。因此杂志具有一些不同于报纸的心理特性。

　　①读者针对性强

　　杂志的种类繁多,到 1987 年为止,我国已有近 4 000 种。③ 大多数杂志都是针对一定范围的读者,即每一种杂志都可能有其独特的读者群。例如《时装杂志》以女青年和服装行业人员为主要读者对象;《大众医学》的主要读者则是家庭妇女和医学工作者。

　　②重复性

　　杂志的内容丰富多彩,长篇文章较多,读者不仅要仔细阅读,而且常常要分多次阅读,甚至保存下来日后再读。读者的多次翻阅增加了他们与杂志广告接触的机会,有利于广告在读者的记忆中留下较深的印象。

　　③视觉吸引力强

　　与报纸广告相比较,杂志广告能印上色彩精美的照片和图案,艺术表现手段较为多样,视觉诉求力强,容易引起读者的兴趣、注意以及情感联想。此外,杂志广告能将产品的外观形象比较直接地表现出来,让读者对产品有直观的了解,这有利于直接刺激读者的购买欲。

　　④引人注目

　　杂志广告一般被安排在杂志的封面或中间插页,并且以突出的精美印刷区别于其他内容,因而易于吸引读者的注意力。正如温斯坦(Weinstein)等人 1980年的研究所指出的,杂志广告比电视广告更能吸引注意,看杂志广告比看电视广

---

① Ha L.Advertising clutter in consumer magazines:Dimensions and effects[J].Journal of Advertising Research,1996,36(4):76-84

② Dulsky S G.Factors influencing the amount of copy read in"magazine"advertisements [J].Journal of Applied Psychology,1933,17:195-204

③ 中国广告年鉴[M].北京:新华出版社,1988

告的脑电波活动较多;看杂志广告时,左半球的脑电波活动显著增加。①

上述是杂志广告的一些突出的心理特性。日本杂志广告协会 1975 年曾对杂志的特性作了比较全面而具体的概括:

- 易于适合广告对象;
- 能配合消费者防御性和选择性倾向;
- 可以利用杂志的信用;
- 易于与报道内容相协调;
- 杂志读者的收入较高;
- 易与高学历者或意见领袖接触;
- 由杂志的利用期间和保存性观之,广告生命较长;
- 说服诉求力强;
- 视觉性诉求力强;
- 就杂志的传阅性而言,传至某一部分人的到达率十分大;
- 可以做多元媒体广告的特殊广告。

## 三、广播

广播是电子时代的产物,在大众传播媒体的发展史上,它早于电视,晚于报纸和杂志。我国的广播电台从 1979 年元旦开始开展广告业务,由于广播具有超越时空的传播功能,因而逐渐在各种广告媒体中占有一席之地。广播广告的特性有:

①方便性

广播媒体的方便性包含两层意思,其一是接受机器(收音机)可随身携带,随时随地收听;其二是收听广播时可以伴随其他活动。例如司机可以边开车边听无线广播,家庭主妇边做饭也可以边听收音机。根据上海地区的受众调查,收听广播伴随其他活动的为 34%,而看电视伴随其他活动的仅为 19%。②

②收听被动性

与印刷媒体的阅读主动性相反,广播的收听是被动的。广播广告信息瞬间即逝,只要稍不留意,听众便不知所云。对于一时难以理解的语句,听众不仅不可能及时地重复收听,而且也没有时间去思考琢磨。总之,听众只能依据信息呈现的变化调节收听的节奏。

---

① 　Weinstein S,Appel V,Weinstein C,Brain-activity responses to magazine and television advertising[J].Journal of Advertising Research,1980,20(3):57-63

② 　中国广告协会秘书处,参考资料,总 189~190 期

③感染力强

广播广告可以充分地运用语言艺术和音响效果,创造出适当的情感气氛,增加广告的感染力,同时给人以娱乐享受。这一点是印刷媒体广告无法比拟的。

④容易记忆

早在20世纪30年代,研究者就对广告信息的听觉呈现和视觉呈现进行过比较研究。斯坦顿(1934)将编造出来的广告文本分别用印刷小册子和播音系统呈现给四组大学生,然后观察大学生对广告文本的记忆。结果发现,1、7、21天后的回忆、有助回忆和再认测验都显示广播系统的优势,7天后的听觉记忆测验优势最明显,在21天后听觉的最大优势在于再认测验。[①] 迪威克(De-Wick)1935年调查了70名大学生也发现,虽然即时回忆和24小时后回忆没有明显差异,但听觉呈现的广告文本在5天后到5个月后的产品和品牌回忆中都明显优于视觉呈现。[②]

## 四、电视

电视与广播一样,都是运用无线电波来传递信号的电子媒体,所以它与广播也具有一些相似的特点,如收看被动性、感染力强等。但是电视的呈现方式远比广播复杂,因而形成它自身的一些独特特点:

①刺激丰富

人的心理活动的紧张程度跟外界刺激有着密切的关系。刺激量大,心理活动的紧张程度也大,反之亦然。人们接受外界信息主要通过视觉器官和听觉器官。运用何种感官去感知外界事物则取决于外界刺激。声音形式的刺激用耳朵来接受;视觉形式的刺激则用眼睛来感知。电视同时呈现听觉和视觉信息,调动了两种感官的活动,这比起单一的刺激形式,更能吸引和维持人的注意力。

②刺激多变性

外界刺激捕捉人的注意力的另一种重要特点是刺激的变化,包括强度变化、色彩变化和物体的运动等。电视以其丰富的视听刺激变化(如瞬息万变的画面,抑扬顿挫的语音变化)显著地区别于其他媒体,有时它不需要观众的主观意志努力,也能有效地把观众的注意力吸引到电视屏幕上。

---

① Stanton F N.Memory for advertising copy presented visually vs.orally[J].Journal of Applied Psychology,1934,18:45-64

② De-Wick H N.The relative recall effectiveness of visual and auditory presentation of advertising material[J].Journal of Applied Psychology,1935,19:245-264

③表现充分性

在电视上,物体、事件可以用生动的画面和语言来充分地描述,这是其他任何媒体无法媲美的。例如在介绍产品的使用方法时,单纯的语言描述或用语言描述加静态画面都不如动态的画面加语言描述那么清楚明了。

④情景塑造的逼真性

人们赖以传递信息、表达思想情感的工具,一种是语言符号(包括文字语言和声音语言),另一种是非言语符号,如姿态、动作、目光、手势、表情、语调、节奏等。非言语表达能为语言表达塑造出一种真实的情境或气氛。而在各种媒体中,只有电视才能将某种情境、气氛表现得淋漓尽致。例如消费者购买使用产品后的满意心情,如果没有非言语符号(表情),就很难生动地表现出来。

## 五、互联网

互联网是 20 世纪 90 年代以后发展起来的与传统媒体存在强烈竞争的大众媒体,尽管互联网逐渐变成有影响力的媒体,但几乎没有研究资料证明它相对于其他媒体的有效性。[①]

互联网兼具报纸、杂志、广播、电视等大众传媒的许多特点,如报纸的阅读主动性、杂志的重复性和视觉表现力强、广播的传播面广和方便性、电视的刺激多面性和娱乐性等特点。但是其最突出的心理特性应该是:

①主动性

在网络上,受众要不要阅读广告、想不想了解品牌或产品的信息,在很大程度上取决于自己。当他或她对网站主页或栏目上的某一广告产品发生兴趣时,可以通过点击该广告链接到企业或产品的主页,详细了解产品的信息。有时,受众想要了解某个品牌某种具体产品的情况,也通过搜索网站如百度、google 等或一些大型的门户网站如搜狐、新浪等,搜索发布该品牌或产品信息发布的网站或网页。然后进入这些网站或网页去了解产品的属性。

②强迫性

登陆门户网站的网民,不管他们愿意不愿意,他们都会看到一些广告,有些广告甚至会跟随着网页的移动而动,使之一直处于受众的视野之中,让受众不得不一直看着它。在这点上,网络广告有点类似于电视广告。通过门户网站发布的网络广告的效果,往往就是这样产生的。没有这种强迫性,网站媒体的生存将

---

①　Leong E K F,Huang X L,Stanners P J.Comparing the effectiveness of the Web site with traditional media[J].Journal of Advertising Research,1998,38(5):44-51

会变得困难。不过,网民并不认为网络广告特别烦人,与有价值的广告相比,网络广告信息略有余,有趣嫌不足。①

③信息丰富

从传播形式来说,网络广告以图、文、声、像的形式,传送多感官的信息。既可以使消费者像广播一样倾听播音员对产品的介绍,也可以使消费者像报刊读者一样,详细地阅读产品信息,还可以使消费者像看电视广告介绍一样,观看产品功能演示,了解产品的外观形态。从传播内容来说,广告主提供的信息容量是不受限制的。广告主或广告代理商可以提供相当于数千页计的广告信息和说明,而不必顾虑传统媒体上每分每秒增加的昂贵的广告费用。在一则小小的网络广告条后面,广告主可以把自己的公司以及公司的所有产品和服务,包括产品的性能、价格、型号、外观形态等等看来有必要向自己的受众说明的一切详尽的信息,制作成网页放在自己的网站中。这样的信息量在传统媒体上是无法想象的。

④刺激变化多端

网络广告的刺激变化特点表现在两个方面:第一,在不断开发出来的新技术(flash、浏览器插件或其他脚本语言、Java 语言、RealVideo 和 RealAudio 等多媒体技术)的支持下,网络广告的视觉表现变化越来越丰富。这跟霓虹灯的发展过程相类似,最早的霓虹灯虽然五颜六色,但是是静止不动的。后来的霓虹灯不仅五颜六色,而且会闪烁变化,从而大大地提高吸引公众注意力的能力。第二,一则广告发布一段时间之后,广告主可以及时更换新的设计,以避免受众熟视无睹,增加受众的广告意识和品牌意识。这是因为网络广告是在电脑上设计,完成后即可发送到网站进行发布,免却排版排印或拍摄剪辑的麻烦。广告主可以每天 24 小时、每周 7 天、每年 365 天操作自己的网络广告,使其不断更新来迎接网站浏览者。

⑤信息不可靠性

互联网是一种互动媒体,人们不仅可以从互联网上接受信息,也可以直接在互联网上发布信息。不管是谁,也不管信息的真实可靠性,只要他或她愿意,就可以在互联网上将一定的信息发布出去。由于信息发布的随意性,以及信息来源不确定性,因此,要让受众相信信息真实性有一定的难度。常言道:"害人之心不可有,防人之心不可无。"杜卡夫(Ducoffe,1996)对 318 名办公室工作人员的

---

① Ducoffe R H.Advertising value and advertising on the Web[J].Journal of Advertising Research,1996,36(5):21-35

调查指出,网络广告提供给消费者的利益无法确定。[1]

⑥方便性

当随着手机上网的普及,网络媒体的方便性会超过广播。受众可以随时随地上网,这是方便性之一。之二是,受众可以在了解商品之后,一旦购买欲望被唤起,就可以立即执行购买,这是因为网络商店提供的便利。传统的媒体就没有这么便利了。

## 六、路牌

路牌是一种户外广告媒体,我国的路牌广告早在 20 世纪 20 年代已经很盛行,当时的广告内容以香烟、电影居多。在战争年代和新中国成立后的 30 年中,路牌广告没有大的发展。1979 年广告业恢复以后,路牌广告获得了迅速的发展。特别是 1983 年以后,全国路牌广告以惊人的速度增长(见表 6-15)。[2] 目前,在经济发展较快的城市,路牌广告在整个广告行业中占有十分重要的位置,是专业广告公司的重要经济支柱。户外广告受到广告界的重视,跟它所产生的传播效果和促销效果有关。研究表明,户外广告不仅在吸引驾驶员注意广告主的名字上有效,[3]而且在暴露位置合适的条件下,它所产生的销售反应也是立即的。[4]

表 6-15　1983—1987 年的路牌广告数量

| 年份 | 1983 | 1984 | 1985 | 1986 | 1987 | 2001 | 2007 |
|---|---|---|---|---|---|---|---|
| 数量 | 6 888 | 10 937 | 18 078 | 39 526 | 27 752 | 259 239 | 404 701 |
| 增长率(%) | — | 59 | 67 | 119 | —43 | — | — |

路牌广告的突出心理特性有两个方面:

①简洁性

据国外统计资料表明,路牌广告的接触时间大约为 8 秒钟。为了在这短短的时间之内给观看者留下较深刻的印象,路牌广告画面往往比较简洁,集中表现

---

① Ducoffe R H.Advertising value and advertising on the Web[J].Journal of Advertising Research,1996,36(5):21-35

② 中国广告年鉴[M].新华出版社,1988:35;2002:20;2008:20

③ Young E.Visibility achieved by outdoor advertising[J].Journal of Advertising Research,1984,24(4):19-21

④ Bhargava M,Donthu N,Sales response to outdoor advertising[J].Journal of Advertising Research,1999,39(4):7-18

商标图案或商标名称,使观众过目不忘。

②欣赏性

随着人类对环境美化要求的逐步提高,路牌广告也成为美化环境、美化市容的一个重要组成部分。因而在广告制作时,比较追求画面的艺术效果和欣赏价值。

## 七、霓虹灯

霓虹灯是运用较为广泛的户外广告媒体之一,据有关统计资料,2001 年我国的霓虹灯广告有 80 647 个,2007 年有 130 457。[①]

霓虹灯一般被安装在城市里的闹市区或高大建筑物之上,是都市夜景的重要点缀物,能满足人们的视觉刺激需要。其心理特性表现为:

①简单易记

霓虹灯广告的构造材料是玻璃管,要制作复杂的图案难度相当大。由于制作上的局限,霓虹灯广告中的文字和图案都简化到不能再简化的程度,一般以显示商品的简单形象、商标名称、图案或企业的名称、标志为主,所以比较简单易记。

②引人注目

霓虹灯以耀眼的光亮、鲜艳的色彩、闪烁的灯光,与夜幕形成鲜明的对比,能有效地吸引人们的注意。

③观赏性

在现代化城市中,霓虹灯与城市的自然环境融为一体,成为城市景观不可缺少的组成部分。因此广告霓虹灯常常被人们看作是城镇经济发展和现代化水平的标志之一。

## 八、邮件

广告主把商品或服务的情况介绍、订货要求印制成说明书、订货单、商品目录、定期或不定期的业务通讯,然后通过邮递网络将它们有选择地寄给用户和消费者,或者附在刊物内赠送,这类印刷物就叫邮件广告或直邮广告(DM)。国外的研究发现,大多数被试报告喜欢收到某些广告邮件。大多数被试阅读大多数给他们的广告邮件,而且 1987 年所读的邮件比 1972 年要多。但是,阅读的比例

---

① 中国广告统计年鉴[M].北京:新华出版社,2002:20;2008:20

15 年来有所减少。随着家庭收入增加,广告邮件阅读比例下降;富裕家庭收到最多,阅读最少。[①]

邮件是所有广告媒体中最有选择性和灵活性的一种。其主要特性有:

①针对性强

广告主在寄出邮件广告之前,都要对用户进行选择。实质上,只有那些有可能需要他们的产品或服务的客户名单,才会填在邮件上。对于潜在的客户或消费者,广告主可能事先了解他们或已了解他们,因而能够选择比较有说服力的材料来说服客户或消费者使用他们的产品。

②有亲近感

邮件广告跟私人信函有相似之处,通常都是寄给个人的,而不是像其他媒体广告面向广大受众。这样接受者容易产生亲近感,而不是厌恶感。

③接触率高

邮件广告内容是封闭的,接受者在拆开信封之前,不知道里面是何物、何事,这种神秘感或不确定性,就足以使接受者拆开观看其内容。所以,邮件广告的接触率比较高。

值得一提的是,随着互联网的发展,邮件广告不仅包含传统的印刷邮件,还包含通过互联网发送的 E-mail 广告。由于电子邮件常常带有病毒,人们并不欢迎来自陌生人的电子邮件,所以,电子邮件广告虽然具有制作和发送的方便性,但是没有传统印刷邮件的亲近感,甚至会让人产生反感,接触率也不高,很容易被当作垃圾邮件处理掉。

# 九、包装

包装是直接附在商品之上的容器或包裹物,一般连同商品陈列在商店的柜台之上,并连同商品一起卖给消费者。包装具有广告的作用,所以说它是与产品联系最密切的广告。

包装的主要心理特性有:

①标志性

各种商品的品质和包装都有差别,经过一段时间的产品使用和比较,消费者就会自觉不自觉地把包装与产品品质联系起来,并根据包装来区别产品的品质。这就是包装的标志性。正是由于包装具有这种标志作用,一些信誉好的老品牌

---

① Rogers J L. Consumer response to advertising mail[J]. Journal of Advertising Research, 1989—1990, 29(6):18-24

产品不愿意轻易地改变包装装潢。而一些正在走下坡路或企图打开销路的产品则不惜在包装上花本钱。

②与商品调和

正如人的衣着打扮不同给人的印象不同一样,商品的包装也能起到塑造产品形象的作用。例如国外有人曾经给顾客看同样新鲜的两块面包,但包装不同,一块用玻璃纸包装,另一块用石蜡包装。结果大多数人认为用玻璃纸包装的面包比用石蜡包装的面包新鲜。

③视觉冲击力强

走进商店的顾客是借助于眼睛来搜寻他们所需要的物品。在琳琅满目的商品中,一种商品要成为顾客目光聚焦的中心,那么只有依赖于独特的包装。当你的商品包装强于竞争商品时,你的商品就可能获得消费者的喜爱。在许多情况下,消费者的商品购买并不是事先计划好的,他们的购买欲是由商品精美的包装激发出来的。

## 十、手机

手机作为一种新型的广告媒体,是手机逐渐普及的必然结果。手机广告的形式(这里排除手机上网带来的各种广告形式网络广告)多种多样,包括声音信号广告、短信、彩信、手机报、蓝牙、社区短信、二维码等。但是受众接触较多的手机广告形式主要是短信和彩信(如图 6-12)。[①]

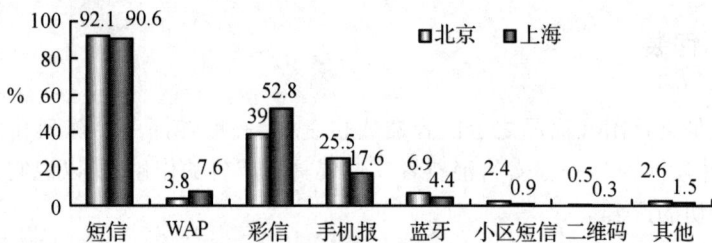

图 6-12　城市居民接收的手机广告形式

短信是人们之间相互沟通的一种信息传递方式,具有沟通快捷、方便、费用廉价等优点,广受消费者的欢迎。手机短信广告正是基于人们广泛采用这一沟通手段而发展起来的。从受众的角度来看,手机短信具有这样一些特点:

---

① 黄升民,丁俊杰,黄京华.2009—2010IMI 城市居民消费行为与媒体接触研究报告[M].北京:中国广播电视出版社,2009:299

①接收信息的方便性

在电讯发达的国家和地区,受众随时随地都能够接收到手机短信。这使得广告主可以在短时间之内将信息送达消费者,而其他任何媒体都不能像手机短信这么快捷。

②被迫性

手机用户除了关机,否则不能拒绝接收它不愿意接收的信息,至少目前是这样。这有效地保证了广告信息能够被受众注意到,但同时也可能引起手机用户的反感,特别是当短信广告远远多于有用的短信数量时。受众是否阅读广告信息还取决于广告信息的内容以及受众收到短信广告时的信息需求和心情。

③可靠性差

手机短信的来源可能是不知名的某一个人,也可能是某一商业机构。短信接收者无法判断其信息的真伪,因此即使阅读了广告信息,也不敢轻易相信。这在很大程度上限制了广告短信的影响力。当然,如果是订制的信息(如商场向会员发送的促销信息),则另当别论。

手机是一种新兴的媒体,也是一种如何发展充满变数的媒体,因此,要全面地论述手机的特点,仍然有待进一步的观察。

# 第四节　媒体中广告的位置效应

在大众媒体中,广告通常是夹杂在其他媒体内容中刊播出去的,因此一则广告必然与其他广告或媒体内容构成空间或时间上的系列位置关系。这种系列位置关系也必然会使一则广告的传播效果受到其他广告或媒体内容的影响。由于各种大众传播媒体的特点不同,所以本节分成三部分分别探讨报纸、杂志以及广播和电视中广告的位置效应问题。

## 一、报纸中广告的位置效应

在报纸中,广告的系列位置涉及两个方面,其一是不同的版面位置,其二是同一版面的不同位置。

### 1. 不同版面位置的效果差异

仅就不同的版面位置而言,广告的传播效果通常会受到版面顺序和版面内容这两个因素的影响。一般来说,读者在拿到一份报纸时,都是从第一页看起,然后一页一页地翻下去。根据普通读者的这一阅读规律,刊登在前面版面的广告比刊登在后面版面的广告,其读者的阅读率一般都比较高,这也是为什么越靠前的广告费用越贵的原因。特别是报纸的版眼,其费用通常要比其他位置的广告高得多。但是值得注意的是,版面不同对广告传播效果的影响最主要可能是来自于版面内容的差异,而不是版面先后的差异。例如,在《羊城晚报》各版面的阅读率中,同样是要闻,头版的阅读率就高于二版,二版高于三版,三版高于五版;而从新闻内容来说,体育新闻高于国内新闻,国内新闻又高于国际新闻(详见表 6-16)。[①]

在报纸媒体中,版面不同,其内容也不同;而在同一版面中,尽管栏目不同,但内容倾向则较为一致。这样,不同的版面其形象就各不相同。以国内的日报为例来说,通常有国内时事政治版、国际时事版、社会生活版、经济版、科技教育版、体育版、文化艺术版、广告版等。由于版面形象不同,读者群体以及阅读率也会有所变化。所以,广告主在发布广告时应注意各版面的阅读率以及读者群与市场目标的一致性。

表 6-16　《羊城晚报》各版面阅读率(%)

| 版面 | 阅读率 | 版面 | 阅读率 | 版面 | 阅读率 |
|---|---|---|---|---|---|
| 头版要闻 | 96.6 | 二版要闻 | 92.3 | 体育新闻 | 88.3 |
| 视觉新闻 | 88.0 | 三版要闻 | 86.4 | 五版要闻 | 82.8 |
| 国内新闻 | 81.5 | 民情民意 | 80.2 | 国际新闻 | 78.2 |
| 焦点新闻 | 77.4 | 六版要闻 | 77.0 | 消费权益 | 75.9 |
| 家庭广角 | 71.5 | 十版要闻 | 71.4 | 广东新闻 | 69.3 |
| 流行文化 | 69.5 | 法制与人生 | 73.4 | 港澳台新闻 | 77.2 |
| 读书与出版 | 74.3 | 文摘 | 73.6 | 学生时代 | 68.6 |

### 2. 同一版面不同位置的效果差异

读者在阅读书刊杂志出版物时,眼睛扫描具有一定的规律。一般是从左到右,从上到下。由于这种阅读习惯的作用,刊登在同一版面不同方位的广告,吸引读者注意的价值也有所不同。研究表明,假如以整版报纸的注意值为 100,那么版面上各个部分的注意值如图 6-13。[②]

图 6-13 表明,左半版比右半版注意值大;上半版比下半版略易于吸引人的

① 新世纪新形象,《羊城晚报》广告小册子,2001
② 唐忠朴,贾宜宾.实用广告学[M].工商出版社,1981:167

| 33 | 28 |
|----|----|
| 23 | 16 |

| 56 | 44 |
|----|----|

| 53 |
|----|
| 47 |

| 19 |
|----|
| 50 |
| 23 |
| 8 |

**6-13　不同版面位置的注意值**

注意；如果把整版按上下左右划分为四部分，那么注意值的大小顺序是左上、右上、左下、右下；如果整版从上到下分为四部分，那么注意值大小顺序是中上、中下、上上、下下，即版面中间位置的注意值较大。

人的阅读习惯与文化有关，因而版面位置的注意值因文化不同而异。东方人及阿拉伯人对印刷品的阅读习惯是由右到左，在他们的心目中，右页比左页能产生更大的注意值。

版面位置的不同还会带来其他效果差异。研究发现，对于低卷入者来说，广告嵌入在相似的背景（温情、幽默或理性）之中，会理解得较好，并产生较为积极的情感反应。高卷入被试对相反背景的广告理解得较好，并产生较为积极的情感反应。在得到受众高度赏识的背景中插入广告，会导致较为积极的广告态度，但会对品牌回忆产生负面的影响。[①]

## 二、杂志中广告的位置效应

在杂志上，由于每一页的面积有限，所以大多数情况是，每页只刊登一则广告，不同的广告刊登在不同的页码上。杂志广告刊登的位置一般包括封面、封二、扉页、内页、正中内页、低扉、封三和封底。在这些不同的位置上，研究发现，如果确定最高的注意值为100，那么各版面位置的注意值如图6-14。[②]

由图6-14可见，位于相对突出位置（如封面和封底）的广告，其注意值较高。处于内页位置的广告，注意效果则差得多。

杂志广告的效果还受附近的文章的影响。有一项研究让85个被试分为三组，阅读杂志中的一篇文章，并浏览整本杂志，然后测验杂志广告的再认。结果

①　Pelsmacker P D，Geuens M，P Anckaert. Media Context and Advertising Effectiveness：The Role of Context Appreciation and Context/Ad Similarity[J].Journal of Advertising，2002，31：49-61

②　唐忠朴，贾宜宾.实用广告学[M].工商出版社，1981

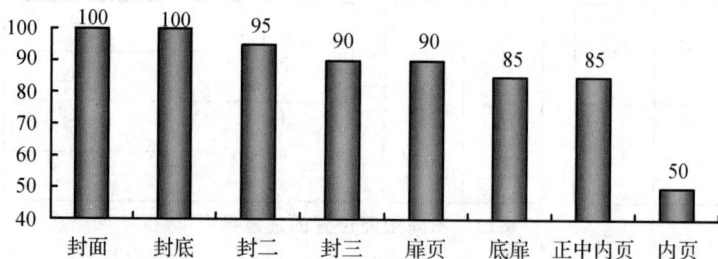

**图 6-14　杂志广告各版面位置的注意值**

发现,被指派阅读文章附近的广告再认分数较高。[①]

　　杂志广告还涉及左右页以及一页中的上下左右位置问题。吉特森(Kitson)等人 1923 年分析了 1 082 则 Alphamerican Magazine 杂志的广告和 1 000 则《星期六晚邮报》杂志的广告发现,右页广告分别占 56%和 52%;如果仅计算全页广告,那么右页广告分别占 82%和 67%。分析 New York Times 杂志的广告也发现,235 则全页广告中 53%在右页。其他 1 000 广告页,505 左页,495 右页。在 505 页左页中,左下角广告占 35%,右下角占 77%,左上角广告 115 页(23%),右上角 295 页(58%);在 495 页右页中,左下角广告占 23%,右下角占 68%,左上角广告 155 则(31%),右上角广告 295 则(60%)。[②] 这一结果反映了早期的广告主在选择杂志广告的发布位置时有一定的倾向性,也反映了他们对不同位置的价值认识。

## 三、广播电视中广告的位置效应

　　在广播、电视上,广告常常是许多条集中在一起播出的。根据心理学关于系列词汇材料学习效果的研究,置于最末位置的学习材料,记忆效果最佳(近因效应),其次是最前面的学习材料(首因效应),置于中间的材料效果最差。以新闻内容为材料的许多研究则发现,被试对新闻内容的记忆效果没有出现明显的系列位置效应,但是最后一则新闻的收视效果却比其前一则新闻的记忆效果好(见图 6-15)。[③] 关于电视广告的研究也发现,那些被放置在广告插入结尾位置的品

---

　　①　Kellogg W N.The influence of reading matter upon the effectiveness of adjacent advertisements[J].Journal of Applied Psychology,1932,16:49-58

　　②　Kitson H D,Barnes C W,Iuppenlatz C.Right and Left Hand Pages in Magazines[J].Journal of Applied Psychology,1923,7:10-15

　　③　彭聃龄,黄合水,黄方明.电视新闻收视效果研究[J].中国广播电视学刊,1989(4)

牌获得最高的回忆。[①] 所以在发布广告时，要注意发布的位置。

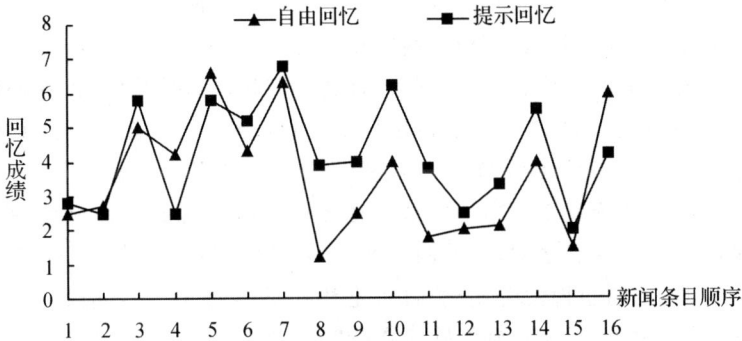

图 6-15　电视新闻的系列位置效应

　　在当今的广播、电视媒体，特别是电视媒体中，广告经常以赞助节目播映的形式播出，因而被安排在赞助节目之前、之后或之中。这样，广告的收听、收视效果在很大的程度上就决定于节目对观众的吸引力。例如中央电视台曾播出的《三国演义》《水浒传》《雍正王朝》《大宅门》，由于深受广大观众的欢迎，其赞助广告也因此而得益。但是不同节目内容对受众对品牌的回忆和态度也会产生不同的影响。普雷索德和史密斯（Prasad & Smith）1994 年调查了男孩子对紧随高暴力节目和低暴力节目之后的广告的反应。研究发现，比紧随低暴力之后的广告来说，紧随高暴力之后的广告文案再认分数明显较低，对广告和品牌的态度明显较差。[②] 不同节目所唤起的广告卷入程度也影响着插播广告的效果。有人对足球节目的广告插播研究表明，对电视节目的卷入与广告记忆和广告态度成倒 U 形关系。节目卷入程度从低水平增加到中等水平，广告效果也逐渐升高。然而，节目卷入程度从中等水平增加到高水平，广告记忆和广告态度均下降。[③]

　　插播广告的收听效果还与听众的收听情景有关。贝尔森（Belson）曾经（1953）比较过在家听广播和在学习情景中听广播以及起始广告和插播广告交叉四种情况的收听效果。收听节目后所做回忆测验结果显示，在家听广播（自然状

　　① Tse A C B, Lee R P W. Zapping behavior during commercial breaks[J]. Journal of Advertising Research, 2001, 41(3): 25-29

　　② Prasad V K, Smith L J. Television commercials in violent programming: An experimental evaluation of their effects on children[J]. Journal of the Academy of Marketing Science, 1994, 22(4): 340-351

　　③ Tavassoli N T, Shultz C J, Fitzsimons G J. Program involvement: Are moderate levels best for ad memory and attitude toward the ad? [J]. Journal of Advertising Research, 1995, 35(5): 61-72

况)时,起始广告优于插播广告;学习情景则相反。[①]

　　广播电视媒体中的广告位置效应还与广告播出的时间段有关。在一天的节目播出时间中,不同时间段其收视、收听率存在着一定的变化规律。这一规律是不受播出广告影响的。广告主或广告代理者在安排广告播出时,值得加以重视。图 6-16 是一天中各时段的收听率和收视率变化曲线。[②] 从图中可以看出,中国主要城市的收视趋势是,绝大多数的收视行为发生在黄金时段(晚上 7 点至 10点),另一个收视高峰发生在中午但低得很多。收听情况则恰恰相反,收听高峰发生在早晨 6 点到 8 点之间,另外两个低得多的高峰发生在中午和傍晚(傍晚 6点到 7 点之间)。与收视走势相比,收听走势在早晨到 9:30 之前具有很大的领先优势,然后到中午,下午直到傍晚 7 点收听率落后于收视率。

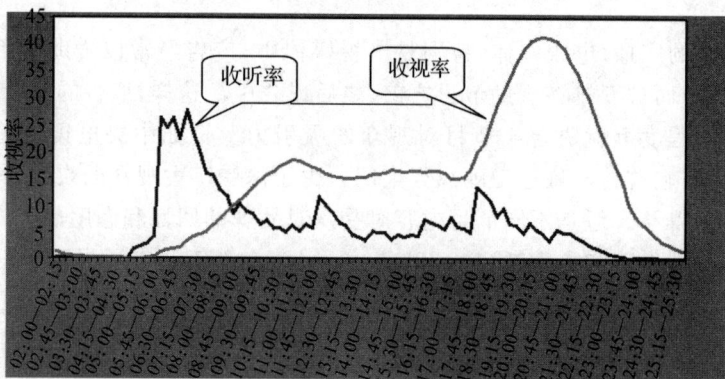

图 6-16　各时段的收视率和收听率

　　业界和学界普遍认为影响网页广告传播效果的因素主要包括四个方面,第一个是广告自身的基本特征,例如色彩、大小和样式等;第二个为广告内容,即广告创意,第三个是广告内容与网站内容的相关程度;最后一个为广告摆放的位置。其中广告摆放的位置,即广告位是广告运营商在广告定价和广告主在竞价中最需要慎重考虑的因素。大家有一个共识:受众更加容易看到首页顶部的广告,因而,一般而言,门户网站首页上顶部的广告位要比页面底部的广告位更贵。在学术研究和实际应用中,常常把网页划分成九宫格,如图 6-17 所示 。据Google 的研究表明,网页首页上方的 A 行横幅广告、内容页面中的 A1 位置的

　　① Belson W A.The effect on recall of changing the position of a radio advertisement[J]. Journal of Applied Psychology,1953,37:402-406

　　② 央视市场研究股份有限公司.2002 年收听率调查结果分析[EB/OL].http://www. 3see.com/,2002

广告以及第 3 列广告的点击率比较高。

| | 1列 | 2列 | 3列 |
|---|---|---|---|
| A行 | A1 | A2 | A3 |
| B行 | B1 | B2 | B3 |
| C行 | C1 | C2 | C3 |

**图 6-17　网络广告九宫格位置示意图**

除广告在网页所处位置与广告效果有关外,广告与网页上新闻的位置关系也将影响广告传播效果。受众对新闻上方与新闻中间的网页广告的注视次数多且注视时间长。对位于新闻下方的网页广告注视次数最少且注视时间最短。这就是说,与位于新闻下方的网页广告相比,受众对新闻上方与中间的网页广告加工水平更深。

网络视频广告所处的位置或时间顺序对于其传播效果至关重要。人们实践和研究中发现视频播放前缓冲期间的广告注意率最高,播放中弹出的广告注意率也较高。网络视频贴片广告的时长与电视广告相类似,主要包括 5 秒、10 秒、15 秒和 30 秒等,广告时长与视频时长之间有很大的联系,当播放长时间视频时播放短时间广告,受众比较能接受,如果短时间视频就插播广告,尤其是 30 秒广告,则将引起受众的厌恶情绪。

同时,以往研究一般认为屏幕的四个角落位置嵌入的广告很难引发受众的关注,视频观看者的视觉注意力通常集中在屏幕上一个较小的区域而不会自由地转移或者分散在屏幕上。但实证研究发现,受众的注意力也会分散到屏幕的四个角落位置,只是受众并没有意识到。视频画面的四个位置并不是绝对的无效位置,只要当广告暴露时间长度达到受众的视觉感知阈值后就能够引起受众的注意。研究还发现,视频嵌入广告出现在右下角时最容易引起受众的注意。这是因为日常生活中视频播放时广告一般会出现在右下角,而受众在日常生活中通过内隐学习前意识地学习到了“视频播放时广告一般会在右下角出现”的内隐经验。另外,对于不同位置的嵌入广告增加其暴露时间长度受众的感知效果和准确性都会提高。①

① 廖以臣,杜文杰,张梦洁.在线视频中嵌入广告位置对广告注意程度的影响研究[J].管理学报,2017,14(4):561-567,579

# 第五节　广告重复的效果和方法

广告的重复刊播,在媒体上(特别是电视媒体上)早已是司空见惯的事情,绝大多数的大众媒体广告(特别是广播、电视广告)都有重复现象。只不过是有的重复次数多一点,有的重复次数少一点。既然广告的重复刊播是必然的,那么,对于广告主和广告人来说,最重要的是如何进行重复,以使广告传播达到最佳效果。所以,了解广告重复的效果及方法是十分必要的。

## 一、广告重复的效果

关于广告重复的效果问题,20 世纪 20 年代就有人进行过研究。亚当斯(Adams)及其同事 1927 年研究了广告中重复的注意价值以及重复对记忆的影响,并认为重复是有用的。[①] 那么广告重复有哪些作用呢?

### 1. 提高品牌知名度和促进广告信息的记忆

广告重复刊播能够提高或巩固品牌的知名度,对此似乎没有人会产生怀疑。事实上,绝大多数的知名品牌或企业之所以知名,跟广告的频繁重复是分不开的。无论是名牌进口产品,如可口可乐饮料、松下电器、柯达胶卷、佳能复印机,还是知名的国内产品如海尔电器、春兰空调、乐百氏奶、两面针牙膏,消费者都反复在电视或其他媒体上看过或听过。

雷和索耶(Ray & Sawyer,1971)认为研究广告重复对回忆、态度、购买意图和优惠券回应的影响发现,随着重复的增加,回忆率迅速增加,重复对态度、购买意图、优惠券回应的影响则没有那么明显(见图 6-18)。[②]

黄合水和彭聃龄(1990)曾直接以电视广告为实验材料作研究并发现,受试者见过率在 80% 以上的广告,再认成绩显著地高于见过率在 10% 以下的广告。产品名称重复播讲三次或三次以上的广告,其再认成绩明显地高于产品名称播

---

① Adams H F,Dandison B.Further experiments on the attention value of size and repetition in advertisements[J].Journal of Applied Psychology,1927,11:483-489;Adams H F. Memory as affected by isolation of material and by repetition[J].Journal of Applied Psychology,1927,11:25-32

② Ray Ml L,Sawyer A G.Repetition in Media Models:A Laboratory Technique[J]. Journal of Marketing Research,1971,8(1):20-29

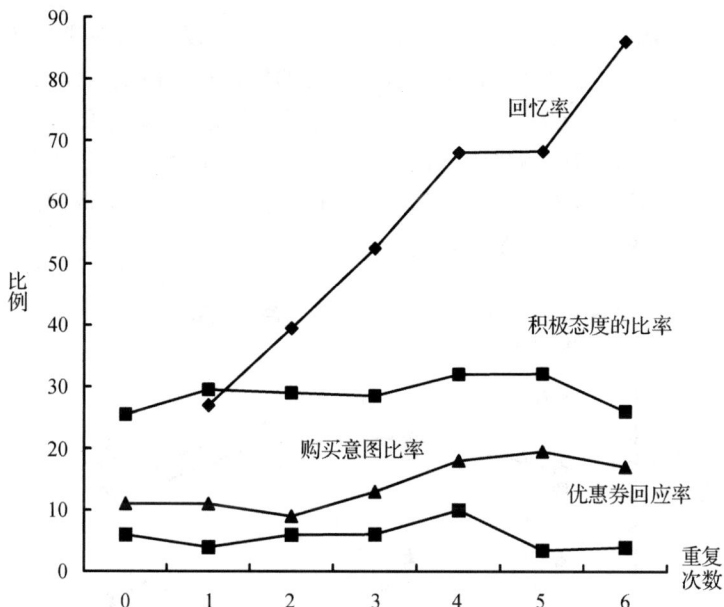

图 6-18 重复与回忆、态度、购买意图、优惠券回应的关系

讲不到三次的广告。[①] 由此可见,如果要达到扩大品牌或企业知名度的目的,广告可以尽可能多、尽可能频繁地重复刊播。

**2. 促进广告内容的理解和记忆,实现广告的说服目的**

众所周知,在广播、电视媒体上,广告信息瞬间即逝。或许当你准备认真听或注意看时,广告已经悄然离去。在你下一次再听到或看到时,可能你还来不及弄清楚广告的第一句话说什么时,下一个广告又开始了。如此下去,当你真正对广告内容有了充分的理解时,你可能已经听过或看过好几次了。而你要记住广告的内容,可能还要接触广告好几次。这说明要使受众真正理解并记住广告内容,需要广告多次的重复暴露。特别是那些信息量相对比较大的广告,广告重复次数需要更多。

消费者对广告内容理解和记忆是广告发挥作用的基础,消费者理解并记住了广告的内容之后,经过自己把这些信息与其他渠道获得的信息进行整合、分析,就可能从情感或态度上接受广告的宣传,接受广告的产品。所以说,广告要实现说服的目的,重复是一个重要的条件。

---

① 黄合水.电视广告效果的测量及影响因素[J].中国广播电视学刊,1990(4):55-58

### 3. 影响品牌的感知质量

广告重复会影响人们对品牌的感知质量。广告重复(不管是黑白还是彩色)与感知质量的关系,受到消费者对制造商努力的感知和对质量信任的影响,而不是受到疲劳或厌烦的影响。[①] 换言之,当消费者信任企业、觉得企业的广告重复是企业努力的一部分时,感知质量提高。但是如果消费者不信任企业或者认为企业不够努力,那么感知质量就下降,原因可能是消费者认为企业利用重复广告来推销质量一般的产品(见图 6-19)。

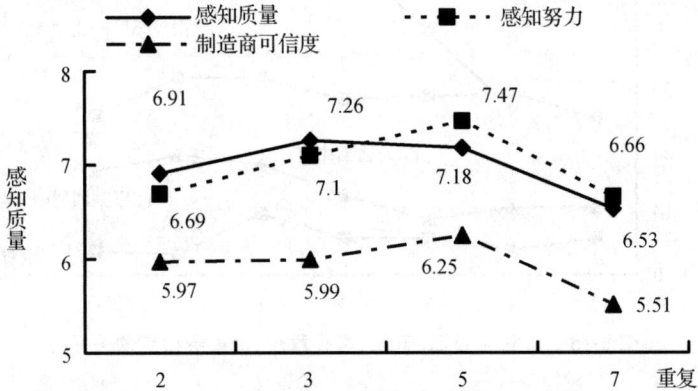

图 6-19　重复与感知质量的关系

## 二、重复次数与效果的关系

广告重复有正面的效果,也有反面的效果。广告重复可多也可少。那么重复的次数与广告效果的好坏、大小关系如何呢? 这是广告主很关心的问题,也是一个很值得探讨的问题。

### 1. 克鲁格曼的观点

20 世纪 60 年代,广告理论家克鲁格曼(Krugman)认为,了解广告重复的作用,只要考虑第一、二、三次暴露的差别。在他看来,第一次暴露激发了受众产生"它是什么"的反应,即受众设法了解传播的实质。第二次暴露产生的三个效果,首先是继续"它是什么"的反应,特别是对广播和电视广告而言更是如此。因为首次暴露不能达到对"它是什么"的了解。其次是评价性的"它是什么"的反应,

---

① Kirmani A.Advertising Repetition as a Signal of Quality:If It's Advertised so Much, Something Must Be Wrong[J].Journal of Advertising,1997,26(3):77-86

受众确定广告是否重要、是否令人可信,同时对信息作评价。再次是"啊哈,我以前看过这则广告"的反应。第三次暴露基本上是提醒作用。第四次以及其他任何附加的暴露都是另一次的第三次暴露。[①]

根据克鲁格曼的看法,广告暴露所导致的说服作用仅发生于第二次暴露,任何多于第二次暴露的效果都一样,仅仅起到提醒作用。克鲁格曼的这一观点虽然在理论上和实践中都没有得到太多的支持,但它引起了广告研究者对广告重复问题的重视。

### 2. 二因素理论

二因素理论最早是由伯莱恩(Berlyn)于 1970 年提出来的,[②]后来经过他自己和其他研究者如斯坦(Stang)[③]、索耶(Sawyer)[④]的补充和发展而不断完善。[⑤]伯莱恩等人认为,在传播过程中,有两个相对立的因素决定着受众对重复刺激的态度。一个是积极的学习因素,另一个是消极的冗长乏味因素。在刺激重复次数少的时候,积极的学习效应迅速增长,而冗长乏味因素的负效应增长缓慢。此时,受众对刺激的态度表现出积极增长。但是,随着重复次数的不断增多,积极的学习效应增长缓慢以至趋于稳定,而冗长乏味因素的副作用迅速增长。当重复超过一定次数时,冗长乏味的负效应开始大于积极学习因素的正效应,并起决定作用。总之,在重复次数的不断增长过程中,先是积极学习效应迅速增长,而后则是消极的冗长乏味的负效应迅速增长。这两个因素的效应是可以叠加的,其净效应表现为倒 U 形曲线(见图 6-20)。阿克塞罗德(Axelrod)对广告效用(wearout)相关研究的回顾也得出类似的结果,他认为,以观众的注意、广告回忆、品牌意识、广告态度、品牌态度转移、优惠券回赎行为为效果指标,广告效用

---

① Krugman H E.Why three exposures may be enough[J].Journal of Advertising Research,1972,12:11-14

② Berlune D E.Novelty,complexity and hedonic value[J].Perception and Psychophysica,1970,8:279-286

③ Effects of mere exposure on learning and affect[J].Journal of Personality and Social Psychology,1975,31:7-12

④ Sawyer A G.Repetition and Affect:Recent empirical and theoretical development,in Foundations of Consumer and Industrial Buying Behavior,eds,Woodiside A G Sheth J N & Bennett P D,New York:Anerucan Elsevier,1977

⑤ Alwitt L F,Mitchell A A.Psychological Processes and Advertising effects:Theory,Research and Applications,LEA 1985

曲线是一个上升、高原、下降的生命周期,广告效用是暴露频率和时间的函数。[1]

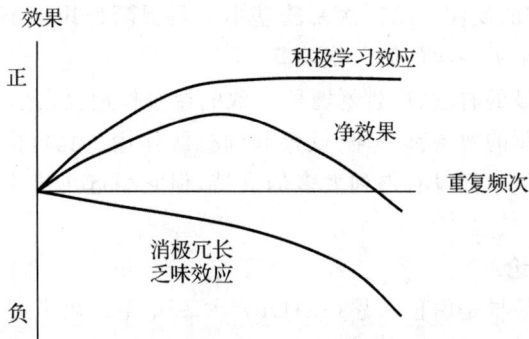

图 6-20　重复暴露的二因素理论模型

在解释为什么会出现学习效应时,伯莱恩强调认知的作用,认为在开始学习时,新异刺激的不确定性逐渐减少,消费者逐渐对新异刺激增加了了解。斯坦则强调需要满足的作用,认为开始的刺激重复为受众提供了学习的机会。

对于冗长乏味负效应的产生,索耶认为在多次重复之后,受众没有新的学习内容,因而产生疲劳、厌倦,进而对刺激产生消极的态度。

### 3. 二阶段认知反应模型

二阶段认知反应模型是卡西奥波和佩蒂(Cacioppo & Petty)提出的。[2] 与伯莱恩的观点一样,他们主张广告效果与广告重复之间成倒 U 形曲线关系。但在解释形成这一关系的原因时,二阶段认知反应模型则与二因素理论不同。该模型可以用图 6-21 来形象地加以表示。

佩蒂和卡西奥波认为,在第一阶段,即广告暴露次数少时,重复暴露

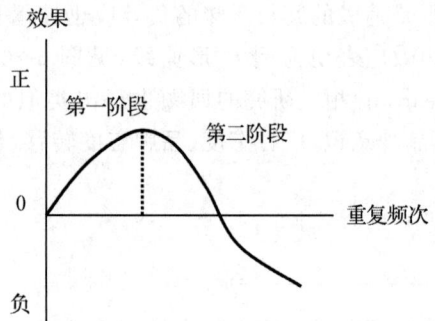

图 6-21　二阶段认知反应模型

为受众提供了更多的机会去考虑广告的内容及其含义。重复呈现克服了人们进

①　Axelrod J N.Advertising wearout[J].Journal of Advertising Research,1980,20(5):13-18

②　Cacioppo J T,Petty R E.Effects of message repetition and position on cognitive response,recall and persuasion[J].Journal of Personality and Social Psychology,1979,37(1):97-109

行信息加工的时间限制,使得精细加工的可能性随重复次数的增加而提高。精细加工使受众充分地接受广告信息的说服,因此增进了说服效果。在第二阶段,适当地重复促进了人们对广告论点的客观评价。但是,随着冗长乏味的唤起,信息加工开始转向有异议的论点,同时也指向广告诉求的情境因素。当重复次数过多时,受众会尽量回避接受广告诉求,把认知活动转移到其他信息上,如看杂志时翻到下一页,看电视时调到别的频道。在这种情况下,态度不会改变。但是,如果受众不可能或不愿意回避接触广告,如不得不观看精彩电视节目中穿插的广告。此时,受众一方面可能进一步对广告进行精细加工,找出广告论点、论据的毛病,因而导致产生一些反对性的看法。另一方面,受众可能唤起一种消极的心境,在这种消极的心境下,受众容易对广告或广告陈述的观点产生消极的态度。

## 三、广告重复多少次为妙

由上述可见,广告适当地重复暴露有助于提高广告宣传效果,但过多地重复不仅浪费了广告费,还会产生副作用。那么,广告究竟重复暴露多少次为妙?对此,一些广告学家曾作过探讨。广告心理学家斯图尔特(Stewart)早在1964年的研究就发现,某一产品广告重复四次之后就出现负效果。但另一广告呈现了八次,消费者的接受曲线仍在上升之中。[①] 日本每日新闻社1973年对两则广告的兴趣度进行测量的结果表明,其中一则广告在发布开始的两个月后兴趣度达到最高,随后开始下降;但另一则广告一开始兴趣度就比较高,在11个月之内都保持缓慢上升的状况。另有一项研究发现,对于缺乏商品知识的受众而言,长广告在少量重复时购买欲提高,重复增加到五次时,购买欲下降。对于有丰富商品知识的受众来说,长广告的购买欲随重复先上升而后下降;短广告则随重复增加而不断上升。[②] 这些研究结果以及其他证据说明,广告宣传效果不仅受重复次数的影响,还受广告本身及受众的商品知识的限制。重复次数究竟多少才能达到最佳宣传效果,没有一个统一的标准。

格林伯格和苏汤尼(Greenberg & Suttoni)1973年回顾以前的电视广告研究认为,多则广告比单则广告疲劳得慢;广告内容充足可以减少疲劳;不常购买

① Stewart J B.Repetitive Advertising in Newspapers[M].Boston,Mass:Harvard Business School,1964

② 蓝三印,罗文坤.广告心理学[M].香港:天马出版社,1979

产品的广告比常购买产品的广告疲劳得慢;暴露间隔越长,越可抵御疲劳。[①] 另一项研究探索重复与品牌熟悉性程度的关系并发现,不熟悉品牌比熟悉品牌的广告容易疲劳(wear-out)(见图 6-22、图 6-23)。[②]

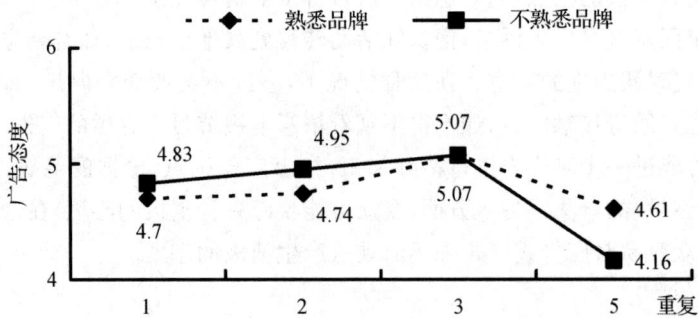

**图 6-22  重复对广告态度的影响**

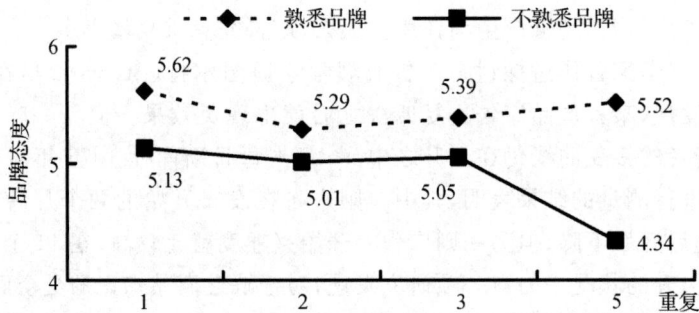

**图 6-23  重复对品牌态度的影响**

综合上述理论观点、研究结果和实践经验,为了达到有效地宣传效果和尽量节省广告费支出,下列几点意见仅供广告主和媒体策划者参考[③]。

①内容抽象、复杂、信息量大的广告应加大重复量;相反,内容具体、简单、信息量小的广告则不宜重复过多。

---

① Greenberg A,Suttoni C. Television commercial wearout[J]. Journal of Advertising Research,1973,13(5):47-54

② Campbell M C,Keller K L.Brand Familiarity and Advertising Repetition Effects[J]. Journal of Consumer Research,2003,30(2):292-304

③ 黄合水.广告的重复及其效果[J].广播与电视,1992(2):22-23

②受众了解少的产品,其广告重复次数可以多一些;为人熟知的产品,广告重复次数可以少一些。

③不太引人关注的产品,其广告可以加重重复量。

④消费者信赖程度高的产品应少重复。反之,则要多重复。

⑤幽默广告不宜有太多的重复。

⑥广告论据有力,可以多重复;论据无力时,则少重复为佳。

⑦受众喜欢的广告可以多重复,受众不喜欢的广告则要少重复。

⑧存在大量竞争广告时,应该加强重复。

⑨如果需要大量重复,则要围绕同一主题不断地改变广告的表现形式。

## 四、广告的重复策略

除了重复的数量会影响广告的宣传效果之外,广告的重复策略也是一个不可忽略的因素。广告的重复策略一般有两种:一种是集中策略,另一种是分散策略。前者指在较短的时间内,以较大的密度进行重复;后者指把一定量的重复次数分散在较长的时间之内。这两种重复策略的广告记忆效果不同。齐尔思克(Zielske)1959 年把同一品牌的 13 则广告以每周(共 13 周)接触一次(集中策略)和每隔四周(共一年)接触一次(分散策略)两种方式进行重复。结果(参见图6-24)发现,集中策略的学习速度快,13 次接触后(即 13 周后),全部受试者的平均回忆率达 63％。而分散策略同样的接触次数(即一年后),最高回忆率为48％。然而,在停止广告的四周后进行的调查发现,集中接触 13 次的受试者回忆率减低了 30％,而一年接触 13 次的受试者回忆率仅由 48％减至 37％,减低了 11％。[①]根据研究结果,齐尔思克作出如下结论:

①相同接触次数在学习速度方面集中策略比分散策略快。

②如果对广告不作连续性接触,则立即会发生遗忘。

③接触次数增加,则遗忘速度减慢。

④如果广告目标是在短期赢得大的记忆者,则以集中策略为佳。

⑤如果广告目标是在广告期间争取最多的平均记忆者,则以分散策略为要。

由上述研究结果可见,集中策略和分散策略各有利弊。因此,在具体的媒体策划时,采用何种策略应根据现实情况而定。一般来说,新产品或季节性产品的广告活动宜采用集中策略,这有利于达到迅速告知的效果;老产品则应采用分散

---

① Zielske H A.The Remembering and Forgetting of Advertising[J].Journal of Marketing,1959,23(3):239-243

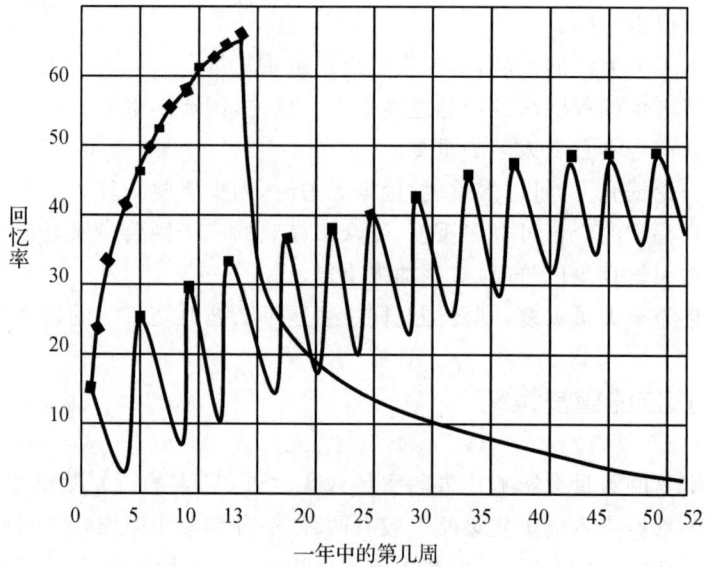

图 6-24　家庭主妇各周记住该广告的比率

策略,便于维持品牌知名度。广告内容较为复杂、需要想一想的,宜采用集中策略;内容简单、一目了然的广告则要采用分散策略。

　　在重复中,还有一个值得注意的问题就是,大小版面不同的广告是先大后小,还是先小后大呢? 亚当斯(1920)对大小不同广告的顺序对系列广告记忆的影响的研究指出,如果一个公司做四次大小不同的广告,那么虎头蛇尾比逐渐增大更有效。[①]

---

　　① 　Adams H F.The Effect of Climax and Anticlimax Order of Presentation on Memory [J].Journal of Applied Psychology,1920,4:330-338

# 第七章
# 广告要素及其心理效应 >>>

　　一则广告作品可以从很多角度加以解剖,将它分解成若干部分,若干要素,或若干特征。每一个要素在广告中都有一定的作用。了解各种要素的心理效应,有利于广告创作者综合运用各种要素,创作出理想的广告作品。

## 第一节　广告构成成分的心理效应及创作原则

　　画面、语言和音响是广告作品的三个主要组成成分。除了电视广告、网络广告包含这三个成分之外,其他媒体广告基本上只包含这三个成分中的两个成分(如报纸、杂志和广播)或一个成分(如一些户外招贴和直邮广告)。本节着重讨论各种成分的心理效应和创作原则。

### 一、画面

　　广告画面在印刷媒体上常称为插图,在电视媒体上有时称为画面,有时称为图像。插图是静态的,图像一般是动态的。插图和图像在一则广告中具有某些相同的功能,但也存在着某些差异。

#### 1. 吸引和维持受众的注意力

　　国外有一家化妆品公司曾以一张普通的黑白广告和一张相同图案的彩色广告进行注意效果程度差异的调查。其结论是,两幅广告中,最引人注意的地方同样是商品的照片,彩色印刷广告的注意率达 84.1%,黑白印刷广告为 46%。文案部分注意率都比较低,注意率最低的是文字标题,彩色印刷广告注意率为7%,黑白广告第一眼注意标题的几乎是零。[①] 皮埃特斯和威德尔(Pieters &

---

　　① 傅汉章,邝铁军.广告学[M].广州:广东高等教育出版社,1985

Wedel,2004)的研究用红外眼动追踪技术分析了 3 600 多名消费者对 1 363 则印刷广告的阅读情况,研究发现,不管广告大小如何,图片在捕捉消费者的注意方面占有优势。[1]

广告插图易于引起读者的注意,广告艺术顾问安辛·阿姆斯特朗把插图的这一作用称为"突然袭击",并对此作如下描述:"假设你的读者正在小心谨慎地阅读杂志。他从心理上对一切广告都感到天生的厌烦。在他的缓慢阅读过程中,你为他设置了一个突然的陷阱——让他面临一个突然的断崖绝壁而茫然无措。他急忙悬崖勒马,失去了平衡而险些一头栽下去。他手足无措,终于像爱丽丝掉进兔窝那样地跌入深渊。在那里他却发现了简单的真理而马上掌握了它——这是他从前未见到过的。这就是怎样让他跌下去并跟着你爬上来的办法。"[2]

对于网络广告来说,一则广告通常就是一幅插图(画),一幅变化的插图。广告能否产生效果,关键就在于这幅插图是否吸引人。如果这一插图有足够的吸引力,网民不仅会注意到广告介绍的品牌,还可能点击该广告,进入相关的企业网站或广告网页。

在电视媒体上,最先引起人们注意的不一定是图像,因为当观众边看电视边进行其他活动时,他们是用听觉来监视电视节目的。但是要使观众把注意力维持在电视广告的收看行为上,图像的重要作用则是不言而喻的。

图像能够维持观众注意,其原因有三个方面[3]:

第一,图像提供了丰富的视觉刺激,因而能有效地把观众的注意力从别的方面吸引过来。心理学的研究表明,人需要适当的刺激量才能维持注意状态,当人面临的情境刺激量太小时,就容易分心或疲劳。

第二,图像能适当地满足观众娱乐欣赏的需要。观众观看电视节目往往是带有某种目的的,如消遣娱乐,欣赏一些美妙的景物。只要节目能满足他们的需要,他们就会认真地观看欣赏。商业电视广告一般只有 15 秒或 30 秒,在这短短的时间里,投入广告的人力财力往往要比电视上其他节目高得多,因而画面视觉效果比较理想,具有较强的吸引力。

第三,图像提供不断变化的刺激。对变化的刺激感兴趣,这是许多动物都具有的本能。例如,青蛙不吃死虫。人也是如此,对平淡无奇的事物不予关注。只

---

① Pieters R,Wedel M.Attention capture and transfer in advertising:Brand,pictorial,and text-size effects[J].Journal of Marketing,2004,68(Apr.):36-50

② 沃森·邓恩.广告与商业[M].工商出版社,1981

③ 黄合水.略论电视广告画面的作用[J].广播与电视,1993(1):24-25

有新奇变化的事物才能让人兴奋。电视广告在 30 秒或 15 秒内的画面变化一般远比其他节目丰富,这为它赢得观众的注意起到了极其重要的作用。

### 2. 强化受众对言语信息的理解和记忆

广告向受众传递情报性信息主要是借助于广告语言来实现的。通过广告语言,广告主能够向受众比较详细地描述商品的性能、用途、质量、购买时间、地点等各方面情况,为广大消费者提供确切的信息。广告能否达到这一目的,其前提是受众能否很好地理解和记住广告所传递的信息。而受众对广告信息的理解记忆程度又部分地取决于广告画面。我国心理学家彭聃龄等人(1989)在一项研究中探讨了电视图像对观众理解记忆节目内容的影响。他们以电视新闻为材料,比较了图像加声音的电视呈现方式和只有声音没有图像的广播呈现方式的记忆效果。结果发现,不管是采用自由回忆,还是采用提示回忆,受试者对电视呈现方式的记忆水平都高于广播呈现方式(见图 7-1)。① 这说明图像促进了受众对电视传播内容的理解记忆。图 7-2 的广告也说明,有了插图,人们对广告语"独立 4 温区,保鲜更精美"的理解就容易多了。

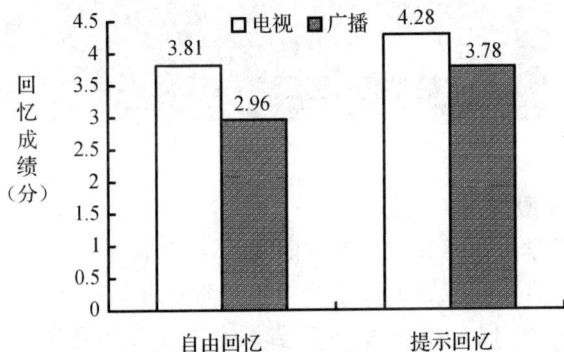

图 7-1　电视广播新闻收视效果比较

画面强化广告言语信息记忆的心理机制有二:其一,广告语言与画面中特定的人物、景物由于同时或连续呈现,受众会产生联想记忆。这样,那些比较容易记住的人物、景物便可能成为广告语言的有效提取线索。例如只要说到乔丹,就容易想起"耐克运动鞋"。其二(针对电视广告而言),图像与语言表达内容相同时,它们分别同时刺激人的听觉和视觉器官,信息分别由听觉系统和视觉系统进入记忆系统,因而达到双重编码的功效,所以记忆效果比较好。

---

① 彭聃龄,黄合水,黄方明.电视新闻收视效果研究[J].中国广播电视学刊,1989(4)

图 7-2 海尔冰箱广告

### 3. 起边缘说服作用

据广告心理学家佩蒂和卡西奥波的观点,广告说服有两条线路,即中心线路和边缘线路。广告画面能作为说服的中心线索负载某些情报性信息,达到中心线路说服的作用。[①] 但是相对而言,广告画面更主要的是作为边缘线索起边缘说服作用。边缘说服是指运用非论据性的信息如使用有吸引力的人物、展示精美的包装或配上悦耳的音乐,让受众将对这些边缘线索产生的情感或态度直接迁移到广告品牌或广告主上,即所谓爱屋及乌。例如在动感地带广告上,观众可能因为对明星周杰伦有良好的印象,因而对动感地带产生良好的评价。不过,大量研究表明,边缘说服作用只是暂时的,随着时间的延长,这种作用将逐渐消减。

由上述关于广告画面心理功能的分析描述可见,画面的设计制作是相当重

---

① Petty R E,Cacioppo J T,Schomann D W.Central and Peripheral Routes to Advertising Effectiveness:The Moderating Role of Involvement[J].Journal of Consumer Psychology,1983,10:135-146

要的。关于画面如何进行设计制作,罗斯特和佩斯在(1986)《广告和营销管理》一书中,归纳出下列广告视觉表现原则。[①]

①总的来说

A. 多用比言语内容更有影响力的视觉内容。

B. 多用高意象(较具体)的视觉内容,少用抽象的视觉内容。具体的视觉内容是指描述那些看得见、摸得着、听得到的人物和事情。

C. 将产品与视觉内容中的产品使用情境和人物联系起来。

D. 利用色彩唤起情绪,黑白提供信息。

②对印刷广告来说

A. 运用尽可能大的插图。

B. 利用多要素的插图(有趣的细节)以保持注意而非吸引注意。

C. 将标题置于标题和文案被阅读之前能被看到的位置。这不是说标题必须在插图之下,而是说插图应该先能吸引注意。

D. 在不同的广告中围绕同一主题改变插图,防止注意疲劳。

③对电视广告来说

A. 确保关键画面保持至少 2 秒钟,关键画面要么显示商标,要么描述主要信息点。

B. 与关键画面有关的声音应该跟在关键画面之后,置于次要画面之中。次要画面是给观众时间以停顿和注意听觉文案的填充性或过渡性画面。

C. 在词的运用上,肯定句中应运用高意象词,而否定句中则运用低意象词。

D. 不同的广告围绕同一主题改变画面,减少各种形式的疲劳。

为了使画面充分地发挥上述功能,在画面设计或拍摄时,要注意画面素材的选择运用。下面我们介绍一些能有效实现上述功能的人物和景物,供广告设计制作者创作时参考[②]。

①名人。名人包括各行各业的杰出人物,特别是在大众传播媒体中经常出现过的影视明星和体育明星。受众对他们较为熟悉,或者有一定印象。把他们与商品联系在一起,对于扩大品牌知名度大有好处。关于名人,后面还要介绍,这里就不展开讨论了。

②个性鲜明的普通人物模特。每一个人都在塑造自己的个性形象,每一个人也都有其喜欢或崇拜的个性形象。个性鲜明的人与商品结合在一起,有利于

---

① 　Rossiter J R,Percy L,Advertising and Promotion Management[M].McGrow-Hill,1987

② 　黄合水.电视广告画面素材选择浅谈[J].广播与电视,1991(3):12-13

塑造品牌形象,而且易于给受众留下深刻的记忆。外表刚毅、智慧、幽默、温柔、贤惠、活泼的人都是较好的广告人物模特。图 7-3 广告中,由于有了温情的女模特的衬托,加上起了一个带有鲜明感情色彩的名字"真爱",本来冷冰冰的高科技产品也让人觉得有点温暖。

**图 7-3　清华同方电脑广告**

　　③离谱的人物。孙悟空、猪八戒、哪吒和阿凡提等都是经过艺术加工而又是众所周知的离谱人物。广告中可以运用动画形式或者化装技巧、摄影艺术来塑造这类人物形象。奇异的人物容易引起人们的兴趣、好奇和注意,因而记忆深刻。如果广告中的人物是观众熟知的艺术形象,那么把他们作为商标信息的提取线索,效果更佳。江中草珊瑚含片的电视广告就是用"阿凡提"这一离谱的人物形象。

　　④特殊标志的人物。离谱的人物是想象出来的艺术形象,现实中并不存在。特殊标志的人物却是现实中存在的。只不过他们比常人多了一些易于辨识的标志,在记忆中不会与其他的人物形象相混淆。蒙上眼罩的独眼龙,戴着铁盔的骑士,嘴上贴着胶布的推销员,挂着拐棍的伤残人,矮小的侏儒等均属特殊标志人物。这类人物的确便于记忆,但要有良好的创意,否则容易引起受众的反感。

　　⑤利用动物也可达到塑造品牌形象的目的,如图 7-4,三菱汽车将沉稳厚实的犀牛加入广告画面,意味着自己品牌的汽车也像犀牛一样沉稳有力,给顾客安全感。

**图 7-4 三菱汽车平面广告**

⑥名胜古迹。优美的风景、著名的古迹总是人们乐于观赏和谈论的。如长城、泰山、西湖、天坛、九寨沟,都是人们百看不厌的景物。利用它们作为品牌信息的画面背景,具有加强记忆和边缘说服的双重功效,如图 7-5。

**图 7-5 摩托罗拉广告**

⑦有特色的景物。弯弯的小溪,碧波荡漾的湖泊,一片白云,一束鲜花,一叶轻舟,一棵古树,一幢大楼,一束色光,甚至人体的部分器官等,只要具有一定特色,哪怕是日常生活中最常见的景物,经过艺术加工,都可以用作合适的画面素材,如图 7-6、图 7-7、图 7-8 和图 7-9。

图 7-6　别克汽车

图 7-7　益力多(Yakult)

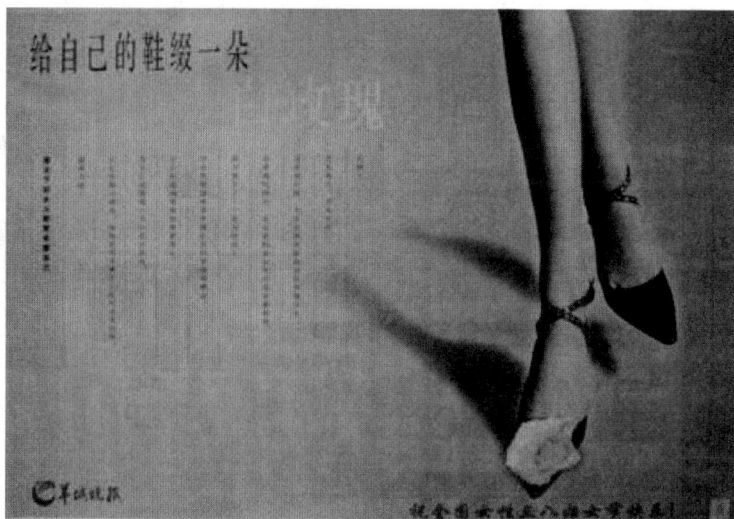

图 7-8　羊城晚报

图 7-9　中国移动通信

　　世界上的事物千姿百态,前面所提到的几种素材都是俯拾即是。只要广告创作人员充分发挥想象力,就可以设计出许许多多富有特色的符合观众心理的广告画面。

## 二、语言

广告语言包括标题、文案、口号和解说词等,是广告必不可少的重要组成部分。几乎任何广告都少不了它。广告语言在广告中的主要作用有以下三个方面:[①]

### 1. 传递商品或服务信息

关于什么是广告所欲传递的信息,或者说广告信息主要是指什么,著名的广告研究者雷斯尼克和斯坦恩(1977)在对广告进行广泛研究的基础上,概括出 14个方面。[②] 它们分别是:[③]

(1)时间地点:产品在哪里购买,什么时候可以购买。

(2)功能用途:产品有什么用途,与其他产品相比较,该产品的使用效果好到什么程度。

(3)质量:区别于其他竞争产品的特点,包括对工艺、技术、结构、耐久性、特殊服务、关心细节、职员等方面的客观评价。

(4)价格:产品值多少钱,满意价格是多少。

(5)独立研究:由独立机构提供的关于产品的研究结果。

(6)担保:产品购买后有什么保证。

(7)安全:较之其他产品,该产品有什么安全特点。

(8)构成成分:产品由什么构成,包含什么成分或要素;产品内包含什么附属品目。

(9)包装或造型:产品有什么包装,这种包装应该更容易激起人的购买欲;产品有什么样的特殊造型。

(10)特殊提供:对特定的购买可以得到什么,买后的免费赠送。

(11)公司研究:公司把该产品与其他竞争产品作比较的资料。

(12)营养:该产品的营养内容,或与其他产品营养内容直接比较的资料。

(13)风味:产品被潜在顾客认为是较有品位的资料(广告主的意见不包括在内)。

(14)新观念:在广告中引入一种全新的概念,新概念的优点是什么。

---

① 黄合水.略论电视广告语言[J].广播与电视,1993(3):28-30

② Resnik A,Stern B L.An analysis of information content in television advertising[J]. Journal of Marketing,1977,41(1):50-53

③ Rice M D,Zaiming L.A Content Analysis of Chinese Magazine Advertisements[J]. Journal of Advertising,1988,17(4):43-48

传递商品信息是广告的重要功能之一，借助于广告信息，消费者可以对品牌或企业作认知评价，以形成关于品牌或企业的印象或态度。在广告媒体中，印刷媒体（特别是报纸）是传递商品信息的最佳媒体。但是用电视广告来传递商品信息也是司空见惯的。国内广告研究者纪华强、朱健强和黄合水曾对 1990 年刊播的广告的信息内容进行研究，结果显示，我国的报纸广告平均信息量为 3.24，电视广告为 1.26。[①] 也就是说，每则报纸广告至少包含上述 14 种信息中的 3 种以上，每则电视广告包含一种以上信息。那么这些信息由广告的哪一成分来传递呢？很显然，画面、音响都难以胜任，只有语言（包括视觉形式和听觉形式）才能有效地把这些信息传递给观众。可见，广告中语言的首要作用是传递商品信息。

**2. 广告语言是广告实现"二级传播"的基础**

众所周知，广告的传播面越广，广告效果就越佳。广告传播面的大小，取决于下列几个因素：

①媒体的覆盖面。覆盖面大，传播面也大，反之亦然。例如中央电视台、《人民日报》、中央人民广播电台都是覆盖全国，传播面均相当广泛。其他电台、电视台和报纸一般只覆盖某一地区，传播范围相对小一些。

②广告刊播的位置。报纸的不同版面位置，电视的不同时间位置，其阅读率、收视率也不同。所以说广告刊播的位置不同，传播的效果也不同。

③广告本身的创作水平。优秀、新颖的广告，能够吸引读者、听众和观众。没有吸引力的广告，则会使受众视而不见，听而不闻。

④"二级传播"。这也是一个相当重要的因素。这里我们所谓的"二级传播"，是指媒体把信息传递给某些受众之后，由这些受众进一步把信息传递给其他受众的过程。广告可能因为前面几个因素都把握得好而吸引大量受众，但客观地说，真正接触到某一广告的受众仍然是有限的。因此，如果能让接触过广告的受众将广告信息进一步加以传播，那么传播面和传播效果必将大大地提高。

在前述诸因素中，前两个因素是外在因素，后两个因素则源于广告本身。其中第三个因素与广告的视觉表现手法有密切的关系。第四个因素"二级传播"，其可能性则取决于广告中的语言。这是因为"二级传播"要求信息载体具有结构性、意义性、容易被记住并能进一步传递出去。广告中的画面、音响结构性差，所传递信息的含义不明确，观众很难把所接受的信息重新呈现或复述出来。音乐虽然结构性也比较强，但难以与广告信息联系起来，无法造成"二级传播"，提高广告的传播效果。语言是一种结构性强、意义约定俗成的信息载体，观众可以把它

---

① 纪华强，朱健强，黄合水.中国报纸杂志和电视广告信息的内容分析[M]//陈培爱.福建省报纸广告优秀论文选.厦门大学出版社，1993

接受进来再完整地传递出去。所以说,广告语言是广告实现"二级传播"的基础。

举一个例子来说,当我们看过一则新产品广告后并向他人推荐"××品牌产品看来质量不错"时,听者就能接收到"××品牌"的信息。但如果我们说"有漂亮画面的电视广告的品牌产品质量不错",听者依然不能知道产品为何种品牌。这样就起不到"二级传播"的效果。

在现代电视传播中,"二级传播"的作用尤其应引起人们的重视。特别是针对青少年儿童的商品广告,"二级传播"对于广告的产品促销起着相当重要的作用。许多少年儿童的家长,由于工作繁忙,没有太多的时间看电视,而且他们对电视广告的兴趣也不大,他们所知道的许多商品信息都是由他们的子女传播给他们的。所以说,电视广告中的语言对电视广告的"二级传播"、扩大传播面有着功不可没的作用。图 7-10 是一则台湾的公益广告,有对应的影视片。其简单的中英文顺口溜,读起来朗朗上口,很有节奏感,不仅易学易记,而且容易传播。

图 7-10  拒绝摇头丸公益广告

### 3. 借助于语言,广告效果才得以持久

一种商品在市场上的推广,往往不是一两个月的短期行为。一则广告的刊播,往往也不是为了获得暂时性的效果。大多数广告主都希望广告所获得的传播效果越持久越好。然而,当我们从记忆中回忆我们所接触过的广告时,对于大多数广告,我们所能回忆出来的大多数是广告语(参见小资料 7-1),如"康莱,把美味和营养卷起来"、"营多,营多,吃了再说"、"必扑一声,蚊虫扫清"、"枪手,走遍天下,打抱不平"等。这不是偶然的现象,它说明了广告语在维持广告传播效

果中的作用。

　　广告的传播效果以时间为标志可分为近期效果和远期效果。近期效果是在广告刊播之后短时期内所获得的效果。远期效果则指广告刊播之后较长一段时间内仍然持续的效果。一般而言,前者是广告的各种成分(画面、语言和音响)共同作用的结果。其中画面的作用尤为突出,它是引起受众注意,激发受众情绪的主要因素。然而,广告刊播之后,随着间隔时间的延长,广告的远期效果则必须依靠广告语言来维持。

　　实质上,长时间之后的广告传播效果体现在受众对广告信息的记忆及由此所导致的购买行为。从心理学的角度来说,图像材料由于意义的不确定性,而容易在人们的记忆中消失。语言由于结构性强、语义确定,一旦进入人们的记忆之中,可以保持相当长久的时间,而且具有相对稳定性。特别是那些重复呈现次数多、顺口押韵的语言材料,记忆更加持久、深刻。

　　广告语言是印刷广告、广播广告创作的核心,对于电视广告也十分重要。为了有效地发挥广告语言的功能和作用,罗斯特和佩斯归纳出的下列广告遣词造句的创作原则,可供文案创作者借鉴。[1]

　　①关于标题或副标题的创作原则

　　A. 限制在 3~8 个词。

　　B. 强调名词、形容词及个人有关的词。

　　C. 把商标名称置于最后。

　　D. 不要用悬而未决的问题。霍华德和巴里(Howar & Barry)1988 年调查101 名美国广告代理公司的创意总监,关于印刷广告疑问标题的运用。72% 的人指出,没有什么产品最适合于疑问标题的运用。[2]

　　E. 不要命令或要求。

　　②关于文案或解说词的创作原则

　　A. 运用简单或熟悉的词;

　　B. 运用高意象(具体的)的词;

　　C. 运用主动句而不用被动句;

　　D. 运用肯定句而不用否定句;

　　E. 不要运用模棱两可的词或双关词。

---

　　[1]　Rossiter J R,Percy L. Advertising and Promotion Management[M].McGrow-Hill,1987

　　[2]　Howard D J,Barry T E:The prevalence of question use in print advertising:Headline strategies[J].Journal of Advertising Research,1988,28(4):18-25

## 小资料 7-1    中国 20 年流行的广告语[①](见表 7-1)

表 7-1    中国 20 年流行的广告语

| 年份 | 广告语 | 品牌 |
|------|--------|------|
| 1979 | 可口可乐添欢笑 | 可口可乐 |
| | 将以卓越的电子技术,对中日友好作贡献 | SONY |
| | 为社会各领域,提供准确计时 | 精工表 |
| | 让我们来充分掌握能多快好省地运输货物的拖车头吧 | 五十铃汽车 |
| 1980 | 味道好极了 | 雀巢咖啡 |
| | 滴滴香浓,意犹未尽 | 麦氏咖啡 |
| 1981 | 戴雷达,闯天下 | 雷达表 |
| 1982 | 就是可口可乐 | 可口可乐 |
| | 车到山前必有路,有路必有丰田车 | 丰田汽车 |
| | 质量第一,用户第一 | 金星电视 |
| 1983 | 燕舞,燕舞,一支歌来一片情 | 燕舞收录机 |
| | 一切为用户着想,一切为用户负责 | 海信电视 |
| 1984 | 百事,新一代的选择 | 百事可乐 |
| | 质量至上有夏普 | 夏普 |
| | 上海大众永远和您在一起 | 上海大众 |
| | 威力洗衣机,献给母亲的爱 | 威力洗衣机 |
| 1985 | 大宝,天天见 | 大宝 |
| | 优质的联想——夏普 | 夏普电器 |
| 1986 | 万家乐,乐万家 | 万家乐电器 |
| | 飞利浦——尖端科技的标志 | 飞利浦 |
| | 精美耐用,全球推崇 | 西铁城表 |
| | 上海桑塔纳,汽车新潮流 | 桑塔纳 |
| 1987 | 当太阳升起的时候,我们的爱天长地久 | 太阳神 |
| | 最适合中国民航客运的机种——波音 757 客机 | 美国波音 |
| | 第一流的产品,为足下争光 | 上海鞋油 |
| | 质高款新寰宇颂,国际名表西铁城 | 西铁城表 |

---

①    中国 20 年流行的广告语[J].中国广告,2002(10)

续表

| 年份 | 广告语 | 品牌 |
|------|--------|------|
| 1988 | 精心创造，精心服务 | 金星电视 |
| | 汽车工业新一代 | 广州标志 |
| 1989 | 挡不住的感觉 | 可口可乐 |
| | 中原之行哪里去？郑州亚细亚 | 亚细亚商场 |
| | 今年二十，明年十八 | 白丽美容香皂 |
| | 东方航空，飞向世界 | 东方航空 |
| | 容声，容声，质量的保证 | 容升冰箱 |
| 1990 | 嘉士伯，可能是世界上最好的啤酒 | 嘉士伯啤酒 |
| | 只溶在口，不溶在手 | M&M 巧克力 |
| | 城乡路万千，路路有航天 | 航天汽车 |
| | 高高兴兴上班去，平平安安回家来 | 公益广告 |
| | 她工作，您休息 | 凯歌全自动洗衣机 |
| | 妥帖保护，伸缩自如 | 邦迪创可贴 |
| | 用了都说好 | 达克宁露 |
| | 领先一步，申花电器 | 申花电器 |
| | 要开一流车，江西五十铃 | 江西五十铃 |
| 1991 | 喝了娃哈哈，吃饭就是香 | 娃哈哈 |
| | 一股浓香，一缕温暖 | 南方黑芝麻糊 |
| | 喝贝克，听自己的 | 贝克啤酒 |
| | 人头马一开，好事自然来 | 人头马酒 |
| 1992 | 新飞广告做得好，不如新飞冰箱好 | 新飞冰箱 |
| | 康师傅方便面，好吃看得见 | 康师傅 |
| | 岁岁平安，三九胃泰的承诺 | 三九胃泰 |
| | 何以解忧，唯有杜康 | 杜康酒 |
| | 太空时代的饮品 | 果珍 |
| | 拥有健康，当然亮泽 | 潘婷洗发水 |
| | 让生命尽显健康本色 | 太阳神口服液 |
| | 专业保健，至精至诚 | 太阳神口服液 |
| | 美在妇女 | 上海妇女用品商店 |
| | 有多少南方摩托车，就有多少动人的故事 | 南方摩托 |

续表

| 年份 | 广告语 | 品牌 |
|------|--------|------|
| 1993 | 明天将发生什么 | 联想集团 |
| | 今年夏天最冷的热门新闻 | 西泠冰箱 |
| | 一呼天下应 | 润讯通讯 |
| | 青春宝,使你永葆青春 | 青春宝 |
| | 燕京啤酒,清爽宜人 | 燕京啤酒 |
| | 不要太潇洒 | 杉杉西服 |
| | 走富康路,坐富康车 | 富康车 |
| | 好马配好鞍,好车配风帆 | 风帆汽车蓄电池 |
| | 中国名车,嘉陵摩托 | 嘉陵摩托 |
| | 赢家的风采 | 切诺基轿车 |
| 1994 | 羊羊羊,发羊财 | 恒源祥 |
| | 喝孔府宴酒,做天下文章 | 孔府宴酒 |
| | 今天你喝了没有? | 乐百氏 |
| | 海尔,真诚到永远 | 海尔电器 |
| | 牡丹虽好,还要爱人喜欢 | 牡丹电视机 |
| | 望子成龙,小霸王学习机 | 小霸王电脑学习机 |
| | 柔美皮肤,从旁氏开始 | 旁氏护肤品 |
| | 省优,部优,葛优? | 双汇火腿肠 |
| | 汽车要加油,我要喝红牛 | 红牛饮料 |
| | 走中国道路,乘一汽奥迪 | 一汽 |
| | 踏上轻骑,马到成功 | 轻骑摩托 |
| | 共创美的前程,共度美的人生 | 美的电器 |
| | 健康是金,金施尔康 | 金施尔康含片 |
| | 让一亿人先聪明起来 | 巨人脑黄金 |
| 1995 | 领先一步,申花电器 | 申花洗衣机 |
| | 荣事达,时代潮 | 荣事达洗衣机 |
| | 让我们做得更好 | 飞利浦 |
| | 孔府家酒,叫人想家 | 孔府家酒 |
| | 生活中离不开这口子 | 口子酒 |

续表

| 年份 | 广告语 | 品牌 |
|---|---|---|
| | 款款"神州",万家追求 | 神州热水器 |
| | 要想皮肤好,早晚用大宝 | 大宝 |
| | 鄂尔多斯羊绒衫,温暖全世界 | 鄂尔多斯羊绒衫 |
| | 正宗椰树牌椰汁,白白嫩嫩 | 椰树牌椰汁 |
| | 东奔西走,要喝宋河好酒 | 宋河 |
| | 拥有桑塔纳,走遍天下都不怕 | 桑塔纳轿车 |
| | 我们为你想得更多 | 格力空调 |
| | 做女人真好 | 太太口服液 |
| 1996 | 维维豆奶,欢乐开怀 | 维维豆奶 |
| | 太阳更红,长虹更新 | 长虹电视 |
| | 长城永不倒,国货当自强 | 奥妮皂角洗发浸膏 |
| | 其实,男人更需要关怀 | 丽珠得乐 |
| | 一切尽在掌握 | 爱立信 |
| | 科技以人为本 | 诺基亚 |
| | 飞跃无限 | 摩托罗拉 |
| | 让我们做得更好 | 飞利浦 |
| | 长城烽火,传信万里 | 西门子 |
| | 每一年,每一天,我们都在进步 | 联想电脑 |
| | 荣事达,时代潮 | 荣事达电器 |
| | 东西南北中,好酒在张弓 | 张弓酒 |
| | 永远的绿色,永远的秦池 | 秦池酒 |
| | 坐红旗车,走中国路 | 红旗轿车 |
| 1997 | 我们一直在努力 | 爱多电器 |
| | 中国人的生活,中国人的美菱 | 美菱冰箱 |
| | 没有最好,只有更好 | 澳柯玛冰柜 |
| | 好空调,格力造 | 格力空调 |
| | 牙好,胃口就好,身体倍儿棒,吃饭更香 | 蓝天六必治 |
| | 轻松爽洁,不紧绷 | 碧柔洗面奶 |
| | 中华永在我心中 | 中华牙膏 |
| | 保护嗓子,请用金嗓子喉宝 | 金嗓子喉宝 |

续表

| 年份 | 广告语 | 品牌 |
|---|---|---|
| | 补钙新观念,吸收是关键 | 龙牡壮骨冲剂 |
| | 喝汇源果汁,走健康之路 | 汇源果汁 |
| | 苦苦的追求,甜甜的享受 | 伊利雪糕 |
| | 华龙面,天天见 | 华龙方便面 |
| | 食龙丰,路路通 | 华丰方便面 |
| | 我的眼里只有你 | 娃哈哈纯净水 |
| 1998 | 新春新意新鲜新趣,可喜可贺可口可乐 | 可口可乐 |
| | 真金不怕火炼 | 金正 VCD |
| | 服气多多,满意多多 | 福满多方便面 |
| | 非常可乐,非常选择 | 非常可乐 |
| | 农夫山泉有点甜 | 农夫山泉 |
| | 清清爽爽每一天 | 娇爽卫生护垫 |
| | 海尔,中国造 | 海尔 |
| | 从更大到更好 | 长虹电器 |
| | 清凉舒爽,全家共享 | 六神沐浴露 |
| | 27 层净化 | 乐百氏纯净水 |
| 1999 | 飘柔,就是这么自信 | 飘柔 |
| | 足及生活每一天 | 搜狐 |
| | 知识改变命运 | 公益广告 |
| | 科技让你更轻松 | 商务通 |
| | 没什么大不了 | 丰韵丹 |
| | 晶晶亮,透心凉 | 雪碧 |
| | 治肾虚,请用汇仁肾宝 | 汇仁肾宝 |
| 2000 | 住得好,一切都好 | 瑞虹新城 |
| | 呼机,手机,商务通,一个都不能少 | 商务通 |
| | 谁让我心动? | FM365 网站 |
| 2001 | 健康成就未来 | 海王 |
| | 送礼就送脑白金 | 脑白金 |
| | 喜欢上海的理由 | 力波啤酒 |
| | 有点野哦 | 生力啤酒 |

## 三、音响

音响是广播、电视广告的一个重要组成成分,由于音响不能直接负载商品信息,所以在广告创作中常常被放在次要的位置,没有得到充分的重视。不过,20世纪80年代以后,广告音乐越来越受到人们的重视。例如在美国的电视广告中,以音乐为主的产品广告占有相当的分量(大约1/3),愈来愈多的歌唱家进入广告圈。有些广告主也不惜重金制作广告音乐片。

音响包括音乐和效果声。由于一般广告都是以音乐为主,所以下面我们着重探讨音乐的心理功能。音乐的心理功能主要表现在以下几个方面:[①]

### 1. 辅助画面和解说词塑造出某种情感气氛

例如节奏明快的音乐可以创造出欢快活泼的气氛。在饮料广告中,配上这种音乐能让人体验到喝这种饮料的乐趣;运用于服装广告中,则可让人感到服装的现代感。节奏舒缓的音乐配在广告中,可给人以舒适、浪漫的感觉。

### 2. 唤起人们的注意

人们接受外界信息主要是通过眼睛和耳朵,眼耳的协调配合使人们的注意不仅能抓住某一目标对象,还能监控周围环境发生的事情。在一般情况下,当人用眼睛去捕捉注意对象时,人就用耳朵来监控其他事物。反之亦然。受众对广播电视媒体的接触,常常是边进行其他活动(如聊天、做作业、织毛衣),边收听广播或边观看电视。因此,当他们的注意力不在媒体时,一个美妙的音乐旋律可能就会引起他们的注意,使他们不自觉地认真看、认真听。不过,能唤起听众注意的音乐一般是听众比较熟悉、比较喜欢的曲调。不然就是广告音乐与其他节目的音乐大不相同。

### 3. 加强广告信息的记忆

根据联想记忆原理,当两种刺激物在相邻或相近的时空出现时,人们就容易把它们联系起来储存在记忆之中。之后,当一种刺激物重现时,另一种刺激物也容易被唤起。在广告中,一首曲子,一个旋律经过多次重复之后,就会跟广告产品名称及有关的广告信息发生联想关系。这种联想关系是很有益的,受众以后在其他场合再次听到该曲子或旋律时,就会不自觉地联想起该产品的广告,这有利于巩固受众对广告产品品牌和广告信息的记忆。斯图尔特(Stewart)等人(1990)利用音乐作为汽车广告运动的记忆线索的研究指出,当以产品名字为回忆线索时,62%的人指出他们记得看过产品广告;听完广告音乐后,83%的人报

---

① 黄合水.广告配乐的功能与运用[J].广播与电视,1991(6):20-21

告他们认得该音乐广告,[①]也就是说音乐作为线索更有利于回忆。

### 4. 发挥边缘说服的作用

广告心理学家帕克和杨(Park & Young,1986)进行过一项研究,通过控制受试者的卷入条件(包括认知卷入、情感卷入和低卷入),来检查音乐对 Ab(品牌的态度)和 BI(行为意图)的影响。该研究发现,在认知卷入条件下,没有音乐的电视广告比有音乐的电视广告对观众的 Ab 和 BI 的改变有较大的影响,说明音乐起了消极的作用;在情感卷入的情况下,有无音乐差异不大;但是在低卷入条件下,有音乐对 Ab 和 BI 的积极影响比没有音乐大(见表 7-2)。[②] 庆幸的是,在大多数情况下,观众和听众都是在低卷入条件下接触广告的。因此,可以认为广告音乐一般起着积极的作用。

**表 7-2　音乐对 Ab 和 BI 的影响**

| | | 认知卷入 | 情感卷入 | 低卷入 |
|---|---|---|---|---|
| Ab | 有音乐 | 4.10 | 4.40 | 4.00 |
| | 无音乐 | 4.65 | 4.25 | 3.60 |
| BI | 有音乐 | 3.00 | 3.15 | 2.80 |
| | 无音乐 | 3.70 | 3.25 | 2.10 |

### 5. 娱乐听众的作用

众所周知,广告的插播对受众是一种侵扰,一般受众并不喜欢广告,并且尽量地避开它。因此,一条广告若配有优美的旋律,就能部分地减少他们对广告的厌烦,并给他们带来一点乐趣。正如不喜欢跳舞的人进入舞场,他们从欣赏舞曲和别人的舞姿中获得他们的快乐。

广告音乐具有上述多种功能,但是要有效地发挥它的积极作用,在音乐的选择或创作时,应该注意以下三点:

①不要使用其他竞争产品使用过的曲子或旋律。否则,你初期发布的广告实质上部分是在替竞争产品做宣传。

②选用现成的曲子应该是知名度高、大众较为熟悉的。如流行曲及一些经久不衰的名曲,不过要尊重音乐的版权。创作新乐曲应该让听众易学、易唱。曲

---

①　Stewart D W,Farmer K M,Stannard C I.Music as a recognition cue in advertising-tracking studies[J].Journal of Advertising Research,1990,30(4):39-48

②　Park C W,Young S M.Consumer Response to Television Commercials:The Impact of Involvement and Background Music on Brand Attitude Formation[J].Journal of Marketing Research,1986,23(1):11-24

调流畅、节奏感强的曲谱比较容易学,也比较容易流行。

③使用于广告中的乐曲要跟广告所要制造的情感气氛相适合。例如在制造一种怀旧气氛时,可用柔板、慢板的乐曲;创造欢快气氛时,可用节奏快的曲子如圆舞曲;要使人产生古朴的情感联想时,则用空灵的、意境深远的古典器乐曲。

# 第二节  广告中画面和语言的配合

画面和语言的配合是许多媒体广告(特别是电视广告、杂志广告)创作设计中的一个重要问题。画面和语言配合得好,有利于广告的宣传效果。配合得不恰当,则会影响广告的信息传递及说服作用。

## 一、关联或不关联

从信息内容上看,画面和语言配合经常出现两种情况:一种是二者都描述商品或劳务的特点、属性,即关联情况;另一种是画面和语言所描述的信息内容截然不同,二者之间没有必然的逻辑关系,即不关联情况。例如,画面表现一个翩翩起舞的漂亮女郎,解说词则在陈述与模特儿联系不上的某种品牌鞋油的特点。在关联的范围里,又可以分出两种情形:相同和相异。相同指画面和语言共同描述商品或劳务的某些特点、某些方面;相异指画面描绘商品的某一特点如功能,而语言陈述商品的另一特点如价格。

一般来说,不关联广告是广告表现上的失败。但有时也可能是广告创作者有意设计制作的。根据认知心理学关于记忆的双重编码理论和深度加工理论,关联性广告或由于它能使受众在接受广告信息时进行双重编码(表象编码和言语编码),或由于它能促使受众进行深度认知加工,广告信息的记忆效果优于不关联广告。对关联广告中的相同情形而言,广告由画面和语言向受众呈现相同信息,使受众对同一信息进行双重编码,因而记忆较为牢固,容易回忆出来。在相异情形下,由于语言和画面描述商品的不同侧面,受众在接受画面信息的同时,会对语言内容产生期待,期待相同信息的出现。当语言描述的内容与他们所期待的内容不一致时,受众就会进行深入的认知加工,即对从外界输入头脑中的信息进行分析、综合,并将它们与已有的知识经验联系起来,从而导致较佳的记忆效果。

在印刷广告的研究中,伊德尔和斯特林(Eder & Staelin,1983)根据受试者对与品牌有关项目和广告各方面(如版面编排、色泽)的回忆,将系统化图画、非系统化图画和纯语言内容三种广告加以比较。[①] 系统化图画指包含等同于图画内容的语言材料的广告画,即关联广告;非系统化图画指仅有画面内容没有语言叙述的广告画;纯语言内容指仅有语言描述的广告。由于不关联广告中不相干的信息会相互干扰,所以非系统化图画和纯语言内容的广告在宣传效果上等效或者优于不关联广告。他们的研究结果表明,系统化图画的信息记忆与非系统化图画、纯语言内容广告相比,有明显的优势。换句话说,关联广告比不关联广告,其广告信息更易于记忆。

在关联的相同和相异的两种情形的比较中,豪斯敦(Houston)等人(1987)的研究(见表 7-3)表明,在相异情况下,受试者对已看过广告中的各种信息的回忆优于相同情形的广告。[②] 简言之,用插图和文案分别描述商品的不同侧面,其信息记忆效果较为理想。

表 7-3  画面与语言配合的相同、相异比较

| | 文案回忆总成绩 | 产品类别 | 品牌名称 | 文案的特征信息 | 文案的其他信息 |
|---|---|---|---|---|---|
| 相同 | 9.55 | 5.76 | 2.96 | 3.76 | 0.83 |
| 相异 | 12.93 | 7.07 | 4.14 | 2.03 | 1.72 |

对于电视媒体来说,关联广告比不关联广告有利于广告信息的记忆,这是不言而喻的。然而,电视广告的图像和语言是在一段有限的时间内呈现出来的,每一个画面、每一句解说词都是稍纵即逝的,观众对广告信息的深度加工受到时间的限制。因此,如果图像和解说词分别描述商品的不同方面,由于没有足够的时间进行认知加工,记忆效果就不会太好。在这种情况下,要使广告信息得到有效的记忆,图像和解说词描述同一信息内容是较为合适的。在印刷广告中,有一项关于普通杂志中广告插图关联性的价值的研究指出,包含关联插图的广告的回忆率大约是无关联插图广告的 10 倍。[③]

① Edell J A,Staelin R.The Information Processing of Pictures in Print Advertisements[J].Journal of Consumer Research,1983,10(1):45-61

② Houston M J,Childers T L,S E Hecker.Picture-word Consistency and the Elaborative Processing of Advertisements[J].Journal of Marketing Research,1987,24(4):359-369

③ Laslett H R.The value of relevancy in advertisement illustrations[J].Journal of Applied Psychology,1918,2(3):270-279

## 二、同步与不同步

画面和语言同步与否这一问题主要是针对电视广告而言的。将画面和语言表现的同步与否与它们描述的信息内容相同与否结合起来,可分出四种情况,即:

①描述同一内容的图像和解说词同步呈现;

②描述同一内容的图像和解说词不同步呈现;

③描述不同内容的图像和解说词同步呈现;

④描述不同内容的图像和解说词不同步呈现。

其中第②③种情况实质是一样的。根据注意原理,不同的刺激作用于不同的感觉器官,如眼睛接受的是一种信息,耳朵接受的又是另一种信息,那么两种刺激之间就会相互干扰,影响人们对信息的心理加工;在另一种情况下,如果作用于不同感觉器官的刺激包含不同的信息内容,呈现又不是同步的,那么只要信息量不太大,观众也是可以顺利接受的。据此,在上述四种情况中,第①种情况最有利于观众的认知加工,第②③种情况对信息加工不利,第④种情况视广告所传递的信息量的大小而定,这实质上也说明了在电视广告中信息量大是不理想的。

## 三、画面表现的充分性

语言是一种约定俗成的社会交际工具,它能被准确地用以描述某种事物或概念。在这一点上,画面则远为逊色。正是由于这一原因,画面表现往往带有很大的随意性。那么如何把这种随意的画面表现和语言结合起来以达到较佳的信息传递效果呢?英国心理学家甘特(Gunter,1979、1980)以电视新闻为材料,比较了下列三种材料的记忆效果:[1]

①解说词＋电影剪辑画面;

②解说词＋静态画面;

③解说词＋播音员画面。

---

[1]　Gunter B.Recall of belief television news items:effects of presentation mode,picture content and serial position[J].Journal of Educational Television,1979,5:57-61;Gunter B.Remembering of televised news:effects of visual format on information gain[J].Journal of Educational Television,1980,6(1):8-11;Gunter B.Remembering of televised news:effects of picture content[J].Journal of General Psychology,1980,102:127-133

结果发现,第①种结合方式效果最佳,其次是第②种,第③种效果最差。这是可以预料的结果,但它说明了画面表现充分的重要性。美国国家广播公司NBC和丘斯林调查公司于20世纪70年代的广告效力调查也表明,画面表现要充分体现解说词的内容,才能使广告达到更佳的效果。[①] 例如在一则电视机的广告中,广告的中心意思是要大家明了该电视机的技术设计。研究者用了两种不同的画面表现作比较,一种画面表现是仅由播音员手指完整的电视机解释装配过程;另一种画面表现则将电视机内部的主要零件陈列在桌上,由播音员一边解释其优点和装配过程,一边做表演。结果前一种画面表现的受试者记忆率仅为5%,而后一种画面表现的记忆率高达41%,二者之间差距非常明显。

## 四、画面为主还是语言为主

在广告创作设计中,创作者经常要考虑到是以画面表现为主体,还是以语言描述为主体,才能达到理想的宣传效果。关于这方面的研究有很多,结论莫衷一是。泰勒和汤普逊(Taylor & Thompson)1982年的研究指出,画面内容过多地加到语言信息上,比起单独地呈现语言信息没有明显的作用;[②]吉斯流斯和斯腾塔尔(Kisielius & Sternthal)1984年报告显示,与单独的语言陈述相比较,产品的语言陈述伴随着线条画的类似物会增加品牌信息记忆,但减弱了积极的品牌态度;[③]罗斯特和佩斯(Rossiter & Percy,1978)发现,以画面为主语言为辅比以语言为主画面为辅的广告产生更积极的情感。由此可见,对以画面为主或语言为主两种表现形式的任何断言都可能导致错误。在实际广告创作设计中,究竟采用哪一种表现形式,似乎应根据广告宣传的目的和重点来决定。美国广告学家沃森·邓恩在《广告与商业》一书中对在什么情况下强调语言,在什么情况下强调画面作了如下概括:[④]

①当你要推销的产品注重外形时,那就应该强调它的视觉效果;

②如欲使产品造成人们情感上的联想,那么就应该强调视觉效果;

③为了达到广告的宣传目的,越注重事实,则运用文字宣传的重要性越高;

---

① 高渠.电视广告创作学[M].华视出版社,1986

② Taylor S E,Thompson S C.Stalking the"vividness"effect[J].Psychological Review,1982,89(2):155-181

③ Kisielius J,Sternthal B.Detecting and Explaining Vividness Effects in Attitudinal Judgments[J].Journal of Marketing Research,1984,21(1):54-64

④ 沃森·邓恩.广告与商业[M].工商出版社,1981

④在广告说明中如叙述部分很重要,则文字部分亦趋重要;

⑤产品越新则你更需要强调广告的文字;

⑥为了强调所要采取的行动,一般最好用文字说明。

沃森·邓恩所概括的这些方面虽然来自于印刷广告,但对于其他广告也同样具有指导意义。

# 第三节　广告颜色的心理效应及运用

颜色是光波作用于人的眼睛所引起的视觉经验。在日常生活中,有广义和狭义两种颜色。广义的颜色包括非彩色(白色、黑色和各种不同程度的灰色)和彩色(红、橙、黄、绿、青、蓝、紫);狭义的颜色仅指彩色。红、绿、蓝是三种基本色,其他颜色均可由这三种颜色按一定比例混合而成。广告的三种基本颜色是红、黄、蓝。在电子技术和印刷技术高度发展的今天,彩色在广告中的运用已经相当普遍,甚至连一直只有黑白灰三种颜色的报纸广告,彩色的运用也越来越常见。

在彩色被运用于广告之后,人们一直就很重视彩色的作用及彩色运用效果的研究。美国广告学家 T.B.斯坦利曾经归纳认为彩色在广告中具有如下作用:[①]

①吸引人们对广告的注意力;

②完全真实地反映人、物和景;

③强调产品和宣传内容的特定部位;

④表明销售魅力中的抽象质量;

⑤使广告在第一眼就给人以良好的印象;

⑥为产品、劳务和广告主本身树立威信;

⑦给人们记忆里留下更深的印象。

斯坦利所归纳的这七点,下面我们对广告中颜色使用有关问题进行分析探讨时,还会进一步加以证实。

## 一、彩色广告与黑白广告的对比

从彩色广告与黑白广告的对比研究情形来看,彩色的确有助于提高广告的

---

① 　唐忠朴,贾宜宾.实用广告学[M].工商出版社 1981:151

吸引力,使广告得到更多受众的注意。美国芝加哥有人做过一项试验,将同一份目录印成彩色和黑白两种,寄出数月之后进行的统计发现,彩色目录的促销作用为黑白目录的 15 倍,说明接收者对彩色目录的注意率远大于黑白目录。吉尔伯特(Gilbert)1933 年给 36 名大学生显示 14 则彩色和非彩色广告,每则 10 秒钟。后来测量他们的记忆效果发现,彩色广告的产品回忆增加 44%。[1] 日本新闻协会 1975 年的研究表明,同样版面的彩色广告,其注意率比黑白广告增加 10%,注意时间和记忆效果也提高两倍以上。[2]

美国广告研究者施塔奇(Starch)曾对美国《生活》和《星期六晚邮报》两种刊物刊登的 7 种产品的 3 819 则广告作调查。结果发现,彩色品种太少并不一定比黑白广告更能吸引人的注意,但彩色种类多时,其效果就变得显著(见表 7-4)。[3]

**表 7-4　读者对不同广告的注意率**

| 广告颜色 | 半页广告 | 全页广告 | 双页广告 |
| --- | --- | --- | --- |
| 黑白广告 | 100 | 100 | 100 |
| 双色广告 | 110 | 97 | 105 |
| 四色广告 | 185 | 153 | 150 |

注:表中假设以黑白广告的注意率为 100。

罗斯伯格(Rosberg,1956)研究也发现,彩色广告能引起更多人的注意。但是如果把广告费也考虑进去,以每元为单位计算,彩色广告则不如黑白广告有效。不过,另有一项研究则发现,四色广告的成本比黑白广告高出 50%,但通常它们的记忆度高出 100%。[4] 格朗豪哥(Gronhaug)利用 333 则杂志广告对大约 1 000 名被试进行的测验还证实,广告再认成绩与色彩的运用成正相关。[5]

在色彩与企业形象方面,华纳和弗朗赞(Warner & Franzen)1947 年让 992 名各种社会阶层、年龄、性别的人评价 10 则彩色全页广告、10 则黑白全页广告。结果发现,彩色广告有维持和提高熟悉品牌的声誉的好处,但对于激发兴趣似乎

---

① Gilbert H H.An experiment with colored and uncolored advertisements[J].Journal of Applied Psychology,1933,17:49-55

② 中国广告协会秘书处,参考资料,总 189～190 期

③ 傅汉章,邝铁军.广告学[M].广州:广东高等教育出版社,1985

④ Russell J T,Verrill G,Lane W R.Kleppner's Advertising Procedure[M].Prentice-Hill,1988

⑤ Gronhaug K,Kvitastein O,Gronmo S.Factors moderating advertising effectiveness as reflected in 333 tested advertisements[J].Journal of Advertising Research,1991,31(5):42-50

没有优势。[①] 不过,后来格斯特(Guest)1966 年让消费者评价相同内容的彩色与黑白广告发现,彩色广告并没有提高公司的威望。[②]

　　由上述研究可以看出,彩色广告总的来说比黑白广告能达到更好的注意和记忆效果。不过值得注意的是,黑白广告的适当运用有时也会达到彩色广告所不能及的引人注目的效果。根据强烈的对比反差能吸引人们注意的原理,在大多数广告都是彩色广告的时候,那么以黑白为基调的广告就容易变成"鹤立鸡群"。丹修(Donthu)等人(1993)关于户外广告的研究证实了这一说法。他们对一路段道路两旁的户外广告牌的研究发现,黑白广告的无助回忆和有助回忆都优于彩色广告(如图 7-11),但是黑白广告仅 3 块,而彩色广告则有 7 块。[③]

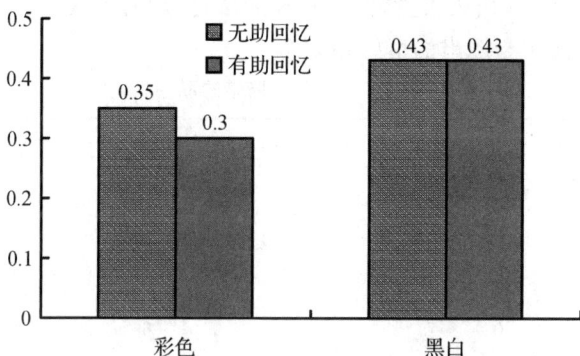

图 7-11　户外广告的无助回忆和有助回忆成绩

## 二、颜色的心理意义

　　颜色具有使人产生某种心理联想和唤起某种情感的作用,这是人们常常在特定情况下使用特定色彩,或者在特定的颜色情境中经常发生某些带有情感色彩的事所造成的心理联想关系。一般来说,每一种颜色都与一些相应的情感相联系。白色一般会使人想到清洁、纯洁、神圣、诚实。少女穿上白色的服装会给人纯洁的感觉。但在中国的许多地方,送葬时穿的是白色服装,因此,白色也会

　　①　Warner L,Franzen R,Values of color advertising[J].Journal of Applied Psychology,1947,31:260-270

　　②　Guest L.Status enhancement as a function of color in advertising[J].Journal of Advertising Research,1966,6(2):40-44

　　③　Donthu N,J Cherian,M Bhargava.Factors influencing recall of outdoor advertising[J].Journal of Advertising Research,1993,May/June:64-72

产生死亡的联想。黑色是夜晚的象征,因而会使人产生罪恶、悲哀、压抑、死亡、庄重的感觉。红色具有刺激人的生理欲望的作用,同时与温暖、危险、争斗、愤怒相联系。此外,红色还有吉利、吉祥、好运气的意思。黄色表示愉快、舒适,同时也可能使人产生富裕、高贵的联想。绿色是生命的象征,容易使人产生和平、充满生机以及平静、安宁的感觉。蓝色与广阔的天空和大海相联系,会使人联想到遥远、冷淡、寂寞、朴素。紫色可以使人联想到优雅和威严,还有优美、满意、希望、生机的感觉。青色是鬼火的颜色,具有冰冷、恐怖、神秘的感觉。

对于颜色的情感效应,卢基以12种彩色为例做过专门的实验研究,受试者63人,要求他们把12种彩色与兴奋、安静和严肃三种情感联系起来,受试者的判断结果见表7-5。[①] 由表可见,波长越长的彩色,越容易使人产生兴奋;波长越短的彩色,越倾向于与严肃的情感相联系。

表 7-5  色彩与情感的联系

| 彩色 | 深红 | 绯色 | 浓橙 | 黄橙 | 黄色 | 黄绿 | 绿色 | 青绿 | 青色 | 青淡紫 | 淡紫 | 紫色 |
|---|---|---|---|---|---|---|---|---|---|---|---|---|
| 兴奋 | 41 | 56 | 59 | 55 | 53 | 14 | 28 | 32 | 11 | 0 | 0 | 3 |
| 安静 | 0 | 0 | 0 | 6 | 6 | 39 | 32 | 23 | 21 | 17 | 6 | 1 |
| 严肃 | 10 | 0 | 0 | 0 | 0 | 5 | 0 | 6 | 30 | 45 | 54 | 48 |

## 小资料 7-2  看车色,识主人 [②]

德国心理学家马克斯·洛赫尔经过多年的研究,得出一个有趣的结论:"我们选择的并不是我们所喜欢的,而是我们内心所渴求、需要的颜色。"……

偏好红色的人一般充满活力,比较以自我为中心,认为自己资质高于常人,可以为所欲为。开红色车的人喜欢飙车,不遵守交通规则。

黄色车主通常个性坚定。他们也喜欢开快车,但却不贸然拿生命冒险。所以他们选择非常显眼的黄色。

选择棕色车的人非常少,仅占有车族的0.5%。他们对性很感兴趣,喜欢晚间艳遇。

至于蓝色,需要区分深浅。钟情浅蓝的人大多在投资理财方面很有天赋,其理智通常胜于情感。他们颇有耐心,在博取女子芳心时相当执著。颜色越深,其

---

① 唐忠朴,贾宜宾.实用广告学[M].工商出版社,1981:153-154
② 看车色,识主人[N].参考消息,2002-02-08

主人性格就越封闭,不过就能力与品行而言,他确实是很好的合作伙伴。

购买绿色车的人总是将安全放在第一位,他们非常清楚自身实力。在驾车时,他们严格遵守限速规定,即使其他车辆从身旁呼啸而过也不以为意。

黑色过去通常是政府车或是灵车的专利,后来却成为最受欢迎的色彩,约有12%的消费者说他们喜欢黑车。手握方向盘,的确有一种权势之气。当然,其车主通常都比较高傲。

灰色车车主一般都比较沉默寡言,从不显山露水。他们认为汽车只是交通工具而已,因而驾车时一心想着如何尽快赶往目的地,所以经常会闯到反向车道上去。

最后,喜欢白色或是奶色汽车的人士如果坐在副驾驶座位上,视物会非常清楚;要是亲自驾车,通常不会出任何意外。

看来,最容易出交通事故的还是红色车辆,因为驾车者的情绪波动很大。对黑色车辆也要小心,由于车主自视甚高,很容易目不斜视。黄色车远远就能发现,所以不必担心。至于绿色、白色车辆,就更可放心,他们绝对遵守交通规则。

我国心理学家马谋超曾经对349名知识青年进行过关于颜色与心境联系方面的调查,发现,在日常生活中,人们已经把特定的颜色同一定的对象以及心境或情绪体验联系起来。红色同节日喜庆连在一起,另外还同火、血、危险建立起联想;橙黄引起阳光明媚、充满希望的感受;绿色使人想起春天、万象更新的景象;蓝色与天空、海洋发生天然的联系;洁白更容易与纯洁对应;灰黑则令人伤感不安(详见表7-6)。[①]

表7-6　颜色与心境、对象的联系

| 颜色名称 | 心境或情绪体验 | 联想的对象 |
|---|---|---|
| 红 | 振奋(兴奋、激动)、喜悦、幸福、朝气蓬勃、热烈占69.2%;危险、不安占8.2% | 红旗、红衣服、节目、喜事、太阳、红花占51.6%;血、火、信号灯、危险标志占29.4% |
| 橙 | 喜悦、轻松、幸福、希望、爱慕、朝气蓬勃、温暖占52.7% | 橘子、水果占56.7% |

① 马谋超.广告心理[M].北京:中国物价出版社,1997:202

续表

| 颜色名称 | 心境或情绪体验 | 联想的对象 |
|---|---|---|
| 黄 | 幸福(喜悦)、轻松(明快)、朝气蓬勃、振奋、爱慕占35.8% | 服装、丰收的田野、家具占31.4% |
| 绿 | 轻松、希望、朝气蓬勃(有生机)占49.1% | 草(草原)、树叶、春天的田野、森林、植物、青山绿水占71.8% |
| 蓝 | 轻松、安静占25.9% | 蓝天、海洋占83.5% |
| 紫 | 冷淡、严肃、寂寞、不安忧郁、消沉占30% | 紫花、服装占34% |
| 白 | 纯洁占45%;安静占13% | 白雪、医院、白衬衣、白衣战士、白花占50.3% |
| 灰 | 消沉、失望、冷淡、忧郁、不安、伤感占61.4% | 阴天、灰衣服、灰建筑物占51.9% |
| 黑 | 严肃、恐惧、悲伤、不安、伤感、寂寞、忧郁占52.7% | 黑夜、黑衣服、黑纱、丧事、追悼会占80.8% |

由于不同的颜色各有其不同的心理意义,所以在进行企业形象的视觉设计以及个别广告的创作设计时,应该注意颜色的运用要与广告活动的理念、主题、基调以及产品的特点相协调。从一些国际知名品牌的广告活动中,我们也可以看出,它们非常重视广告色彩的选择运用。例如万事发香烟广告,都是以天蓝色为基调,来衬托该商品的"淡雅飘逸"的特点,而万宝路香烟则以红色作为广告的基色,来进一步突出西部牛仔的"冲劲"。

但是,在颜色的选择使用时,也要注意到颜色的心理意义因地区和文化的不同而不同。在许多国家,绿色都象征着生命和和平,而在马来西亚,绿色则会让人想到森林和疾病;绿色还是埃及和叙利亚的国色,用在商品上不受欢迎。在我国,红色象征着喜庆、欢乐和胜利等,爆竹染上红色是合情合理的事,而联邦德国和瑞典人不爱滥用红色,所以我国原先出口到这两个国家的红色爆竹不受欢迎,改为灰色后则销路大增。爱尔兰、瑞典的国旗上有红、白、蓝三种颜色,所以在食品中禁止使用这些颜色。在伊拉克,商业上避免使用橄榄色,因为伊拉克国旗上有这种颜色。蓝色是伊朗人丧服的颜色,用在商品上会引起反感。在大多数拉丁美洲的市场中,紫色普遍被排斥,因为它象征着死亡。面向法国的广告和包装就要尽量避免墨绿色,法国人十分仇视希特勒军队的墨绿色军服。

### 三、颜色偏好

在广告色彩的运用时,颜色偏好也是一个值得注意的问题。关于人们对颜色的喜爱和偏好,历史上有许多国内外的心理学家都进行过研究。国外心理学家卡茨和布里德(Katz & Breed)研究 5～10 岁儿童的颜色偏好顺序是蓝、绿、红、紫、橙;[1]我国著名儿童心理学家陈鹤琴对小学生颜色爱好的调查结果是:对光谱两端颜色的爱好胜于对居中各种颜色的爱好;温肇桐调查小学生颜色爱好的顺序,男生是:紫、黄、橙、绿、红、青、黑、白;女生是:绿、橙、紫、红、黄、青、白、黑;周先庚和陈汉标对大学生测定的结果是:白、蓝、红、黄、绿、黑、橙、紫、灰;陈立和汪安圣对四种基本色测定的结果是:红、蓝、绿、黄;英国艾森克(Eysenck)总结了各国学者对不同民族调查的结果,发现各民族之间对颜色爱好有一定差别,但也有共同的倾向,爱好顺序是:蓝、红、绿、黄。[2]

广告学家施塔奇对色彩偏好也进行过研究。他发现,颜色偏好在单独评价和在广告上评价,其结果(见表 7-7)有所不同。[3]

表 7-7　一般人对颜色的喜爱次序

| 颜色 | 紫青 | 青色 | 青红 | 黄橙 | 红色 | 淡紫 | 黄色 | 绿色 | 橙色 | 黄橙 |
|---|---|---|---|---|---|---|---|---|---|---|
| 广告见时 | 1 | 2 | 3 | 4 | 5 | 6 | 7 | 8 | 9 | 10 |
| 单独见时 | 7 | 2 | 9 | 4 | 1 | 5 | 8 | 6 | 3 | 10 |

邓莱普(Dunlap)1950 年还研究颜色广告和行为的关系。他给堪萨斯州的男校友协会发出 572 个不同彩色明信片,向他们通报他们的成员资格届满。结果回复的情况是:黄色 50.7%、蓝色 46.1%、白色 40.8%、鲜红色 38.6%。但统计分析表明,各种色彩的回复量没有显著差异。[4] 同时,性格特征也可以显著预测人们对颜色属性和图标特征的偏好。例如拥有经验开放型性格的人更可能偏好红色、橙色、黄色、黄绿色、蓝色以及柔和、灰暗的颜色,外向的人更可能喜欢黄

---

①　Katz S E,Breed F S.The Color Preferences of Children[J].Journal of Applied Psychology.1922,6(3):255-266

②　朱智贤.心理学大词典[M].北京:北京师范大学出版社,1989:833-834

③　傅汉章,邝铁军.广告心理学[M].武汉:华中师范大学出版社,1988

④　Dunlap W J.The effect of color in direct mail advertising[J].Journal of Applied Psychology,1950,34:280-281

色和更饱和的颜色,而尽责性的人则更不喜欢红色和灰暗的颜色。[①]

值得注意的是色彩的偏好不是一成不变的。世界时装新潮的流行色就说明了这一点。所以在广告色彩的运用,特别是包装广告的色彩运用时,要注意消费者当时的颜色偏好。

## 小资料 7-3 PANTONE(潘通)年度代表色[②]

PANTONE 色卡是享誉世界的色彩权威,涵盖印刷、纺织、塑胶、绘图、数码科技等领域的色彩沟通系统,已经成为当今交流色彩信息的国际统一标准语言。2000 年,PANTONE 发布了第一个年度流行色 Cerulean Blue。20 年来,PANTONE 的色彩专家每年都在寻找一种能够捕捉时代精神的色彩,作为全球文化情感和态度的表达,PANTONE 年度流行色已然成为颜色从业者关注的焦点。潘通近年来发布的流行色有:

### 2020 年度代表色 Classic Blue 19-4052 经典蓝

冷静,信心及连结感,这个永恒不朽的蓝色调,突显出在跨入一个新时代之际,我们渴望在一个可靠稳定的基础上开始建设。经典蓝给人的感觉是一个平静的色彩,为人类心灵带来平和与宁静,提供庇护。科技持续领先着人类处理它的能力,因此不难了解为什么我们会被真诚并提供保护感的色彩所吸引。经典蓝没有侵略性,容易引起同感与信任,适合卸下心防的互动。2020 年支付宝 10.1.88 版本便将 logo 颜色该为更接近经典蓝的深蓝色。

### 2019 年度代表色 I Living Coral 16-1546 活珊瑚橘

珊瑚橘代表着现代生活的多方融合,是在周遭自然环境中出现的滋养颜色,同时也是社交媒体里生动呈现的颜色。色彩是一个平衡的镜头,透过它我们体验自然与数码的实境,珊瑚橘色尤其如此。消费者渴望人机互动与社交关系,欢乐的珊瑚橘呈现出人性化、振奋人心的特质,打动人们的心弦。珊瑚橘散发出大自然色彩中迷人、亲切与活力的层面。这个隐身在海底,焕发着光芒但却不可捉摸,生机蓬勃又热力十足的色彩,让我们的眼睛与心神为之着迷。

### 2018 年度代表色 Ultra Violet 18-3838 紫外光

紫外光传达独创性、创造力和前瞻性的思维,为我们指向未来。神秘的紫外光也早已象征着反常规和艺术的光辉。音乐偶像王子大卫鲍伊和吉米汉瑞克斯将紫外光色调推到西方文化的最前沿,成为个性的自我表达,细致入微且充满情

---

① 秦阔,崔雪,张乐佳,等.用户性格与颜色及图标特征偏好的关联[J].科学技术与工程,2022,22(23):9997-10002

② 潘通·中国[EB/OL].http://pantone.net.cn/pantone/index.htm

感,紫外光深度象征着实验精神和不墨守成规,促使人们突破自我成为他们在世界上独一无二的印记,并通过创作推动边界。

### 2017 年度代表色 Greenery 15-0343 草木绿

草木绿属于自然中性色。越是身处于现代社会中的人,越是对自然之美和自然界内在的统一性怀有无限憧憬。这种趋势表现在日常生活的多方面:不管是城市规划、建筑、生活方式还是设计,草木绿都被广泛运用于世界各地。草木绿是一个代表初春时节万物复苏、欣欣向荣的颜色,清新而充满活力,如同身处于繁茂的绿植之中。

### 2016 年度代表色 Rose Quartz 与 Serenity 13-1520&15-3919 水晶粉与宁静蓝

2016 年色彩手法偏向柔和:潘通公司首度选择两种色彩组合作为代表色,2016 的年度代表色是水晶粉与宁静蓝。当消费者追求正念与幸福以作为现代生活压力的解药之时,能在心理上满足对安心与安全渴望的友善色彩变得愈加重要。将水晶粉与宁静蓝结合,在温暖亲和的玫瑰色调与冷静安详的蓝色之间显现一种固有的平衡,反映出连结、幸福,还有一种秩序与和平的抚慰感觉。

## 四、颜色与易读性

易读性是阅读材料容易被感知程度的衡量指标。阅读材料越容易被感知,其易读性就越高,反之亦然。颜色对易读性的影响表现在两个方面,即颜色的光强度和颜色的匹配。

各种颜色其光强度有强有弱,美国广告学家赖斯根据光度测定法,测出了11 种颜色光的相对强度(见表 7-8)。[1] 以白色光的强度为 1.000,其他颜色光的强度均小于 1.000。

表 7-8　颜色光的相对强度

| 颜色 | 白 | 黄 | 黄橙 | 橙 | 赤 | 绿 | 练瓦 | 青绿 | 青 | 紫 | 青紫 |
|---|---|---|---|---|---|---|---|---|---|---|---|
| 强度 | 1.000 | .938 | .864 | .579 | .348 | .348 | .283 | .231 | .161 | .125 | .120 |

物体的易见度与光的强度有密切的关系。光的强度愈大,其易见度也愈高。广告学家斐雪也曾对表 7-8 中的 11 种颜色的易见度进行测量。结果发现,各种颜色的易见度顺序与赖斯所测的光强度大小顺序相一致。说明不同的颜色,其易见度是不同的。

关于颜色匹配对易读性的影响,美国广告学家卢基做过专门的研究。研究

---

[1]　唐忠朴,贾宜宾.实用广告学[M].工商出版社,1981:153

结果(见表 7-9)表明,①黄色背景黑色文字的印刷材料或书写材料最为明了易读。对此,卢基认为黄色光强度大,看起来有缩短距离的感觉。

颜色匹配对易读性影响,有些研究认为是对比度高低所致。② 但是被认为对比度最高的 12 种文字与背景组合(见表 7-10)中,有些高对比度的匹配让人晃眼,不易阅读,其中第 11 和 12 种匹配,还会让视觉缺陷者产生色觉混乱。

**表 7-9  各种颜色匹配的易读性等级**

| 等级 | 1 | 2 | 3 | 4 | 5 | 6 | 7 | 8 | 9 | 10 | 11 | 12 | 13 |
|------|---|---|---|---|---|---|---|---|---|----|----|----|----|
| 底色 | 黄 | 白 | 白 | 白 | 青 | 白 | 黑 | 赤 | 绿 | 黑 | 黄 | 赤 | 绿 |
| 面色 | 黑 | 绿 | 赤 | 青 | 白 | 黑 | 黄 | 白 | 白 | 白 | 赤 | 绿 | 赤 |

**表 7-10  12 种对比度最高的文字背景组合**

| 等级 | 1 | 2 | 3 | 4 | 5 | 6 | 7 | 8 | 9 | 10 | 11 | 12 |
|------|---|---|---|---|---|---|---|---|---|----|----|----|
| 底色 | 黄 | 白 | 白 | 蓝 | 白 | 黑 | 红 | 橙 | 黑 | 黄 | 红 | 绿 |
| 面色 | 黑 | 绿 | 蓝 | 白 | 黑 | 黄 | 白 | 白 | 白 | 红 | 绿 | 红 |

# 第四节  广告中人物模特的作用及运用

在现代广告中,大量广告都运用人物来表现产品的功能、用途,介绍产品的使用方法、特点,以及树立品牌形象。那么,人物在广告中如何加以运用? 人物广告的运用能获得什么样的效果? 这些问题都是广告主、广告创作者和广告研究者共同关心的问题。本节分三个方面来加以探讨。

## 一、用或者不用人物

邀请一个模特儿来拍摄广告照片或广告影片是要付报酬的,有时要付高额报酬。因此在考虑是否运用模特儿来拍广告时,首先要明确用与不用模特儿,其广告宣传效果有无差别。

社会心理学家弗里德曼(Friedman)等人 1976 年的研究曾涉及这一问题。

---

① 唐忠朴,贾宜宾.实用广告学[M].工商出版社,1981:153

② Magaret B,Foster J J.The Visibility of Colored Characters on Colored Backgrounds in Viewdata Displays[J].Visible Language,1982,16(4):382-390

他们在一条关于酒的广告中分别用四种类型的产品介绍人,即演员、学生(典型消费者)、酒评论家和公司总裁。在另一广告副本中则没有人物。在受试者看完广告后,要求他们对酒的味道、价格、广告的可信性和购买意图作回答。结果发现:不管用什么代言人,有代言人的广告总比没有介绍人的广告取得更佳的宣传效果(见表 7-11)。[①] 黄合水和彭聃龄(1989)在一项有关电视广告的研究中,也取得与此一致的结果。他们让受试者对 56 条电视广告作印象评价,56 条广告中有 27 条有人物(包括动画人物),29 条没有人物。结果是有人物的广告的平均印象评价明显高于没有人物的广告。[②] 著名广告研究者斯塔奇(Starch)对广告中人物模特儿的作用也曾进行过研究。在该研究中,他让被试挑选出 50 幅最好看和最不好看的广告。研究结果发现,在被认为最好看的 50 幅广告中,有 29幅插图中心集中于人物。而在被认为最不好看的 50 幅广告中,只有 10 幅插图中心集中在人物上。另一方面,在前 50 幅广告中,没有一幅是单独介绍产品的图片,而后 50 幅广告中就有 32 幅只是介绍产品的图片。[③] 这些研究结果说明,从总体上看,运用人物于广告中是有益的。据此,建议广告创作者在广告创作实践中,尽量考虑运用人物。

表 7-11　四种代言人的分析结果

| | 期望售价 | 味道 | 购买意图 | 信任程度 |
|---|---|---|---|---|
| 演员 | $2.53 | 5.60 | 3.87 | 4.10 |
| 学生 | $2.55 | 4.43 | 2.90 | 3.27 |
| 酒类评论家 | $2.45 | 4.83 | 3.03 | 2.93 |
| 总裁 | $2.57 | 5.37 | 4.17 | 3.80 |
| 控制组 | $2.64 | 4.03 | 2.67 | 2.83 |
| 均值 | $2.55 | 4.85 | 3.33 | 3.39 |
| F | 0.13 | 3.01 | 1.99 | 1.62 |
| df | 4;145 | 4;145 | 4;145 | 4;145 |
| 显著水平 | P>.97 | P<.05 | P<.10 | p>.15 |

运用人物有利于提高广告的效果,这也可以从理论上找到依据。根据社会心理学家奥斯古德的适应性理论,"倾听某人对某对象的主张,听者对主张者的

① Friedman H H,Termini S,Washington R.The effectiveness of advertisements utilizing four types of endorsers[J].Journal of Advertising,1976,5(3):22-24
② 黄合水,彭聃龄.电视广告效果的测量及影响因素[J].中国广播电视学刊,1990(4)
③ 田中洋,凡冈吉人.新广告心理学[M].朝阳堂文化事业股份有限公司,1993

评价与对对象的评价有一种趋于一致(均衡)的倾向"①。在人物型广告中,由于人物一般都是经过严格挑选出来的,人物形象比较好。这样,由人物来发表他们对产品的评价,也就会促使消费者对广告和产品产生较为有利的态度。

## 二、用什么样的人物

广告中使用的人物大致分为下列四种类型:即名人、专家、企业行政官员和普通人物模特。在广告中选用什么样的人物,应注意人物运用后的正、反作用。

### 1. 名人

名人一般指知名度大或众所皆知的歌星、影星、体育运动明星等。20世纪初,美国汤普森广告公司(Thompson)率先在力士香皂的印刷广告中呈现明星照片,随后其他商品也纷纷采用名人做广告。例如,美国黑人田径名将欧文斯在1936年的柏林奥运会上脚穿德国的阿迪达斯牌运动鞋;巴西足球球王贝利在日本索尼公司贝塔牌录像带印刷广告上踢球;法国著名影星阿兰·德龙在广告中佩带太阳眼镜;英国著名摇滚歌星斯汀仰天痛饮日本麒麟牌啤酒;美国著名篮球巨星乔丹穿着耐克运动鞋打球;姚明为中国联通代言(见图 7-12);等等。美国《商业周刊》上曾有一文估计,1976 年美国的电视广告中含有名人的片子占总数的 33%。

图 7-12　中国联通

---

①　郑瑞泽.社会心理学[M].中国行为科学发行,1987

　　OPPO手机可谓是国内使用名人代言的翘楚,其所签约的明星代言人累计超过百人。定位为"更多年轻人选择的拍照手机"的OPPO热衷于多明星营销,受年轻人喜爱、知名度高、热度高、流量大的明星常常出现在OPPO的广告当中,如王俊凯、迪丽热巴等等,如图7-13和图7-14。

图7-13　王俊凯代言OPPO广告　　　　图7-14　迪丽热巴代言OPPO广告

　　名人出现在商品广告中,具有多种作用:[①]

　　第一,邀请名人做广告需要付出大笔的酬金。例如影星约翰·韦恩为一家银行做广告每年可以收到35万美元;影星詹姆斯·盖默出现在宝利莱照相器材广告中,获得100万美元;美国著名职业篮球球星迈克·乔丹1991年夏天与夸克燕麦片公司签下合同,为盖托瑞德牌夏季运动饮料做广告10年,酬金1 800万美元。我国明星的报酬虽然远没有国外明星那么高,但是也从过去的几万元,几十万元上升到现如今的百万甚至千万。所以请得起名人做广告的公司或企业通常会给人以财大气粗的印象。换言之,名人可以帮助企业或品牌树立良好的形象,吸引经销商加盟。

　　第二,名人对普通消费者具有很大的影响力,人们在生活方式、衣着打扮和

---

　　① 黄合水.电视广告中人物的运用[J].广播电视研究,1991(1):35-36

行为举止上常常会仿效名人。因此请名人在广告中表演、介绍和推荐产品,能产生较强的感染力和说服力,从而达到促进产品销售的目的。例如美国烟草公司由于较早使用名人做广告,在名人广告宣传开始短短的两个月内,竟然使该公司的红光牌香烟的销售额增长47%,市场占有率从20%上升为38%。日本松下电器公司的Panasonic收录机当年在美国赞助走红的R&B土风大演唱团之后,该品牌的市场份额很快从末位跃至首位。[1] 我国电视连续剧《渴望》播出之后,刘慧芳的服饰在市场上也曾流行一时。凯米尼斯(Kamins)在探讨名人广告对管理者参与MBA课程的影响时也发现,名人诉求增进了品牌态度。[2] 李和布郎(Lee & Browne)1995年调查十几岁的非洲裔美国人(12~28岁)对非洲裔美国人担当代言人的运动鞋电视广告的态度。结果指出,59.5%的被试指出非洲裔体育明星对他们购买特殊品牌的决策至少有一些影响。[3] 但是也有研究发现,不管产品是个人使用的还是作为礼品送人的,只有消费者感知到名人的专门技术,名人广告对其购买意图才有明显的影响。[4]

第三,名人容易引起人们的注意,增加人们对品牌名字的记忆。不管名人在什么地方出现,人们总想目睹一下明星风采,在广告中出现也是如此。所以,名人广告会因名人而得益,提高广告的受众接触率和品牌知名度。正如弗里德曼(Friedman & Friedman)1979年的研究所指出的,不管什么产品类型,名人对于品牌名字和总体回忆都更有效。[5]

第四,名人增加所代言品牌的可信度。阿特金和布鲁克(Atkin & Block)1983年检验明星代言酒精广告对196名年龄从13岁到77岁的人的影响。结果发现,运用知名人物对十几岁青少年很有影响,而对年龄较大被试的影响有限。但对所有年龄群体来说,名人被看作更可信任的。当著名人物出现时,产品形象更好,读者特别可能将酒精品牌评价为令人愉快的、可享受的。[6]

---

[1] 中国广告协会秘书处,报刊广告文摘,第8期,参考资料

[2] Kamins M A.Celebrity and noncelebrity advertising in a two-sided context[J].Journal of Advertising Research,1989,29(3):34-42

[3] Lee E B,Browne L A.Effects of television advertising on African American teenagers[J].Journal of Black Studies,1995,25(5):523-536

[4] Ohanian R.The impact of celebrity spokespersons' perceived image on consumers' intention to purchase[J].,Journal of Advertising Research,1991,31(1):46-54

[5] Friedman H H,Friedman L.Endorser effectiveness by product type[J].Journal of Advertising Research,1979,19(5):63-71

[6] Atkin C,Block M.Effectiveness of celebrity endorsers[J].Journal of Advertising Research,1983,23(1):57-61

此外,名人做广告有时会产生社会舆论效应,从而提高广告品牌的知名度。例如李默然代言三九胃泰、巩俐代言美的、姚明代言耐克,都曾引起广泛的社会舆论。

然而采用名人做广告也存在一些问题,包括:

第一,受众可能因过分地注意名人而忽视其他广告信息。例如欧格威创作的著名名人广告——好运道人造奶油广告,广告播出之后,在广告名人罗斯福总统夫人所收到的观众来信中,一部分说为罗斯福总统夫人自损形象而感到可惜;另一部分则说为她自损形象而感到高兴,但没有说他们记得该广告的产品是什么。

第二,有的受众会认为名人是广告主用钱买来说话的,广告主要求他们说什么他们就说什么,其言不可靠,其行不可效。

第三,名人形象与产品或品牌不相吻合,反而不利于塑造品牌形象或突出产品特点。例如,让身体强壮的影星来介绍补钙产品,就不太合适,容易让受众反感。

### 2. 专家

专家是指在某一科学技术领域有较深造诣的学者。专家在一般人眼里具有相当的权威性,专家的观点、意见容易为一般人所接受。著名社会心理学家霍夫兰和韦斯 1951 年的研究向许多人提出一种观点:"不久的将来即可造出核潜艇",然后告诉一些人,该观点是由一位著名的威望极高的原子能专家罗伯特·奥本海默提出的;而告诉另一些人则说,该观点是由真实性和客观性有问题的苏联《真理报》报道的。研究结果表明,那些相信宣传来自专家的人,大部分都接受这一观点,而另一部分得自《真理报》同样宣传的人很少有人相信。[①]

专家往往被看作是可靠的信息来源,在广告中用他们来介绍产品特点,具有很强的说服效果。例如让医生来介绍药品、让工程师推荐机械设备、让营养师介绍营养品,都是有效的宣传手段。

### 3. 企业行政官员

企业行政官员指企业的经理、领导。企业行政官员在广告中出现,无疑旨在塑造企业的形象。在这类广告中企业的形象在很大程度上取决于行政官员本身的形象。一位年轻有为、精明强干、稳重老练的经理,容易使人对企业产生良好的印象。反之,一个不吸引人的经理或领导,不仅不能使受众建立良好的企业形象,甚至会造成相反的效果。企业行政官员在广告中表现的可信性也会影响到

---

① Hovland C I,Weiss W.The Influence of Source Credibility on Communication Effectiveness[J].Public Opinion Quarterly,1951—1952,15(4):635-650

受众企业形象的形成和改变。鲁宾（Rubin）等人 1982 年的研究直接检验公司老板在广告中的效力。广告内容涉及一家小家具店。在一个版本中，发言人说他自己是公司的老板，而另一广告版本则没有这么说。148 名商学系学生看了广告并作评价。评价结果是公司老板广告好于另一则广告。原因是老板广告更"值得信赖"。[①] 雷登巴奇和匹兹（1986）专门对广告中行政官员的作用进行过研究，并发现，当行政官员的可信性高，且产品或公司的形象也好时，行政官员有促进作用。在这种情况下，广告信息为受试者接受的可能性也是高的；当行政官员的可信性高，但产品或公司的形象不佳时，行政官员能够使产品或公司的形象向好的方面转化；当行政官员的可信性低，但产品或公司的形象好时，行政官员的运用实质上分散了广告的效果；当行政官员的可信性和产品或公司的形象都差时，运用行政官员也能提高产品或公司的形象。[②]

**4. 普通人物**

广告运用的普通人物一般是产品或劳务的潜在顾客。例如，药品广告以病患者为模特，女性化妆品以青年女郎当模特，儿童食品则用儿童作模特。

普通人物用于广告宣传中的作用也是多方面的。第一，人物模特有利于创造产品使用的真实情景，促使受众把产品或劳务与自己的生活联系起来；第二，良好的人物形象能使受众产生情感迁移作用，即把对人物的良好印象迁移到产品或劳务上；第三，普通人物的运用能使广告更具有人情味，这有助于广告为受众所接受。

由上述分析可见，在选择什么类型人物模特的问题上，要考虑到广告费用投入、广告目标和产品的类型。当广告以树立品牌或企业形象为目的且广告费用投入充足时，就可以采用名人做广告；当产品专业性、技术性比较强，适用面比较窄时，聘请专家来推荐产品就比较合适；普通人物在一般广告中均可采用；行政官员则主要看其形象如何。

# 三、如何运用人物模特

人物模特的身份、形象及其在广告中的表演对于广告的宣传效果有着重要的影响。恰当地运用人物模特不仅能增加广告的说服力，也能提高广告信息的

---

① Rubin V,Mager C,Friedman H H.Company president versus spokesperson in television commercials[J].Journal of Advertising Research,1982,22(4):31-33

② Alwitt L F,Mitchell A A.Psychological Processes and Advertising effects[M].Theory,Research and Applications,LEA 1985

记忆水平。下列几点是运用人物于广告中时应该加以注意的。

### 1. 注意人物的特征

人物的特征包括可信度、专业性、身体吸引力、熟悉性、可爱程度等,这些因素是管理者选择明星代言人时考虑的标准,也是关于消费者研究中发现的影响明星代言广告效果的重要因素。[①] 可信度是指人物是否值得信赖的程度,它通常因人而异。专业性与代言人对所从事的工作以及在相关行业的造诣有关。身体吸引力指的就是外在的形象,漂亮不漂亮,帅不帅。熟悉性是指代言人对所代言产品的熟悉程度,通常与代言人是否使用所代言的产品有关。可爱程度则指一个人的个性魅力,它与外在形象有关,但不完全决定于外在吸引力。

### 2. 尽量表演

众所皆知,一个呆板的演员对观众是不会有太大吸引力的。要把握、捕捉观众的吸引力,演员必须不断地表演。在电视广告中也是如此,特别是一些介绍产品使用方法、表现产品功能的广告,更应该让演员充分地表演。因为当某一行为经过实地表演而完成时,会比语言描述给人更深的印象。有人曾经对宣传"容易洗掉油腻"的两个不同表演程度的清洁剂广告进行对比研究。一则广告让一位家庭主妇右手拿着一罐清洁剂,左手拿着一个干净发亮的平底锅,用解说词说明用该清洁剂洗锅毫不费力,但没有表现去污过程;另一则广告让家庭主妇表演了平底锅的整个去污过程,同时用解说词加以说明。结果记住第一则广告的受试者仅占6%,记住第二则广告的受试者占28%。留心宝洁公司产品广告的读者不难发现,他们的模特一直都在表演。

### 3. 让人物模特说话

在国内的许多电视广告中,人物模特都是"哑巴"。也许不让人物模特说话可以减少很多制作上的麻烦。然而研究发现,是否让人物模特说话与观众对广告的态度有显著的正相关。[②] 换句话说,让人物模特来表达解说词的广告,比有人物模特但不说话的广告能获得观众较高的评价。大卫·欧格威也曾经说过:"研究资料表明,旁白比较不能吸引观众,最好还是让演员直录。"[③]

由人物模特来表达解说词显得较为亲切、自然和真实。因此在电视广告制作时,应该加以重视。

---

① Erdogan B Z, Baker M J, Tagg S. Selecting celebrity endorsers: The practitioner's perspective[J]. Journal of Advertising Research, 2001, 41(3): 39-48

② 黄合水,彭聃龄. 电视广告效果预测和评价方法的研究[J]. 社会心理研究, 1990(3)

③ 大卫·欧格威. 一个广告人的自白[M]. 北京: 中国友谊出版公司, 1991

### 4. 服饰切合身份

表演者的衣着打扮很重要,同样一个人不同的打扮,会给人不同的形象。在广告中表演者的形象要与产品使用者的形象相吻合,这样才能引起观众的认同感,否则会让观众产生不真实感,损害广告的宣传效果。例如有一则食品广告分别由一位妇女用两种不同的服饰来做宣传。一者穿戴时髦,像一位交际小姐;另者打扮成家庭主妇模样。两则电视广告的记忆效果测试结果分别为63%和100%,后者明显高于前者。利(Leigh)等人1987年检验妇女的角色(现代与传统)描绘对广告效果的影响。研究发现妇女的角色描绘强烈地影响着广告效果。广告角色描绘与受众角色定位一致,产生了对广告和代言人更积极的态度,这些态度还迁移到产品上①。另一项研究也发现,黑人更可能回忆出带有黑人模特的广告,而不是白人模特的广告。②

在大量的电视广告和印刷广告中,广告创作者为了吸引观众对广告的注意,常常让人物模特穿戴时髦、奇特,如穿比基尼泳装。这类广告的确能吸引观众的注意力,但观众的注意力往往只会集中在模特儿身上而忽视其他广告信息。所以,在服饰使用上一定要谨慎。

### 5. 代言人身份要与商品协调

一般而言,一种产品通常适合某一特定消费者群体使用,例如长筒丝袜以青年女性为主,香烟以男性为主。消费者对何种商品适合何种人往往已形成观念,并以这种观念看待广告中的人物身份与产品的关系。当产品与人物身份相适应时,广告就显得真实。反之,则会让人觉得荒唐。例如美国有一项研究给观众呈现两则同样宣传内容的广告,其中一则广告用一个铁厂工人手摸下颌称赞刮胡刀片的锋利,商品与人物不很协调,受试者的记忆率为13%;另一则广告用办公室职员做同样的表演,商品与人物相协调,受试者的记忆率为32%,比前者提高一倍以上。

再比如,有一种甜饼粉食品原料,所需各种成分都已调好在粉内,用法极为简单,只需加水混合放入烤箱即可。有一则广告用一个大厨师来表演,似乎把问题复杂化,小题大做,结果能记住该广告的仅为16%;另一则广告由一个顽皮的小女孩来表演,意味着小孩尚能做,主妇自然不成问题。该广告记忆率高达

① Leigh T W,Rethans A J,Whitney T R.Role portrayals of women in advertising:Cognitive responses and advertising effectiveness[J].Journal of Advertising Research,1987,27(5):54-63

② Choudhury P K,Schmid L S.Black models in advertising to blacks[J].Journal of Advertising Research,1974,14(3):19-22

73％,效果明显好于前者。

　　弗里德曼和弗里德曼 1979 年专门研究代言人类型与产品类别的关系。研究者准备了 12 则虚构的黑白印刷广告,代表 4 类代言人(明星、专家、典型消费者、没有背书人控制组)和 3 种产品(人造珠宝、吸尘器、饼干)的 12 种不同组合。360 名被试随机分配到 12 个组,完成 3 页关于广告态度的问卷。48 小时后,电话访问他们,要求他们描述他们所看过的广告。这种方法获得两个分数,即品牌名字的无助回忆和整则广告的无助回忆。研究结果表明:产品类别与代言人类型共同制约着广告的效果。由人造珠宝——明星、吸尘器——专家、饼干——消费者构成的广告得到最高的评价。这三种组合获得较高的产品态度、较高的购买意图、较高的代言人可信度。[①] 这一研究结果说明代言人与商品协调的重要性。

### 6. 人物的性别

　　在消费者的观念中,任何一种商品都可以被归类为男性的、女性的和中性的。正如德贝韦斯和艾尔(Debevece & Iyer,1986)所指出的,"过去的研究表明,人们的确有关于产品类别的已有性别形象,这些形象是独立于推销者试图塑造的形象"[②]。这说明为了达到有效的宣传效果,注意广告模特与产品性别的匹配是很有必要的。

　　根据异性相吸这一普遍原则,女性模特容易引起男性的注意,男性模特容易引起女性的注意。所以有些男性商品的广告用女性模特来表演,而女性用品广告则采用男性模特,从提高广告的观众收视率来说,这一手段是有效的。然而,研究表明,用异性模特的广告,会影响受众认真阅读广告信息。康伦哥和潘恩(1973)的研究还发现,广告的传播效果与模特和产品的性别匹配有关。当模特的性别与产品一致时,其效果大于不一致的匹配。康伦哥和乔哈(1975)的进一步研究发现,男女模特同时出现(见图 7-15、图 7-16),传播效果最佳。[③]

---

　　① Friedman H H,Friedman L.Endorser effectiveness by product type[J].Journal of Advertising Research,1979,19(5):63-71

　　② Debevece K,Iyer E.The Influence of Spokespersons in Altering a product's Gender Images Implications for Advertising Effectiveness[J].Journal of Advertising,1986,15(4):12-20

　　③ Carter H C.Effective Advertising,LEA,1987

图 7-15　Fendi 2021 七夕限定系列广告

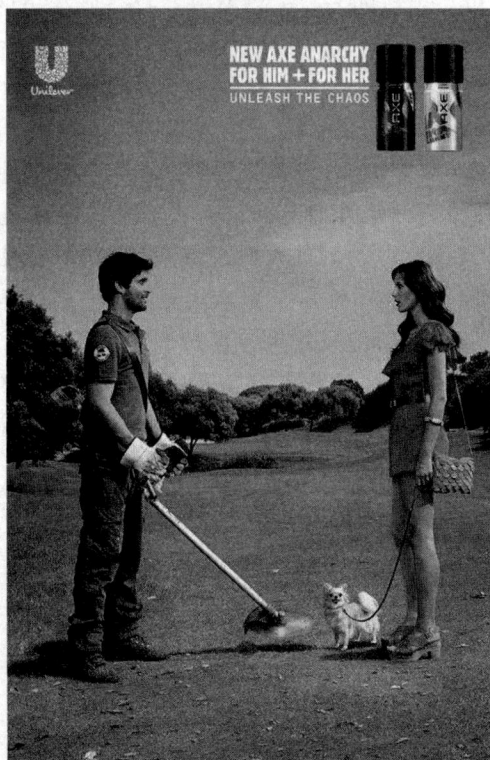

图 7-16　斧牌香体剂广告

人物在广告中的运用,常常也能起到塑造产品性别形象的作用。一种品牌以前被认为是男性的(或女性的),当有一个女性(或男性)模特介绍时,将显著地被认为是较少男性的(或女性的),有时甚至会改变性别形象。例如万宝路香烟,最早为消费者识别为女性香烟,后来广告中引入西部牛仔形象之后,消费者对它的性别形象彻底地发生了改变。所以广告也可以借人物模特来改变或塑造产品的性别形象。

# 第五节　广告大小的心理效应

大小是大多数视觉媒体广告的基本特征,报纸、杂志、招贴、路牌(看板)、霓虹灯等广告都具有大小这一特征。广告的大小对广告的传播效果有着重要的影响,大小不同的广告所产生的心理效应也不同。有时人们容易轻易地下出这样的结论:"广告越大效果越好",事实上情况并非都是这样,这要看如何去看待广告的大小。

在探讨广告的大小与其所产生的心理效应的关系时,区别一下不同媒体广告的大小与同一媒体内广告的大小之间的差异是很重要的。因为不同媒体的广告接触方式不同,而同一媒体的不同广告其接触方式则是一致的。

## 一、不同媒体广告的大小差异

在各种各样的媒体广告中,大小差异相当大。大的媒体广告有的面积大至上千、上万平方米,如烟幕广告、飞机喷雾广告。在阿根廷曾经有一块列入吉尼斯世界纪录大全的最大路牌广告,长达 146 尺,高达 57 尺。曾经列入吉尼斯世界纪录大全的最大霓虹灯广告是美国大西洋海岸线铁路公司在佛罗里达州坦巴堡设立的广告,其长 118 米,高 23 米,重达 178 吨,灯管总长 1 280 米。1988 年,日本的朝日啤酒公司在日本东京的葛西区,建起一座当时世界上最大的霓虹灯广告塔,总面积为 2 460 平方米,长 164 米,宽 15 米,灯管总长度达 22 公里。

与这些大的媒体广告相比,有些小的媒体其面积只有它们的几十万分之一、几百万分之一,例如台历广告、火柴盒广告、打火机广告、钥匙扣广告、网络广告,这些广告有的面积只有几平方厘米,相对而言,它们可谓是微型广告。

从广告所产生的心理效应来看,大、小媒体各有利弊。

### 1. 大媒体广告

大媒体广告的优点主要有以下五个方面：

①易于引人注目，视觉冲击强。不管你主观上愿不愿意看它，当一块大型路牌广告矗立在你的眼前时，你总会自觉不自觉地抬眼一瞥。特别是晚上那些灯光闪烁的大霓虹灯广告，更会使你的眼睛不由自主。

②易于引起观众的好奇心。做得好的大型户外广告，往往会成为受欢迎的旅游观光景物。世界上一些巨型的路牌广告、霓虹灯广告都曾经为该地区吸引了不少观光游客。

③传播覆盖面宽。一个打火机上的广告，通常只能一个人拿到近处看才能看清楚。一张贴在墙上的海报，所能覆盖的视觉距离一般是一两米远，也只能供几个人看。而一块大型路牌、一座大型霓虹灯，能覆盖几十米、几百米，甚至几千米，近处的观众看得到，远处的观众也看得见。

④受众接触的频度高。户外大型媒体设置的位置固定，设置的时间比较长，一般有半年以上，有的甚至好几年。因此在媒体覆盖范围内的受众，常常要接触几次、几十次，甚至几百次，对广告及其广告的传播内容印象十分深刻。

⑤有利于塑造良好的企业形象。俗话说财大气粗，财要大气才能粗。但人们也常常反过来推理，即气粗财必大。做广告是要花钱的，做大广告则要花大钱。所以，大的广告能够显示出企业的气魄，给人以企业资金雄厚、规模庞大的印象。

大媒体广告不足的是不能流动，只有到达媒体覆盖地域的人才能接触到，受众的接触率受到很大的限制。此外，它跟电视广告一样，有一定的强迫性。

### 2. 小型媒体广告

小型媒体广告大多是赠品广告，其优点突出表现在以下三个方面：

①具有流动性，渗透力强。这类广告随赠品渗透到人们的日常生活中，可以由一个人传给另一个人，扩大广告的传播面。例如你可能会把你的"Winston"打火机送给你的烟友，你也可能从你的亲戚或朋友那里接受他们赠送的"555"挂钟。

②具有亲和性，容易被接受。小型的广告赠品往往是人们日常生活中的摆设物、装饰物或生活用品，由于是免费赠送，多数人都愿意接受。又由于这些东西一般做工比较精致，所以人们容易对它产生好感。与其他广告看多了人们会厌烦不同，这类广告即使天天接触，也不会太令人讨厌。这也算是免费赠送的报酬。

③能被重复接触。小型媒体受众常常是随身携带，或者摆放在家中显眼的位置，因为这些物品常常要接触、使用，因此受众接触其广告的机会有很多，广告

的重复到达率比较高。

此外,有些精致的小媒体广告,也可以起到塑造品牌高质量形象的作用。

## 二、同一媒体内广告的大小差异

同一媒体内广告的大小差异主要体现在印刷媒体上。在杂志上,广告的大小一般分为双页、单页、半页、四分之一页和小于四分之一页等几种。在报纸上,一般分为整版、半版、三分之一版、四分之一版以及其他一些不同尺寸的版面。广告版面的大小不同,吸引读者注意的能力以及给予读者有关广告本身和广告主的印象也不相同。有关调查研究表明,随着广告面积的增减,广告的注意率也存在着相应的增减趋势。不过,这种关系不是正比例关系(见表 7-12)。[1] 例如报纸的广告版面增大 4 倍时,注意率只增大 3 倍左右,面积增大 10 倍时,注意率只提高大约 7 倍。

表 7-12 广告面积大小与注意率的关系

| 面积(cm×cm) | 19.25 | 38.5 | 57.5 | 77 | 96.22 | 115.5 | 134.75 | 154 | 173.25 | 192.5 |
|---|---|---|---|---|---|---|---|---|---|---|
| 大小比例 | 1 | 2 | 3 | 4 | 5 | 6 | 7 | 8 | 9 | 10 |
| 注意率(%) | 9.7 | 16.5 | 23.2 | 30 | 36.7 | 43.4 | 50.2 | 56.9 | 63.9 | 73.4 |

斯特朗(Strong)对杂志广告的研究也发现类似的结果,即如果以四分之一页广告的注意值为 100,那么,半页广告的注意值为 156,全页广告为 240。[2] 其他的研究还进一步指出,阅读份数的 60% 可以用报纸的广告面积大小和产品来解释;[3]广告再认成绩与广告大小成正相关[4]。

著名广告学家施塔奇(Starch)早在 1966 年还把广告作品的版面与注意率的关系用下列公式表示:[5]

$$X = N + 0.01 \times N \times (100 - N)$$

---

① 傅汉章,邝铁军.广告学[M].广州:广东高等教育出版社,1985

② 傅汉章,邝铁军.广告学[M].广州:广东高等教育出版社,1985

③ Troldahl V C,Jones R L.Predictors of newspaper advertisement readership[J].Journal of Advertising Research,1965,5(1):23-27

④ Gronhaug K,Kvitastein O,Gronmo S.Factors moderating advertising effectiveness as reflected in 333 tested advertisements[J].Journal of Advertising Research,1991,31(5):42-50

⑤ Gronhaug K,Kvitastein O,Gronmo S.Factors moderating advertising effectiveness as reflected in 333 tested advertisements[J].Journal of Advertising Research,1991,31(5):42-50

式中 $N$ 表示原版面的注意率,$X$ 表示广告版面扩大一倍时的注意率。

关于广告版面大小与广告及广告主给人印象之间的关系,日本每日新闻社 1968 年对不同版面大小广告的各种印象的测验结果(见表 7-13)显示:版面越大,读者的印象评价也越好。[①] 在日常的广告实践中,读者经常会抱怨报纸整个版面都是广告,但是他们也不得不赞叹这个企业真有钱、真有气魄,广告都是整版整版地做。

表 7-13　版面大小与印象

| | | 全 5 批 | 全 7 批 | 全 10 批 | 全 15 批 |
|---|---|---|---|---|---|
| 插图部分 | 有亲近感 | 0.86 | 1.15 | 1.21 | 1.30 |
| | 印象深刻 | 1.03 | 1.09 | 1.04 | 1.33 |
| | 具有个性 | 0.91 | 0.81 | 1.01 | 1.25 |
| | 与商品类似 | 1.24 | 1.37 | 1.01 | 1.22 |
| | 爽快的 | 0.68 | 1.06 | 0.94 | 1.04 |
| 文字部分 | 阅读容易 | 0.70 | 0.84 | 1.09 | 1.54 |
| | 易于理解 | 0.69 | 0.94 | 1.18 | 1.62 |
| | 表现简易 | 0.82 | 1.09 | 1.16 | 1.28 |
| | 清爽 | 0.65 | 0.76 | 0.87 | 1.00 |
| | 易于记忆 | 0.99 | 0.94 | 1.11 | 1.32 |
| 全部版面 | 调和 | 1.23 | 1.08 | 1.23 | 1.32 |
| | 条理井然 | 1.24 | 0.96 | 1.07 | 1.32 |
| | 蒸蒸日上 | 0.75 | 0.72 | 0.96 | 1.17 |
| | 美丽 | 0.72 | 0.72 | 0.79 | 0.80 |
| | 印象深刻 | 1.99 | 0.93 | 1.20 | 1.53 |
| 公司 | 可信赖的 | 1.57 | 1.93 | 1.97 | 1.98 |
| | 潇洒的 | 1.10 | 1.24 | 1.44 | 1.29 |
| | 有亲近感 | 1.18 | 1.52 | 1.88 | 1.65 |
| | 十分清楚 | 1.60 | 2.07 | 2.28 | 3.17 |
| | 现代化 | 1.29 | 1.51 | 1.64 | 1.57 |

---

① 饱户弘,等.经济心理学[M].北京:中国商业出版社,1987

　　前面关于广告大小的心理效应分析表明,如果一个企业要树立良好的企业形象,那么采用大面积的广告是一种有效的手段,不管是采用大型的媒体广告,还是采用大版面广告。如果要增加商品或者企业与消费者的亲和性,那么,小型或者微型媒体广告(主要指赠品广告)是一种很好的广告形式。

　　此外,值得注意的是,对于大型企业和知名品牌来说,除非你有特殊的考虑,否则没有必要做小版面的广告,因为这样做容易损害企业和品牌的形象。但精致的小型媒体广告可以做。从国内外的一些知名品牌的广告宣传情况我们也会发现,这些品牌的户外广告都是比较大的,在报纸上做广告时,版面一般也都是整版或半版。

　　与印刷广告的面积大小特征相对应,电视广告的长度也可能与广告的效果有关。佩左(Patzer)1991年的研究检验15秒和30秒广告在品牌回忆、品牌态度、广告数量的知觉、总广告时间和节目满意度等效果的差异。1 025人观看正常的节目并在看完之后完成问卷。研究结果显示,30秒广告比15秒广告更加有效。用30秒广告代替15秒的广告,会引起被试感觉到更多的广告和更长的广告时间。不管是15秒、30秒还是两种混合,都不会改变对节目的满意度。[①]斯坦顿和波克(Stanton & Burke)1998年研究还发现,在15秒广告中有效的一些元素在30秒中则不太有效,反之亦然。[②]

---

　　①　Patzer G L.Multiple dimensions of performance for 30-second and 15-second commercials[J].Journal of Advertising Research,1991,31(4):18-25

　　②　Stanton J L,Burke J.Comparative effectiveness of executional elements in TV advertising:15-versus 30-second commercials[J].Journal of Advertising Research,1998,38(6):7-14

# 附录　关键词汇汉英对照表

## （按拼音顺序排列）

爱和归属需要：love and belonging need

AIOs（活动、兴趣和意见）：activities，interest and opinion

安全：safety

安全需要：safety need

版面：layout

包装：packaging

保健品：health protection product

报纸广告：newspaper advertising

暴露：exposure

唤起品牌：evoked set

唤起系列：evoked set

本土广告公司：local agency

比较广告：comparison advertisement

比赛赞助：event sponsorship

边缘线路：peripheral route

边缘线索：peripheral cues

编码：encoding

编码员：coder

编纂模式：compilation pattern

变量：variable

标志：mark

波克一天后回忆：Burk's Day after Recall

播音员：announcer

不动产：realty

不连续模式：discontinuous pattern

布告：announcement

布局：layout

采纳：adoption

采用：adoption

彩色：color

操作定义：operational definition

测谎仪：psychogalvanometer

测量：measurement

策划：planning

层次效果：hierarchy effect

插图：illustration

差异：difference

产品：product

产品分析：product analysis

产品差异化：product differentiation

产品类别：product category

产品特征：product characteristic

产品属性：product attribute

长时记忆：long term memory

车身广告：transit advertising

陈列:display

陈列广告:display advertising

陈述:statement;claim

成就需要:achievement need

冲动性消费行为:compulsive consumption behavior

抽样:sampling

传播:communication

传单:hand bill advertising

创意:creative

创作:creative

创意小组(团队):creative team

刺激:stimulus

刺激物:stimulus

从众:conformity

促销:sales promotion

错觉:illusion

大标题:headline

大小知觉:size perception

大众媒体:mass media

代理商:agencies

单边论证:one-sided argument

担保:guarantee and warranty

低卷入:low involvement

低卷入学习理论:low involvement learning theory

地理区隔:geographic segmentation

第一手资料:primary data

第一提名/及:top-of-mind awareness

点击率:click rate

电脑:computer

电器:electric appliance

电视:television

电视广告:television advertising

电视剧:teleplay

电子媒体:electric media

调查:survey

定位:positioning

定位策略:positioning strategy

动画:animation

动机:motive;Motivation

洞察:insight

独立变量:independent variable

独立销售主张:USP(unique selling proposition)

独立研究:independent research

独立影响假说:independent influence hypothesis(IIH)

独特性:uniqueness

短时记忆:short-term memory

对比:contrast

对比联想:contrast association

对产品的认知:cognition of product

对广告的反应:reaction to advertising

对广告的认知:cognition of ad(Cad)

对广告的认知:cognition of advertisement(Ca)

对广告的态度:attitude toward advertisement(Aad)

对广告主的态度:attitude toward advertiser

对品牌的认知:cognition of brand(Cb)

对品牌的态度:attitude toward brand(Ab)

额外费用:premium

儿童广告:children's advertising

二级传播:two-step communication

二阶段认知反应模型：two-stage cog-
　　nitive response model
二因素理论：two-factor theory
发音：pronunciation
反对意见：counter-argument
反应：response
泛读率：associated score
方便：convenience
房地产：realty
访问：interview
扉页：head page
分半测验：split—run test
分栏广告：classified advertising
分类广告：classified advertising
分销：distribution
分销渠道：channel of distribution；dis-
　　tribution channel
分销商：distributor
风味：taste
风险：risk
封底：fourth cover page
封二：second cover page
封面：first Cover page
封三：third cover page
辐射：radiation
负强化：negative reinforcement
复述：rehearsal
副标题：subhead
概念测试：concept tests
感觉：sensation
感知：perception
感觉记忆：sensory memory
感情成分：affective component
感知风险：perceived risk

感知质量：perceived quality
高卷入：high involvement
告示：announcement
个人护理品：personal care product
个人计算机：PC（personal computer）
个人计算机市场：PC market
个性：personality
工业（产）品：industrial product
公共关系：public relation
公共交通工具上的广告：transit adver-
　　tising
公司（企业）主页：corporate home page
公司研究：company research
功能用途：performance
功用：performance
沟通：communication
构成成分：component or content
构成要素：inscape
购买：purchase
购买决策：purchase decision
购买行为：purchase behavior
购买意图：purchase intention
购买者：buyer
故事板：storyboard
顾客：client；customer
顾客满意：customer satisfaction
关联：relevancy
关系联想：relational association
广播：radio
广播电视媒体：broadcast media
广播广告：radio advertising
广泛的问题解决：extended problem
　　solving
广告：advertising；AD

《广告》:Journal of Advertising;JA

《广告时代》:Advertising Age

《广告学报》:Advertising Journal;AJ

《广告研究》:Journal of Advertising Research;JAR

《广告周刊》:Ad week

广告活动:advertising;

广告作品:advertisement;AD

广告表现:advertising expression

广告策略:advertising strategy

广告长度:length of advertisement

广告大小:size of advertisement

广告代理商:advertising agencies

广告调查:advertising research

广告费:advertising expenditure

广告公司:advertising agencies

广告管理:advertising management

广告计划:advertising plan

广告目标:advertising objective

广告目的:advertising objective

广告效果:advertising effectiveness;effect of advertising

广告心理学:advertising psychology

广告研究:advertising research

广告运动:advertising campaigns

广告占有率:share of voice

广告主:advertiser

国际广告:international advertising

国际品牌:global brand

国际营销研究杂志:International Journal of Research in Marketing

合成:merger

后测:posttest

后天需要:acquired need

互联网:internet

户外广告:outdoor advertising

户外媒体:out-of-home media

画面:picture

化妆品:cosmetic

回忆:recall

回忆测验:recall test

机械记忆:machine memory

激活:activation

计划:plan

计算机:computer

记忆:memory

价格:price

价值:value

简单:simpleness

健康需要:health need

奖金:premium

交互中介假说:reciprocal mediation hypothesis (RMH)

角色:role

接近联想:association by contiguity

接受:accept

接受者:receiver

节目:program

解说词:commentary

近因效应:recency effect

经济:economy

经济地位:economic status

经验:experience

精读率:read most score

精神需要:psychogenic need

精细加工可能性模型:elaboration likelihood model (ELM)

竞争:competition

竞争分析：competitor analysis

竞争者：competitor

卷入：involvement

决策过程：decision making process

决策者：decision maker

看版广告：billboard advertising

拷贝：copy

可乐：Cola

可乐市场：Cola market

空中广告：aerial advertising

恐惧诉求：fear appeal

恐惧诉求广告：fear appeal ad

口碑：word-of-mouth communication

口号：slogan

口头传播：word-of-mouth communica-
tion

跨国广告公司：global agency

快速广告测量：rapid Ad Measurement
（RAM）

来源国：country of origin

理解：comprehension

理想点模式：ideal-point pattern

理性购买行为：rational purchase be-
havior

理性决策：rational decision

理性诉求：rational appeal

利益：benefit

利润：profit

连续模式：continuous pattern

联想：association

联想记忆：associative memory

联想率：associated score

量表：scale

了解：knowledge

零售决算：retail audit

路牌广告：billboard advertising

轮廓：contour

买后感觉：postpurchase evaluation

买后评价：postpurchase evaluation

满意：satisfaction

媒介：media

媒介机构：media organization

媒体：media

媒体策划：media planning

媒体策略：media strategy

媒体购买：media buying

媒体计划：media plan

媒体接触：exposure to media

媒体目标：media objective

媒体排期：media scheduling

媒体习惯：media habit

媒体选择：media choice

媒体组合：media mix

名人：celebrity

名人（代言人）：celebrity endorsement

名称：name

名字：name

明度：brightness

命名：naming

目标：goal；objective

目标市场：target market

目标受众：target audience

内容分析（法）：content analysis

内倾：introversion

内向型：introversion

内页：inner page

内在导向消费者：inner-directed con-
sumer

内在线索：intrinsic cue
耐用品：durable good
男性：male
脑电波：brain wave
脑电波分析仪：electroencephalogram
脑电图仪：electroencephalogram
脑力激荡法：brain storming
霓虹灯：neon light
逆反心理：psychological inversion
年龄：age
女性：female
皮电测量仪：psychogalvanometer
啤酒：beer
偏爱：preference
偏好：preference
品牌：brand
品牌导入：brand introduction
品牌化：branding
品牌回忆：brand recall
品牌联想：brand association
品牌名称：brand name
品牌名字：brand name
品牌命名：brand naming
品牌偏好：brand preference
品牌态度：brand attitude
品牌形象：brand image
品牌选择：brand choice
品牌延伸：brand extension
品牌意识：brand awareness
品牌再认：brand recognition
品牌知名度：brand awareness
品牌忠诚：brand loyalty
品牌忠诚者：brand loyal users
品牌资产：brand equity

评价：evaluation
普通人物：general character
期望：expectation
期望值模式：expect-value pattern
欺骗：deception
旗帜广告：banner ad
企业广告：corporate advertising
企业行政官员：corporate executive officer
企业形象广告：corporate image advertising
启发构思法：heuristic thinking
汽车：automobile
汽车产品：automotive product
汽车工业：automotive industry
迁移：transfer
前测：pretest
潜意识广告：subliminal advertising
强度：intensity
强化：reinforcement
强化理论：reinforcement theory
倾向：trend
清洁品：clear product
情感：affect；feeling
情感成分：affective component
情感广告：feeling-oriented advertising
情感迁移：affect transfer
情感迁移假说：affect transfer hypothsis（ATH）
情感诉求：emotional appeal
情绪：emotion
区隔标准：segmentation criteria
区域性广告：local advertising
驱力：drive

权重：weight
人本主义：humanism
人格：personality
人格理论：personality theory
人际传播：interpersonal communication
人口统计学特征：demographic characteristic
认同：identification
认知：cognition
认知不协调：cognitive dissonance
认知反应：cognitive response
认知反应模式：cognitive response model
认知防御：cognitive defense
认知加工：cognitive processing
认知结构模式：cognitive structure model
认知卷入：cognitive involvement
认知一致性：cognitive consistency
日常反应行为：routinized response behavior
日用品：commodity
扫描资料系统：scanner-data system
商标：trade mark
商品：merchandise
商业出版物：business publication
设计：design
社会风险：social risk
社会心理学：social psychology
社会需要：social need
社会赞许：social approval
社会认可：social approval
身体风险：physical risk

深度访问：depth interview
生活风格区隔：lifestyle segmentation
生活片段：slice-of-life
生理测量：physiological measurement
生理需要：physiological need
声明：statement
声誉：reputation
施塔奇阅读测量服务：starch readership service
识别：identification
实验：experimentation
实验法：experimental method
实验室实验：laboratory experimentation
实证广告：demonstration ad
食品：food product
使用：use
使用者定位：user positioning
使用者形象：user imagery
世界观：world view
《市场》：Journal of Marketing；JM
市场调查：marketing research；marketing survey
市场调研：marketing research；marketing survey
市场分析：market analysis
市场份额：share of market
市场区隔：market segmentation
市场研究：marketing Research
《市场研究》：Journal of Marketing Research；JMR
市场细分：market segmentation
市场学：marketing
市场占有率：share of market

视觉：vision

视知觉：visual perception

试购：trial purchase

试用：trial

收入：income

收视率：audience rating

收音机：radio

手机：mobile telephone

守旧：fogyism

首因效应：primacy effect

受众：audience

售点广告：point-of-purchase advertising（POP）

熟悉性：familiarity

双面论证：two-sided argument

双中介假说：dual mediation hypothesis（DMH）

水平思考法：level-thinking

睡眠效应：sleeper effect

说服：persuasion

思想：thought

诉求：appeal to

速示器：tachistoscope

速示器测验：tachistoscope test

态度：attitude

态度测量：attitude measure

态度改变：attitude change

态度模式/型：attitude model

态度形成：attitude formation

特殊品：special product

特殊提供：special offer

特许：license

提取：retrieval

提取线索：retrieval cue

体育：sport

听觉：hearing

统合者：integrateds

投射技术：projective technique

图画：picture

图解：illustration

推广：promotion

外倾：extroversion

外向型：extroversion

外在导向消费者：outer-directed consumer

外在线索：extrinsic cue

网络广告：network advertising；internet advertising；online AD

位置效应：position effect

文案：copy

文案测验：copy test

文案写作：copywriting

文案作者：copywriter

文本：copy

文献：literature

问卷：questionnaire

问题解决：problem solving

无助回忆：unaided recall

习得需要：acquired need

喜欢：liking

戏剧：drama

戏曲：drama

细分标准：segmentation criteria

先天需要：innate need

《现代广告》：Modern Advertising

现场实验：field experimentation

相似联想：similar association

香烟广告：cigarette advertising

药品:medicine
一天后回忆:day-after-recall
一致性理论:consistency theory
医药用品:medicine
依存变量:dependent variable
遗忘:forgetting
移动电话:mobile telephone
译码:encoding
易读性:legibility
意见领袖:opinion leader
意向:intention
意向成分:conative component
意象:imagery
隐性广告:embedded advertisement
因变量:dependent variable
因特网:internet
印刷媒体:print media
营销:marketing
《营销》:Journal of Marketing;JM
营销学:marketing
营销传播:marketing communication
营销组合:marketing mix
《营销研究》:Journal of Marketing Research;JMR
营养:nutrition
影院测验:theater test
用途:usage
优惠券:coupon
优势模式:dominance pattern
幽默广告:humor ad
有线电视:cable television
有限的问题解决:limited problem solving
有助回忆:aided recall

诱因:inducement
娱乐:entertainment
语言感知:language perception
语言感知:verbal perception
语言理解:language comprehension
语义:semantic
语义记忆:semantic memory
语义区分量表:semantic differential scale
欲望:desire
阈下广告:subliminal advertising
阅读程度测量:readership measurement
阅读多数率:read most score
运动:movement
运动知觉:motion perception
晕轮效应:halo effect
杂志:magazine
杂志广告:magazine advertising
再认测验:recognition testing
照片:picture
造型:shape
展览:exhibit
展览广告:display advertising
招贴:handbill
招贴广告:hand bill advertising
征询测量:inquiry measurement
整合营销传播:integrated marketing communication（IMC）
正强化:positive reinforcement
支持意见:supportive argument
知觉:perception
知觉风险:perceived risk
知觉主动性:perceptual activity

知名：awareness

知名度：awareness

知名品牌名称：well-known brand name

知识：knowledge

知晓：awareness

知晓测量：awareness measurement

植入式广告：embedded advertisement

直销广告：direct response advertising

直邮：direct mail

职业：occupation

制造商：manufacturer

质量：quality

智慧：intelligence

智力：intelligence

《中国广告》：China Advertising

中枢线路：central route

中央窝：fovea

重复：repetition

重复策略：repetition strategy

重复购买：repetition purchase

重新定位：repositioning

重要性：significance

主观轮廓：subject contour

主观质量：perceived quality

主题：theme

主张：claim

属性：attribute

注目率：noted score

注意：attention

专家：expert

专家（代言人）：expert spokesperson

专题新闻：special news

资料搜寻：data search

自变量：independent variable

自我报告：self-report

自我实现需要：self-actualization need

自我形象：self-image

自我意识：self-consciousness

自信：self-confidence

自尊：self-esteem

自尊需要：self-esteem need

组块：chunking

尊重需要：esteem need

作用：role